圖繪寶鑑（《續編》《續纂》二種）

〔元〕夏文彦撰　肖世孟校注

中國書畫史籍校注叢典

主編　羅世平
副主編　崔元和　李福順

國家古籍整理出版專項經費資助項目
「十二五」國家重點圖書出版規劃項目
湖北美術學院學術著作出版專項經費資助項目

山西出版傳媒集團　山西教育出版社

圖書在版編目(CIP)數據

圖繪寶鑑（《續編》《續纂》二種）/〔元〕夏文彦撰；肖世孟校注. -- 太原：山西教育出版社，2017.7
（中國書畫史籍校注叢典/羅世平主編）
ISBN 978-7-5440-7878-8

Ⅰ.①圖… Ⅱ.①夏… ②肖… Ⅲ.①畫家—列傳—中國—古代 Ⅳ.①K825.7

中國版本圖書館CIP數據核字(2015)第219265號

圖繪寶鑑（《續編》《續纂》二種）

出版人　雷俊林
總體設計　崔元和
責任編輯　楊　文
復　審　康　健
終　審　郭志强
裝幀設計　薛　菲　李虓岳
印裝監制　蔡　潔
出版發行　山西出版傳媒集團・山西教育出版社
（地址：太原市水西門街饅頭巷7號　電話：0351-4729801　郵編：030002）
印　裝　山西臣功印刷包裝有限公司
開　本　720毫米×1020毫米　1/16
印　張　38.75
字　數　466千字
版　次　2017年7月第1版　2017年7月山西第1次印刷
印　數　1-5000册
書　號　ISBN 978-7-5440-7878-8
定　價　158.00元

總目

總序

《中國書畫史籍校注叢典》是國家“十二五”規劃的出版項目，得到了全國古籍整理出版基金的資助。校注中國書畫史籍的想法已醞釀有年，其初衷是有感於中國美術史的教學和書畫研究中常因史料來源和概念解釋而引發的歧義，有些是因版本而起，有些則因理解而起，尤其是一些影響較廣的重要書畫史籍，因長期以來未得到系統整理，在某種程度上已拖了相關研究的後腿。若與國内其他學科古籍整理的進展相比，不能不説書畫史籍的整理有些落伍，若與國外的成果相比，在一些重要書畫史籍的整理上甚至還遜色於日本。這一現狀難以令人滿意，大概這也是國家古籍整理基金給予支持的原因。

入編《四庫全書》藝術編的圖書約一千五百多種，其中書畫類著作大致可分爲史、論兩支。余紹宋在《書畫書録解題》中已有提要加以辨析，于安瀾在作整理校點時即依史、論兩支而分别編成《畫史叢書》和《畫論叢刊》，金維諾所著《中國繪畫史籍概論》專意於畫史著作，集中討論古代繪畫史寫作的體例、史料、史論成就等方面的問題。這些在古代書畫文獻整理上的做法和成果爲我們從事書畫史籍的校注提供了學術依據。《中國書畫史籍校注叢典》首批采選中國古代書畫史籍中影響較大、使用頻率較高的二十餘種著述加以校注整理，參照的依據即是前人分類整理的做法。

本叢典的校勘遵循古籍整理的規範原則，同時兼顧現代閱讀的習慣，包括了版本、字詞的校讎和標點。部分書畫史籍的校讎標點工作，二十世紀以來陸續有人在進行，或因人、因條件、因興趣而呈現出階段性的特點，有些著作曾進行過多次校點，另有一些著作則長期被擱置。誠然，多人關注者一定比較重要，但不曾涉及的史籍未必就没有價值。如專述古代女性書畫家的《玉臺畫史》和《玉臺書史》，記述地區性畫迹的《益州名畫録》和《越畫見聞》，記載古代畫院沿革制度的《南宋院畫録》和《國朝院畫録》等，這些專史都曾經影響過一個時代或一個地區的書畫史著述的發展演變。不僅如此，當這些著述放在現代學術的背景展開閲讀時，可以引起的思考和學術問題大概是原書作者所始料不及的。據説陳寅恪先生在研究柳如是時，在當時很多人有過疑惑，而放在今天女性史的學術背景上，它的意義就顯示出來。同樣，如果將中國古代女性書畫家的研究推展到今天國際學術領域，《玉臺畫史》這類著作自然也就值得認真去研讀了。現代學術細緻化引發的問題和觀察角度的改變，使得古籍整理的視野更加開闊，也更加精細，所以本叢典在選編書目時就力圖能將現代學術關心的問題考慮進去，儘可能做到開放一些。故本叢典入編的著述除《歷代名畫記》《圖畫見聞志》《圖繪寶鑑》等這類重要的書畫通史、斷代史著述之外，另選入若干種地方史、專題史中的代表著述。

書畫史籍所記述的内容以書畫家和作品爲中心，兼及書畫理論概述。古代的作品在流傳過程中不免有散佚、真僞、錯訛等情況，傳世的作品也多少存在魚龍混雜、真贋相亂等問題，這給校注工作提出了很高的專業要求。校注的過程也是一個研究辨析作品史料、事實真僞、理論概念的過程。新時期以來與中國書畫史相關的學術成果已走向國際化，不少新發現和新成果引起海内外學者的關注，這些也都是在本次校注時要給予特别關注的内容。例如，在張彦遠《歷代名畫記》這類通史著作中，涉及唐代兩京外州的寺觀壁畫，近年來在西安、洛陽等地陸續都有與之相關的佛寺宫觀遺址的調查和清理發掘，一些遺迹可以與文字記載相互比照。又如，内蒙古寶山遼墓發現的石棺屏風壁畫，圖本與唐朝畫家張萱、周昉等創繪的《織錦迴文圖》《楊貴妃教鸚鵡圖》的傳承脉絡清晰，是畫家經典樣式流傳民間的結果。再如，淮安明代王鎮墓曾經出土一批隨葬的書畫原作，明朝浙派畫家李在、夏芷等人的作品都在其中，提供了浙派畫家多側面的研究資料。留意到書畫史籍自身的這些特點，同時關注現代學術的新發現和新成果，自然就成爲本叢典校注的另一項任務，古籍校注的現代學術面貌就有望得到更豐富的呈現。

本次校點原本想做一嘗試，即隨文提供一些具有參考價值的書畫作品、遺址遺物的圖片或綫圖，其初衷是爲了更直觀地呈現中國書畫史籍與書畫家風格、傳世作品的對應關係，這樣做的好處在於便利書畫史籍與作品之間的相互對讀，增加讀者對書畫家與文字描繪之間的理解。圖文對應本是古代書畫史籍寫作的特點，作者要麽是胸羅萬卷的書畫鑒賞家，要麽是熟研各家技能、收藏宏富的鑒藏家，要麽是勤於踏訪、精於考辨的書畫史論家，他們的寫作過程通常是與書畫家及其作品不斷對話的過程，成書的雖是文字，但文字的背後是作品，二者不會也不應脱節。瞭解書畫史籍的寫作方式，自然是我們整理書畫古籍的出發點，作這樣的考慮嘗試可能超出了一般古籍整理的做法，但却是更尊重書畫史籍的要旨和寫作方式。

遺憾的是，不同時期畫家的傳世作品并没能更多地流傳下來，尤其是晋唐時期見於史籍著録的作品更是吉光片羽，儘管我們着意予以收集彙存，但仍是闕如者多，離理想依然存在較大的距離，故臨時放棄了，只好等待以後條件成熟之時再作考慮。

本次書畫史籍的整理、出版得到了山西出版傳媒集團的格外重視，山西教育出版社在文字、標點、整理規範、版式設計等環節上給予全力配合，切實保障了校注叢典在學術和圖書品質上的高水準。在此特别表示感謝！同時我們也衷心希望得到讀者的關心和支持，更希望各位仁者爲本叢典提出寶貴的意見。

羅世平

前言

《圖繪寶鑑》編纂目的正如其書名，在於供人查閲、鑒賞繪畫之用。全書圍繞這一目的進行編纂，書中開首卷一是前人有關“論畫”與“鑒賞”的編録；餘下各卷是歷代善畫名人的傳記，在人名條目下，記載各人的字號、籍貫、官職、師承及繪畫的風格特點。《圖繪寶鑑》雖然主觀是爲鑒賞之用，但在客觀上保存了大量的繪畫史料，輯録上古到清朝初年畫家2000多人的傳記資料，因此也被當作畫史著述看待。《四庫全書提要》稱其“搜羅廣博，幾乎包括無遺，洵亦畫史中最詳贍者”。《圖繪寶鑑》一經刊行，影響深遠，正如余紹宋云：“此書爲藝林極爲珍重，明以後論畫者往往徵引。”

一

元代夏文彦在元至正年間編纂而成《圖繪寶鑑》，因影響深遠，後世依照其體例增廣了畫家傳記。傳世的《圖繪寶鑑》（廣義上）實際上包括元代夏文彦《圖繪寶鑑》和明清增廣的《圖繪寶鑑續編》《圖繪寶鑑續纂》。按照其内容，本書分爲三編，《圖繪寶鑑》《圖繪寶鑑續編》《圖繪寶鑑續纂》。因以元代夏文彦的《圖繪寶鑑》爲主體，因此本書不避其煩，將書名定爲“《圖繪寶鑑》（《續編》《續纂》二種）”。

元代夏文彦《圖繪寶鑑》，共五卷，卷一主要是理論部分，編録古代繪畫賞評經典理論。卷二至卷五是從古史傳説時代到元代畫家的傳記，其中1300餘人有傳，近200人衹列姓名。

第一卷理論部分包括“六法三品”“三病”“六要”“六長”“製作楷模”“古今優劣”“粉本”“賞鑒”“裝褫書畫定式”，多采自前人著作，如謝赫《畫品》、郭若虚《圖畫見聞志》、周密《齊東野語》、湯垕《畫鑑》等。其三品之説，内容與前人不同，應該反映了夏文彦的審美傾向。第一卷最後一部分爲“叙歷代能畫人名”，録唐張彦遠《歷代名畫記》中畫迹罕傳於世的人名，僅記人名，而無傳記。

第二卷是《圖繪寶鑑》中畫家傳記資料的第一部分，共收録三國至五代時期畫家322人。凡元代以前著作中有傳記而畫作不傳者，一般不收入《圖繪寶鑑》。如《歷代名畫記》中收録上古至會昌年間畫家370多人，而《圖繪寶鑑》中僅收録唐以前212人。

第三卷收入北宋時期461位畫家的資料，其中列傳（包括合傳）者449人，附傳者12人，而重出者一人，實爲460人。

第四卷爲南宋和金時期的畫家傳記資料，共列傳359人，附傳14人，合計373人。列傳中劉文惠、毛文昌已見於卷三，爲一人重出；附傳之劉夢良、劉耀和陳琳在卷五中另列傳，本卷并不計數，故本卷實有368人。

第五卷爲元代畫家資料，列傳178人，附傳9人；其中劉敏與卷四的龍門公爲一人重出，故實有186人。第五卷還收録元朝時期的日本等周邊國家的畫家。《圖繪寶鑑》成書之後三年，元朝即告滅亡，故第五卷反映了整個元代繪畫的大致情况。

夏文彦《圖繪寶鑑》五卷之後，另有補遺和續補。

《圖繪寶鑑續編》是明代韓昂在元代夏文彦《圖繪寶鑑》的基

礎上，增加的一卷，本書將其編入第六卷的前半部分，其補録明洪武元年至正德十四年（1368—1519）的畫家傳記，計列傳 94 人，附傳 18 人，其中僧温日觀與卷四僧子温爲同一人，因此合計 112 人。

在《圖繪寶鑑續編》之後，明末或清初的藍瑛、馮仙湜、毛大倫纂定《圖繪寶鑑續纂》，共三卷。

卷一爲毛大倫增補、馮仙湜鑒閲的明代畫家傳記，本書將其編入第六卷的後半部分。此部分與《圖繪寶鑑續編》人名相合，内容不同之處，爲保持完整，本書加以保留。

《圖繪寶鑑續纂》的卷二是本書的第七卷，收録清代畫家的傳記資料，列傳 452 人，附傳 35 人，重出 4 人，削去姓名者 7 人，實有 487 人。

《圖繪寶鑑續纂》的卷三是本書的第八卷，收録明清女畫家 96 人傳記資料，但首列宋代畫家楊妹子 1 人。

二

元代《圖繪寶鑑》的作者夏文彦，字士良，號蘭渚生，祖籍吴興（今浙江湖州），早在夏文彦的曾祖父一代，已經移居松江府華亭縣。

夏文彦的曾祖父夏椿，夏椿的兄長在南宋末年爲“華亭典押”，夏椿跟隨其在任。元軍南下時，夏椿及其兄慫恿當地地方官投降，因此得到元軍賞識，夏椿之兄被任命爲華亭的地方長官。夏椿本人没有做官，但他本人經常行善舉，頗得民心。元武宗至大元年（1308），松江一帶發生饑荒，夏椿放糧“賑施”，元朝政府“官其長子，而表其門曰義士，且旌其家”。夏文彦所説的“義門夏氏”，就由此而來。

夏文彦的祖父夏世澤是夏椿的長子，因“賑施”之功，得任“杭州司獄”。

夏文彦的父親夏濬是個没有做官的“處士”，愛好古玩、書畫，曾築“愛閒堂”專事收藏。在當時來説，是個有聲望的收藏家。

夏文彦爲夏濬次子，曾官餘姚州事，是個正七品官。夏文彦受父親影響，愛好古玩和書畫，富收藏，陶宗儀説他的收藏“鮮有比者”。夏文彦的收藏不僅多，而且多有前代名家之作，他因爲收藏了宋代文同的墨竹，還專門命名招待客人的房子爲“文竹軒”。豐富的收藏，使夏文彦“朝夕玩索、心領神會”。夏文彦本人也能作畫，陶宗儀曾爲他的《修篁芙蓉圖》題詩。夏文彦在鑒藏和繪畫上的修爲，爲他編纂《圖繪寶鑑》打下了很好的基礎。

元朝末年，農民起義爆發。張士誠起義軍渡江南下，占領包括松江在内的江浙地區。在張部没有到達之前，元軍内訌，使松江城遭到很大破壞。夏文彦舉家搬遷到城北泗水旁的夏氏别業田廬，正是在移居之後，夏文彦開始收集資料，編纂《圖繪寶鑑》一書，此書完成於至正二十五年（1365）。

明朝建立後，朱元璋爲鏟除張士誠在江浙一帶的勢力，采用各種方式打擊和削弱這一帶地主豪紳的勢力。洪武二年（1369），夏文彦被强制遷移到淮西臨淮縣（今屬安徽鳳陽）的農村，他衹有“構草堂以居，耕田飯牛，温飽僅足”，最後，老死於淮西農村。

明代《圖繪寶鑑續編》由吴麒開始編纂，吴僅録十數人，後轉韓昂續成，王春泉對韓昂所作又有所增益，雖然歷經三手，但主要執筆人爲韓昂。

韓昂籍貫爲雲南府雲南前衛，此地爲軍墾屯所，但韓昂不是軍籍而是官籍。韓昂的後居住地爲山東兖州府濟寧直隸州。

韓昂的出生年應在公元1454年以前，完成《圖繪寶鑑續編》時，韓昂已經年逾花甲。

韓昂，明成化七年（1471）辛卯科雲南府鄉試解元，即舉人第一名。七年後（成化十四年）在山東中進士。

韓昂在《圖繪寶鑑續編》自署爲“欽天監副”，應爲其致仕之職，主要工作職責爲協助監正掌管天文占候推步之事。

清初的《圖繪寶鑑續纂》先後有藍瑛（田叔）、謝彬（文侯）、馮仙湜（沚鑑）、顧銘（仲書）、張振岳（崧高）、諸昇（日如）、程鵠（昭黄）、吴賓（魯公）、陳申、毛大倫（善叔）、戴有（書年）等11人參與纂輯、重訂和增補。按照作者的主次來説，《圖繪寶鑑續纂》是一部以藍瑛、毛大倫、馮仙湜爲主的集體著作。

藍瑛（1585—1664，一作1585—約1666），字田叔，號蝶叟，晚號石頭陀、山公、萬篆阿主者、西湖研民。又號東郭老農，所居榜額曰“城曲茅堂”。錢塘（今浙江杭州）人。

藍瑛以繪畫爲職業，廣收門徒，對明末清初繪畫的影響很大，後人稱之爲“武林派”，實際上他的畫風與戴進等不同，不能完全附屬於“浙派”之後。他的傳人有藍氏子孫（如藍孟、藍深、藍濤等）、劉度、馮仙湜、王奐等，都各有成就。明末同時和稍後的如陳洪綬以及金陵八家等著名畫家，也都受他的影響。藍瑛生前參與《圖繪寶鑑續纂》的重訂、纂輯工作，去世之後，其主要工作由馮仙湜完成。

毛大倫生平不詳。

馮仙湜，原名仙，又名湜，字沚鑑，號過登、耶溪墨俠，山陰（今浙江紹興）人。

馮仙湜自幼學習經史，聲稱士林。明朝滅亡後，放棄科舉仕進之途，投拜藍瑛門下，在杭州西溪石人塢藍氏小築中請業問藝，專攻山水，兼習畫史、畫論，師生相處融洽，曾共登杭州金竹嶺，俯賞錢塘雪景，還結伴出游嘉興、紹興、寧波等地。馮仙湜胸懷抱負，順治十五年（1658）到杭州横河橋畔城曲茅堂拜别老師藍瑛，與潘文水北上進京。

康熙六年（1667）馮仙湜被召入南薰殿，備受寵遇。馮在北京期間，營建借緑草堂，創立隗始社，廣交詩人畫士。在許多師友幫助和合作下，《圖繪寶鑑續纂》借緑草堂本，就是在康熙二十二年（1683）雕版付印的。此書一出，就受到重視，康熙四十七年（1708）纂輯《佩文齋書畫譜》時就把它列入“徵引書目”之中。

三

《圖繪寶鑑》流傳既廣，版本亦多。本書的原文以底本爲基礎，儘量保持底本原貌，同時參校其他代表性的版本，若底本出現可疑或者明顯錯誤時，則注釋出相應的版本信息。

本書所選底本的原則在於：其一，儘量接近原作者本意，選用最早的刻本；其二，儘量保持原書面貌，字從所本；其三，精校、精刻本。在這種原則之下，本書的底本主要是三個：至正本、正德本、借緑草堂本。以下對此三個版本作出説明。

《圖繪寶鑑》完成於元代末年，夏文彦自署時間爲“至正乙巳”，即至正二十五年（1365）。因《圖繪寶鑑》目録中列有“補遺”，而“補遺”卷後有“至正丙午新刊”一行六字，可知正文五卷雖完成於乙巳，但隨後又編纂“補遺”附刻於後，可知最早的版本刊行於至正丙午年，即至正二十六年（1366）。十分幸運，《圖繪寶鑑》至正刊本流傳下來了，原書面貌可以在羅振玉影刻《宸翰樓叢書》中看到，本書稱之“至正本”。本書的主體部分——一至五卷，即使用“至正本”爲底本。

《圖繪寶鑑》盛名之下，翻刻、續作者皆欲附驥尾以傳其書。明正德十四年（1519），錦衣衛苗增因舊本漫漶，發起重刊《圖繪寶鑑》，并請吴麟續編明代畫史人物，吴又請友人韓昂按元代體例進行增補，增加“續編”一卷，保留了重要的明代史料，與元代《圖繪寶鑑》五卷并爲六卷本，仍沿用原來書名，後世稱“正德本”。本書的第六卷上半部，采用“正德本”爲底本。

明末清初藍瑛、毛大倫、馮仙湜没有看到正德本的“續編”，他們在元代“至正本”五卷的基礎上增加了三卷，其中二卷是明清畫家傳記，始於明中期的張靈，終於清初陳惟邦。另有一卷是明清女畫家傳（包括宋代的楊妹子），這就是後世所稱的“續纂”。清康熙十一年（1673），借緑草堂刊印合刻了八卷本，是爲“借緑草堂本”，此刻本對元“至正本”中的元代部分有所改動，主要是對元四家——黄公望、吴鎮、倪瓚、王蒙大加追捧，這反映出明中期以後畫壇的傾向，元四家等人受到推崇的事實。“借緑草堂本”的後三卷（“續纂”），增補明代107人，清代516人及女史97人，共輯有古代畫史人物2300多人。“借緑草堂本”是增廣《圖繪寶鑑》的最後版本，也是“續纂”的最早版本，因此，本書將“借緑草堂本”的“續纂”部分作爲底本。在編排上，以“借緑草堂本”的第六卷爲本書第六卷的下半部分，第七、八卷按原樣保留在本書中。“借緑草堂本”的明代部分與“正德本”的“續編”有所重合，爲保持原貌本書亦予以保留。

除以上底本之外，本書在校勘時還參校傳世的重要版本，以下逐一説明。

明末毛晋依正德本刻入汲古閣刊行的《津逮秘書》，使《圖繪寶鑑》廣爲流傳，本書稱之爲“毛晋本”。1929年，商務印書館又根據《津逮秘書》本排印，世界書局又據此翻印。

清代官方編修四庫全書，《圖繪寶鑑》收於子部藝術類，本書稱之爲“四庫本”。

1911年，神州國光社出版黄賓虹、鄧實所編《美術叢書》共120本，《圖繪寶鑑》亦在其中，本書稱之爲“神本”。

于安瀾先生輯《圖繪寶鑑》等專著22種，加以校勘與標點，取名《畫史叢書》，1963年由上海人民美術出版社出版，本書稱之爲“畫本”。

日本長澤規矩影印日本承應元年（1652）印本及寶曆二年（1752）印本，本書稱之爲“和本”。

四

《圖繪寶鑑》（《續編》《續纂》二種）彙録歷代畫史資料，集中國古代畫史之大成，縷析畫學源流，推動美術理論研究，功不可没。具體來説，其貢獻歸結爲以下幾個方面：

1. 集古代畫史之大成

《圖繪寶鑑》（《續編》《續纂》二種）彙録歷代畫史資料，可以説集中國古代畫史之大成。

唐代以來，就有畫史人物傳記著録。唐張彦遠《歷代名畫記》著録了自軒轅至唐會昌凡370多人；宋郭若虚《圖畫見聞志》記載自唐會昌至宋熙寧凡274人；宋代鄧椿《畫繼》記載自熙寧至乾道119人；元陳德輝《續畫記》記載宋高宗至宋末凡150人。元代夏文彦匯集以上種種畫史人物傳記，參考《聖朝名畫評》《宣和畫譜》《畫繼補遺》《南渡七朝畫史》等書，加上自己所作元代部分，將古代畫史人物略備於《圖繪寶鑑》之中，從軒轅至元，共1500多人，搜羅廣博，是當時最爲豐富的畫史人物傳記。夏文彦對於前人之説有所删節，但又不失其真，取其精要，去其繁縟。

不僅如此，夏文彦撰寫的第五卷爲元代畫史人物傳記，是元代繪畫最爲重要的史料。元朝雖不足百年，而繪畫藝術却取得相當大的成就。元代繪畫更注重筆墨意境，對明清繪畫有着非常深刻的影響。《圖繪寶鑑》成書之後三年，元朝即告滅亡，故此卷所輯已基本反映了整個元代繪畫的面貌。

其後，明韓昂仿其體例，“續編”畫史人物一卷，匯集明初至正德間畫家112人。明末或清初藍瑛、毛大倫、馮仙湜等人又“續纂”畫史人物三卷，收録從明末至清初等人，仍然沿用其舊名，成爲傳世的八卷本。今天通行的借緑草堂刻本匯集了軒轅至清代的古代畫史人物2300多人，可謂集古代畫史之大成。正如《四庫全書提要》所云：“搜羅廣博，幾乎包括無遺，洵亦畫史中最詳贍者。”

2. 保存已經散佚的繪畫史料

元代夏文彦《圖繪寶鑑》的史料來源很多，據其友人陶宗儀《輟耕録》記載：“取《名畫記》《圖畫見聞志》《畫繼》《續畫記》爲本，加以《宣和畫譜》《南渡七朝畫史》，齊、梁、魏、陳、唐、宋以來諸家畫録及傳記、雜説、百氏之書。”上列書名，大多流傳於世，但其中的《續畫記》《南渡七朝畫史》二種，不見傳於世。

《續畫記》的作者陳德輝，是宋末元初之人，其年代稍晚於周密。

關於《續畫記》，《輟耕録》云：“又有《畫繼補遺》一卷……爾後，陳德輝著《續畫記》一卷，自高宗建炎初至幼主德祐乙亥，能畫者一百五十人。然與《畫繼補遺》則相出入耳。二書僅可考閲姓名，無足觀也。”可見《圖繪寶鑑》當中，所載南宋人物小傳，凡文字簡短者，有的采自《續畫記》。去除今天存世的《畫繼補遺》

所載，可知其文來自陳德輝《續畫記》，如朱敦儒、丁權、僧圓悟、僧太虛、何青年、彭杲、李章、蘇堅、劉樸、周鼎臣、僧智葉、僧真惠、僧希白、聞秀才、陸仲明、李思賢、張思義、閻次安、黄益、王公道、侯守中、李春、孫用和、張團練、李焕、李確、徐凱之、王用之、房斂、徐世榮、衛升、夏東叟、宋良臣、黄承務、魏道士、章程、吕源、綱兵朱、王木、夏子文、赤目張、葉森、儲大有、楊八門司、何閣長、蔣太尉、劉門司、李苑使、李明友、黄廣、霍適、吴璜、師永錫、劉文惠、何浩、侯必大、陶忠、游昭、左建、周鈺、吕元亨、徐本、黄庭浩、毛文昌、陳廣、睢世雄、施義、周白、董琛、毛政、趙賓王、萬濟、徐京、王安道、衛光遠、曹瑩、周左等等。

《南渡七朝畫史》的作者爲宋之遺民。據謝巍考證，其作者當生於宋理宗寶慶、紹定間，卒於元世祖至元十七年（1280）之後。

《南渡七朝畫史》所記起自南宋高宗而迄恭帝止，共有七朝，尚有端宗、帝昺兩代未記。可知作者撰寫此書時，恭帝已降元，而端宗、帝昺在繼續抗元，以圖復興。

《圖繪寶鑑》卷四爲南宋、金畫史人物傳記，大多不見采録於存世之書，排除《續畫記》中的記載簡略的部分和《畫繼補遺》畫史傳記，大致可知《南渡七朝畫史》所録畫家傳記，而存其佚。

3. 影響深遠

從元代的《圖繪寶鑑》問世六百年以來，刊印版本多達二十多種，此外還有手抄本、節抄本等若干寫本不計其數。

此書多被徵引或被抄襲，如：明天啓卓爾昌所刊《畫髓玄詮》即《圖繪寶鑑》一書改名；清王毓賢所著《繪畫備考》很多直接剽自《圖繪寶鑑》；清王宸《繪林伐材》一書雜鈔前人畫學著述，《圖繪寶鑑》是其中之一；諸如此類，不勝枚舉。

《圖繪寶鑑》的影響波及海外。

在日本，室町時代（1333—1573）爲將軍府鑒定書畫的能阿彌和相阿彌所編的《君觀臺左右帳記》就有參照《圖繪寶鑑》的痕迹。《圖繪寶鑑》在日本最初刊行是在江户時代（1603—1867）初期，自承應元年（1652）十二月吉野屋權兵衛版始，以後又刊行過幾種不同的版本。除此外，江户時代的日本畫論頻繁引用《圖繪寶鑑》，現在發行的美術詞典也多引用《圖繪寶鑑》。

由於歷史沿革、不同時期、不同版本中多有文字不統一現象，如“吴松”“吴淞”，“昆侖”“崑崙”等，引用文獻字從所用版本，不做統一。現今整理者用字，遵從現行通用漢字字形。

肖世孟

圖繪寶鑑

元正至本

〔元〕夏文彦　撰録

《圖繪寶鑑》楊維楨[1]序

雲間義門夏氏[2]士良集歷代能畫姓名，由史皇[3]、封膜[4]而下訖於有元凡若干人，釐[5]爲五卷，題曰：《圖繪寶鑑》。介其友天台陶君九成[6]，持其編謁余曰[7]："鄧椿[8]有言：'其爲人也多文，雖有不曉畫者寡矣；其爲人也無文，雖有曉畫者寡矣。'[9]先生名能文[10]，幸賜一言標其端。"余曰：

書盛於晋，畫盛於唐宋。書與畫一耳，士大夫工畫者必工書，其畫法即書法所在。[11]然則畫豈可以庸妄人得之乎？宣和[12]中建五岳觀，大集天下畫史，如進士科[13]下題掄選，應詔者至數百人，然多不稱上旨，則知畫之積習雖有譜格[14]，而神妙之品出於天質者，殆不可以譜格而得也。故畫品優劣關於人品之高下，無論侯王貴戚、軒冕山林、道釋女婦，苟有天質超凡入聖，即可冠當代而名後世矣。其不然者，或事模擬，雖入譜格，而自家所得於心傳意領者則蔑矣。故論畫之高下者，有傳形，有傳神。傳神者，氣韵生動[15]是也。如畫猫者，張壁而絶鼠；大士者[16]，渡海而滅風；翊聖真武[17]者，叩之而響應；寫人真者，即能得其精神。若此者，豈非氣韵生動，機奪造化者乎？吾顧[18]未知《寶鑑》中事模擬而得名，士良亦能辨之否乎？雖然，梁武作《歷代畫評》[19]，米芾作《續評》[20]，非神識高者不能。士良好古嗜學，風情高簡。自其先公愛閒處士以來，家藏法書名畫最多[21]，朝披夕覽，有得於中，且精繪事，是編之作，足以知其品藻者矣。視蕭、米第未足多讓也。是爲序。

士良名文彦，其先爲吴興人云。〔22〕

會稽抱遺老人楊維楨於雲間草玄閣書

楊維楨印（陽文印）　鐵笛老人〔23〕（陽文印）

〔1〕楊維楨（1296—1370），元代文學家、書法家。字廉夫，號鐵崖、鐵笛道人，又號鐵心道人、鐵冠道人、鐵龍道人、梅花道人等，晚年自號老鐵、抱遺老人、東維子，會稽（今浙江諸暨）人。元泰定四年（1327）進士，歷官天台縣尹、杭州四務提舉、建德路總管推官。元末農民起義爆發，楊維楨避寓富春江一帶，張士誠屢召不赴。後隱居江湖，在松江築園圃蓬臺，夏文彦應該在此期間與楊維楨相遇。楊維楨善畫松石、蘭竹，清逸高雅。工行、草。有《城南詩稿》流傳於世。《圖繪寶鑑》序爲楊維楨晚年所作，至正本以草書手寫上板，莫友芝稱此序云："草書極佳，蓋鐵崖手書付梓。"

〔2〕義門夏氏，夏文彦的曾祖父夏椿曾出錢修橋補路、建立義學，獲得很高聲譽。松江一帶發生饑荒之時，夏椿放糧"賑灾"，元朝政府"官其長子，而表其門曰義士，且旌其家"（鄧文原：《旌表義士夏君墓志銘》，收於《巴西文集》），於是，就有了"義門夏氏"的稱號。

〔3〕史皇，指倉頡，傳説中發明文字的人。《淮南子·修務訓》："史皇産而能書。"高誘注："史皇，蒼頡。生而見鳥迹，知著書，故曰史皇，或曰頡皇。"

〔4〕"封膜"之名沿襲自《歷代名畫記》。《歷代名畫記》卷四："封膜，周時人，善畫。見《穆天子傳》，郭璞云：'姓封，名膜。'"考察傳本《穆天子傳》卷二："封膜晝於河水之陽，以爲殷人主。"郭璞云："膜晝，人名，疑音莫。"（見平津館叢書《穆天子傳》卷二）按，《穆天子傳》本義，有"膜晝"其人，受封於河水之陽。唐張彦遠誤讀，將晝讀爲畫，又以動詞"封"爲其姓，憑空産生出周代畫家封膜。《圖繪寶鑑》有

"封膜"之名，蓋不查原本之誤也。

〔5〕釐，釐定、釐次，整理編次，多用於書籍編纂。

〔6〕陶君九成，陶宗儀（1316—?），元末明初文學家，字九成，號南村，浙江黄岩人。工詩文，富著述，所摭典故遺聞，皆有裨於史學。著有《南村輟耕録》《南村詩集》，編纂《説郛》《書史會要》《四書備遺》等。

〔7〕由此可知夏文彦曾有過經陶宗儀介紹向楊維楨求序之事。

〔8〕鄧椿，字公壽，宋雙流人。著有《畫繼》。活動於北宋末、南宋初。其家世代爲官，富收藏。鄧椿自幼在蜀，見到世家收藏的"古軸舊圖"和"先世收藏""絶异之品"，於是"稽之方册，益以見聞，參諸自得"，纂成《畫繼》。

〔9〕此段詳見鄧椿《畫繼》，鄧椿特别强調繪畫與作者文化修養的關係。認爲："畫者，文之極也。"

〔10〕楊維楨以文名顯於當時，其爲文，喜好馳騁异想，風格奇詭。登門求文者，座無虚席，吴越諸生多歸之。

〔11〕元初，趙孟頫有"石如飛白木如籀，寫竹還於八法通。若也有人能會此，須知書畫本來同"的詩句，認爲書與畫同法。此句同出一理，可見元代末年"書畫同法"的理論已經廣爲士人接受。

〔12〕宣和（1119—1125），宋徽宗的第六個年號即最後一個年號。

〔13〕宋代畫家也同進士科一般，須經過皇帝主持的殿試。宋代以前，進士衹需要通過在尚書省舉行的"省試"。自宋以後，進士一律要經過由皇帝主持的"殿試"一關復核和决定名次。宋仁宗時，曾發生一考生通過省試，但在殿試被黜落，因此憤而投奔西夏的事件。自此以後，殿試只定名次，而不會黜落考生。

〔14〕譜格，應指繪畫的規矩法度。

〔15〕"氣韵生動"出自南齊謝赫"六法"，是指作品中刻畫的形象具有一種生動的氣度韵致，富於生命的活力。原爲衡量畫中人物形象，後擴至其他題材作品。

〔16〕菩薩是古代印度語的譯音，意思是大士，即是指發大心願的人。

〔17〕道教的真武神。北宋開寶年間，據説玄武神降於終南山，太平興國六年（981）封爲翊聖將軍。宋真宗大中祥符七年（1014）加封爲翊聖保德真君，後爲避聖祖趙玄朗之諱，改玄武爲真武。

〔18〕“顧”，當爲“固”。

〔19〕梁武指梁武帝蕭衍（464—549），《歷代書評》見《中國古代書學著作考録》。

〔20〕米芾（1051—1119），字符章，號襄陽漫士、海岳山人等。祖籍太原，後遷居湖北襄陽，長期居潤州（今江蘇鎮江）。米芾曾任校書郎、書畫博士、禮部員外郎。其書畫理論見於所著《書史》《畫史》《寶章待訪録》等書中。《續評》見《中國古代書學著作考録》。

〔21〕夏家自夏文彦的父親夏濬（愛閒處士）以來就收藏名人畫作。

〔22〕詳見前言——《圖繪寶鑑》的作者。

〔23〕楊維楨辭官之後居住松江，常持鐵笛一支，自稱鐵笛道人。

《圖繪寶鑑》夏文彥自序

僕性鄙僻，六藝[1]之外，他無所好，獨嘗嗜畫。遇所適，則終日諦玩，殆忘寢食。然猶病其不博，稍取歷代畫史，考論其世，與夫得失、優劣之差，以廣未至，而卷帙浩繁，不能徧[2]舉，欲輯爲一書，未暇也。自卜居泗上，人事稀闊[3]，間以《宣和畫譜》，附之他書，益以南渡、遼、金、國朝人品，刊其叢脞[4]，補其闕略，匯而成編，分爲五卷，名曰《圖繪寶鑑》[5]。顧所摭[6]雖詳，而尚慮遺者不少，益其未備，竭其精誠。俾[7]千載之下，莫逃乎賞鑒，豈無博雅君子，與我同志者歟？

至正乙巳秋七月甲子[8]

吴興[9]夏文彥士良書於寶墨齋。[10]

〔1〕六藝，中國古代社會要求儒生掌握的六種基本才能，即禮、樂、射、御、書、數。出自《周禮·保氏》："養國子以道，乃教之六藝：一曰五禮，二曰六樂，三曰五射，四曰五馭，五曰六書，六曰九數。"

〔2〕徧，遍。

〔3〕元至正十六年（1356），反元的張士誠軍隊渡江南下，占領了松江在内的江浙部分地區，在張的軍隊到達之前，元軍内訌，夏氏在松江城的房舍産業受到破壞。在城北泗水旁有夏氏別業田盧，夏文彥舉家搬遷至此，開始了《圖繪寶鑑》的編寫工作。"自卜居泗上，人事稀闊"就是指此事。

〔4〕叢脞，此處作者謙虚，指繁瑣細碎，無用之事。典出《尚書·益

稷》：“元首叢脞哉，股肱惰哉。”又陸龜蒙《笠澤叢書序》：“叢書者，叢脞之書也。叢脞，猶細碎也。”

〔5〕據此可知其書最初爲五卷本。

〔6〕摭（zhí），拾取，摘取之意。

〔7〕俾，使。

〔8〕按夏文彦自序，此書寫於元末至正二十五年，即公元1365年。

〔9〕吴興爲夏文彦祖籍，夏文彦實際生活在華亭縣。

〔10〕夏文彦築屋於泗涇，取名“寶墨齋”。陶宗儀的南村草堂也在泗涇，夏文彦應該就在此地結識了陶宗儀。

卷一

六法三品

謝恭[1]云："畫有六法，一曰氣韵生動，二曰骨法用筆，三曰應物寫形，四曰隨類傅彩，五曰經營位置，六曰傳模移寫。"六法精論，萬古不移。自骨法用筆以下五法，可學而能，如其氣韵，必在生知，固不可以巧密得，復不可以歲月到，默契神會，不知然而然也。[2]故氣韵生動，出於天成，人莫窺其巧者，謂之神品；筆墨超絶，傅染得宜，意趣有餘者，謂之妙品；得其形似，而不失規矩者，謂之能品。[3]

〔1〕至正本作"謝恭"，乃形誤，應爲謝赫。

〔2〕引自北宋郭若虚《圖畫見聞志》卷一《論氣韵非師》。"六法"出自南齊謝赫的《畫品》，是謝赫用以品評人物畫的標準。氣韵生動是人物畫的表現目的，要求表現出對象的精神狀態和性格特征。骨法用筆是指在繪畫用筆上的變化和講究；應物寫形、隨類傅彩、經營位置是關於繪畫造型中的形、色、構圖問題的理論。傳模移寫是説"臨摹"，爲繪畫學習的必經之路。"六法"影響深遠，無論是《歷代名畫記》《圖畫見聞志》，還是《圖繪寶鑑》，都將"六法"作爲繪畫品評的重要標準。夏文彦《圖繪寶鑑》承襲郭若虚"氣韵非師"的觀點，認爲畫面氣韵的體現與作者個人的精神氣質有關。夏文有所省略，省略部分如下："嘗試論之，竊觀自古奇迹，多是軒冕才賢，岩穴上士。依仁游藝，探賾鈎深，高雅之情，一

寄於畫。人品既已高矣，氣韵不得不高；氣韵既已高矣，生動不得不至。所謂神之又神，而能精焉。凡畫必周氣韵，方號世珍。不爾，雖竭巧思，止同衆工之事。雖曰畫，而非畫。故楊氏不能授其師，輪扁不能傳其子。繫乎得自天機，出於靈府也。且如世之相押字之術，謂之心印，本自心源，想成形迹，迹與心合，是之謂印。矧乎書畫發之於情思，契之於綃楮，則非印而何？押字且存諸貴賤禍福，書畫豈逃乎氣韵高卑？夫畫猶書也。揚子曰：言，心聲也。書，心畫也。聲畫形，君子小人見矣。”

〔3〕陶宗儀《南村輟耕録》卷十八《叙畫》：“（夏文彦《圖繪寶鑑》）所論‘畫之三品’，蓋擴前人所未發。”余紹宋認爲夏文彦“三品”抄襲前人，指責陶宗儀失考。細考古代三品（神、妙、能）具體説法，夏文彦的説法與他們并不相同，應該説是夏文彦自己的見解。

三病

畫有三病，皆係用筆，一曰板，二曰刻，三曰結。板者，腕弱筆痴，全虧取與，物狀平褊〔1〕，不能圓混也；刻者，運筆中疑，心手相戾，勾畫之際，妄生圭角也；結者，欲行不行，當散不散，似物凝礙，不能流暢也。〔2〕

〔1〕褊，即扁。平褊與圓混相對。

〔2〕引自北宋郭若虚《圖畫見聞志》卷一《論用筆得失》。是説中國繪畫重視用筆之美，用筆不當，則有“三病”。

六要

氣韵兼力，一也；格制俱老，二也；變異合理，三也；彩繪有澤，四也；去來自然，五也；師學捨短，六也。〔1〕

〔1〕引自北宋劉道醇《聖朝名畫評·序》，劉道醇提出識畫之訣，在

平明“六要”而審“六長”。原文如下：“夫識畫之訣，在乎明六要而審六長也。謂六要者，氣韻兼力，一也；格制俱老，二也；變异合理，三也；彩繪有澤，四也；去來自然，五也；師學捨短，六也。”

六長

麄[1]鹵求筆，一也；僻澀求才，二也；細巧求力，三也；狂怪求理，四也；無墨求染，五也；平畫求長，六也。[2]

〔1〕麄，毛晋本作“粗”。“麄”同“麤”，粗義。《禮記·王制》：“布帛精麤不中數，幅廣狹不中量，不粥（鬻）於市。”

〔2〕出自北宋劉道醇《聖朝名畫評·序》，劉道醇提出識畫之訣，在乎明“六要”而審“六長”。

製作楷模

釋像有善功[1]方便之顏，道流具修真度世之範，帝王崇天日龍鳳之表，外夷有慕華欽順之情，儒賢見忠信禮義之風，武士多勇悍英烈之貌，隱逸識高世之節，貴戚尚侈靡之容，天帝明威福嚴重之儀，鬼神作醜䰰馳趡之狀，仕女宜秀色婑媠之態，田家有醇甿樸野之真。[2]畫衣紋林石，用筆全類於書。[3]衣紋有重大而調暢者，有縝細而勁健者，勾綽縱掣，理無妄下，以狀高側、深斜、卷摺、飄舉之勢。[4]林木有樛枝、挺幹、屈節、皺[5]皮，紐裂多端，分敷萬狀。[6]山石多作礬頭，亦爲凌面[7]，要見幽遠而氣雄，崢嶸而秀潤。[8]畜獸須備筋力精神，毛骨隱起。[9]魚龍求游泳之妙，升降之宜。[10]觀畫水，湯湯若動，使人有浩然江湖之思。[11]屋木折筭[12]無虧[13]，筆墨均壯，深遠透空。[14]花竹有四時景候，陰陽向背，笴[15]條老嫩，苞萼後先，自然艷麗閒[16]野。園蔬野草，咸有出土体性。[17]禽鳥尚毛羽翔舉飛集之形。[18]知此，雖不能盡鑒閱之精妙，然工拙亦略可見矣。或有逸品，皆高人勝士，寄興寓意者，當求之筆墨之外，方爲得趣。[19]

〔1〕功，當作“巧”。善巧，是佛家術語，是指善良巧妙之方便也。《佛地論》：“稱順機宜，故名善巧。”佛家有十種善巧智之説。此處引自《圖畫見聞志》，可知夏文彦所據底本已誤。

〔2〕此處出自北宋郭若虚《圖畫見聞志》卷一《叙製作楷模》，原文如下：“釋門則有善功方便之顔，道像必具修真度世之範，帝王當崇上聖天日之表，外夷應得慕華欽順之情，儒賢即見忠信禮義之風，武士固多勇悍英烈之貌，隱逸俄識肥遁高世之節，貴戚蓋尚紛華侈靡之容，帝釋須明威福嚴重之儀，鬼神乃作醜魏馳趡之狀，士女宜富秀色婑媠之態，田家自有醇甿樸野之真。恭鶩愉慘，又在其間矣。”夏文彦《圖繪寶鑑》對原文略有省改，但關鍵的詞匯不變。省略《叙製作楷模》篇中開頭概括的兩句，原文：“大率圖畫，風力氣韵，固在當人。其如種種之要，不可不察也。畫人物者必分貴賤氣貌，朝代衣冠。”

〔3〕此處出自北宋郭若虚《圖畫見聞志》卷一《叙製作楷模》，與原文全同。其内容就是中國古代畫論當中的“書畫用筆同法”，最早提出這一理論的是張彦遠，他在《歷代名畫記·論顧陸張吴用筆》中，列舉東漢“張芝學崔瑗、杜度草書之法”，“一筆而成，氣脉連通，隔行不斷”，王獻之因此而作一筆書，陸探微亦作一筆畫，“衛夫人《筆陣圖》，一點一畫，别是一巧，鈎戟利劍森森然”，“吴道子古今獨步”，且是“授筆法於張旭”，因此，他得出結論：“故知書畫用筆同法。”元初的趙孟頫又强調了這一點，并且更加具體化了。趙孟頫在《秀石疏林圖》上題詩道：“石如飛白木如籀，寫竹還於八法通。若也有人能會此，須知書畫本來同。”

〔4〕此處出自北宋郭若虚《圖畫見聞志》卷一《叙製作楷模》，與原文全同。

〔5〕應作“皴”。

〔6〕此處出自北宋郭若虛《圖畫見聞志》卷一《敘製作楷模》，《圖繪寶鑑》省略《圖畫見聞志》“分敷萬狀”之後一句，原文如下：“畫林木有樛枝、挺幹、屈節、皴皮，紐裂多端，分敷萬狀。作怒龍驚虺之勢，聳凌雲翳日之姿，宜須崖岸豐隆，方稱蟠根老壯也。”

〔7〕“凌面”，當爲“棱面”。棱本義是有四角的木，玄應《一切經音義》卷十八引漢服虔《通俗文》：“木四方爲棱，八棱爲柧。”棱面指山石的棱角。

〔8〕此處出自北宋郭若虛《圖畫見聞志》卷一《敘製作楷模》，但與原文不同，原文如下：“畫山石者多作礬頭，亦爲凌面。落筆便見堅重之性，皴淡即生窊凸之形，每留素以成雲，或借地以爲雪，其破墨之功，尤爲難也。”夏文彥在元末寫成《圖繪寶鑑》，此時，山水畫經歷宋元已經有了很大發展，尤其文人士大夫參與其中，他們既是山水畫的欣賞者又是創作者，因此不同於北宋早期對山水畫的諸多技法要求，夏文彥認爲山水“要見幽遠而氣雄，峥嶸而秀潤”，體現宋元以來文人對山水畫的審美要求。

〔9〕此處出自北宋郭若虛《圖畫見聞志》卷一《敘製作楷模》，原文如下：“畫畜獸者，全要停分向背，筋力精神，肉分肥圓，毛骨隱起，仍分諸物所禀動止之性。”夏文彥專注畫畜獸的要點，減省其餘。

〔10〕北宋郭若虛《圖畫見聞志》卷一《敘製作楷模》僅僅記敘“畫龍”要領，原文如下：“畫龍者折出三停，分成九似，窮游泳蜿蜒之妙，得回蟠升降之宜。仍要鬃鬣肘毛，筆畫壯快，直自肉中生出爲佳也。”北宋《宣和畫譜》分畫科十門，其中“龍魚”是其中之一。《宣和畫譜·叙目》：“升降自如，不見制畜，變化莫測；相忘於江湖，翕然有雲霧之從，與夫濠梁之樂，故以龍魚次之。”夏文彥從上文中提取畫魚龍要領，概括爲“游泳之妙，升降之宜”。宋元時期的魚龍形象可見南宋陳容《雲龍圖》(絹本墨筆，廣東省博物館藏，見《中國古代書畫圖目》十一)。

〔11〕見《圖畫見聞志》卷一《敘製作楷模》：“畫水者有一擺之波，三折之浪，布之字之勢，分虎爪之形，湯湯若動，使觀者浩然有江湖之思

爲妙也。”夏文彦减省文字而成。

〔12〕“筭”，同“算”，計數，計算。

〔13〕折筭無虧，計算後無差错，這裏指畫房屋建築，要求比例準確合理。

〔14〕此處出自北宋郭若虚《圖畫見聞志》卷一《叙製作楷模》：“畫屋木者，折算無虧，筆畫匀壯，深遠透空，一去百斜。如隋唐五代已前，洎國初郭忠恕、王士元之流，畫樓閣多見四角，其斗栱逐鋪作爲之。向背分明，不失繩墨。今之畫者，多用直尺，一就界畫，分成斗栱，筆迹繁雜，無壯麗閒雅之意。”夏文彦减省文字，去除舉例和古今對比。

〔15〕“筍”，亦作“笋”，竹的嫩芽。

〔16〕“間”，當作“閒”，毛晋本、四庫本不誤。

〔17〕出自北宋郭若虚《圖畫見聞志》卷一《叙製作楷模》：“畫花果草木，自有四時景候，陰陽向背，笋條老嫩，苞萼後先，逮諸園蔬野草，咸有出土體性。”至正本作“出土体性”，查考《圖畫見聞志》諸本，皆作“出土體性”。夏文彦將原文中“花果草木”改爲“花竹”，是與繪畫題材的變化密切相關的。兩宋時期宫廷繪畫十分興盛，從傳世的兩宋宫廷繪畫來看，工筆重彩的“花果草木”題材相當突出。元代繪畫中，文人畫占據畫壇主流。元代除少數專業畫家直接服務於宫廷外，大都是身居高位的士大夫畫家和在野的文人畫家。他們的創作比較自由，多表現自身的生活環境、情趣和理想，山水、枯木、竹石、梅蘭等題材大量出現。

〔18〕此句與郭若虚《圖畫見聞志》所述不同，其原文如下：“畫翎毛者，必須知識諸禽形體名件。自嘴喙口臉眼緣，叢林腦毛、披蓑毛，翅有梢翅、有蛤翅，翅邦上有大節小節、大小窩翎、次及六梢，又有料風、掠草、散尾、壓磹尾、肚毛、腿袴、尾錐，脚有探爪、食爪、撩爪、托爪、宣黄、八甲，鷙鳥眼上，謂之看棚，背毛之間，謂之合溜。山鵲鶏類，各有歲時蒼嫩、皮毛眼爪之异。家鵝鴨即有子肚，野飛水禽自然輕梢，如此之類，或鳴集而羽翮緊戢，或寒栖而毛葉松泡。已上具有名體處所，必須融會，闕一不可。”宋代要求畫家作禽鳥花卉須知其形體結構、

習性特點,《圖畫見聞志》中言之甚詳。無獨有偶，鄧椿《畫繼》記載了宋徽宗要求畫院畫家掌握所畫之物的物理物性，宋代宫廷繪畫成就之高，與此不無關係。《畫繼》卷十《雜説·論近》:“徽宗建龍德宫成，命待詔圖畫宫中屏壁，皆極一時之選。上來幸，一無所稱，獨顧壼中殿前柱廊栱眼斜枝月季花。問畫者爲誰，實少年新進。上喜，賜緋，褒錫甚寵。皆莫測其故。近侍嘗請於上，上曰:‘月季鮮有能畫者，蓋四時、朝暮，花、蕊、葉皆不同。此作春時日中者，無毫髮差。’故厚賞之。”“宣和殿前植荔枝，既結實，喜動天顔。偶孔雀在其下，亟召畫院衆史，令圖之。各極其思，華彩爛然，但孔雀欲升藤墩先舉右脚。上曰:‘未也。’衆史愕然莫測。後數日，再呼問之，不知所對。則降旨曰:‘孔雀升高，必先舉左。’衆史駭服。”

元代寫意花鳥流行，寫意花鳥用筆簡潔概括，重在傳神，花卉禽鳥的具體結構與個體習性，顯得并没有那麽重要，因此，夏文彦認爲禽鳥須具有“翔舉飛集”的製作楷模特點。

〔19〕按夏文彦在《圖繪寶鑑》中的説法，繪畫品鑒應該有兩個層次:其一，辨工拙，其標準在於文中所説的製作楷模，這是第一個層次；其二，“逸品”之作品鑒，須求之於筆墨之外，這是第二個層次的品鑒。第一個層次的品鑒可以有操作的規範。第二個層次的品鑒操作要把握兩個要素:其一，畫者其人須爲高人逸士；其二，畫有寄興寓意。

古今優劣

佛道、人物、士女、牛馬，近不及古；山水、林石、花竹、禽魚，古不及近。何以明之？且顧愷之、陸探微、張僧繇、吴道元及閻立德、立本，皆純重雅正，性出天然，吴生之作，爲萬世法，號曰畫聖；張萱、周昉、韓幹、戴嵩，氣韵骨法，皆出意表，後之學者終莫能到，故曰近不及古。至如李成、關仝、范寬、董源之迹，徐熙、黄筌、居寀之踪，前不藉師資，後無復繼踵，借使二李三王之輩復起，邊鸞、陳庶之倫再生，亦將何以措手於其間哉？故曰古不及近。[1]

〔1〕引自北宋郭若虚《圖畫見聞志》卷一《論古今優劣》，原文如下："若論佛道、人物、士女、牛馬，則近不及古；若論山水、林石、花竹、禽魚，則古不及近。何以明之？且顧、陸、張、吴，中及二閻，皆純重雅正，性出天然。吴生之作，爲萬世法，號曰畫聖，不亦宜哉？張、周、韓、戴，氣韵骨法，皆出意表。後之學者，終莫能到。故曰近不及古。至如李與關、范之迹，徐暨二黄之踪，前不謝師資，後無復繼踵，借使二李、三王之輩復起，邊鸞、陳庶之倫再生，亦將何以措手於其間哉？故曰古不及近。"《圖繪寶鑑》中除將人名加以解釋之外并無改動。二李指唐代李思訓、李昭道父子，擅長青緑山水；三王指唐代王維、王熊、王宰，擅長山水。邊鸞、陳庶爲唐代花鳥畫家。以上人名《圖繪寶鑑》各卷皆有記載。

粉本

古人畫藁[1]，謂之粉本，前輩多寶蓄之，蓋其草草不經意處，有自然之妙。宣和、紹興所藏粉本，多有神妙者。[2]

〔1〕毛晋本作"稿"，藁、稿同。

〔2〕引自元代湯垕《畫鑑・雜論》，與原文相同。

賞鑒

看畫如看美人，其風神骨相，有肌體之外者。今人看古迹，必先求形似，次及傅染，次及事實，殊非賞鑒之法也。[1]

米元章謂好事家與賞鑒家自是兩等，家多資力，貪名好勝，遇物收置，不過聽聲，此謂好事；若賞鑒則天資高明，多閲傳録，或自能畫，或深畫意，每得一圖，終日寶玩，如對古人，雖聲色之奉，不能奪也。[2]

看畫之法，不可一途，而取古人命意立迹，各有其道，豈拘以所見繩律古人之意哉。[3]

燈下不可看畫，醉餘酒邊亦不可看畫，卷舒不得其法，最爲害物。[4]

唐人五代絹素麄厚，宋絹輕細，望而可別唐宋也。[5]

古人畫，墨色俱入絹縷，精神迴出；僞者雖極力仿效，而粉墨皆浮於縑素之上，神氣亦索然。蓋古人筆法圓熟，用意精到，初若率易，愈玩愈佳，今人雖極工緻，一覽而意盡矣。[6]

御題畫真僞相雜，往往有當時名手臨摹之作，故秘府所藏臨摹本，皆題爲真迹，惟明昌[7]所題最多，具眼者自能別識也。[8]

〔1〕引自元代湯垕《畫鑑·雜論》，與原文全同。

〔2〕引自元代湯垕《畫鑑·雜論》，原文如下：“元章（米芾）謂好事家與賞鑒家自是兩等，家多資力，貪名好勝，遇物收置，不過聽聲，此謂好事；若賞鑒則天資高明，多閱傳録，或自能畫，或深曉畫意，每得一圖，終日寶玩，如對古人，雖聲色之奉，不能奪也。”原文中少“米”字，多“曉”字，可能是版本差別，也可能是夏文彦的有意改動。

〔3〕引自元代湯垕《畫鑑·雜論》，原文如下：“看畫之法，不可一途，而取古人命意立迹，各有其道，豈可拘以所見繩律古人之意哉。初學不可不講明要妙，觀閱記録，否則縱鑒覽精熟，見畫便知，如何詰其美惡之由？茫然無對，雖妄加議論，支吾一時，言吐俗謬，識見短淺，爲智者所哂，不可不學也。”夏文彦減省後句。

〔4〕引自元代湯垕《畫鑑·雜論》，原文如下：“燈下不可看畫，醉餘酒邊亦不可看畫，卷舒不得其法，最爲害物。至於庸人謬子，見畫必看，妄加雌黄品藻，本不識物，亂定真僞，令人短氣。”《圖繪寶鑑》少後面一句，此一句與看畫之法并無相關，是湯垕因感慨而發之語，夏文彦未收。

〔5〕唐代之前繪畫并不多見，北宋米芾《畫史》："今人收唐畫，必以絹辨，見紋粗便云不是唐，非也……南唐畫皆粗絹，徐熙絹或如布……"米芾認爲，唐、五代南唐絹皆粗。宋代不少繪畫流傳於世，畫院畫用絹光細匀净，民間用絹則較稀薄。

〔6〕此爲以筆墨鑒定古書畫之法。

〔7〕明昌（1190—1196），金章宗的第一個年號，此處的明昌指金章宗。

〔8〕此爲警惕御題之畫。

裝褫〔1〕書畫定式

大整幅〔2〕：上引首〔3〕三寸〔4〕，下引首二寸。

小全幅〔5〕：上引首二寸七分，下引首一寸九分，經帶〔6〕四分。上褾〔7〕除打攊竹〔8〕外，净一尺六寸五分；下褾除上軸〔9〕外，净七寸。

一幅半〔10〕：上引首三寸六分，下引首二寸六分，經帶八分。

雙幅：上引首四寸，下引首二寸七分。上褾除打攊竹外，净一尺六寸八分，下褾除上軸桿外，净七寸三分。

兩幅半：上引首四寸二分，下引首二寸九分，經帶一寸二分。

三幅：上引首四寸四分，下引首三寸一分，經帶一寸三分。

四幅：上引首四寸八分，下引首三寸三分，經帶一寸五分。

横卷：褾合長一尺三寸，引首闊四寸五分。〔11〕

古畫不脱，不須背褾，蓋人物精神髮彩，花之穠艷蜂蝶，衹在約略濃淡之間，一經背多，或失之也。故紹興裝褫古畫，不許重洗，亦不許裁剪過多。〔12〕

古厚紙不得揭薄，若紙去其半，則書畫精神，一如摹本矣。〔13〕

檀香〔14〕辟濕氣，畫必用檀軸有益，開匣有香，而無糊氣〔15〕，又辟蠹[16]也。

〔1〕裝裱古籍或書畫，古稱“裝褫（chǐ）”。

〔2〕宋代寬幅畫絹寬度在70～80厘米之間。

〔3〕中國書畫裝裱上因開卷時所先見，故稱“引首”。這裏指鑲於畫心兩邊的鑲料，後世稱爲“隔水”或“隔界”。有上下之分，上引首即一色天，下引首即一色地。

〔4〕宋元時期一尺等於十寸，一寸相當於今天的3.12厘米。一尺相當於31.2厘米，比今天的尺寸略小。

〔5〕指普通門幅的畫絹，約寬50厘米。

〔6〕指挂軸裱件的綬帶，亦稱驚燕帶。

〔7〕指書畫裱件的包首。此處指挂軸裱件的二色鑲料。上褾即二色天，下褾即二色地。

〔8〕指裱件上的天桿。湖南馬王堆一號漢墓出土的帛畫的頂部有一根竹桿，并繫有絲帶，這是古代繪畫裝裱之源。由此可見，天桿稱爲“擫（yè）竹”，是最初使用竹料之義。南宋時，稱天桿爲“打擫竹”，直到清代還有人將天桿稱爲“擫竹”。

〔9〕指挂軸的地桿。

〔10〕指絹畫用一幅半絹拼接起來，一幅半約75厘米。

〔11〕以上“裝褫書畫定式”部分引自南宋周密《齊東野語》卷六《紹興御府書畫式》。

〔12〕南宋周密《齊東野語》卷六《紹興御府書畫式》記載南宋宫廷書畫裝裱規則，原文如下：“古畫裝褫，不許重洗，恐失人物精神、花木濃艷。亦不許裁剪過多，既失古意，又恐將來不可再背。”

〔13〕引自南宋周密《齊東野語》卷六《紹興御府書畫式》。

〔14〕香木名，生在我國雲南、海南以及南亞熱帶地區，生長極慢，需求量很大，故尤爲珍貴。木料結實，可避濕氣。檀香木材富有香味，可以驅蟲，可以製成上好畫軸和畫匣。

〔15〕書畫裝裱的漿糊以麵粉製成，時久則有糊味。

〔16〕蠹（dù），蛀蝕器物的蟲子。

叙歷代能畫人名

軒轅時

史皇

周

封膜[1]

〔1〕引自《歷代名畫記》卷四，《圖繪寶鑑》沿襲《歷代名畫記》之誤，見本書“楊維楨序”校注。

齊

敬君

秦

裂[1]裔

〔1〕一作“烈”。

前漢

毛延壽　陳敞　劉白　龔寬　陽望　樊育

後漢

趙岐　劉褒　蔡邕　張衡　劉旦　楊魯

魏

曹髦　楊修　桓範　徐邈

吴

吴王趙夫人

蜀

諸葛亮子瞻[1]

〔1〕此條列諸葛亮及其子諸葛瞻二人。

晋

明帝　荀勗　張墨　王廙　王羲之　王獻之　康昕　温嶠　謝岩　夏侯瞻　嵇康　曹龍　丁遠　楊惠　江思遠　王濛　戴逵逵子勃，勃子顒[1]

〔1〕勃子顒當爲勃弟顒。《宋書》卷九十三《戴顒傳》："戴顒字仲若，譙郡銍人也。父逵兄勃，并隱遁，有高名。"據此可知原本有誤。

宋

顧寶光　宗炳　王微　謝莊　袁倩　史敬文　史藝　劉斌　尹長生　顧駿　康允　顧景秀　吴暕　張則　劉胤祖　蔡斌　濮萬年弟紹祖，子璞　史粲　宋僧辯　褚靈石　范惟質

南齊

宗測　劉系宗　姚曇度子釋慧覺　蘧道愍甥沙門僧珎　章繼伯　范懷珎　鍾宗之　王奴　王殿　戴蜀　陳公恩　陶景真　張季和　沈標　謝赫　沈粲　丁光　周曇研　謝惠連　謝約　虞堅　丁寬　劉瑱　毛惠遠弟慧秀，子稜

梁

元帝子方等　蕭大連　蕭賁　陸杲　陶弘景　袁昂　焦寶願　嵇寶鈞　聶松　解倩　陸整　江僧寶　僧威公　僧吉底俱　僧摩羅菩提　僧迦佛陀

後魏

蔣少游　郭善明　侯文和　柳儉　関文和　郭道興　楊乞德　王由　祖班

北齊

高孝珩　蕭放　楊子華　田僧亮　劉殺鬼　曹仲達　殷英童　高尚士　徐德祖　曹仲璞

後周

馮提伽

隋

閻毗　何稠　劉龍弟衮　楊契丹　劉烏　陳善見　江志　李雅　王仲舒　閻思光　解悰　程瓚　僧曇摩掘乂[1]

〔1〕正德本、毛晋本作“掘人”。

唐

楊須跋　趙武端　范龍樹　周烏孫　楊德紹　竇弘果　毛婆羅　孫仁貴　金忠義　竺元標　蔡金剛　毛嵩　姚彦山　程遜　董好子　楊樹兒　耿純　任貞亮　暢整　李相國　陳慇　劉智敏　史晟　何君墨　京元成　崔霞　冷元琇　馬光業　李鑾子　馬樹鷹

祝丘　潘細衣　周子敬　段去惑　杜景祥　王允之　崔陽元　李炅　張惟亘　李滔　張通　岩杲　耿昌言弟昌期　楊德本　貝俊　李韶　魏晋孫　劉之章[1]

〔1〕以上人名引自《歷代名畫記》卷九、卷十，《圖繪寶鑑》祇録人名，而無内容。

右歷代能畫人姓名，而迹罕傳於世，故不詳載，見張彦遠[1]《名畫記》[2]。

〔1〕張彦遠（815—876?），字愛賓。蒲州猗氏（今山西臨猗）人。出身宰相世家，曾任舒州刺史、左僕射補闕、祠部員外郎、大理寺卿。家藏法書名畫甚豐，精於鑒賞，擅長書畫，無作品傳世。著《歷代名畫記》《法書要録》《彩箋詩集》等。

〔2〕即《歷代名畫記》，是中國第一部繪畫通史著作。全書十卷，分爲三部分：對繪畫歷史發展的評述與繪畫理論的闡述；有關鑒識收藏方面的叙述；上古至唐會昌的370餘名畫家傳記。

卷二

吴

曹弗興[1]，吴興人。以畫名冠絶一時，孫權命畫屏，誤墨成蠅狀。權疑其真，以手彈之。[2]時吴有八絶[3]，弗興預一焉。又嘗見溪中赤龍，寫以獻孫皓。至宋文帝旱暵，取弗興龍置水傍，應時雨足。[4]且南齊去吴未遠，而謝赫謂弗興之迹，殆不復見，秘閣之内，獨有所畫龍頭，又况後南齊數百歲邪。嘗畫《兵符圖》極工，然不見諸傳記者，豈非一時秘而不出，故得傳遠，不坐豐狐文豹之厄[5]也。

〔1〕三國吴人，亦名不興。《畫品》云："不興之迹，代不復見。秘閣内一龍頭而已。觀其風骨，擅名不虚。在第一品陸之下，衛之上。"李嗣真云："不興以一蠅輒擅重價，列於上品，恐爲未當。况拂蠅之事，一説是楊修。謝赫黜衛進曹，是涉貴耳之論。"張彦遠《歷代名畫記》："楊修與魏太祖畫扇誤點成蠅，遂有二事。孫暢之述，《畫記》亦云。而李大夫之論，不亦迂闊？况不興畫名冠絶當時，非止於拂蠅得名。但今代無其迹，若以品第，在衛之上，則未敢知。"

〔2〕張彦遠《歷代名畫記》卷四："孫權使畫屏風，誤落筆點素，因此成蠅狀。權疑其真，以手彈之。"

〔3〕張勃《吴録》云："八絶者，菰城鄭嫗善相，劉敦善星象，吴範

善候風氣，趙達善算，嚴武善棋，宋壽善占夢，皇象善書，曹不興善畫，是八絶也。”

〔4〕旱、暵爲同源字，干旱之義。張彦遠《歷代名畫記》卷四：“曹不興，吴興人也……時稱吴有八絶。魏赤烏中，不興之青溪，見赤龍出水，上寫獻孫皓，皓送秘府。至宋朝，陸探微見畫嘆其妙，因取不興龍置水上，應時蓄水成霧，累日霶霈。”

〔5〕豐狐文豹之厄，指肥大的狐狸、漂亮花紋的豹子往往因其特點而遭殃。典出《莊子》：“夫豐狐文豹，栖於山林，伏於岩穴，静也；夜行晝居，戒也；雖飢渴隱約，猶旦胥疏於江湖之上而求食焉，定也；然且不免於網羅機辟之患，是何罪之有哉？”

晋

衛協[1]，以畫名於時，作道釋人物，冠絶當代，世以協爲畫聖。[2]顧愷之以丹青自名，獨慎許可，亦謂“《七佛》與《烈女圖》，偉而有情勢，《毛詩北風圖》[3]，巧密於情思”，而自以爲所畫有不及。[4]

〔1〕張彦遠認爲衛協在顧愷之之上，品其第爲“上品下”。《畫品》云：“古畫皆略，至協始精。六法頗爲兼善，雖不備該形似，而妙有氣韵，凌跨群雄，曠代絶筆，在第一品曹不興下，張墨、荀勖上。”

〔2〕東晋葛洪《抱朴子》云衛協、張墨并爲畫聖。

〔3〕張彦遠曾見過此畫，《歷代名畫記》卷四：“此畫短卷八分，題元和初。宗人張惟素將來，余大父答以名馬并絹二百匹。惟素後却索將貨與韓侍郎愈之子昶，借與故相國鄒平段公家，以模本歸於昶。彦遠會昌元年見段家本，後又於襄州從事見韓家本。”

〔4〕顧愷之論畫云：“《七佛》與《大列女》，皆協之迹。偉而有情勢。《毛詩北風圖》亦協手，巧密於情思。”

顧愷之[1]，字長康，小字虎頭，晉陵無錫人[2]，義熙[3]中爲散騎常侍。愷之博學有才氣，丹青亦造其妙，筆法如春蠶吐絲，初見甚平易，且形似時或有失，細視之六法兼備。傅染以濃色，微加點綴，不求暈飾。[4]而俗傳謂之三絶：畫絶，痴絶，才絶。[5]方時爲謝安知名，以爲自生民以來，未之有也。[6]世以爲愷之天材挺出，獨立無偶，妙造精微，雖荀、衛、曹、張，未足以方駕也。[7]

〔1〕顧愷之（約345—409），約364年在南京爲石棺寺畫維摩詰像，引起轟動。366年爲大司馬參軍，392年爲殷仲堪參軍。謝赫《畫品》："格體精微，筆無妄下。但迹不逮意，聲過其實。"

〔2〕謝赫《畫品》："顧愷之，五代晋時晋陵無錫人，字長康，小字虎頭。"

〔3〕義熙（405—418），東晋安帝司馬德宗的第四個年號。

〔4〕顧愷之作品真迹不傳於世，有摹本傳世，如：《列女圖》（絹本設色，北京故宫博物院藏，見《中國美術全集》原始社會至南北朝繪畫），《洛神賦圖》（絹本設色，遼寧省博物館藏，見《中國美術全集》原始社會至南北朝繪畫），《女史箴圖》（絹本設色，英國大英博物館藏，見《中國美術全集》原始社會至南北朝繪畫）等。

〔5〕《歷代名畫記》卷五："曾以一厨畫暫寄桓玄，皆其妙迹所珍秘者，封題之。玄開其後，取之。誑言不開。愷之不疑，是竊去，直云畫妙通神，變化飛去，猶人之登仙也。故人稱愷之三絶：畫絶、才絶、痴絶。"

〔6〕劉義慶《世説新語》云："謝安謂長康曰：'卿畫自生人以來未有也。'"

〔7〕雖然謝赫認爲顧愷之"聲過其實"，但歷代學者對顧愷之都有較高評價。謝赫《畫品》云："格體精微，筆無妄下。但迹不迨意，聲過其實。在第三品姚曇度下、毛惠遠上。"李嗣真《續畫品録》云："顧生天才杰出。獨立亡偶，何區區荀、衛而可濫居篇首、不興又處顧上？謝評甚不

當也。顧生思侔造化得妙，物於神會，足使陸生失步、荀侯絶倒。以顧之才流，豈合甄於品匯？列於下品，尤所未安。今顧、陸請同居上品。”姚最《續畫品》云：“顧公之美，獨擅往策。荀、衛、曹、張，方之蔑然，如負日月，似得神明。慨抱玉之徒勤，悲曲高而絶唱。分庭抗禮，未見其人。謝云聲過其實，可爲於邑。”張懷瓘《畫斷》(原書已佚，轉引自《歷代名畫記》) 云：“顧公運思精微，襟靈莫測，雖寄迹翰墨，其神氣飄然在烟霄之上，不可以圖畫間求。象人之美，張得其肉，陸得其骨，顧得其神。神妙亡方，以顧爲最。喻之書，則顧、陸比之鍾、張，僧繇比之逸少，俱爲古今之獨絶。豈可以品第拘？謝氏黜顧，未爲定鑒。”有關顧愷之史料詳見《六朝畫家史料》。

史道碩，不知何許人，兄弟四人，皆以善畫得名，而道碩尤工人馬及鵝等。初與王微[1]并師荀勗、衛協，使[2]能上下，二人優劣未判。[3]而謝赫謂王得其意，史得其似，若是則微之所得者神，碩之所寫者形耳，意與神超出乎丹青之表，形與似未離乎筆墨蹊徑，宜用此辨之。[4]

〔1〕王微，東晋畫家，著有《叙畫》，認爲山水畫“非以案城域，辨方州，標鎮阜，劃清流”，而是“以一管之筆，擬太虚之體”，將山水畫與地理圖加以區分，并將其上升到形而上的層面。

〔2〕四庫本作“技”。

〔3〕見《歷代名畫記》卷五。

〔4〕謝赫《畫品》云，王微、史道碩，五代晋時并師荀、衛，各體善能。然王得其細，史傳以似真。細而論之，景玄爲劣。

謝稚，陳郡陽夏人也。初爲晋司徒主簿，入宋爲寧朔將軍。善畫，多爲賢母孝子、節婦、烈女之圖，有補於風教，雖舐筆和墨，不無意也。[1]

〔1〕見《歷代名畫記》卷五，引文有删節，無作品傳世。

宋

陸探微，吴人。善畫，事明帝。人謂畫有“六法”，探微得法爲備。[1]平生多愛圖古聖賢像。[2]二子：綏洪、綏肅，作畫亦工，惜不見傳。唐張彦遠謂“體運遒舉，風力頓挫，一點一拂，動筆新奇，固自不凡矣”。[3]

〔1〕謝赫《畫品》：“雖畫有六法，罕能盡該。而自古及今，各善一節。六法者何？一，氣韵生動是也；二，骨法用筆是也；三，應物象形是也；四，隨類賦彩是也；五，經營位置是也；六，傳移模寫是也。唯陸探微、衛協備該之矣。”

〔2〕謝赫《畫品》云：“陸探微，事五代宋明帝，吴人。窮理盡性，事絶言象。包前孕後，古今獨立。非復激揚，所能稱贊。銓量之，極乎上品之外，無地寄言，故屈標第一等。”

〔3〕見《歷代名畫記》卷五，引文有删節，無作品傳世。

梁

張僧繇，吴人。天監中歷官至右將軍、吴興太守。以丹青馳譽於時。[1]世謂僧繇畫骨氣奇偉，規模宏逸，六法精備，當與顧、陸并馳争先。[2]僧繇畫，釋氏爲多，蓋武帝時崇尚釋氏，故僧繇之畫，往往從一時之好。[3]

〔1〕見《歷代名畫記》卷七，引文有删節。

〔2〕李嗣真云：“顧、陸已往，鬱爲冠冕。盛稱後葉，獨有僧繇。今之學者，望其塵躅，如周、孔焉。何寺塔之云乎？且顧、陸人物衣冠，信稱絶作，未睹其餘。至於張公骨氣奇偉，師模宏遠，豈唯六法精備？實亦

萬類皆妙。千變萬化，詭狀殊形，經諸目，運諸掌，得之心，應之手。意者，天降聖人爲後生，則何以製作之妙擬於陰陽者乎？請與顧、陸同居上品。”張懷瓘云：“姚最稱：‘雖云後生，殆亞前品’，未爲知音之言。且張公思若涌泉，取資天造，筆紙一二而像已應焉。周材取之，今古獨立。象人之妙，張得其肉，陸得其骨，顧得其神。”

〔3〕張僧繇善畫佛像，自成樣式，有“張家樣”之稱。“臺北故宫博物院”藏有款屬“僧繇”的《雪山紅樹圖》（絹本設色，見《故宫藏畫精選》），雖爲托名之作，但亦可見其風貌。

陳

顧野王，字希馮，吴郡人。七歲讀五經，九歲能屬文。善圖畫，嘗畫古賢，王褒書贊，[1]時稱“二絶”。尤工畫草蟲。官至黄門侍郎。[2]

〔1〕《歷代名畫記》卷八記載，顧野王與琅琊王褒曾并爲宣城王賓客，宣城王令野王畫古賢，王褒書贊，時人稱爲“二絶”。

〔2〕見《歷代名畫記》卷八，引文有刪節，無作品傳世。

隋

展子虔，歷北齊、周，至隋爲朝散大夫。[1]而所畫臺閣，雖一時如董展[2]，不得以窺其妙。[3]寫江山遠近之勢尤工，故咫尺有千里趣。[4]

〔1〕展子虔，隋朝畫家，生卒年不詳。展子虔經歷過北齊、北周，後在隋朝擔任朝散大夫、帳内都督，是隋朝最爲杰出的畫家之一。張彦遠《歷代名畫記》：“展子虔（中品下），歷北齊、周、隋。在隋爲朝散大夫、帳内都督。”

〔2〕見下一條“董展”注釋。

〔3〕僧琮（唐沙門彦琮，著有《後畫録》）云：“觸物留情，備皆妙絶。尤善臺閣、人馬、山川，咫尺千里。”李嗣真云：“董、展同品，董有展之車馬，展亡董之臺閣。”

〔4〕此語出自《宣和畫譜》：“寫江山遠近之勢尤工，故咫尺有千里趣。”展子虔傳世作品有《游春圖》（絹本設色，北京故宫博物院藏，見《中國美術全集》隋唐五代繪畫）。此圖以青緑勾勒山川、樹木，細小的繁花和遠山的樹叢直接用色點染，重叠的山巒和平遠的河水構成了“遠近山川、咫尺千里”的效果。這幅作品，歷來被認爲是我國山水畫發展史上的劃時代之作。

董展，字伯仁[1]，汝南人，以才藝稱，鄉里號爲智海，官至光禄大夫、殿内將軍。尤長於畫，雖無祖述，不愧前賢，夙德名流，見者失色，與展子虔齊名。[2]曾作道經變相，爲時所稱，自非畫外有情，參靈酌妙，入華胥之夢，與化人同游，何以臻此。[3]

〔1〕“董展”之名始見於宋代《宣和畫譜》，夏文彦據此，以訛傳訛，其後《繪事微言》《畫史匯傳》等書因襲之。宋之前無“董展”其人，張彦遠《歷代名畫記》、姚最《續畫品》、李嗣真《後畫品録》，均作董伯仁而不作董展。

〔2〕後世論者將董伯仁與展子虔并稱。《歷代名畫記》引李嗣真云：“董與展，皆天生縱任，亡所祖述。動筆形似，畫外有情，足使先輩名流動容變色。但地處平原，闕江山之助；迹參戎馬，少簪裾之儀。此是所未習，非其所不至。若較其優劣，則欣戚笑言，皆窮生動之意；馳騁弋獵，各有奔飛之狀。必也三昧輪奂，董氏造其微；六轡沃若，展生居其駿。董有展之車馬，展亡董之臺閣。”

〔3〕後世題爲董伯仁的繪畫有《三顧草廬圖》（紙本設色，“臺北故宫博物院”藏，見《故宫書畫圖録》一），曾入内府收藏，楊臣彬斷爲明

人僞作。

鄭法士，不知何許人，在周爲大都督員外侍郎、建中將軍，入隋授中散大夫。畫師僧繇，尤長於人物，論者謂江左自僧繇以降，法士獨步焉。弟法輪，子德文，孫尚子，皆傳家學。尚子，睦州建德尉，尤工鬼神，又善爲顫筆，見於衣服手足、木葉、川流者，皆勢若顫動。[1]

〔1〕見《歷代名畫記》卷八，引文有删節，無作品傳世。

唐

閻立德[1]，歷官工部尚書。父毗[2]，在隋以丹青得名，與弟立本家學俱造其妙。[3]

〔1〕閻立德（？—656），因其父閻毗落籍雍州萬年（今陝西臨潼），故爲萬年人。閻立德在唐朝任職，先後任將作少匠、將作大匠、工部尚書，多次負責營建陵墓、宫殿，死後陪葬唐太宗昭陵。閻立德與其弟閻立本均爲唐初著名畫家，擅長人物、宫室，無作品傳世。《舊唐書》卷七十七《閻立德附弟立本傳》記載其生平事迹。

〔2〕閻毗（563—613），隋朝畫家，榆林盛樂（今内蒙古和林格爾）人。閻氏祖先是北魏和北周的官僚，隋朝建立後，他仍然得到寵信，屢次受命營建宫室和大型水利工程。擅長書畫，但無作品傳世。《隋書》卷六十八《閻毗傳》記載其生平甚詳。《歷代名畫記》卷四："閻毗，榆林盛樂人，工篆隸，善丹青。當時號爲臻絶。周武帝時拜儀同三司，隋帝愛其才藝，令侍東宫。數以雕麗之物，取悦於皇太子。拜車騎將軍。煬帝令毗修輦輅，多所損。"

〔3〕舊題爲閻立德所作繪畫有《問道圖》（絹本設色，"臺北故宫博物院"藏，見《故宫書畫録》卷六），僞作。

閻立本[1]，總章元年以司平太常伯拜右相。[2]有文學，尤善應務[3]。與兄立德以善畫齊名，嘗寫《秦府十八學士》[4]《淩烟閣功臣》[5]等，悉皆輝映前古，時人咸稱其妙。[6]

〔1〕閻立本（？—673），因閻毗落籍雍州萬年（今陝西臨潼），故爲萬年人。《新唐書》卷一〇〇閻立德附立本傳有其事迹。《歷代名畫記》卷九載其繪畫事迹。

〔2〕閻立本繼承其兄閻立德爲將作大匠、工部尚書，高宗總章元年（668）升爲右相，可以説在政治上十分顯赫。

〔3〕應酬事務。

〔4〕唐武德九年（626），閻立本奉命寫《秦府十八學士》，褚亮爲贊。秦府十八學士是褚亮、杜如晦、房玄齡、于志寧、蘇世長、薛收、姚思廉、陸德明、孔穎達、李玄道、李守素、虞世南、蔡允恭、顔相時、許敬宗、薛元敬、蓋文達、蘇勖。

〔5〕唐貞觀十七年（643），唐太宗爲紀念當初一同打天下的諸多功臣，命閻立本在凌烟閣内描繪了二十四位功臣的畫像，是爲《二十四功臣圖》，比例皆真人大小，畫像均面北而立，太宗時常前往懷舊。閣中分爲三層：最内一層所畫爲功勛最高的宰輔之臣；中間一層所畫爲功高王侯之臣；最外一層所畫則爲其他功臣。這二十四位功臣包括房玄齡、杜如晦、長孫無忌、魏徵、尉遲敬德、李孝恭、高士廉、李靖、蕭瑀、段志玄、劉弘基、屈突通、殷開山、柴紹、長孫順德、張亮、侯君集、張公謹、程知節、虞世南、劉政會、唐儉、李績和秦叔寶。

〔6〕此處的評價出自《宣和畫譜》卷一《道釋一》。唐張彦遠《歷代名畫記》："閻則六法該備，萬象不失。"閻立本的作品見於後世著録頗多，但多數已經亡佚。一般認爲《步輦圖》（絹本設色，北京故宫博物院藏，見《中國美術全集》隋唐五代繪畫）是閻立本代表作。《步輦圖》反映的是貞觀十五年（641），唐太宗將文成公主嫁給吐蕃王松贊干布，唐太宗接

見松贊干布使者禄東贊的場面。閻立本着重對人物的肖像特征和心理狀態進行了描繪。《歷代帝王圖》(絹本設色，美國波士頓博物院藏，見《中國美術全集》隋唐五代繪畫)刻畫了歷史上漢至隋間有不同作爲的十三位帝王的形象，這十三位帝王按歷史順序依次是：前漢昭帝劉弗陵、後漢光武帝劉秀、魏文帝曹丕、蜀主劉備、吴主孫權、晋武帝司馬炎、北周武帝宇文邕、陳文帝陳蒨、陳廢帝陳伯宗、陳宣帝陳頊、陳後主陳叔寶、隋文帝楊堅、隋煬帝楊廣。作者善於通過人物面容、眼神、眉宇和嘴唇間流露出的神情，來刻畫不同的個性、氣質，以此體現前代帝王的作爲和才能。此圖研究可見陳葆真論文《圖畫如歷史：傳閻立本〈歷代帝王圖〉》。

張孝師，爲驃騎尉。善畫，嘗死而復生，故畫地獄相爲尤工。吴道玄見之，因效爲地獄變相。[1]

〔1〕見《歷代名畫記》卷八，引文有删節，無作品傳世。

范長壽[1]，不知何許人。學張僧繇[2]畫，然能知風俗好尚。作田家景候人物，皆極其情。至於山川形勢，屈曲向背，分布遠近，各有條理，人謂可以企及僧繇也。當時得名甚著。官止司人校尉[3]。

〔1〕范長壽，唐代前期畫家，生卒年不詳。擅長道釋人物，兼能山水、牛馬和民間風俗畫，師法張僧繇。張彦遠的時代尚有《風俗圖》《醉道士圖》傳世，今無作品傳世。

〔2〕張僧繇，吴(今江蘇蘇州)人。梁天監中爲武陵王侍郎，直秘閣知畫事，歷右軍將軍、吴興太守。長於寫真，并擅畫佛像、龍、鷹，多作卷軸畫和壁畫。成語“畫龍點晴”的故事即出自於有關他的傳説。《圖繪寶鑑》卷二有載。

〔3〕張彦遠《歷代名畫記》記載范長壽官至“司徒校尉”。夏文彦此條來自《宣和畫譜》卷一《道釋一》，《宣和畫譜》作“司人校尉”。唐代

并無司人校尉或司徒校尉，與此相近者或爲“司隸校尉”。

何長壽，與范長壽同師法，故所畫多相類。然一源而异派，論者次之。[1]

〔1〕何長壽，唐代前期畫家，生卒年不詳。前代記載一般將他與范長壽相提并論，但何的成就不及范。

尉遲乙僧[1]，吐火羅人[2]。貞觀初，其國以善畫薦，中都授宿衛官，封郡公。[3]其父跋質那[4]，時人呼爲大尉遲，乙僧爲小尉遲。父子皆擅丹青，其用筆之妙，遂與閻立本爲之上下也。[5]

〔1〕尉遲乙僧，唐代前期畫家，生卒年不詳，八世紀初尚在世。

〔2〕吐火羅人是最早定居天山南北的古代民族之一，其領地在塔克拉瑪干沙漠，疆界以北是天山，以南是昆侖山，疆界以東是戈壁灘，以西是帕米爾高原。阿爾泰山至巴里坤草原之間的月氏人、天山南麓的龜兹人和焉耆人、吐魯番盆地的車師人以及塔里木盆地東部的樓蘭人，皆爲吐火羅人。我國古文獻描述的吐火羅人是大胡子、深眼窩和高鼻梁的人。從隋唐時期的歷史來看，尉遲父子是新疆于闐人，尉遲是于闐的國姓。

〔3〕據向達《唐代長安與西域文明》的研究，尉遲父子入居中原，封爵郡公，乙僧曾爲宿衛官，顯然是于闐派到隋朝和唐朝政府中的質子。

〔4〕尉遲跋質那，隋代畫家，生卒年不詳。

〔5〕尉遲父子創作大量宗教壁畫、卷軸畫，當時享有盛名。僧悰云：“外國鬼神，奇形异貌，中華罕繼。”舊題爲尉遲乙僧的傳世之作有《天王像》（絹本設色，美國弗利爾美術館藏，見《海外遺珍·繪畫》），真僞待考。

吴道玄[1]，字道子，陽翟[2]人。舊名道子，少貧，游洛陽，學書於張顛、賀知章，不成，因工畫。深造妙處，若悟之於性，非積習所能致。[3]初爲兗州瑕丘尉，明皇聞之，召入供奉，更今名，以道子爲字，由此名震天下。其筆法超妙，爲百代畫聖。[4]早年行筆差細，中年行筆磊落，如蒓菜條。[5]人物有八面，生意活動。其傅彩，於焦墨痕中略施微染，自然超出縑素，世謂之“吴裝”[6]。或謂張僧繇後身，信不誣也。供奉時爲内教博士[7]，非有詔不得畫，官止寧王友[8]。

〔1〕據黄苗子的研究，吴道子生於七世紀九十年代，死於758年以後。見黄苗子《吴道子事輯》，《中國畫研究》第二輯。

〔2〕陽翟，今河南禹縣。

〔3〕吴道子出身孤貧，曾跟隨當時大書法家張旭、賀知章學習書法，但没有什麽成就，轉而學畫，很有天賦。

〔4〕吴道子在唐代已經有“冠絶於世，國朝第一”（見《唐朝名畫録》神品上·吴道玄）的美譽，宋代蘇軾對其評價極高：“文至於韓愈，詩至於杜甫，書至於顔真卿，畫至於吴道玄，天下之能事畢矣。”“畫聖”之名應出自元湯垕《畫鑑》：“吴道子筆法超妙，爲百代畫聖。”

〔5〕宋人用“吴帶當風”來概括吴道子繪畫綫條的特點，主要是説他在綫條運用上有獨到之處，有似波浪起伏，使人有衣服飄舉之感。從唐代和後世的著録來看，吴道子主要從事道釋人物畫的創作，他在當時的都市如長安、洛陽的佛寺留下大量壁畫，部分壁畫保存到了宋代，贏得宋代文人蘇軾、黄庭堅等人的高度贊揚。同時他也創作了大量卷軸畫，北宋《宣和畫譜》著録内府收藏其畫九十三件，現存署名吴道子《天王送子圖》（紙本墨筆，日本大阪市立美術館藏，見《中國繪畫史圖録》上），可能是宋人的摹本。《天王送子圖》又名《釋迦降生圖》，描繪了佛祖釋迦牟尼降生爲悉達王子後，其父净飯王和其母摩耶夫人抱着他去朝拜大自在天神廟時，諸神向他禮拜的故事。畫卷中人物神情、動作等在作者的筆下都被描繪得極富神韵，綫條造型略帶有夸張的意味。此圖所用綫條輕重、頓挫合於節奏，以動勢表現生氣，具有“疏體”畫的特性，是典型的“吴家

樣”。

〔6〕亦稱“吴家樣”。從文獻記載來看，它指的是一種淡著色風格。北宋郭若虛《圖畫見聞志》卷一《論吴生設色》：“嘗觀（吴道子）所畫墻壁卷軸，落筆雄勁而敷彩簡淡；或有墻壁間設色重處，多是後人裝飾。至今畫家有輕拂丹青者，謂之‘吴裝’。”吴道子在人物造型、著色方面也有新的突破。唐代中期之後，“吴家樣”傳到全國各地，對道釋人物畫的創作影響很大。

〔7〕内教博士，從九品下，教導宫人習藝。

〔8〕寧王李憲，玄宗的哥哥。王府友，從五品下，掌侍游處，規諷道義。

翟琰，早師吴道玄。每道玄畫落墨已即去，多命琰布色，而道玄輒許可，故知琰自不凡。琰布色落墨，與道玄真贋，故未易辨也。〔1〕

〔1〕見《歷代名畫記》卷九與《宣和畫譜》卷二。

楊庭光，與吴道子同時。〔1〕善寫釋氏像與經變相，旁工雜畫山水等，皆極其妙。時謂頗有吴生體，但行筆差細，以此不同。〔2〕其畫佛像，多在山林中。

〔1〕楊庭光，唐代中期畫家，生卒年不詳，應該與吴道子是同時代人。《歷代名畫記》：“楊庭光，與吴同時。”

〔2〕《唐朝名畫録》記載：“開元中，與吴道子齊名。”楊庭光的作品主要是壁畫，也有卷軸畫，宋元時期仍有流傳，惜今不傳。其繪畫風格與吴道子類似，不過功力稍差。《歷代名畫記》：“頗有似吴生處，但下筆稍細耳。”

盧楞伽，長安人。〔1〕學於吴道子，但才力有所未及。〔2〕尤喜作經變相。入蜀，名益著，雖一時名流，莫不斂衽。[3]乾元[4]初於大聖慈寺畫《行道僧》，顔真卿[5]爲之題名，時號二絶。[6]

〔1〕盧楞伽，長安（今陝西西安）人。唐代中期畫家，生卒年不詳，主要活動在八世紀中葉。

〔2〕盧楞伽對藝術專心致志，鋭意創新，得到老師吴道子的贊許，但終因才力不及，力竭而死。唐張彦遠對此有詳細記載，《歷代名畫記》云："吴生嘗於京師畫總持寺三門，大獲泉貨。楞伽乃竊畫莊嚴寺三門，鋭意開張，頗臻其妙。一日吴生忽見之，驚嘆曰：'此子筆力常時不及我，今乃類我。是子也，精爽盡於此矣。'居一月，楞伽果卒。"

〔3〕宋代范成大在四川曾見過盧楞伽所畫佛像壁畫，《吴船録》卷一："蜀畫胡僧，惟盧楞伽之筆爲第一。"元代趙孟頫對其"羅漢像"的評價是："最得西域人神態，故優入聖域。"（見遼寧省博物館藏趙孟頫《紅衣羅漢圖》卷題跋）舊題爲盧楞伽的作品有《六尊者像》（絹本設色，北京故宫博物院藏，見《中國美術全集》隋唐五代繪畫），一般認爲是宋人的摹本。現存的《六尊者像》應是十八羅漢的一部分，現在僅存"第三拔納拔西尊者""第八嘎納嘎拔喇尊者""第十一租巴納塔嘎尊者""第十五鍋巴嘎尊者""第十七嘎沙雅巴尊者""第十八納納答密答喇尊者"六幅。此畫綫條流暢細勁，人物的神情與動態均刻畫得相當生動，富有情味；色彩不多，但光彩奪目，部分地方以淡墨賦染。

〔4〕乾元（758—760），唐肅宗年號。

〔5〕顔真卿（708—784），字清臣，唐京兆萬年（今陝西西安）人，唐代書法家，官至尚書右丞，封魯郡公。

〔6〕居住蜀地的黄休復對此事言之甚詳，宋《益州名畫録》云："至德二載，起大聖慈寺。乾元初，於殿東西廊下畫《行道高僧》數堵，顔真卿題，時稱二絶。至乾寧元年，王蜀先主於寺東廊起三學院，不敢損其名畫，移一堵於院門南，移一堵於門北，一堵於觀音堂。後此行道僧三堵六身畫經二百五十余年，至今宛如初矣。"

趙公祐，成都人，工畫佛道鬼神，世稱高絶。太和[1]間已著畫名。李德裕[2]鎮蜀，以賓禮遇之，[3]改莅浙西辟從蓮幙本長安人，寶曆中寓居於蜀。[4]

〔1〕太和（827—835），唐文宗年號。

〔2〕李德裕（787—850），唐朝中期著名政治家、詩人，字文饒，真定贊皇（今河北贊皇）人，幼有壯志，苦心力學，尤精《漢書》《左氏春秋》。穆宗即位之初，禁中書詔典册，多出其手。歷任翰林學士、浙西觀察使、西川節度使、兵部尚書、左僕射，并在唐文宗太和七年（833）和武宗開成五年（840）兩度爲相。主政期間，重視邊防，力主削弱藩鎮，鞏固中央集權，使晚唐内憂外患的局面得到暫時的安定。

〔3〕見《益州名畫録》卷上，引文有删節，無作品傳世。

〔4〕“改莅浙西辟從蓮幙”，《益州名畫録》無此句，疑爲衍文。

趙温其，公祐之子。幼而穎秀，家學益工，筆法臻妙。[1]

〔1〕見《益州名畫録》卷上，引文有删節，無作品傳世。

趙德齊，温其之子。襲二世之精藝，奇踪逸筆，爲時推許。光化[1]中，詔許王建[2]於成都置生祠，命德齊畫西平王儀仗，及朝真殿上畫后妃嬪御，皆極精妙。昭宗[3]喜之，遷翰林待詔[4]。

〔1〕光化（898—901），唐昭宗年號。

〔2〕王建（847—918），字光圖，陳州項城（今河南沈丘）人。唐僖宗封官西川節度使，唐昭宗封爲蜀王。唐亡，自立國號爲“蜀”，是爲五代十國時期前蜀開國皇帝。公元907年至918年在位。

〔3〕唐昭宗李曄（867—904），原名傑，又名敏，在位十六年。

〔4〕待詔是朝廷按才技徵召人員，隨時聽候皇帝的詔令，以備需要。文書、醫生、卜筮、琴棋書畫等等都有。畫院畫師分畫學正、待詔、藝學、祗候、供奉等五等，未獲品階者爲畫學生，所作的畫供宫廷御用，或

奉旨前往寺院道觀等特定處作畫。此段見《益州名畫録》卷上，引文有删節，無作品傳世。

范瓊，不知何許人。寓居成都，與陳皓、彭堅同時，俱以善畫人物得名。嘗作烏瑟摩[1]像，設色未半而罷，筆踪超絶，後之名手，莫能補完。[2]

〔1〕烏瑟摩，應爲烏芻瑟摩，明王菩薩，意譯爲不潔净、除穢焚燒、穢惡，爲密教與禪宗寺院中所安置的忿怒尊之一。又稱穢迹金剛、受觸金剛、火頭金剛、不净金剛、厠神。此尊以深净大悲，不避穢觸，以大威光，猶如猛火，燒除衆生煩惱妄見分别垢净生滅之心。

〔2〕見《益州名畫録》卷上，引文有删節。其傳世作品有《大悲觀音像》（絹本設色，"臺北故宫博物院"藏，見《故宫書畫圖録》一），真僞不明。

常粲，長安人。咸通[1]中，路巖[2]侍中牧蜀日，粲入蜀，路賓禮之。善畫人物，喜爲上古衣冠，不墮近習。[3]有《伏羲畫卦》《神農播種》《陳元達鎖諫》等圖[4]，則亦詩人"主文而譎諫"[5]之義也。其子重胤，能世其學，尤善於寫貌。僖宗[6]朝爲翰林供奉。

〔1〕咸通（860—873），唐懿宗年號。

〔2〕路巖，字魯瞻，冠氏（今山東聊城冠縣）人，唐代大中間進士，曾任屯田員外郎、翰林學士、兵部侍郎、同中書門下平章事、尚書左僕射等職。三十六歲居相位，國家權力落入他與韋保衡手中，"二人勢動天下"。後因權位之争與韋保衡交惡，被貶出京城，出任劍南節度使，之後再入京，升遷爲中書令，封魏國公，重掌大權。

〔3〕此處應出自《宣和畫譜》，原文："喜爲上古衣冠，不墮近習。衣冠益古，則韵益勝。"

〔4〕宋《宣和畫譜》記載内府收藏其畫十四件，今無作品傳世。

〔5〕出自《詩序》："主文而譎諫。"其義爲，意在諫争，不直言人過失，使人自悟。

〔6〕唐僖宗，名李儇（862—888），初名儼，唐懿宗第五子，懿宗病死後，宦官僞造遺詔立他爲帝，在位十五年，病死，葬於靖陵。

孫位，東越人。僖宗幸蜀，位自京入蜀，自稱會稽山人。[1]舉止疎野，襟韵曠達，喜飲酒，罕見其醉，樂與幽人爲物外交。[2]光啓[3]中，畫應天寺壁，勢若飛動。[4]後改名"遇"，卒不知所在，世稱龍水尤位所長。[5]（《德隅堂畫品》[6]載："位爲蜀文成殿下將軍，後遇异人得度世法，故名遇云。"）

〔1〕孫位，後改名爲"遇"，號會稽山人。會稽（今浙江紹興）人，曾居長安。唐僖宗逃往四川，孫位也隨同前往，推測孫位可能是宫廷畫家。生卒年不詳。

〔2〕黄休復對孫位的事迹記載較詳，《益州名畫録》："性情疎野，襟抱超然。雖好飲酒，未嘗沉酩。禪、僧、道士，常與往還。豪貴相請，禮有少慢，縱贈千金，難留一筆，唯好事者時得其畫焉。"

〔3〕光啓（885—888），唐僖宗年號。

〔4〕此事出自一段掌故，黄休復《益州名畫録》："光啓年，應天寺無智禪師請畫山石兩堵，龍水兩堵，寺門東畔畫東方天王及部從兩堵。昭覺寺休夢長老請畫浮漚先生松石墨竹一堵，仿潤州高座寺張僧繇戰勝一堵。兩寺天王部衆人鬼相雜，矛戟鼓吹，縱横馳突，交加戛擊，欲有聲響。"

〔5〕孫位擅長人物、龍水、松石、墨竹，他的入蜀，對四川地區的繪畫發展産生了很大的影響，當時的畫家黄筌曾追隨他學畫。《益州名畫録》卷上："（黄筌）學孫位畫龍水、松石、墨竹。"現存孫位的作品，有《高逸圖》（絹本設色，上海博物館藏，見《中國美術全集》隋唐五代繪畫）。畫上有宋徽宗題簽《孫位高逸圖》，鈐有北宋"宣和""雙龍""睿思東

閣”印，南宋“政和”“宣和”“御書”印，以及清梁清標和清内府諸藏印。此畫在《宣和畫譜》《石渠寶笈》等書中有著録，應該是孫位的真迹。現存圖中四個人物，應該是《竹林七賢》的殘本。有關此畫的研究可見承名世論文《論孫位〈高逸圖〉的故事及其與顧愷之畫風的關係》。

〔6〕宋李廌（1059—1109）所作。

張南本，不知何許人。〔1〕善畫人物，尤工畫火〔2〕。中和〔3〕年寓止成都金華寺，畫《八明王〔4〕》，時游僧升殿，見火勢逼人，驚怛〔5〕幾仆。時論孫位之水幾於道，南本之火幾於神。〔6〕

〔1〕張南本，唐後期畫家，生卒年不詳。善畫佛像鬼神，《宣和畫譜》記載内府收藏其作二十五件，今無作品傳世。

〔2〕一般佛像身後都有蓮瓣形的背光，背光自内向外畫成七層八層花紋，最外一層畫火焰。在敦煌壁畫中，魏畫背光多用藍色，隋畫多用紅色，唐代多用緑色。其中以隋代所畫背光最爲富麗，火光熊熊，鮮艷無比。中、晚唐已不畫火焰背光，衹畫圓光。張南本唐末人，還在畫火，可見各地畫法不盡相同。

〔3〕中和（881—885），唐僖宗年號。

〔4〕明王，是指佛、菩薩受大日如來教令，降伏諸惡魔時而變現轉化出的威猛忿怒形象。

〔5〕怛（dá），畏懼，驚恐之義。

〔6〕《宣和畫譜》：“時孫位以畫水得名，世之論畫水火之妙者，獨推二子。蓋水幾於道，而火應於神，非筆端深造理窟，未易於形容也。”《益州名畫録》：“其時孫位畫水，南本畫火，代無及者。世之水火，皆無定質，唯此二公之畫，冠絶今古。”

辛澄，不知何許人，多游蜀中，工畫佛像，不聞其他，蓋專門之學也。〔1〕

〔1〕見《宣和畫譜》卷二《道釋二》，引文有删節，無作品傳世。

張素卿，簡州人，少孤貧，作道士。僖宗時，上表言丈人山〔1〕在五岳上，不當稱公。〔2〕詔可其請，因賜紫〔3〕。嘗作《十二真君像》，各寫其賣卜、貨丹〔4〕、書符、導引〔5〕之意，人稱其妙。〔6〕

〔1〕丈人山，《青城山記》："青城爲五岳之長，故名丈人山。"

〔2〕夏文彦對此事言之過陋，《宣和畫譜》："僖宗時，遣使封丈人山爲希夷公。素卿上表言：'丈人山在五岳之上，五岳封王，則此不當稱公。'"

〔3〕唐初以紫爲三品以上的服色，緋爲五品以上的服色。其後專以紫爲三品服色，緋爲五品服色。

〔4〕貨丹，賣丹藥。

〔5〕導引，道教養生之法。

〔6〕見《宣和畫譜》卷二《道釋二》，引文有删節，無作品傳世。

道士陳若愚，蜀人，師張素卿，得其筆法。〔1〕

〔1〕見《宣和畫譜》卷二《道釋二》，引文有删節，無作品傳世。

姚思元，林泉人，畫道釋一時知名，作《紫微二十四化》，皆所以警悟世俗，非止游戲丹青而自娱悦者。〔1〕

〔1〕見《宣和畫譜》卷二《道釋二》，引文有删節，無作品傳世。

楊寧，善畫人物，與楊昇、張萱同時，皆以寫真得名。開元〔1〕間，寫史館像〔2〕，風神氣骨，不止於求似。而畫至人物爲難，楊寧獨工其難，而遂擅人物專門之習，豈易得哉。〔3〕

〔1〕開元（713—741），唐玄宗年號。

〔2〕《歷代名畫記》："楊寧、楊昇、張萱，以上三人并善畫人物。寧

以開元十一年爲史館畫直。”“史館畫直”，官名。

〔3〕見《宣和畫譜》卷五《人物一》，引文有删節，無作品傳世。

楊昇，不知何許人，嘗寫明皇〔1〕與肅宗〔2〕像，深得王者氣度。蓋昇以寫照專門，又當時親見奇表，宜乎傳之甚精。〔3〕

〔1〕唐玄宗（李隆基）謚號至道大聖大明孝皇帝，後世詩文多稱爲明皇。

〔2〕唐肅宗李亨是唐朝的第九代皇帝，原名李璵，係唐玄宗李隆基之子，在位五年，終年五十歲，死於宫廷政變，其執政期間李唐中央政權逐漸瓦解，是唐朝走向没落的開始時期。

〔3〕見《宣和畫譜》卷五《人物一》，引文有删節，無作品傳世。

張萱，京兆人。〔1〕善畫人物，而於貴公子與閨房之秀最工。〔2〕其爲花蹊竹樹，點綴皆極妍巧，尤長於寫嬰兒。其畫婦人，以朱暈耳根，以此爲别。〔3〕

〔1〕張萱，京兆（今陝西西安）人。唐代中期畫家，生卒年不詳，主要活動在八世紀上半葉。其生平史料可見陳高華《隋唐畫家史料》。

〔2〕張萱曾爲“畫直”。唐玄宗時，曾在集賢殿書院設有畫直，實際上是宫廷畫家。

〔3〕見《宣和畫譜》卷五《人物一》，引文有删節。張萱特别擅長表現貴族的生活，現在傳世的《虢國夫人游春圖》和《搗練圖》，相傳都是宋徽宗的摹本。《搗練圖》（絹本設色，美國波士頓美術館藏，見《中國美術全集》隋唐五代繪畫）描繪了唐代婦女搗練、絡綫、熨平、縫製的情景。整個畫面構圖安排十分巧妙，三組人或坐或立，有高有低，錯落有致，各組人物彼此呼應，聯繫緊密而又自然和諧。尤其是熨平一組中，畫一個稚氣的小女孩，在練下穿梭來去，活躍了整個畫面，使整個畫面張弛有度，富於節奏變化。

《虢國夫人游春圖》（絹本設色，遼寧省博物館藏，見《中國美術全集》隋唐五代繪畫）着力表現的是貴婦們游春時悠閑而略帶懶散的歡悦情緒和氣氛，此圖雖不畫背景，但仍然可以感到周圍豪華的行獵和明媚的春光。畫中人物面貌豐潤圓滿，體態綽約。在人物造型上同《搗練圖》一樣，都是鵝蛋臉、小嘴、豐滿健壯的身體，體現了盛唐時期的審美意識。

鄭虔，鄭州滎陽人。[1]善畫山水，山饒墨，樹枝老硬，黄筌山水有法虔者。[2]好書，嘗自寫其詩并畫獻明皇，明皇書其尾曰："鄭虔三絶。"官止著作郎。[3]

〔1〕鄭虔，鄭州滎陽（今河南滎陽）人，唐代中期畫家。其生平詳見王晚霞《鄭虔研究》。

〔2〕鄭虔長於人物、山水。明清之際，古畫商人吴其貞見過他的《山莊圖》《淵明圖》。關於前者他説："畫法圓健如錐畫沙，絶無塵俗氣，神品上畫也，有紹興一玉璽。"關於後者他説："畫法精好，與梁楷所畫無异，蓋楷祖此而然耶！"（見清吴其貞《書畫記》）

〔3〕見《宣和畫譜》卷五《人物一》，引文有删節，無作品傳世。

陳閎，會稽人，[1]爲永王府長史[2]。明皇詔寫御容，妙絶當時。又嘗寫肅宗，不惟龍鳳之姿逼真而筆英逸，真與閻立本并馳交先，故一時人多從其學。韓幹[3]亦以畫爲進，明皇怪其無閎筆法，使令師之，其器重可知也。[4]

〔1〕陳閎，一作陳宏。會稽（今浙江紹興）人。唐代中期畫家。生卒年不詳，主要活動於八世紀。

〔2〕陳閎長於人物、鞍馬，特别擅長寫真。玄宗開元（713—741）年間被召入宫，在内廷供奉，官至永王府長史。《歷代名畫記》："明皇開元中召入供奉，每令寫御容，冠絶當代。"

〔3〕見《圖繪寶鑑》卷二。

〔4〕陳閎的畫作，見於後世著録的不多，今天所能見到的，衹有《八公圖卷》（絹本設色，美國納爾遜博物館藏，見《海外遺珍·繪畫》），此畫無名款，卷後有明代文彭、張鳳翼，清代王傑、董誥、阮元等人題跋。關於其作品的研究可見金維諾《早秋圖與八公圖》，林樹中《傳陳閎〈八公圖〉研究》。

周古言，不知何許人。善畫人物，尤工婦人，多畫宫禁歲時行樂之勝，世稱名筆。然摹寫形似，未爲奇特，至於布景命意，則意在筆外，惟覽者得於丹青之所不到，則知非常工所能爲也。[1]

〔1〕見《宣和畫譜》卷五《人物一》，引文有删節，無作品傳世。

周昉，字景元，一字仲朗，長安人。[1]傳家閥閲[2]。好屬文，窮丹青之妙。游卿相間，貴公子也。[3]善畫貴游人物，作士女多爲穠麗豐肥之態，蓋其所見然也。[4]又善寫真，兼移其神氣，故無不嘆其精妙。[5]

〔1〕周昉，唐代中期畫家。生卒年不詳，主要活動於八世紀下半葉至九世紀初。詳見金維諾《〈紈扇仕女圖〉與周昉》。

〔2〕《玉篇》:“門在左曰閥，門在右曰閲。”後世稱巨室大族曰閥閲。

〔3〕周昉出身官僚家庭，自己也進入仕途，先後任越州長史、宣州長史等職。《宣和畫譜》:“傳家閥閲，以世冑出處貴游間，寓意丹青，頗馳譽當代。兄皓善騎射，因戰功授執金吾。”周昉的事迹見陳高華《隋唐畫家史料》。

〔4〕周昉特别擅長表現上層婦女的日常生活，這與他的出身和生活環境有很大的關係，他筆下婦女多是“穠麗豐肥之態”，因爲當時的上層社會的審美標準是“以豐厚爲體”。現存題爲周昉的有《簪花仕女圖》（絹本設色，遼寧省博物館藏，見《中國美術全集》隋唐五代繪畫）、《揮扇仕女圖》（絹本設色，北京故宫博物院藏，見《中國美術全集》隋唐五代繪

畫）、《調琴啜茗圖》（絹本設色，遼寧省博物館藏，見《國寶沉浮録》）等幾件，雖然對其真迹與否，還存在不同的看法，但是這些作品，仍可表現周昉一派的特點。《簪花仕女圖》描繪一群服裝華麗的貴族婦女在庭園中閑步、賞花，繪畫用筆和綫條細緊有力，設色艷麗，很好地表現了貴族婦女的細膩柔嫩以及高級絲織品的特點。

〔5〕見《宣和畫譜》卷六《人物二》，引文有删節。周昉擅長寫真，在佛像、世俗人物方面，都有很高的成就。在世俗人物方面，他與韓幹都曾爲趙縱畫像，周昉“兼移其神氣，得趙郎情性笑言之姿”（詳見《唐朝名畫録·神品中·周昉》）；在神佛像方面他創造了水月菩薩體。《歷代名畫記》卷十：“周昉，字景玄，官至宣州長史。初效張萱畫，後則小异，頗極風姿。全法衣冠，不近閭里。衣裳勁簡，彩色柔麗。菩薩端嚴，妙創水月之體。”周昉的繪畫在當時就得到很高評價，甚至被新羅國的人高價買走。《宣和畫譜》：“昉生平圖繪甚多，而散逸爲不少。貞元來，已有新羅國人於江淮間以善價求昉畫而去。”

王朏，太原人，官止劍州刺史。善丹青之習，師周昉，然精密則視昉爲不及。一時如趙博文，皆昉高弟也，然朏過博文遠甚。〔1〕

〔1〕見《宣和畫譜》卷六《人物二》，引文有删節，無作品傳世。

韓滉〔1〕，字太冲，德宗〔2〕朝宰相。當建中末，值兹喪亂，遂兼統六道節制，出爲鎮海軍江浙東西兼荆、湖、洪、鄂等道節度使，中書令、晋國公。〔3〕公退之暇，留意丹青，書師張顛，畫師陸探微。其畫人物牛馬極工，尤好圖田家風俗。〔4〕嘗自言：不能定筆，不可論書畫。以非急務，故自晦〔5〕，不傳於人。〔6〕

〔1〕韓滉（723—787），字太冲。長安（今陝西西安）人。唐代中期政治家、畫家。

〔2〕唐德宗李适（742—805），肅宗的長孫，代宗的長子。780—805

年在位。

〔3〕韓滉出身高級官僚門第，父親韓休官至宰相，青年時以父蔭進入仕途，官至節度使，封晋國公，鎮守東南，名重一時。其生平史料可見《舊唐書》卷一二九。

〔4〕韓滉的作品以描寫農村生活風俗爲特點，以善於畫牛著名於時。《歷代名畫記》説他畫的“牛羊最佳”，他把風俗畫的題材從官廷豪門擴大到農村。北宋的《宣和畫譜》著録内府收藏三十六件，其中表現農村生活的有二十四件。今存《五牛圖》（紙本設色，北京故宫博物院藏，見《中國美術全集》隋唐五代繪畫）一幅，畫中五牛神態各异，在藝術處理手法上，畫家采用不同筆法描繪牛身體的不同部位，通過不同用筆表現牛不同部位特征。在造型方面，畫家對牛的比例、透視關係都處理得很好，結構也十分準確。

〔5〕自隱才能，不使聲名彰。

〔6〕見《宣和畫譜》卷六《人物二》，引文有删節。

杜庭睦，不知何許人。喜寫故實，畫《明皇斫膾[1]圖》，人物品流，見之風神氣骨間，非有得於心，何以臻妙如此。[2]

〔1〕古時稱切生魚片爲“斫膾”。斫，削。《爾雅·釋器》：“肉曰脱之，魚曰斫之。”斫膾，就是將魚肉削成薄片。

〔2〕見《宣和畫譜》卷六《人物二》，引文有删節，無作品傳世。

吴侁[1]，不知何許人。作林泉平遠，溪友釣徒，皆有幽致。[2]

〔1〕侁，音 shēn。

〔2〕見《宣和畫譜》卷六《人物二》，引文有删節，無作品傳世。

鍾師紹，蜀人。妙丹青，畫道釋、人物、犬馬，頗工。[1]

〔1〕見《宣和畫譜》卷六《人物二》，引文有删節，無作品傳世。

尹繼昭，不知何許人。工畫人物、臺閣，冠絶當世。[1]

〔1〕見《宣和畫譜》卷八《宫室》，引文有删節，無作品傳世。

胡瓌，范陽人。[1]工畫番馬，鋪叙巧密，近類繁冗，而用筆清勁。至於穹廬[2]、什器、射獵，形容備盡。凡畫橐駞[3]及馬，以狼毫筆疏染，取其生意，亦善體物者也。[4]後以筆法授子虔。[5]

〔1〕胡瓌（guī），契丹烏索固部落人。隨李克用（856—908）入中原，定居范陽（治今河北涿縣），生卒年不詳。

〔2〕穹廬，蒙古人住的蒙古包。

〔3〕橐駞，即駱駝。

〔4〕胡瓌擅寫北方游牧民族牧馬、馳獵等生活，穹廬什器、射獵部屬，纖悉形容備盡。所作用筆清勁，構圖巧密，人物氣質獷悍，形象各异。尤工畫馬，骨骼體狀生動有神。梅堯臣嘗題其《胡人下馬圖》云："氈廬鼎列帳幕圍，鼓角未吹驚塞鴻。"曲盡塞外寒漠之景。明都穆見其《番騎圖》稱："黄沙野蒿，鞭馬疾馳，非余之目擊，則也莫能知其妙也。"《宣和畫譜》著録御府所藏其作品有《卓歇圖》《牧馬圖》《番騎圖》等六十五件。舊題爲其作品有《卓歇圖》（"卓歇"意爲牧人搭起帳篷歇息）（絹本設色，北京故宫博物院藏，見《中國美術全集》隋唐五代繪畫），卷後有清代高士奇、張照等人題跋。經今人研究，圖中人物習俗屬於金代女真人，故此圖極有可能出自金代漢族畫家之手。

〔5〕見《宣和畫譜》卷八《番族》，引文有删節。

胡虔，瓌之子。世謂丹青之學有父風。[1]

〔1〕見《宣和畫譜》卷八《番族》，引文有删節，無作品傳世。

李思訓，唐宗室也，官至左武衛大將軍。[1]畫皆超絶，尤工山水林泉，筆格遒勁，得湍瀨潺湲、烟霞縹緲難寫之狀，用金碧輝映，爲一家法。[2]後人所畫著色山，往往多宗之，然至妙處，不可到也。[3]

〔1〕李思訓（653—718），唐宗室李孝斌之子。曾受武則天迫害，棄官隱居。唐中宗即位，封隴西郡公，實封二百户。玄宗即位後，官至右武衛大將軍（右武衛，禁軍十六衛之一。大將軍，正三品）。生平可見《舊唐書》卷六十宗室·長平王叔良附子孝協、孝斌，孝斌子思訓。

〔2〕中國的山水畫，到隋唐時期已趨於成熟。唐代山水的代表人物就是王維和李思訓父子。李思訓父子山水的特點是工整富麗和青緑著色，同時他們在界畫方面也有很高的造詣。題爲李思訓的傳世作品有《江帆樓閣圖》（絹本設色，“臺北故宫博物院”藏，見《中國美術全集》隋唐五代繪畫），此圖表現的是游春的情景，畫中山石用墨綫勾勒輪廓，石緑渲染。畫樹、松已用交叉取勢，整體勢態葱鬱，富有裝飾味，和有勾無皴的山石，起伏均匀的水紋，精麗工緻的屋宇，圖案形狀的夾葉，十分相稱，而且還可以看出其中吸取域外繪畫的痕迹。清人安岐認爲此畫“傅色古艷，筆墨超軼，雖千里、希遠不能辨其青緑朱墨，傳經久遠，深透絹背，有入木三分之妙，的係唐畫無疑，宜命爲真迹”。

〔3〕見《宣和畫譜》卷十《山水一》，引文有删節。

李昭道，思訓之子，官至中書舍人。[1]作畫稍變其父之勢，雖智思筆力，視思訓爲未及，然其妙亦至矣。[2]世稱思訓爲大李將軍，昭道爲小李將軍。[3]

〔1〕李昭道，李思訓之子，生卒年不詳。玄宗即位之後，李昭道官至中舍人（正五品下）。

〔2〕《唐朝名畫録》則稱他畫的山水鳥獸“甚多繁巧，智慧筆力不及思訓”。傳世作品有題爲李昭道的《明皇幸蜀圖》（絹本設色，“臺北故宫博物院”藏，見《中國美術全集》隋唐五代繪畫），此畫爲青緑設色，崇山峻嶺間一隊騎旅自右側山間穿出，向遠山棧道行進。前方一騎者着紅衣

乘三花黑馬正待過橋，應爲唐明皇（玄宗），嬪妃則着胡裝戴帷帽，展示出當時的習俗。中部侍馭者數人解馬放馱略作歇息。山勢突兀，白雲縈繞，山石有勾勒無皴法，設色全用青緑。該畫傳本較多，此圖雖可能爲宋代傳摹本，但比較接近李思訓父子畫派的風格。

〔3〕見《宣和畫譜》卷十《山水一》，引文有删節。

盧鴻，字浩然。〔1〕范陽〔2〕人，隱嵩、少間〔3〕。開元中，以諫議大夫召，固辭，賜隱居服、草堂一所，令還山。〔4〕頗喜寫山水平遠之趣，其筆意位置，清氣襲人。〔5〕

〔1〕盧鴻，一名鴻一，字浩然。生卒年不詳，唐代中期畫家。《舊唐書》卷一九二隱逸傳有其生平記載。

〔2〕《舊唐書》記載，盧鴻本范陽人，遷徙洛陽（今河南洛陽）。

〔3〕隱居嵩山，不願出仕。

〔4〕唐玄宗開元五年（717），被徵召入朝。玄宗授以官職，辭而不受。後許還山，官府營修所居草堂。他在山中召集學生講學，多達五百人。

〔5〕見《宣和畫譜》卷十《山水一》，引文有删節。盧鴻的繪畫作品《草堂十志圖》（一作《草堂圖》）是唐代山水畫的重要作品，現存的《草堂圖》（紙本設色，“臺北故宫博物院”藏，見《故宫名畫三百種》）是宋人的摹本。有關此畫的研究，可見莊申《唐盧鴻〈草堂十志圖〉考》。

王維〔1〕，字摩詰。開元初擢進士，官至尚書右丞。〔2〕家於藍田輞川〔3〕。善畫，尤精山水。〔4〕觀其思致高遠，出於天性，初未見於丹青，時時詩篇中已自有畫意。〔5〕蓋其胸次瀟灑，落筆便與庸史不同。〔6〕

〔1〕王維，字摩詰，太原祁（今山西祁縣）人。關於他的生卒有兩種不同説法，一説699—759年，另一説701—761年。見陳清華《王維年

譜》。

〔2〕王維於開元初進士及第，天寶末年官至給事中。安史之亂之後，玄宗逃往四川，安禄山占領長安，王維被俘。唐肅宗收服長安、洛陽之後，“陷賊官”都要定罪，王維却意外得到赦免，繼續爲官，後來官至尚書右丞。故後人稱之爲王右丞，其生平詳見《舊唐書》卷一九〇文苑下·王維傳。

〔3〕今陝西西安藍田輞川鄉。

〔4〕山水畫至隋唐已趨於成熟，一般認爲，隋唐時期的山水畫分爲兩大流派，一派著色山水，代表人物是展子虔和大小李將軍；另一派是水墨山水，代表人物是王維。王維的畫，後世所見著録頗多，現存傳爲王維的有《江山雪霽圖》(絹本水墨，日本小川睦之輔私藏，見徐邦達《古書畫僞訛考辨》)、《雪溪圖》（絹本水墨，原清内府收藏，見《中國繪畫史圖録》上)、《伏生授經圖》（絹本水墨，日本大阪市立美術館藏，見《中國繪畫史圖録》上）等。

〔5〕王維是唐代最杰出的詩人之一，同時他在書法、繪畫方面也有很高的造詣。他在描繪自然景物時，能够將詩歌和繪畫有機地結合起來，做到“詩中有畫、畫中有詩”。

〔6〕見《宣和畫譜》卷十《山水一》，引文有删節。

王洽，不知何許人。能潑墨成畫。性嗜酒，多放敖於江湖間。每欲作圖，必沉酣之後，解衣磴礴，先以墨潑幛上，因其形似，或爲山石，或爲林泉，自然天成，不見墨污之迹。蓋能脱去筆墨畦町，自成一種意度。[1]（張彦遠有“王默師項容，又師鄭虔，酒後用頭髻取墨抵絹上作山水松石”。唐《名畫録》有“王墨善潑墨山水，故謂之王墨，恐即此王洽也”。)[2]

〔1〕見《宣和畫譜》卷十《山水一》，引文有删節，無作品傳世。

〔2〕括號内文字爲夏文彦所注。王默即王墨，《唐朝名畫録》作王墨，

《歷代名畫記》作王默，實際上是同一人。

項容，不知何許人。當時以處士名稱之，善畫山水，師事王默。[1]作《松風泉石圖》，筆法枯硬而少温潤，故昔之評畫，譏其頑澀，然挺特巉絶，亦自是一家。[2]

〔1〕夏文彦《圖繪寶鑑》因襲《宣和畫譜》。俞劍華認爲《宣和畫譜》此處記載有誤，應該以《歷代名畫記》記載爲準，《歷代名畫記》記載項容在前，王默在後，王默師項容。

〔2〕見《宣和畫譜》卷十《山水一》，引文有删節，無作品傳世。

張詢，南海人。不第後流寓長安，以畫自適。後至蜀中，爲僧夢休作早、午、晚三景圖於壁間，謂之三時山。僖宗[1]幸蜀見之，嘆賞彌日。[2]

〔1〕李儇（xuān），唐懿宗第五子，初名儼。874—888 年在位。黄巢起義時，曾逃往四川。

〔2〕見《宣和畫譜》卷十《山水一》，引文有删節，無作品傳世。

畢宏[1]，不知何許人。善工山水，作《松石圖》於左省[2]壁間，一時文士有詩稱之。其落筆縱横，變易常法，意在筆前，非繩墨[3]所能制，故得生意爲多。[4]

〔1〕畢宏，唐代中期畫家，生卒年不詳。據《歷代名畫記》記載，畢宏在大曆二年（767）爲給事中，這是門下省内的官職。

〔2〕唐時，門下省在殿廡之左稱左省，中書省在殿廡之右稱右省。

〔3〕繩與墨，木工打直綫用的工具，比喻規矩和法度。

〔4〕見《宣和畫譜》卷十《山水一》，引文有删節，無作品傳世。畢宏擅長山水、樹石，張彦遠認爲“樹木改步變古，自宏始也”（見張彦遠《歷代名畫記》卷十《唐朝下》）。宋代米芾認爲五代關仝的“石木出自畢

宏”（見米芾《畫史》）。其作品早已失傳，記載也不多。

張璪一作藻[1]，字文通，吴郡人。官止檢校祠部員外郎，衣冠文行[2]，爲一時名流。[3]善畫松石山水，自撰《繪境》[4]一篇，言畫之要訣。畢庶子宏一見驚异之。[5]璪嘗手操雙管，一爲生枝，一爲枯枿[6]，而四時之行，遂驅筆得之。所畫山水，高低絶秀，咫尺深重，幾若斷取，一時號爲神品。[7]

〔1〕張璪，璪一作藻，字文通。吴郡（今江蘇蘇州）人。唐朝中期畫家。生卒年不詳，主要活動於八世紀下半期。

〔2〕古時士以上的階層戴冠，衣冠謂文士着裝；文行謂舉止文雅。

〔3〕張璪曾爲檢校祠部員外郎，後因事被貶衡州（今湖南衡陽）司馬，又遷忠州（今四川忠縣）司馬。唐代時這兩處被認爲是邊遠之地，可見其雖然一時爲官，但在政治上是失意的。其事迹見《唐文粹》卷七十九。

〔4〕《繪境》已失傳，但張璪的繪畫見解“外師造化，中得心源”膾炙人口。

〔5〕此事《歷代名畫記》有記載：“初畢庶子宏擅名於代，一見驚嘆之，异其唯用禿毫，或以手摸絹素，因問璪所受。璪曰：‘外師造化，中得心源。’畢宏於是擱筆。”

〔6〕枯枿，枯枝。

〔7〕見《宣和畫譜》卷十《山水一》，引文有删節，無作品傳世。張璪擅長山水、松石，衹用水墨，不施五彩，今不傳。五代荆浩稱之爲“曠古絶今，未之有也”。唐張彦遠與之時代接近，曾見過他的畫，《歷代名畫記》云：“彦遠每聆長者説，璪以宗黨，常在予家，故予家多璪畫。曾令畫八幅山水幛，在長安平原里。破墨未了，值朱泚亂，京城騷擾，璪亦登時逃去。”

荆浩[1]，河内人，自號洪谷子。博雅好古，以山水專門，頗得趣向。善爲雲中山頂，四面峻厚。[2]自撰《山水訣》一卷。[3]嘗語人曰："吴道子畫山水有筆而無墨，項容有墨而無筆。吾當採二子所長，成一家之體。"故關仝[4]北面事之。世論荆浩山水爲唐末之冠。[5]

〔1〕荆浩，河内人，號洪谷子。沁水（今山西沁水）人。生卒年不可考，生活在五代時期。荆浩是儒生，五代時期時局動蕩不安，隱居山區（太行山洪谷），不願出來做官（見《五代名畫補遺·山水門第二·神品》）。

〔2〕荆浩擅長山水畫，與弟子關仝被後代稱爲北方山水畫派的創立者。流傳於世的作品有《雪山行旅圖》（絹本水墨，美國堪薩斯城納爾遜美術館藏，見《海外遺珍·繪畫》）和《匡廬圖》（絹本水墨，"臺北故宫博物院"藏，《中國美術全集》隋唐五代繪畫），後者有南宋高宗題記，并進入清内府收藏，一般認爲是真迹。

〔3〕荆浩曾將自己的創作經驗寫成《筆法記》一卷。有多個版本傳世，常見的有《王氏畫苑》本。據宋代陳振孫《直齋書目解題》所記，此文應爲《山水受筆法》，《筆法記》係省文稱呼。關於《筆法記》的真僞，後世書目多有提及，可見謝巍《中國畫學著作考録》。

〔4〕五代畫家，荆浩弟子。《圖繪寶鑑》有傳。

〔5〕見《宣和畫譜》卷十《山水一》，引文有删節。

漢王元昌，唐高祖第七子，博學善畫。李嗣真[1]謂"天人之姿，博綜伎藝，頗得風韵，自然超舉"。有畫鞍馬、鷹鶻傳於時，雖閻立德、立本不得以季、孟[2]其間。[3]

〔1〕李嗣真，唐趙州柏（今河南西平）人，永昌中官右御使中丞，後被流放嶺南。著有《書品》《詩品》《畫品》。

〔2〕古時兄弟排行，依次爲孟、仲、叔、季。

〔3〕見《宣和畫譜》卷十三《畜獸一》，引文有删節，無作品傳世。

江都王緒，唐霍王元軌之子，太宗侄也。[1]能書畫，最長於鞍馬，以此得名。[2]官至金州刺史。杜子美詩謂："國初以來畫鞍馬，神妙獨數江都王。"[3]爲一時所重。[4]

〔1〕李緒，史籍多作李續，唐宗室，太宗之侄。武則天稱帝時，李續與其他李氏宗族被處死。詳見《資治通鑑》卷二〇四。

〔2〕李續多才藝，善書畫，尤以畫馬著名。杜甫有"神妙獨數江都王"之句，對他十分欽佩。李續的作品到宋代時已經很罕見，《宣和畫譜》著録的不過三件，今已不可見。

〔3〕見杜甫《韋諷録事宅觀曹將軍畫馬圖》，《杜工部詩集》卷五。

〔4〕見《宣和畫譜》卷十三《畜獸一》，引文有删節，無作品傳世。

韋無忝[1]，京兆人。與弟無縱，俱以畫稱，尤善畫馬及异獸。[2]官至左武衛大將軍[3]。

〔1〕韋無忝，京兆（今陝西西安）人。唐代中期畫家，生卒年不詳。

〔2〕韋無忝擅長畫畜獸、鞍馬、人物，尤其以畜獸著名。唐玄宗時，經常在宫廷侍奉的，有吴道玄、韓幹等人，韋無忝也在其中。韋無忝的畫在南宋之後不見於記載，其繪畫事迹可見陳高華《隋唐畫家史料》。

〔3〕左武衛，禁軍十六衛之一。衛設上將軍、大將軍各一名。大將軍正三品。全文見《宣和畫譜》卷十三《畜獸一》，引文有删節，無作品傳世。

曹霸[1]，髦之後，髦以畫稱於魏。[2]霸在開元中，畫已得名。天寶末，詔寫御馬及功臣像，筆墨沉著，神彩生動。[3]官至左武衛大將軍。

〔1〕曹霸，唐代中期畫家，生卒年不詳。曾畫御馬，并修補凌烟閣功

臣像。杜甫於代宗廣德二年（764）在成都遇到曹霸，爲作《丹青引》和《韋諷録事宅觀曹將軍畫馬圖》兩首著名詩篇。曹霸因此名聲大振。其繪畫事迹可見陳高華《隋唐畫家史料》。

〔2〕曹髦是魏國的第四代皇帝，曹丕的孫子，東海定王曹霖的兒子。曹芳被廢，曹髦被立爲魏國皇帝。後來，曹髦因不甘心朝政被司馬氏把持，帶領數百僕人討伐司馬昭，在宫門處被司馬氏的黨羽賈充指使成濟用戈刺死，并被廢掉皇帝名位。善丹青，有《祖二疏圖》《盜跖圖》《黄河流勢》《新豐放鷄犬圖》，又有《黔婁夫妻圖》。唐張彦遠《歷代名畫記》定其作爲中品。

〔3〕曹霸的繪畫，見於後世著録的不多，今天很難見到真迹。傳世之作有《下槽馬》（絹本設色，見民國《藝林旬刊》第12期）。疑係托名之作。

裴寬，絳州人。以文辭進，有能稱。明皇時，爲范陽節度使兼采訪使，頗受眷知。[1]所畫《小馬圖》[2]，蕭散閒適，筆墨典雅。[3]

〔1〕《宣和畫譜》記載："裴寬，《唐史》有傳，不言寬能畫，唯云：'騎射、彈棋、投壺特妙。'以此推知，能畫可知。大抵唐人多能書畫，特著不著耳。"

〔2〕《宣和畫譜》著録宋代内府藏有《小馬圖》，今其作品不傳於世。

〔3〕見《宣和畫譜》卷十三《畜獸一》，引文有删節，無作品傳世。

韓幹，長安人。[1]王維一見其畫，遂推獎之。天寶初，入爲供奉。[2]陳閎畫馬，榮遇一時。明皇令師之，幹不奉詔，曰："臣自有師，今陛下内廐馬，皆臣師也。"明皇益奇之。後師曹霸，畫馬得骨肉停匀法，傳染入縑素。[3]弟子孔榮，頗得其法。[4]

〔1〕韓幹，長安（今陝西西安）人，一説大梁（今河南開封）人。唐代中期畫家，生卒年不詳。主要活動於唐玄宗（712—756）時。據《西

陽雜俎》所記，德宗建中時（780—783）尚在。其繪畫事迹可見陳高華《隋唐畫家史料》。

〔2〕韓幹少年時曾爲賒酒家送酒，可見其出身下層，生活窮苦。王維賞識他，資助他學畫十餘年，終於取得杰出成就。唐玄宗天寶年間（742—756）被徵召入内廷供奉，成爲一名宫廷畫家。

〔3〕杜甫《丹青引》："韓幹畫肉不畫骨，忍使驊騮氣雕喪。"這種評價是抬高曹霸，貶低韓幹。唐代顧雲就説："今日披圖見筆迹，始知甫也真凡目。"從文獻的記載來看，韓幹畫馬的風格特點應該是少露筋骨，肉中有骨。故夏文彦説他"得骨肉停匀法"。傳世題爲韓幹的作品有《神駿圖》（絹本設色，遼寧省博物館藏，見《遼寧省博物館藏畫》）、《猿馬圖》（絹本設色，"臺北故宫博物院"藏，見《故宫書畫録》卷一）、《牧馬圖》（絹本設色，"臺北故宫博物院"藏，見《中國美術全集》隋唐五代繪畫）、《照夜白圖》（絹本設色，美國大都會博物館藏，見《中國美術全集》隋唐五代繪畫）等。

〔4〕見《宣和畫譜》卷十三《畜獸一》，引文有删節。

韋鑒，長安人。善畫龍馬。弟鑾，工山水松石。所傳世者不多。〔1〕

〔1〕見《宣和畫譜》卷十三《畜獸一》，引文有删節。舊題爲韋鑒所作《盧雁圖》（絹本設色，美國舊金山亞洲美術館藏，見《海外所在中國繪畫目録》），真僞待考。

韋偃〔1〕，父鑾，官至少監。善畫山水、松石、花鳥，時名雖已籍籍，而未免墮於古拙之習。偃雖家學，而筆力遒健，風格高舉，過父遠甚。尤善畫馬〔2〕，其筆法磊落，揮霍振動。〔3〕

〔1〕韋偃，長安（今陝西西安）人。唐朝中期畫家，生卒年不詳。其繪畫事迹見陳高華《隋唐畫家史料》。

〔2〕韋偃擅長人物、山水，以畫馬最爲有名。題爲韋偃所作的傳世繪畫有《雙騎圖》，(絹本設色，“臺北故宫博物院”藏，見《故宫書畫録》卷六)，《雙騎圖》的繪畫風格與夏文彦所説其父的“古拙”接近，但與歷代著録的描述不一致。《唐朝名畫録》記載其繪畫風格：“居閒嘗以越筆點簇鞍馬人物、山水雲烟，千變萬態。或騰或倚，或齕或飲，或驚或止，或走或起，或翹或跂。其小者或頭一點，或尾一抹。山以墨乾，水以手擦，曲盡其妙，宛然如真。”

〔3〕見《宣和畫譜》卷十三《畜獸一》，引文有删節。

趙博文，尚書左丞相涓[1]之子。世業儒，喜丹青，而於士女、兔犬爲尤工，絶無世俗區區形似之習。[2]

〔1〕趙涓，冀州人。幼有文學。天寶初，舉進士，德宗時出爲衢州刺史，以尚書左丞致仕。

〔2〕見《宣和畫譜》卷十三《畜獸一》，引文有删節，無作品傳世。

戴嵩[1]，不知何許人。初韓滉鎮浙西，命爲巡官。[2]師滉畫，皆不及，獨於牛能畫野性，過滉遠甚。[3]至於田家川原，亦各臻妙。[4]弟嶧，亦以畫牛得名。[5]

〔1〕戴嵩，唐代後期畫家。與韓滉同時，主要活動於八世紀下半期。

〔2〕韓滉出鎮東南期間（779—787），戴嵩曾到他的府中任職。《廣川畫跋》的説法與此不同：“嵩本士子，仕至浙西推官。”

〔3〕《舊唐書》《新唐書》都説韓滉以繪畫非急務，“自晦其能，未嘗傳之”。所謂“戴嵩學畫於韓滉”之説是很可疑的。陳高華推測，戴嵩爲韓滉下屬，兩人均善畫牛，後人因緣附會，於是有種種傳説。見陳高華《隋唐畫家史料·戴嵩》。

〔4〕《宣和畫譜》著録内府收藏戴嵩作品三十八件，從畫目來看，全是以牛爲題。“田家川原”應該是畫牛的背景。舊題爲戴嵩的作品有《鬥

牛圖》（紙本設色，“臺北故宫博物院”藏，見《故宫書畫録》），款字係後人所加，但是否有真迹尚待研究。詳見王耀進《牛年話畫牛——記故宫歷代牛畫特展》。

〔5〕見《宣和畫譜》卷十三《畜獸一》，引文有删節。

戴嶧，嵩之弟。畫牛善作奔逸之狀。〔1〕

〔1〕見《宣和畫譜》卷十三《畜獸一》，引文有删節，無作品傳世。

李漸，不知何許人，官任忻州刺史。善畫番馬人物，筆跡氣調，當時號無儔。〔1〕

〔1〕無儔，没有對手。全文見《宣和畫譜》卷十三《畜獸一》，引文有删節。《藝林旬刊》有署名唐代李漸的《馬圖》，真僞待考。

李仲和，漸之子，善畫番馬人物，有父遺風，但筆力不逮也。〔1〕

〔1〕見《宣和畫譜》卷十三《畜獸一》，引文有删節，無作品傳世。

張符，不知何許人，善畫牛頗工，筆法亦有得於韓滉，亦韓之派也。〔1〕

〔1〕見《宣和畫譜》卷十三《畜獸一》，引文有删節，無作品傳世。

滕王元嬰〔1〕，唐宗室也。善丹青，喜作蜂蝶，朱景元〔2〕嘗見其粉本〔3〕，謂“能巧之外，曲盡精理”。〔4〕

〔1〕李元嬰（？—684），唐高祖李淵二十二子。封滕王。其子湛然，在唐玄宗天寶十一載（752）嗣滕王。按《舊唐書》《新唐書》記載，滕王元嬰是驕縱逸游、動作失度的唐宗室，并未記載其善畫（見《舊唐書》卷六十四高祖二十二子·滕王元嬰傳；《新唐書》卷七十九高祖諸子列

傳·滕王元嬰)。《唐朝名畫録》《歷代名畫記》所記的滕王善畫，都是指嗣滕王湛然。夏文彦因襲《宣和畫譜》之誤，將善畫的滕王湛然誤爲其父元嬰。

〔2〕朱景元，即朱景玄，唐吴郡人，著有《唐朝名畫録》。

〔3〕古人畫稿謂之粉本。或於墨稿上加粉，或用針穿孔，以便撲入絹素。

〔4〕見《宣和畫譜》卷十五《花鳥一》，引文有删節，無作品傳世。

薛稷〔1〕，字嗣通，河東汾陰人，收之從子也。〔2〕書學褚河南〔3〕，畫踪如閻立本。善花鳥、人物、雜畫，尤長於鶴，得名於古今焉。〔4〕稷在睿宗朝，官至太子少保，封晋國公。〔5〕

〔1〕薛稷（649—713），字嗣通，河東汾陰（今山西萬榮）人。

〔2〕汾陰薛氏在唐初是相當顯赫的家族，世代有人出任重要官職，薛稷的祖父薛收，仕唐爲記室參軍，封汾陰縣男；從父薛元超曾任中書令（宰相)。

〔3〕褚遂良（596—658或659），字登善，祖籍河南陽翟（今河南禹州)，因此稱褚河南。

〔4〕薛稷“多才藻，工書畫”，還是一個有名的收藏家。善畫花鳥、人物，尤長於畫鶴。今已不見其真迹，新疆阿斯塔拉唐墓壁所畫花鳥可作參照。

〔5〕薛稷進士出身，唐睿宗在位（710—712）時，受重用，“官至太子少保，封晋國公”是睿宗時的事。玄宗即位後，參與太平公主等人的謀反活動，事敗被殺。

邊鸞〔1〕，長安人。以丹青馳譽於時，尤長於花鳥，得動植生意。〔2〕大抵精於設色，如良工之無斧鑿痕耳。〔3〕然以技困窮，卒不獲遇，轉徙潞、澤〔4〕間。米海岳論畫花，亦謂鸞畫如生。〔5〕

〔1〕邊鸞，長安（今陝西西安）人。唐代後期畫家，主要活動於八世紀下半期。邊鸞曾爲右衛長史。他自幼學習繪畫，長於花鳥，特别擅長作折枝草木。

〔2〕邊鸞是唐代最享盛名的花鳥畫家。《歷代名畫記》卷十《唐朝下》：“邊鸞，善畫花鳥，精妙之極。至於山花園蔬，亡不遍寫。爲右衛長史。花鳥冠於代，而有筆迹。”

〔3〕宋代内府收藏其作品三十三件，對其繪畫特點，《宣和畫譜》卷十五云：“鸞於賁飾彩翠之外，得婆娑之態度，若應節奏。又作折枝花，亦曲盡其妙。至於蜂蝶，亦如之。大抵精於設色，如良工之無斧鑿痕耳。”其傳世作品有《花鳥圖》（絹本設色，“臺北故宫博物院”藏，見《故宫書畫圖録》卷一）款署“邊鸞”，有清内府收藏印，疑非邊鸞手筆。

〔4〕潞，今山西長治；澤，今山西晋城。

〔5〕米芾《畫史》：“滕昌祐、邊鸞、徐崇嗣，花皆如生。”

于錫，不知何許人，善畫花鳥，最長於鷄。〔1〕

〔1〕見《宣和畫譜》卷十五《花鳥一》，引文有删節，無作品傳世。

梁廣，不知何許人。善畫花鳥，爲一時所稱，故鄭谷〔1〕《海棠詩》〔2〕有“梁廣丹青點筆遲”之句。〔3〕

〔1〕鄭谷，生卒年不詳，唐朝末期著名詩人。字守愚，袁州（今江西宜春）人。僖宗時進士，官都官郎中，人稱鄭都官。

〔2〕鄭谷《海棠詩》：“海棠最宜春著雨，梁廣丹青點筆遲。爲此凝眸懶梳妝，當年應是莫愁女。投桃報李春未去，東君又作留春計。怕是吟句無顔色，銷得濃麗蘸新雨。”

〔3〕見《宣和畫譜》卷十五《花鳥一》，引文有删節，無作品傳世。

蕭悦，不知何許人。官爲協律郎，喜畫竹，深得竹之生意，名擅當世。[1]

〔1〕唐白居易題悦《畫竹》詩云："舉頭忽見不似畫，低耳静聽疑有聲。"有白居易這樣的名人品題，可見名聲之大。全文見《宣和畫譜》卷十五《花鳥一》，引文有删節，無作品傳世。

刁光胤，長安人。天復中，避地入蜀。[1]善畫湖石、花竹、猫兔、鳥雀之類。[2]慎交游，所與者皆一時佳士。黄筌、孔嵩皆師事之。[3]

〔1〕唐昭宗天復（901—904）初入蜀，留居三十餘年，年八十餘卒。

〔2〕刁光胤的作品在宋代内府尚有二十四件。傳世題爲刁光胤的繪畫有《寫生花卉》册頁，分别是《雙飛蛺蝶圖》《五羊圖》《葵石圖》《雪松圖》《竹菊圖》《蜂蝶戲猫圖》《雪里山茶圖》《江南風景圖》《芙蓉泉石圖》（紙本設色，"臺北故宫博物院"藏，見《故宫名畫三百種》），畫上有乾隆御筆題詩，《故宫名畫三百種》認爲"此册或爲刁光胤僅存真迹"。

〔3〕刁光胤將畫藝傳給黄筌，對風行北宋初的"黄家富貴"畫風起了先導作用。全文見《宣和畫譜》卷十五《花鳥一》，引文有删節。

周滉，不知何許人。善畫水石、花竹、禽鳥，頗臻其妙。[1]

〔1〕見《宣和畫譜》卷十五《花鳥一》，引文有删節，無作品傳世。

朱審[1]，吴郡人。得山水之妙，[2]亦畫人物、竹木。[3]

〔1〕朱審，吴郡（今江蘇蘇州）人。唐代中期畫家，生卒年不詳。

〔2〕《唐朝名畫録》："得山水之妙，自江湖至京師，壁、障、卷軸，家藏户珍。"説明朱審是名震一時的山水畫家。朱審山水特點是"濃秀"，柳公權詩云"洞邊深墨寫秋潭"，應是水墨山水畫。

〔3〕見《唐朝名畫録·妙品上八人》，引文有删節。

王宰[1]，家於西蜀。貞元中，韋令公以客禮待之。[2]畫山水樹石，出於象外。[3]多畫蜀山，玲瓏窳窆，差巧峭楊。[4]

〔1〕王宰，西蜀（今四川）人，生卒年不詳。

〔2〕唐德宗貞元（785—805）中，韋皋出鎮西蜀，對王宰待以賓客之禮。

〔3〕唐肅宗上元元年（760），杜甫流寓四川成都時，爲作《戲題畫山水圖歌》（見四川文史館編《杜甫年譜》）。詩中云："十日畫一松，五日畫一石。能事不受相促迫，王宰始肯留真迹。"朱景玄曾見過王宰之畫，《唐朝名畫録》："景玄曾於故席夔舍人廳見一圖障，臨江雙樹，一松一柏。古藤縈繞，上盤於空，下著於水。千枝萬葉，交植曲屈，分布不雜，或枯或榮，或蔓或亞，或直或倚，葉疊千重，枝分四面。達士所珍，凡目難辨。又於興善寺見畫四時屏風，若移造化，風候雲物，八節四時，於一座之内，妙之至極也。"其作今不傳。

〔4〕見《唐朝名畫録·妙品上八人》，引文有删節，無作品傳世。

楊炎[1]，貞元中宰相。出貶崖州[2]，嘗畫松石、山水，出於人表。[3]

〔1〕楊炎（727—781），天興（今陝西鳳翔）人。唐德宗時，累拜門下侍郎，同中書門下平章事。作兩税法，一變租庸調舊制（見《舊唐書·楊炎傳》）。

〔2〕《唐朝名畫録》記載楊炎被貶之後的軼事："初稱處士，謁盧黄門，館之甚厚。久而知其丹青之能，意欲求之，未敢發言。炎遽欲辭去，盧公復苦留之。知其家洛中，衣食乏少，心所不寧，盧公乃潛令人將數百千至洛供之，擬取其家書，回以示炎，炎極感之，未知所報。盧公從容乃言：'欲求一踪，以爲子孫之家寶爾，意尚難之。'遂月餘圖一障，松石雲物，移動造化，觀者皆謂之神异。後少有見筆迹者，亦可居於妙上品。"其作品今不傳。

〔3〕見《唐朝名畫録・妙品上八人》，引文有删節。

程修已〔1〕，其先冀州人。祖大曆中任越中醫學博士，時周昉任越州長史，遂令修已師事之，盡得其畫人物口授之妙。〔2〕尤精山水、花竹。〔3〕

〔1〕程修已（804—863），冀州（今河北冀縣）人。唐代後期畫家。

〔2〕程修已曾從周昉學畫，“以傳奇妙”。後爲宫廷畫師，在宫廷供職達四十年，經歷五朝，頗受寵遇（見陳高華《隋唐畫家史料》）。

〔3〕見《唐朝名畫録・妙品中五人》，引文有删節，無作品傳世。

馮紹政，善畫鷄、鶴、龍、水，時稱其妙。開元中爲少府監。〔1〕

〔1〕見《唐朝名畫録・妙品下十人》，引文有删節。

張遵禮，善畫鬬將、鞍馬、戈矛、器械。用筆塹差，小畫尤佳。

王紹宗，琅琊人，父修禮。畫迹與殷仲容〔1〕相類。

〔1〕殷仲容，唐代畫家。《唐朝名畫録》：“殷仲容攻花鳥、人物，亦邊鸞之次也。”

蒯廉，性野。嘗愛畫鶴，後師薛稷，深得其妙。〔1〕

〔1〕見《唐朝名畫録・妙品下十人》，引文有删節，無作品傳世。

檀智敏，時號檀生。屋木、樓臺出一代之制。〔1〕

〔1〕見《唐朝名畫録・妙品下十人》，引文有删節，無作品傳世。

鄭儔，屋木、樓臺師檀生。[1]

〔1〕見《唐朝名畫録·妙品下十人》，引文有删節，無作品傳世。

陳譚，工山水。德宗除[1]連州[2]刺史，令寫彼處山水之狀，每歲貢獻。野逸不群，高情邁俗，張藻[3]之亞也。[4]

〔1〕除，任命官職。

〔2〕連州，今廣東連州。

〔3〕即張璪，見本卷。

〔4〕陳譚作品不傳於世。

劉商[1]，爲郎中[2]。性格高邁，愛畫松石、人物。初師張璪，後自造真爲意。有《觀奕圖》石刻行於世。[3]

〔1〕劉商，字子夏，彭城（今江蘇銅山）人。唐代後期畫家，生卒年不詳，主要活動在八世紀下半期。

〔2〕劉商官至檢校兵部郎中、汴州觀察判官（見張彦遠《歷代名畫記》）。

〔3〕見《唐朝名畫録·能品上六人》，引文有删節。劉商的畫，後世流傳極少。元代後期，有人將李公麟臨本劉商《觀奕圖》刻石流傳，一時有許多詩人題詠（見陳高華《隋唐畫家史料》）。

王定，爲中書。常癖於畫，公政之外，每圖佛像、高僧、士女，皆冠於當代。[1]貞觀時以畫得名。

〔1〕見《唐朝名畫録·能品上六人》，引文有删節，無作品傳世。

黄諤，畫馬獨善於時。[1]

〔1〕見《唐朝名畫録·能品下二十八人》，引文有删節，無作品傳世。

李靈省，落拓不拘檢，長[1]愛畫山水，每圖一障，非其所欲，不即强爲也。但以酒生思，傲然自得，不知王公之尊貴，自得其趣耳。[2]

〔1〕四庫本作“常”。

〔2〕見《唐朝名畫録·逸品三人》，引文有删節，無作品傳世。

張志和[1]，號烟波子，常漁釣於洞庭湖。顔魯公[2]典[3]吴興，知其高節，以“漁歌”五首贈之。張乃隨句賦象，人物、舟船、烟波、風月、鳥獸，皆依其文寫之，曲盡其妙。[4]

〔1〕張志和（730？—810?)，字子同，初名龜齡，婺州（今浙江金華）人，自號“烟波釣徒”，又號“玄真子”。唐代著名道士、詞人和詩人。十六歲參加科舉，以明經擢第，授左金吾衛録事參軍，唐肅宗賜名爲“志和”。因事獲罪貶南浦尉，不久赦還。自此看破紅塵，浪迹江湖，隱居祁門赤山鎮。

〔2〕顔真卿（708—784），字清臣，唐京兆萬年（今陝西西安）人，唐代宗時官至吏部尚書、太子太師，封魯郡公，人稱“顔魯公”。

〔3〕典，主持，主管。

〔4〕見《唐朝名畫録·逸品三人》，引文有删節，無作品傳世。

左全，蜀人。本儒家。工畫佛道、人物。寶曆[1]中，聲馳宇内。多仿吴生，頗得其要。[2]

〔1〕寶曆（825—827)，唐敬宗年號。

〔2〕見《圖畫見聞志》卷二《唐末二十七》，引文有删節，無作品傳世。

陳皓、彭堅與范瓊同時同藝，名振三川。[1]

〔1〕見《圖畫見聞志》卷二《唐末二十七》，引文有删節，無作品傳

世。

呂蕘、竹虔，尹繼昭弟子，并長安人。工畫道釋、人物。僖宗朝翰林待詔，廣明[1]中扈從入蜀。[2]

〔1〕廣明（880—881），唐僖宗年號。

〔2〕見《圖畫見聞志》卷二《唐末二十七》，引文有删節，無作品傳世。

麻居禮，蜀人。師張南本[1]，光化、天復間，[2]聲迹甚高。[3]

〔1〕張南本，唐僖宗時人。見本卷。

〔2〕光化（898—901），唐昭宗年號。天復（901—904），唐昭宗年號。

〔3〕見《圖畫見聞志》卷二《唐末二十七》，引文有删節，無作品傳世。

李洪度，成都人。工畫道釋、人物，馳譽當時。[1]

〔1〕見《圖畫見聞志》卷二《唐末二十七》，引文有删節，無作品傳世。

張騰，不知何許人。工道釋、雜畫，筆法布色，頗窮其妙。[1]

〔1〕見《圖畫見聞志》卷二《唐末二十七》，引文有删節，無作品傳世。

張贇，河陽人。工畫人物、道釋。[1]

〔1〕見《圖畫見聞志》卷二《唐末二十七》，引文有删節，無作品傳世。

王洟，不知何許人。善畫人物。[1]

〔1〕見《圖畫見聞志》卷二《唐末二十七》，引文有删節，無作品傳世。

韓王元嘉，善畫龍馬虎豹，則天授太尉。[1]

〔1〕見《歷代名畫記》卷九，引文有删節，無作品傳世。

劉孝師、靳智翼[1]，俱善畫。[2]

〔1〕僧彦悰云："祖述仲達，改張琴瑟；變夷爲夏，肇自斯人。在范長壽上。"

〔2〕見《歷代名畫記》卷九，引文有删節，無作品傳世。

梁寬、吴智敏，更爲俊逸。[1]

〔1〕此條不知所云。《歷代名畫記》卷九云："梁寬、吴智敏，僧悰云：智敏師於寬，神襟更爲俊逸。"二人均無作品傳世。

王陀子，善山水，幽致，峰巒極佳。[1]

〔1〕見《歷代名畫記》卷九，引文有删節，無作品傳世。

康薩陀，爲振威校尉。畫人馬，措意非高。[1]

〔1〕見《歷代名畫記》卷九，引文有删節，無作品傳世。

王知慎，工書畫，師於閻，與兄知敬齊名，筆力爽利，風采不凡。[1]

〔1〕見《歷代名畫記》卷九，引文有删節，無作品傳世。

王韶應一作韶隱，畫鬼神，深有氣韵。一云善山水、人馬。[1]

〔1〕見《歷代名畫記》卷九，引文有删節，無作品傳世。

李生，吴弟子，善畫地獄佛像，有類於吴而稍弱。[1]

〔1〕見《歷代名畫記》卷九，引文有删節，無作品傳世。

張藏，亦吴弟子。裁度[1]麄快，思若涌泉，亦好細畫。[2]

〔1〕裁度：度量而定取舍。

〔2〕見《歷代名畫記》卷九，引文有删節，無作品傳世。

武静藏，善畫鬼神，有氣韵。[1]

〔1〕見《歷代名畫記》卷九，引文有删節，無作品傳世。

董萼，字重照。開元中多在尚方[1]。善雜畫，車牛最推其妙。[2]

〔1〕尚方：指爲宫廷置辦和掌管飲食器物的官署、部門。

〔2〕見《歷代名畫記》卷九，引文有删節，無作品傳世。

陳静心，善寺壁。弟净眼，善地獄、山水。[1]

〔1〕見《歷代名畫記》卷九，引文有删節，無作品傳世。

程雅，善雜畫。[1]

〔1〕見《歷代名畫記》卷九，引文有删節，無作品傳世。

楊坦、楊仙喬，并長安人，好圖鬼神。子爽亦善之。[1]

〔1〕見《歷代名畫記》卷九，引文有删節，無作品傳世。

解倩，善鬼神。[1]

〔1〕見《歷代名畫記》卷九，引文有删節，無作品傳世。

姜皎，上邽人。善鷹鳥。開元中官至秘書監。[1]

〔1〕見《歷代名畫記》卷九，引文有删節，無作品傳世。

李思誨，林甫之父，思訓之弟。善丹青。贈禮部尚書。[1]

〔1〕見《歷代名畫記》卷九，引文有删節，無作品傳世。

李林甫[1]，善山水，類昭道。[2]

〔1〕李林甫（？—752），唐宗室，小字哥奴。善音律，會機變，善鑽營。開元中，遷御史中丞、吏部侍郎，深結唐玄宗寵妃武惠妃及宦官等，懵伺帝意，故奏對皆稱旨。開元二十二年（734）五月，拜相，爲禮部尚書、同中書門下三品。開元二十四年（736）底代張九齡爲中書令，大權獨握。李林甫居相位十九年，專政自恣，杜絶言路，助成安史之亂。天寶十一載（752）十月抱病而終。李林甫死後遭楊國忠誣陷，時尚未下葬，被削去官爵，子孫流嶺南，家産没官，改以小棺如庶人禮葬之。

〔2〕昭道，即李昭道。唐代畫家，見本卷。全文見《歷代名畫記》卷九，引文有删節，無作品傳世。

李湊，林甫姪[1]。善畫綺羅人物，師閻令，但筆迹疎散，言其媚態則盡美。[2]

〔1〕姪，通“侄”。

〔2〕見《歷代名畫記》卷九，引文有删節，無作品傳世。

郎餘令，有才名，工山水、古賢。爲著作佐郎。[1]

〔1〕見《歷代名畫記》卷九，引文有删節，無作品傳世。

曹元廓，則天朝爲朝散大夫，左尚方令。師於閻，工騎獵、人馬、山水。[1]

〔1〕見《歷代名畫記》卷九，引文有删節，無作品傳世。

劉行臣，善畫鬼神，類王朝隱[1]。

〔1〕此處疑爲“類王韶應”，《歷代名畫記》作“類王韶應”，見《歷代名畫記》卷九，引文有删節，無作品傳世。

暢鬠，善山水，似李將軍[1]。鬠子明瑾，妙過於父。[2]

〔1〕李思訓、李昭道父子皆擅畫青緑山水，畫史稱大、小李將軍。

〔2〕見《歷代名畫記》卷九，無作品傳世。

尹琳，善畫佛像，高宗時得名。李仲昌、李嗣真，并琳弟子。[1]

〔1〕見《歷代名畫記》卷九，引文有删節，無作品傳世。

陸庭曜，善人物、鬼神，有氣韵，[1]時稱第一[2]。

〔1〕見《歷代名畫記》卷九，無作品傳世。

〔2〕今本《歷代名畫記》不見此句。

僧智瑰，善山水、鬼神，氣韵灑落。[1]

〔1〕見《歷代名畫記》卷九，無作品傳世。

殷令名，陳郡人。父不害，累代工書畫。[1]

〔1〕見《歷代名畫記》卷九，無作品傳世。

殷聞禮，字大端。書畫妙過於父。武德初爲中書舍人。[1]

〔1〕見《歷代名畫記》卷九，引文有刪節，無作品傳世。

殷仲容，聞禮子，則天時任秘書丞。善寫貌及花鳥，妙得其真，或用墨色，如兼五采，[1]亦邊鸞之次也[2]。

〔1〕見《歷代名畫記》卷九，引文有刪節，無作品傳世。

〔2〕“邊鸞”條在《歷代名畫記》卷十。《歷代名畫記》卷九無此句，應是夏文彥所加。

談皓，善畫人物，有態度，衣裳潤媚，與李湊[1]小[2]相類。[3]

〔1〕李林甫侄，見本卷。

〔2〕四庫本作“少”，通“稍”。

〔3〕見《歷代名畫記》卷九，引文有刪節，無作品傳世。

僧金剛三藏，獅子國[1]人，善西域佛像。[2]

〔1〕即僧伽羅，來自梵語 Simhalauipa（馴獅人），獅子國指今天的斯里蘭卡。

〔2〕見《歷代名畫記》卷九，引文有刪節，無作品傳世。

宋令文，善書畫。[1]

〔1〕見《歷代名畫記》卷九，無作品傳世。

司馬承禎，字子微，善畫，又工篆隸。[1]

〔1〕見《歷代名畫記》卷九，引文有刪節，無作品傳世。

釋翛然，俗姓裴氏，善丹青，工山水。[1]

〔1〕見《歷代名畫記》卷九，引文有刪節，無作品傳世。

鄭逾，善山水，天寶中得名於梁、宋間。[1]

〔1〕梁、宋間，指梁州和宋州之間，唐代的梁州、宋州指的是今天的開封和商丘之地。全文見《歷代名畫記》卷九，引文有删節，無作品傳世。

李果奴，善寫人物，筆迹調潤。[1]

〔1〕見《歷代名畫記》卷九，引文有删節，無作品傳世。

張湮，官刑部員外郎。善畫山水。[1]

〔1〕見《歷代名畫記》卷十，引文有删節，無作品傳世。

劉方平，工山水樹石，汧國公李勉[1]甚重之。[2]

〔1〕汧國公李勉，字玄卿，唐代有名的耿直清廉的官員。任開封縣尉、監察御史、滑亳節度使、檢校司等官職。

〔2〕見《歷代名畫記》卷十，引文有删節，無作品傳世。

王熊，官至潭州[1]都督[2]。善湘中山水，似李將軍。[3]

〔1〕唐代的潭州，包括今湖南長沙等多地。

〔2〕都督，或爲刺史之誤。

〔3〕見《歷代名畫記》卷十，引文有删節，無作品傳世。

王象，有畫《鹵簿圖》[1]傳於代。[2]

〔1〕鹵簿指古代皇宫儀仗隊。宋太宗曾命人繪製了三幅《鹵簿圖》，藏於秘閣。宋仁宗時，宋綬重新制定大駕鹵簿，編寫《圖記》十卷。今本大駕鹵簿圖書（全卷縱 51.4 厘米、横 1481 厘米，中國國家博物館藏）即是在宋綬《圖記》基礎上完成的。圖中共繪官兵 5481 人、車輦 61 乘、馬 2873 匹、牛 36 頭、象 6 隻、樂器 1701 件、兵杖 1548 件，表現了皇帝前往

城南青城祭祀天地時的宏大場面。繪製時間應在皇祐五年（1053）至治平二年（1065）之間。唐代王象所繪應該與此類似。

〔2〕《歷代名畫記》："王象，有畫《鹵簿圖》傳於代。或云，是熊兄弟。"

田琦，雁門人。善人物并寫貌，官至汝南太守。[1]

〔1〕見《歷代名畫記》卷十，引文有刪節，無作品傳世。

李逖，工畫蠅蝶、蠭[1]蟬之類。

〔1〕同"蜂"。

李平鈞，唐宗室。工山水。官至陳留令。

白旻，工花鳥。官至澄城令。[1]

〔1〕見《歷代名畫記》卷十，引文有刪節，無作品傳世。

韓嶷，工婦女、雜畫，善布色。[1]

〔1〕見《歷代名畫記》卷十，引文有刪節，無作品傳世。

齊皎，高陽[1]人。善外蕃人馬，尤工山水。官至澤州刺史。[2]

〔1〕傳爲顓頊故都，位於今河北保定東部。

〔2〕見《歷代名畫記》卷十，引文有刪節，無作品傳世。

齊映，皎弟。性雅正好學。善山水。贈[1]禮部尚書。[2]

〔1〕追贈死者官爵或榮譽稱號。

〔2〕見《歷代名畫記》卷十，引文有刪節，無作品傳世。

史瓚，官至省郎[1]。善畫鞍馬人物。[2]

〔1〕指唐代三省（中書省、門下省、尚書省）的官吏。

〔2〕見《歷代名畫記》卷十，無作品傳世。

戴重席，工子女，極精妙。[1]

〔1〕見《歷代名畫記》卷十，無作品傳世。

裴諝，字士明，河東人。畫山水極有思。官至兵部尚書。[1]

〔1〕見《歷代名畫記》卷十，引文有删節。

陳曇，字玄成。工山水，有情趣，但峰岫少奇，往往煩碎。官至衡州刺史。[1]

〔1〕見《歷代名畫記》卷十，引文有删節，無作品傳世。

顧況，字逋翁，吴興人。頗好詩詠，善畫山水。[1]

〔1〕見《歷代名畫記》卷十，引文有删節，無作品傳世。

鄭寓，學昉[1]，畫天王菩薩，有思。

〔1〕即周昉，見本卷。

沈寧，善樹石山水，有格律[1]，師張璪而少[2]劣。[3]

〔1〕格律，指法度、規矩。

〔2〕通“稍”。

〔3〕見《歷代名畫記》卷十，無作品傳世。

蕭祐，畫山水。爲桂州觀察使。[1]

〔1〕見《歷代名畫記》卷十，引文有删節，無作品傳世。

劉整，任秘書正字[1]。善山水。同時劉之奇，亦能山水。[2]

〔1〕秘書正字，北齊始置於秘書省，隋、唐、宋沿置，與校書郎同掌校讎典籍，訂正訛誤。

〔2〕見《歷代名畫記》卷十，引文有删節，無作品傳世。

强穎，善水鳥。[1]

〔1〕見《歷代名畫記》卷十，無作品傳世。

陳庶，揚州人。師邊鸞，花鳥尤善布色。[1]

〔1〕見《歷代名畫記》卷十，無作品傳世。

陳恪，工山水，師張、鄭，人物、鞍馬、蟲禽并精。子積，善山水，妙過於父。[1]

〔1〕見《歷代名畫記》卷十，無作品傳世。

周太素，善畫花鳥、佛像。終尚書令。[1]

〔1〕見《歷代名畫記》卷十，無作品傳世。

麴庭，善山水，格不甚高，但細巧耳。[1]

〔1〕見《歷代名畫記》卷十，無作品傳世。

侯莫陳廈[1]，字重構。工山水，用意極精。[2]

〔1〕侯莫陳廈，侯莫陳是很少見的三字姓氏。

〔2〕見《歷代名畫記》卷十，無作品傳世。

王弘，太原人。畫人馬。永徽[1]時人。[2]

〔1〕永徽，唐高宗年號，650—655 年。

〔2〕見《歷代名畫記》卷十，引文有删節，無作品傳世。

會稽僧道芬，滎陽鄭町、梁洽，青州吴恬，并善山水：芬格高，鄭淡雅，梁美秀，吴險巧。[1]

〔1〕見《歷代名畫記》卷十，引文有删節，無作品傳世。

牛昭，善山水。

高道興，成都人。光化[1]中與趙德齊同畫《西平王[2]儀仗》，授翰林待詔。[3]

〔1〕光化（898—901），唐昭宗的年號。

〔2〕西平王，党項族建立西夏政權之前其首領的稱號。

〔3〕見《益州名畫録》卷上《妙格中品十人》，引文有删節，無作品傳世。

趙德玄，長安人。天復中入蜀。工畫車馬、人物、山水、佛像、屋木。[1]

〔1〕見《益州名畫録》卷上《妙格中品十人》，引文有删節，無作品傳世。

陳義、殷敎、殷季友、許琨、同州僧法明、錢國養、左文通、宋抱一[1]、孟仲暉，已上皆開元時人，善寫貌。[2]

〔1〕《歷代名畫記》："朱抱一，開元二十二年直集賢，善寫貌。"疑爲同一人。

〔2〕見《歷代名畫記》卷十，引文有删節，無作品傳世。

高江、車道政。[1]

〔1〕高江、車道政，二人并善寫貌。見《歷代名畫記》卷十，引文有刪節，無作品傳世。

嗣滕王湛然，善畫花鳥、蠭蜨[1]。官至太子詹事。[2]

〔1〕同“蜂蝶”。

〔2〕見《歷代名畫記》卷十，引文有刪節，無作品傳世。

衛憲，師周昉，花木竹雀，各造其妙。[1]

〔1〕見《唐朝名畫録》，引文有刪節，無作品傳世。

張立，不知何許人。蜀中畫跡甚多，亦能墨竹。[1]

〔1〕見李衎《竹譜》，引文有刪節，無作品傳世。

五代

王商，不知何許人。工畫道釋、仕女，尤精外國人物。與胡翼同時，并爲都尉趙嵒[1]所厚。[2]

〔1〕即梁駙馬都尉趙嵒，《圖繪寶鑑》卷二有傳。

〔2〕見《宣和畫譜》卷三《道釋三》，引文有刪節，無作品傳世。

燕筠，不知何許人。工畫天王，筆法師周昉，頗臻其妙，然不見他畫，獨天王傳於世。[1]

〔1〕見《宣和畫譜》卷三《道釋三》，引文有刪節，無作品傳世。

支仲元，鳳翔人。畫人物極工，筆法師顧、陸[1]，緊細有力，人物清潤不俗。其畫神仙人物，多作奕[2]棋之勢。[3]宋高宗題作晋六朝者，多仲元所作。

〔1〕指顧愷之、陸探微。

〔2〕至正本誤作“奕”，當爲“弈”。

〔3〕見《宣和畫譜》卷三《道釋三》，引文有刪節，無作品傳世。

左禮，成都人。工畫道釋像，學吴道玄，描染與楊庭光相類，但行筆差細耳。《宣和畫譜》謂“與張南本筆法相似”〔1〕，《圖畫見聞志》謂與“張南筆法相似”〔2〕，豈即張南本也？

〔1〕見《宣和畫譜》卷三《道釋三》，引文有刪節。

〔2〕見《圖畫見聞志》卷二《五代九十一人》，原文：“左禮、張南本，并工佛道，二人筆思不相遠。”

朱繇〔1〕，長安人。工畫道釋，妙得吴道元筆意，所畫未有不以爲法者。時出新意，千變萬態，動人耳目。〔2〕弟子趙裔，亦知名。〔3〕

〔1〕《五代名畫補遺》作朱瑶，《宣和畫譜》作朱繇。瑶、繇字音相同，所記事迹大體接近，二人實際上是一人，《圖繪寶鑑》以爲二人。

〔2〕朱繇之畫，學吴道子。據蘇東坡所説，北宋時人所收吴道子作品，大多是朱繇所作。原文見《東坡集》卷九：“已將鐵石充逸少，更補朱繇爲道玄。”

〔3〕見《宣和畫譜》卷三《道釋三》，引文有刪節，無作品傳世。

李昇，成都人。〔1〕善畫人物，尤善山水，筆意幽閒。〔2〕人有得其畫，往往誤稱王右丞者焉。〔3〕

〔1〕李昇，五代前蜀畫家，四川成都人。米芾評曰：“古未有倫，今固無有。”曾於聖壽寺、大聖慈寺作壁畫，時稱絶筆。

〔2〕李昇擅長山水，舊題爲李昇作品有《岳陽樓圖》紈扇（絹本水墨，“臺北故宫博物院”藏，見《故宫藏畫精選》），無款印，舊簽題“李

昇岳陽樓圖”。

〔3〕見《宣和畫譜》卷三《道釋三》，引文有删節。

杜子環，華陰人。精意道釋，研吮丹粉，尤得其術，故彩繪特異。〔1〕

〔1〕見《宣和畫譜》卷三《道釋三》，引文有删節，無作品傳世。

杜齯〔1〕龜，秦人，避地居蜀。事王衍〔2〕爲翰林待詔。博學强識。善畫佛像、人物。始師常粲〔3〕，後捨舊學，自成一家，故筆法凌轢〔4〕輩流，粲亦莫能接武〔5〕也。〔6〕

〔1〕音 ní。

〔2〕王衍（899—926，一作 901—926），字化源，王建第十一子，許州舞陽（今屬河南舞鋼市）人，母親是王建寵妃徐氏。爲前蜀後主，919—925 年在位。

〔3〕《圖繪寶鑑》卷二有載。

〔4〕凌轢（líng lì），壓倒、勝出之義。

〔5〕接武，相繼而行。

〔6〕見《宣和畫譜》卷三《道釋三》，引文有删節。舊題其傳世作品有《善神像》軸（絹本設色，日本藤井善助藏，見《域外所藏中國古畫集》之三），待考。

張元〔1〕，簡州金水〔2〕石城山人。善畫，尤以羅漢得名。〔3〕

〔1〕張玄，清影刻本避諱改玄爲元，作張元。

〔2〕今四川茂縣。

〔3〕見《宣和畫譜》卷三《道釋三》，引文有删節。傳世作品有《大阿羅漢像》軸（絹本設色，日本大阪市立美術館藏，見《域外所藏中國古畫集》之三），舊題爲張玄作，待考。

曹仲元，建康豐城人。江南李氏時爲翰林待詔。畫道釋鬼神，初學吴道元，不成，棄其法，别作細密，自爲一家，尤工傅彩。[1]

〔1〕見《宣和畫譜》卷三《道釋三》，引文有删節，無作品傳世。

陸晃，嘉禾人。善人物，多畫道釋、神仙。性疎野，每沉湎于酒。遇筆揮灑，略不預構，故妍醜互出，當其合作，描法甚細而有力。有一等繆畫，麄惡可厭，亦其所作。[1]

〔1〕見《宣和畫譜》卷三《道釋三》，引文有删節，無作品傳世。

僧貫休，俗姓姜氏，字德隱，婺州蘭溪人。初以詩得名[1]，後入兩川[2]，頗爲王衍待遇，因賜紫衣[3]，號禪月大師。能畫，間爲本教像，唯羅漢最著。[4]其畫像多作古野之貌，不類世間所傳。[5]

〔1〕貫休長於書畫，能詩，詩集名《禪月集》（今存）。

〔2〕兩川，東川和西川的合稱。唐肅宗至德二年（757），劍南道置東川、西川兩節度使，因有兩川之稱。

〔3〕官服分顔色從唐朝開始，三品以上紫袍，佩金魚袋；五品以上緋袍，佩銀魚袋；六品以下緑袍，無魚袋。清代廢除此制度。

〔4〕貫休是五代時期四川地區道釋人物畫的代表人物，他主要繪寫羅漢像，“胡貌梵相，曲盡其態”，與當時流行的形象不同。現在“臺北故宫博物院”及日本、美國的博物館保存有幾幅傳説貫休的羅漢圖，真僞待考。《十六羅漢圖》（絹本設色，日本宫内廳藏，見《中國美術全集》隋唐五代繪畫），此作爲宋初摹本，可以一窺貫休之羅漢面目。

〔5〕見《宣和畫譜》卷三《道釋三》，引文有删節。

梁駙馬都尉趙喦，本名霖，後改今名。[1]喜丹青，尤工人物，格韵超絶，非尋常畫工所及。[2]尤能鑒畫。[3]

〔1〕趙嵒（？—923），由唐入五代，其父爲唐末陳州（今河南淮陽）節度使，是一個割據一方的軍閥，與另一個軍閥朱温相勾結，結爲兒女親家。後朱温稱帝，建立梁朝，趙嵒成爲駙馬都尉。他參與朱梁宫廷斗争，積極擁立末帝朱友貞，權傾朝野，政府租税，“半入其私”。他喜愛繪畫，利用權勢搜羅法書名畫，成爲當時有名的大收藏家。

〔2〕趙嵒善畫人物和鞍馬，舊題其傳世作品有《調馬圖》（絹本設色，上海博物館藏，見《中國美術全集》隋唐五代繪畫），《八達游春圖》（絹本設色，“臺北故宫博物院”藏，見《中國美術全集》隋唐五代繪畫）。

〔3〕見《宣和畫譜》卷五《人物二》，引文有删節。

杜霄，善畫仕女，得周昉筆法爲多，尤工蜂蝶及曲眉豐臉之態，非風流藴藉、有王孫貴公子之思致者，未易得之。[1]

〔1〕見《宣和畫譜》卷五《人物二》，引文有删節，無作品傳世。

丘文播，廣漢人。[1]又名潜，與弟文曉俱以畫得名。初工人物，兼作山水，後多畫牛，時稱奇絶。子仁慶，善畫，尤長花雀。[2]

〔1〕丘文播，五代後蜀畫家，四川廣漢人。

〔2〕見《宣和畫譜》卷五《人物二》，引文有删節。舊傳爲丘文播的作品有《文會圖》（絹本設色，“臺北故宫博物院”藏，見《故宫書畫圖録》卷一），王季遷認爲此作似宋畫，一部分人物與波士頓博物館《校書圖》爲同一稿本（見《王季遷讀畫筆記》）。

丘文曉，與文播齊名，山水亦工。[1]

〔1〕見《宣和畫譜》卷五《人物二》，引文有删節，無作品傳世。

阮郜，不知何許人。入仕爲太廟齋郎。工寫人物，特於士女得纖穠淑婉[1]之態，但傳於世者甚少。[2]

〔1〕淑婉，善良和婉。

〔2〕見《宣和畫譜》卷五《人物二》，引文有刪節，舊題其作品有《閬苑女仙圖》（絹本設色，北京故宫博物院藏，見《中國美術全集》隋唐五代繪畫）。閬苑是傳説中女仙的居處，此圖描寫衆仙女游玩的情景。仙女形態婀娜，神情閑樂。畫面用綫細勁，色彩柔麗和諧。

婦人童氏，江南人，莫詳其世系。所學出王齊翰[1]。工畫道釋、人物，童以婦人而能丹青，故當時縉紳家婦女往往求寫照焉，後不知所終。[2]

〔1〕《圖繪寶鑑》卷三有傳。

〔2〕見《宣和畫譜》卷五《人物二》，引文有刪節，無作品傳世。

胡翼，字鵬雲。工畫道釋、人物、車馬，樓臺、山水，種種臻妙。嘗臨模古今名筆，目之曰“安定鵬雲記”。[1]

〔1〕見《圖畫見聞志》卷二《五代九十一人》，引文有刪節。《平等閣藏中國名畫集》收録胡翼《雪霽圖》，無名款，右上瘦金書“胡翼雪霽圖”，真僞待考。

衛賢，長安人。江南李氏時爲内供奉。長於樓臺、人物。初師尹繼昭，後服膺吴體。[1]其畫高崖巨石則渾厚可取，而皴法不老；爲林木雖勁挺，而枝梢不稱其本，論者少之[2]，然至妙處，亦人希及。[3]

〔1〕服膺，衷心信奉。此段見《圖畫見聞志》卷二《五代九十一人》，引文有刪節。

〔2〕神本作“論者少抑之”。

〔3〕見《宣和畫譜》卷八《番族》，引文有刪節。傳世作品有《高士

圖》（絹本水墨，北京故宫博物院藏，見《中國美術全集》隋唐五代繪畫），《閘口盤車圖》（絹本設色，上海博物館藏，見《中國美術全集》隋唐五代繪畫），其傳世之作與文獻記載接近。

李贊華〔1〕，本北虜〔2〕東丹王後〔3〕，唐明宗賜姓名。善畫本國人物、鞍馬，不作中國衣冠，亦安於所習者也。然議者謂馬尚豐肥，筆乏壯氣。〔4〕

〔1〕李贊華（899—936），契丹族，原名耶律倍，遼太祖耶律阿保機長子，阿保機死後，次子耶律德光繼位。耶律倍受到猜疑，出奔後唐，改名李贊華。

〔2〕北虜，古代對北方匈奴等少數民族的蔑稱，此指契丹。

〔3〕耶律阿保機征服渤海國後，阿保機將其改名爲“東丹國”，封皇太子耶律倍於其地，稱“人皇王”，因渤海在遼東方，故名爲東丹國（東契丹之意）。遼乾亨四年（982），廢除東丹國號，東丹國滅亡。因此耶律倍就是東丹王。“後”爲衍字，或屬下讀。

〔4〕見《圖畫見聞志》卷二《五代九十一人》，引文有删節。李贊華工畫契丹人馬，傳世作品有《射騎圖》（絹本設色，“臺北故宫博物院”藏，見《故宫書畫録》卷六），《獲鹿圖》（紙本設色，藝珍堂藏，見《國寶沉浮録》）。

王仁壽，汝南宛人，石晋時〔1〕作待詔。工畫道釋、鬼神及馬，始師王殷〔2〕，後學精吴法。〔3〕

〔1〕石晋，指石敬瑭建立的後晋政權，從936年後晋開國到契丹946年滅後晋爲止，共歷二帝，十一年。

〔2〕見《圖繪寶鑑》本卷。

〔3〕見《宣和畫譜》卷八《番族》，引文有删節，無作品傳世。

房從真，成都人。工畫人物、番騎。王蜀[1]時爲翰林待詔。[2]

〔1〕王蜀，指王建父子統治的前蜀（907—925），共歷二主，二十三年。

〔2〕見《宣和畫譜》卷八《番族》，引文有删節，無作品傳世。

袁羲，河南登封人。爲侍衛親軍。善畫魚，窮其變態，得唅喁游泳之狀，非世俗所畫庖中物也。[1]

〔1〕見《宣和畫譜》卷九《龍魚》，引文有删節，無作品傳世。

僧傳古，四明人。畫龍獨造乎妙。弟子德饒、無染，皆臻其妙。[1]

〔1〕見《宣和畫譜》卷九《龍魚》，引文有删節，無作品傳世。

關仝[1]一名穜，長安人。畫山水師荆浩，晚年有出藍之美。[2]所畫脱略毫楮，筆愈簡而氣愈壯，景愈少而意愈長，深造古淡。石樹出於畢宏，有枝無幹，當時郭忠恕亦師事之。然仝於人物非所長，多求胡翼[3]爲之。[4]

〔1〕關仝（又作同、童），長安（今陝西西安）人，生卒年不可考。

〔2〕見《圖畫見聞志》卷二《五代九十一人》，引文有删節。

〔3〕《圖繪寶鑑》卷二有載。

〔4〕借緑草堂本增補作："第於人物，非仝所長，故山間漁市、幽人逸士，多求胡翼爲之，而翼因得附名於不朽焉。宣和御府藏及百幅。"見《宣和畫譜》卷十《山水一》，引文有删節。傳世代表作品有《秋山晚翠圖》軸（絹本設色，"臺北故宫博物院"藏，見《中國美術全集》隋唐五代繪畫），《關山行旅圖》（絹本水墨，"臺北故宫博物院"藏，見《中國美術全集》隋唐五代繪畫），這些作品是否爲真迹，還有不同意見。

杜楷一作措，成都人，善山水，作枯木斷崖，雲崦烟岫之態，思致頗遠。[1]

〔1〕見《宣和畫譜》卷十《山水一》，引文有删節，無作品傳世。

羅塞翁，隱之子，爲吴中從事。喜丹青，善畫羊，精妙卓絶。[1]

〔1〕見《宣和畫譜》卷十四《獸畜二》，引文有删節。美國納爾遜美術館藏有傳爲羅塞翁的《兒戲圖》（絹本設色，見楊仁愷《訪美所見書畫録》），何惠鑒、楊仁愷定爲"宋元間"作品。

張及之，京兆人。畫犬馬、花鳥頗工，作犬得敦龎[1]之狀，無摇尾乞憐之態。[2]

〔1〕敦龎，富足。

〔2〕見《宣和畫譜》卷十四《獸畜二》，引文有删節，無作品傳世。

道士厲歸真，莫知其鄉里。善畫牛虎，并工竹雀、鷙禽[1]，筆簡意盡，氣韵蕭爽。坡岸山林亦佳。[2]

〔1〕鷙禽，猛禽，如鷹鸇之類。

〔2〕借緑草堂本後有增補："南昌信果觀中有聖像甚嚴，每爲雀鴿糞穢。而歸真畫一鷂於壁間，則雀鴿遂絶。要非其術，幾於神矣。"見《宣和畫譜》卷十四《獸畜二》，引文有删節，無作品傳世。

李靄之，華陰人。善畫山林泉石，尤喜畫猫於藥苗間。雅爲羅紹威[1]所厚，建一亭爲靄之援毫之所，名曰"金波"，時號爲"金波處士"。[2]

〔1〕羅紹威（877—910），字端己，魏州貴鄉（今河北大名）人。仕梁，好學工書，知屬文，聚書數萬卷，開館以延四方之士。拜太師兼工書

令。《梁書》有傳。

〔2〕見《宣和畫譜》卷十四《獸畜二》，引文有删節。李靄之傳世作品有《戲猫圖》軸（見《中國名畫集》第一册），此作無款印，左上題“李靄之戲猫圖”，待考。

胡擢，不知何許人。博學能詩，氣韵超邁。善畫花鳥，亦詩人感物之作也。[1]

〔1〕見《圖畫見聞志》卷二《五代九十一人》，引文有删節。

梅行思一作再思，江夏[1]人。畫人物、牛馬，最工於鷄。[2]爲南唐李氏翰林待詔，品目甚高。

〔1〕江夏，今湖北武漢。

〔2〕見《圖畫見聞志》卷二《五代九十一人》，引文有删節。

郭乾暉，北海營丘人。世呼爲郭將軍。工畫鷙鳥雜禽，疎篁槁木，田野荒寒之景，格律老勁，曲盡物性之妙。鍾隱[1]亦一時名流，變姓名，師事久之，方授以筆法。[2]

〔1〕見本卷下文。

〔2〕見《宣和畫譜》卷十五《花鳥一》，引文有删節，無作品傳世。

郭乾祐，乾暉弟，工花鳥，雖不如兄，所學亦相上下。[1]

〔1〕見《宣和畫譜》卷十五《花鳥一》，引文有删節，無作品傳世。

鍾隱，天台人。善畫鷙禽榛棘，能以墨色淺深分其向背。變姓名師郭乾暉，深得其旨。兼工畫山水人物。[1]

〔1〕借緑草堂本增改作：變姓名師郭乾暉者，知其不輕授人，故寓食其家，陰伺其畫而心得之。兼工山水人物。見《宣和畫譜》卷十六《花鳥

二》，引文有删節，無作品傳世。

黄筌[1]，字要叔，成都人。始學畫，師刁光[2]，早得時名。十七歲事蜀王衍爲待詔，至孟昶，加檢校少府監，累遷如京副使。花竹師滕昌祐，鳥雀師刁光，山水師李昇，鶴師薛稷，人物、龍水師孫位，資諸家之善，而兼有之，無不臻妙。[3]

〔1〕黄筌，字要叔。生年不詳，卒於宋太祖乾德三年（965）。

〔2〕至正本脱“胤”，當爲光胤。

〔3〕借緑草堂本後有增補：“廣政時，畫雉於八卦殿。有五方使呈鷹於陛殿之下，認雉爲生，掣臂者數四。故花鳥之名最著。”見《宣和畫譜》卷十六《花鳥二》，引文有删節。黄筌花鳥畫成就極高，因黄筌及其子的作品“勾勒填彩，旨趣濃艷”，適應宫廷需要，成爲北宋畫院花鳥畫的規範。《宣和畫譜》著録黄筌的作品三百四十九件，今獨存《寫生珍禽圖》卷（絹本設色，北京故宫博物院藏，見《中國美術全集》隋唐五代繪畫），是黄筌給兒子臨摹用的寫生畫稿，可以看出他觀察的細緻和繪寫的精工。

黄居寶，字辭玉，筌次子。工畫，得家傳，兼以八分書[1]知名。事蜀爲待詔，累遷至水部員外郎。其畫石，文理縱横，爽砂爽石[2]，棱角峭硬，如虬[3]如虎。[4]

〔1〕八分書是隸書的一種，一般指帶有明顯波磔特征的隸書。

〔2〕和本作“夾砂夾石”，當是。

〔3〕古代傳説中有角的龍。

〔4〕見《宣和畫譜》卷十六《花鳥二》，引文有删節。傳爲黄居寶所作的作品有《人物圖》軸（絹本設色，英國大英博物館藏，見《中國繪畫總合圖録》卷二），此作無款，待考。

黄居實，紹興秘閣中有《會禽圖》一，而諸書不載其名。筌有五子，不審其爲第幾人。

滕昌祐，字勝華，吴人。[1]後游蜀，以文學[2]從事，初不婚宦，志趣高潔，脱略時態。[3]工畫花鳥蟬蝶，折枝生菜，傅彩鮮澤，宛有生意，尤長於畫鵝，[4]蓋其觀動植而形於筆端[5]，未嘗專於師資也。兼善書大字。

〔1〕滕昌祐的祖先本是吴（今江蘇南部）人，唐末入蜀，遂爲蜀人。昌祐壽年八十五，生卒年不詳，大約與黄筌、石恪同時。

〔2〕文學，精通儒家經典的人。

〔3〕見《宣和畫譜》卷十六《花鳥二》，引文有删節。

〔4〕見《圖畫見聞志》卷二《五代九十一人》，引文有删節。滕昌祐傳世作品有《牡丹圖》軸（絹本設色，“臺北故宫博物院”藏），待考。

〔5〕借緑草堂本作“蓋其觀動植之榮悴，形於筆端”。

李頗一作坡[1]，南昌人。善畫竹，氣韵飄舉，不求小巧而多於情，任率落墨，便有生意，然所傳於世者不多。[2]

〔1〕一作坡或波，五代南唐畫家。

〔2〕見《宣和畫譜》卷二十《墨竹》，引文有删節。李頗傳世作品有《風竹圖》軸（絹本水墨，“臺北故宫博物院”藏，見《故宫書畫圖録》卷一），待考。

韓虬[1]一作求、李柷一作祝，不知何許人。皆倜儻不拘，有經略才能。屬唐祚陵季[2]，遂退藏不仕，以丹青自污。學吴道玄，尤長於道釋，好游晋唐間。爲李克用所殺。[3]

〔1〕韓虬（？—約907），唐畫家。唐乾寧二年（895）爲并州節度使，天祐元年（904）退居不仕，以丹青自娱。傳世作品有《獻香菩薩像》軸（絹本設色，日本大阪市立美術館藏，見《域外所藏中國古畫集》之

三），畫中題“韓虬獻香菩薩像，文殊院西庫”。

〔2〕唐末衰微之世。

〔3〕見《圖畫見聞志》卷二《五代九十一人》，引文有删節。

張圖，字仲謀，河南洛陽人。朱梁〔1〕時將軍，少穎悟而好丹青，及善潑山水，皆不由師授，自致神妙，亦不法古今，自成一體，尤長於大像。其畫用濃墨粗筆，如草書顫掣飛動，勢甚豪放；至於手、面及服飾儀物，則用細筆輕色，詳緩端慎，無一欹戾，怪怪奇奇，自成一家法。〔2〕

〔1〕指朱温建立的後梁（907—923）。

〔2〕見《圖畫見聞志》卷二《五代九十一人》，引文有删節，無作品傳世。

朱瑶，字温琪，不知何許人。學吴道子，由是知名。〔1〕

〔1〕與朱繇爲一人，見上文。此處引自《圖畫見聞志》卷二《五代九十一人》，引文有删節。

跋異，汧陽人。善畫佛道鬼神及大像。〔1〕

〔1〕見《圖畫見聞志》卷二《五代九十一人》，引文有删節，無作品傳世。

陶守立，池陽人。世業儒，保大〔1〕間應舉下第〔2〕，退居齊山，閉門却掃〔3〕，以詩酒丹青自娱。善畫道釋、鬼神、殿閣、車馬、山川、人物，靡不精妙。〔4〕

〔1〕保大（943—957），南唐元宗李璟的年號。

〔2〕應舉下第，指科舉考試没有考取。

〔3〕關上大門，掃除車迹。指閉門謝客，不和外界往來。

〔4〕見《圖畫見聞志》卷二《五代九十一人》，引文有刪節，無作品傳世。

竹夢松，建康溧陽人。仕南唐，爲東川别駕。善畫人物、仕女、臺閣，冠絶當代。[1]其布景命意，綽約體態[2]，宛得周昉之格。

〔1〕見《圖畫見聞志》卷二《五代九十一人》，引文有刪節，無作品傳世。

〔2〕體態柔美。

施璘，字仲寶，京兆藍田人。工畫竹，有生意，爲當時絶伎[1]。

〔1〕"伎"同"技"。

丁謙，義宜人。工畫竹，師蕭悦，兼善寫蔬果。[1]

〔1〕見《圖畫見聞志》卷二《五代九十一人》，引文有刪節，無作品傳世。

何遇，河南長水人。善畫宫室，慕衛賢筆法，尤善山水樹石，爲當時所稱。[1]其間人物，則假手於人。

〔1〕見《圖畫見聞志》卷二《五代九十一人》，引文有刪節，無作品傳世。

梁相國于兢，善畫牡丹。幼年從學，因睹檻中牡丹，乃命筆仿之，不浹[1]旬奪真，後遂酷思無倦，動必增奇。[2]

〔1〕浹（jiā），周遍。

〔2〕見《圖畫見聞志》卷二《五代九十一人》，引文有刪節，無作品傳世。

梁左千牛衛將軍劉彦齊，善畫竹，頗臻清致，有《孟宗泣竹》《湘妃寺圖》[1]傳於世。人物多假胡翼之手，尤能鑒别圖繪，皆極精當。[2]

〔1〕《湘妃》等圖，依四庫本及《圖畫見聞志》改“寺”爲“等”，句讀亦改。

〔2〕見《圖畫見聞志》卷二《五代九十一人》，引文有删節，無作品傳世。

王殷，工畫佛道、士女，尤精外國人物。[1]

〔1〕見《圖畫見聞志》卷二《五代九十一人》，引文有删節，無作品傳世。

李群，字文幹，唐宗室。工畫人物，爲世所稱。

李玄應及弟玄審，并工畫蕃馬，專學胡瓌。[1]

〔1〕見《圖畫見聞志》卷二《五代九十一人》，引文有删節，無作品傳世。

韋道豐，江夏人。善畫人物、寒林，逸思奇僻，不拘小節，當代珎之。然經歲月方成一圖，成則驚人。[1]

〔1〕見《圖畫見聞志》卷二《五代九十一人》，引文有删節，無作品傳世。

朱簡章，江夏人，工畫人物、屋木。[1]

〔1〕見《圖畫見聞志》卷二《五代九十一人》，今本無“江夏人”一句。引文有删節，無作品傳世。

王喬士，工畫佛道人物。[1]

〔1〕見《圖畫見聞志》卷二《五代九十一人》，引文有删節，無作品傳世。

鄭唐卿，工畫人物，兼長寫貌。[1]

〔1〕見《圖畫見聞志》卷二《五代九十一人》，引文有删節，無作品傳世。

郭權，江南人。師鍾隱。[1]

〔1〕見《圖畫見聞志》卷二《五代九十一人》，引文有删節，無作品傳世。

史瓊，善畫雉兔竹石。[1]

〔1〕見《圖畫見聞志》卷二《五代九十一人》，引文有删節，無作品傳世。

程凝，善畫鶴竹，兼長遠水[1]。

〔1〕見《圖畫見聞志》卷二《五代九十一人》，引文有删節，無作品傳世。

王道古，善畫雀竹，當時號“雀兒王”。[1]

〔1〕見《圖畫見聞志》卷二《五代九十一人》，引文有删節，無作品傳世。

唐垓，善畫野禽、生菜，水族諸物，世稱精妙。[1]

〔1〕見《圖畫見聞志》卷二《五代九十一人》，引文有删節，無作品

傳世。

王道求，工畫佛道、鬼神、人物、畜獸。始仿周昉，後學盧稜迦[1]，當時名手嘆伏。[2]

〔1〕即盧棱迦。

〔2〕四庫本作“嘆服”，原文見《圖畫見聞志》卷二《五代九十一人》，引文有删節，無作品傳世。

宋卓，工畫道釋，志學吴筆，不事傅彩。[1]

〔1〕見《圖畫見聞志》卷二《五代九十一人》，引文有删節，無作品傳世。

富玫，工畫佛道。[1]

〔1〕見《圖畫見聞志》卷二《五代九十一人》，引文有删節，無作品傳世。

黄延浩，工畫人物。[1]

〔1〕見《圖畫見聞志》卷二《五代九十一人》，引文有删節，無作品傳世。

王偉，工畫道釋。[1]

〔1〕見《圖畫見聞志》卷二《五代九十一人》，引文有删節，無作品傳世。

張質，定州人。工畫田家風俗。[1]

〔1〕見《圖畫見聞志》卷二《五代九十一人》，引文有删節，無作品傳世。

宋藝，蜀郡人。工寫貌。王蜀[1]爲翰林待詔。[2]

〔1〕即前蜀（907—925），五代時十國之一，王建所建，都成都。

〔2〕見《圖畫見聞志》卷二《五代九十一人》，引文有删節，無作品傳世。

阮知誨，成都人。工畫貴戚子女，兼長寫貌，事王蜀爲待詔。[1]

〔1〕見《圖畫見聞志》卷二《五代九十一人》，引文有删節，無作品傳世。

高從遇，道興之子，襲父藝，爲孟蜀[1]翰林待詔。[2]

〔1〕即後蜀（934—965），五代時十國之一，孟知祥所建，都成都。

〔2〕見《圖畫見聞志》卷二《五代九十一人》，引文有删節，無作品傳世。

阮惟德，知誨之子。紹精父業，事孟蜀爲翰林待詔。尤善狀宫闈禁苑，皇妃帝戚，富貴之事，精妙頗甚。[1]

〔1〕見《圖畫見聞志》卷二《五代九十一人》，引文有删節，無作品傳世。

杜敬安，齯齔之子，事孟蜀爲翰林待詔。妙於佛像，尤能傅彩。[1]《益州名畫録》載爲杜子瓌子，未知孰是。[2]

〔1〕見《圖畫見聞志》卷二《五代九十一人》，引文有删節，無作品傳世。

〔2〕此句爲夏文彦所加。

趙忠義，元德[1]之子，事孟蜀爲翰林待詔。雖從父訓，宛如生知。[2]

〔1〕趙元德或爲趙玄德，因避諱而改。

〔2〕見《圖畫見聞志》卷二《五代九十一人》，引文有删節，無作品傳世。

蒲宗訓，蜀人。事孟蜀爲翰林待詔。師房從真，畫人物、鬼神，筆法雖細，其勢甚壯。[1]

〔1〕見《圖畫見聞志》卷二《五代九十一人》，引文有删節，無作品傳世。

蒲延昌，宗訓養子，爲孟蜀待詔。工畫佛道、鬼神，尤精獅子，行筆勁利，用色不繁。[1]

〔1〕見《圖畫見聞志》卷二《五代九十一人》，引文有删節，無作品傳世。

張玫，成都人。爲孟蜀翰林祇候。工畫人物、士女，兼長寫貌。[1]

〔1〕見《圖畫見聞志》卷二《五代九十一人》，引文有删節，無作品傳世。

徐德昌，成都人。爲孟蜀翰林祇候。工畫人物、士女，墨彩輕媚，爲時所稱。[1]

〔1〕見《圖畫見聞志》卷二《五代九十一人》，引文有删節，無作品傳世。

周行通，成都人。工畫鬼神、人馬、鷹犬、嬰孩，得其精妙。[1]

〔1〕見《圖畫見聞志》卷二《五代九十一人》，引文有刪節，無作品傳世。

孔嵩，蜀人。善畫龍，兼工花雀與蟬，師刁處士。[1]

〔1〕見《圖畫見聞志》卷二《五代九十一人》，引文有刪節，無作品傳世。

趙才，蜀人。工畫人物、鬼神，亦長甲騎。[1]

〔1〕見《圖畫見聞志》卷二《五代九十一人》，引文有刪節，無作品傳世。

姜道隱，漢州綿竹人[1]。齠齔[2]好畫，及長，不事産業，惟畫是好，布衣芒屩[3]，隨身筆墨而已。嘗於净衆寺畫山水松石，趙庭隱贈之十縑，拂衣而去。[4]

〔1〕今本《圖畫見聞志》作"漢州什邡人"。

〔2〕齠齔（tiáo chèn），"齠"通"髫"，垂髫換齒之時，指童年。

〔3〕芒屩（máng juē），指草鞋。明胡應麟《少室山房筆叢 · 丹鉛新録八 · 履考》："六朝前率草爲履，古稱芒屩，蓋賤者之服，大抵皆然。"

〔4〕見《圖畫見聞志》卷二《五代九十一人》，引文有刪節，無作品傳世。

楊元貞，石城山張玄外族也[1]。工畫釋道羅漢，善爲曹筆，尤精布色。始居蜀，後召入鄴中，不回。[2]

〔1〕五代前蜀畫家，見本卷。今本《圖書見聞志》無此句。

〔2〕見《圖畫見聞志》卷二《五代九十一人》，引文有刪節，無作品傳世。

董從誨，成都人。世本儒家，心游繪事，佛道人物，舉意皆精。[1]

〔1〕見《圖畫見聞志》卷二《五代九十一人》，引文有删節，無作品傳世。

張景思，金水石城山張玄之裔[1]。工畫佛道。[2]

〔1〕今本《圖畫見聞志》無此句。

〔2〕見《益州名畫録》卷中《能格中品五人》，引文有删節，無作品傳世。

朱悰，不知何許人。與衛賢并師尹繼昭。[1]

〔1〕見《圖畫見聞志》卷二《五代九十一人》，引文有删節，無作品傳世。

僧楚安，漢州什邡人，俗姓勾氏。善畫山水、人物、樓臺，點綴甚細。論者謂筆踪全虧"六法"，非大手高格。[1]

〔1〕見《益州名畫録》卷中《能格中品五人》，引文有删節，無作品傳世。

僧智蘊，河南人。工畫佛像人物，學深曹體。[1]

〔1〕見《圖畫見聞志》卷二《五代九十一人》，引文有删節，無作品傳世。

僧德符，善畫松柏，氣韵瀟灑。住汴州相國寺。[1]

〔1〕見《圖畫見聞志》卷二《五代九十一人》，引文有删節，無作品傳世。

李文才，華陽人。工畫人物、屋木、山水，善寫真，時輩罕及，周昉之亞也。事孟蜀爲翰林待詔。[1]

〔1〕見《益州名畫録》卷中《妙格下品十一人》，引文有删節，無作品傳世。

杜弘義，蜀州晋原人。工畫佛像、羅漢。[1]

〔1〕見《益州名畫録》卷中《能格上品十五人》，引文有删節，無作品傳世。

程承辯，眉州彭山人。工畫人物、鬼神。

僧令宗，乃丘文播異姓弟。工山水、人物、佛像、天王。[1]

〔1〕見《益州名畫録》卷中《能格下品七人》，引文有删節，無作品傳世。

道士李壽儀，邛州人。宗張簡卿[1]筆法，多畫道門尊像，人呼爲“李水墨”。[2]

〔1〕查畫史諸書無張簡卿之人，疑爲張素卿之誤。

〔2〕見《益州名畫録》卷中《能格下品七人》，引文有删節，無作品傳世。

吴越王錢鏐[1]，善墨竹。

〔1〕錢鏐（liú）（852—932），字具美（一作巨美），小字婆留，杭州臨安（今屬浙江）人。五代吴越國創建者。唐末擁兵兩浙，統十二州，封吴王、吴越王，兼淮南節度使。後自稱吴越國王，907—932年在位。其墨竹不傳於世。

朱澄，事江南李中主爲翰林待詔。工畫屋木，嘗與高太冲等合畫《雪景宴圖》，時稱絶手。[1]

〔1〕朱澄在南唐中主李璟在位時（943—960）任翰林待詔。擅長畫樓臺殿閣，設色雅麗，畫面富麗堂皇。保大五年（947），中主召太弟以下登樓張宴，天空忽降大雪，中主下令賦詩。當時李建勛、徐鉉、張義方等侍臣，均進和咏，又由徐鉉作前後序，并集當時名畫家董源、周文矩、徐弦、高太冲、朱澄等一起登樓作畫：高太冲寫李璟中主像，周文矩寫詩人絲竹，董源寫雪作寒林，徐崇嗣寫池沼禽魚。朱澄繪的樓臺宫殿，深得中主贊賞和其他人喜愛。他們合作的《賞雪圖》是五代十國時期繪畫活動的一次盛舉，世稱“絶筆”。其作品不傳於世。

高太冲，江南人。工傳寫。事李中主爲翰林待詔。嘗寫中主真，得其神思。[1]

〔1〕南唐中主李璟時任翰林待詔，其作品不傳於世，曾與董源、周文矩、徐鉉、朱澄等名家一起繪製宫廷《賞雪圖》。其作品不傳於世。

浙僧藴，能工雜畫，善畫佛像。[1]

〔1〕五代吴越僧，浙江人。其作品不傳於世。

李夫人，西蜀名家，未詳世胄[1]。善屬文，尤工書畫。郭崇韜[2]伐蜀得之，夫人以崇韜武弁，常鬱悒不樂。月夕獨坐南軒，竹影婆娑可喜，即起揮毫濡墨，模[3]寫牕[4]紙上，明日視之，生意具足。或云，自是人間往往效之，遂有墨竹。

〔1〕世胄，世家子弟，貴族後裔。

〔2〕郭崇韜（？—926），後唐名將、謀臣。字安時，代州雁門（今山西代縣）人。

〔3〕“模”，同“摹”。

〔4〕“牕”是“窗”的俗字。

李仁章，并州[1]人。學吴畫，長於神鬼。當時論非盧棱迦[2]無以并轡[3]。

〔1〕并州，今山西太原。

〔2〕唐代畫家，吴道子弟子，見《圖繪寶鑑》本卷。

〔3〕并轡，并駕齊驅。

杜齠，京兆人，少爲富商。師衛賢[1]深得其要。賢後延爲東榻[2]，所畫與賢相似，[3]但傷於奇巧不老耳。

〔1〕衛賢，五代南唐山水畫家，見《圖繪寶鑑》本卷。

〔2〕“東榻”典故出自南朝劉義慶《世説新語》，故事叙述王羲之若無其事躺在東榻之上，却被選中爲太尉女婿。“東榻”遂有女婿之義。

〔3〕毛晋本作“相爲伯仲”。

趙弘，字德彰。善畫花鳥，變邊鸞[1]古體，而奪真像生也。

〔1〕邊鸞，見《圖繪寶鑑》本卷。

卷三

宋

仁宗[1]，天資穎悟，聖藝神奇。遇興援毫，超逾庶品。獻穆公主喪明[2]，親畫龍樹菩薩[3]，命待詔傳模，鏤板印施[4]。又嘗畫馬，上有押字并御寶。[5]

〔1〕趙禎（1010—1063），廟號仁宗，初名受益，在位四十一年（1022—1063）。

〔2〕獻穆公主，齊國獻穆大長公主，太宗女。喪明，眼睛失明。

〔3〕龍樹菩薩是大乘佛教史上的著名論師，傳説壽高一百五十（或説二百），著有大量的大乘論典，其中最主要的有《中論》《大智度論》《十住毗婆沙論》等。隋唐史志經籍中常提到有關印度醫書，尤以《龍樹菩薩眼論》最爲著名，書中載有眼疾療法。此處仁宗因獻穆公主失明，故作龍樹菩薩像，即取龍樹善療眼疾之意。

〔4〕鏤板印施，雕版印刷，廣爲布施。

〔5〕見《圖畫見聞志》卷三，引文有删節。

徽宗[1]，萬幾之暇，惟好書畫。[2]興學校藝，如取士法。[3]丹青卷軸具天縱之妙，有晉唐風韵。尤善墨花、石。作墨竹，緊細不分濃淡，一色焦墨，叢密處微露白道，自成一家，不蹈襲古人軌轍。

尤注意花鳥，點睛多用黑漆，隱然豆許，高出縑素，幾欲活動。[4]畫後押字用“天水”及“宣和”“政和”小璽志，或用瓢印蟲魚篆文。[5]

〔1〕趙佶（1082—1135），廟號徽宗。在位二十五年（1100—1125），怠於政治，任用奸邪，國事大壞，終於身虜國亡。唯好書畫，山水、人物、花鳥、墨竹，無不精工極妍，刻畫入微，而又善體物情，精於鑒别。

〔2〕《畫繼》卷一《聖藝》：（宋徽宗）即位未幾，因公宰奉清閑之宴，顧謂之曰：“朕萬幾餘暇，别無他好，惟好畫耳。”

〔3〕宋徽宗成立翰林書畫院，以畫作爲科舉升官的一種考試方法，以詩句爲題，如題目“山中藏古寺”，許多人畫深山寺院飛檐，但得第一名的没有畫任何房屋，衹畫了一個和尚在山溪挑水；另題爲“踏花歸去馬蹄香”，得第一名的没有畫任何花卉，衹畫了一人騎馬，有蝴蝶飛繞馬蹄間，凡此等等。

〔4〕傳世代表作有：《臘梅山禽圖》（絹本設色，“臺北故宫博物院”藏，見《中國繪畫史圖録》上），《芙蓉錦鷄圖》（絹本設色，北京故宫博物院藏，見《中國美術全集》兩宋繪畫上），《聽琴圖》（絹本設色，“臺北故宫博物院”藏，見《中國美術全集》兩宋繪畫上）。有些作品乃畫院高手代筆，徐邦達提出，宋徽宗作品大體可以分爲比較粗簡生拙和精巧工麗兩種，他的親筆畫應該屬於粗簡生拙一類風格（見徐邦達：《宋徽宗趙佶親筆畫與代筆畫的考辨》）。

〔5〕見鄧椿《畫繼》卷一《聖藝》，引文有删節。

燕恭肅王元儼，名重戚藩，精於像物。畫《竹鶴圖》，曲盡其妙。嘗自杇[1]十六羅漢，令蜀人尹質[2]描染，棱棱風骨，非常所能及。[3]

〔1〕杇，原義爲粉刷、涂飾，此處有“雕塑”之義。

〔2〕北宋畫家，見本卷。

〔3〕見郭若虚《圖畫見聞志》卷三，引文有删節，其作品不傳於世。

鄆王楷，徽宗第二子。善畫花鳥，極爲精到。尤善墨花，但用墨粗，欠生動耳。〔1〕

〔1〕見鄧椿《畫繼》卷二，引文有删節。

孫夢卿〔1〕，字輔之，東平人。工畫道釋人物，深得吴法，世謂之“孫吴生”。〔2〕

〔1〕孫夢卿，字輔之，東平（今山東東平）人。少有精鑒，家世豪右，志於圖繪。嘗曰：“吾所好者吴生（吴道子）耳，餘無所取。”故盡得其法。

〔2〕見《宣和畫譜》卷四《道釋四》，引文有删節，其作品不傳於世。

孫知微〔1〕，字太古，眉陽彭山人。世本田家，天機穎悟，善畫，初非學而能。清浄寡欲，飄飄然真神仙中人。〔2〕喜畫道釋，用筆放逸，不蹈襲前人筆墨畦畛〔3〕，時輩稱服。〔4〕描法甚老，黄筌不能過也。〔5〕

〔1〕孫知微，字太古。眉州彭山（今四川彭山）人，生卒年不詳。按陳高華《宋遼金畫家史料》考證，孫知微的藝術活動，主要應在1030年以前。他的一生，應該是在宋朝度過的，應該看成是北宋前期的畫家。

〔2〕《聖朝名畫評》卷一《人物門·妙品》：“畫釋老事迹，則不茹葷食，在於山墅，經時方成。”

〔3〕畦畛（qí zhěn），原義指田間的界道，這裏指格式、常規。

〔4〕孫知微善作壁畫，他死了一百年後，范成大到四川還能見到他的壁畫，并甚爲贊賞。《吴船録》卷上：“甲戌，下山五里，復至丈人觀。二十里，早頓長生觀，范長生得道處也。有孫太古畫龍虎二君，在殿外二壁

上。筆勢橫掃，雲烟風動，蓋孫筆之尤奇者。”傳世作品有《伏羲圖》軸（絹本水墨，日本大阪市立美術館藏，見《域外所藏中國古畫集》四），此作無款印，有宋徽宗題“孫知微伏羲像”。

〔5〕《畫鑑》：“孫太古《湖灘水石圖》在浙右民家，雙幅長軸，中畫一石，高數尺，湍流激注，飛濤走雪，聽之似覺有聲。筆法甚老，黃筌不能過也。”

勾龍爽〔1〕，蜀人。好丹青，喜爲古衣冠，多作質野不媚之狀。〔2〕尤善嬰孩，得其態度。國初爲翰林待詔。

〔1〕勾龍爽，蜀（今四川）人，生卒年不詳。

〔2〕《宣和畫譜》卷四《道釋四》：“喜爲古衣冠，多作質野不媚之狀。觀之如鼎彝，間見三代以前篆畫也，便覺近習爲凡陋，而使人有還淳反樸之意。好畫故事人物，世多傳其本。”劉道醇《聖朝名畫評》：“筆力飄逸，多從質野，列神品下。”舊傳爲勾龍爽傳世作品有《山水圖》（絹本設色，“臺北故宫博物院”藏，見《故宫書畫圖録》卷一）。

陸文通，江南人。畫山水道釋樓臺，得名於時。山水學董源、巨然。畫道釋，尤工作神仙故實。〔1〕

〔1〕見《宣和畫譜》卷四《道釋四》，引文有删節。

王齊翰〔1〕，金陵人。事江南李後主爲翰林待詔。畫道釋人物多思致，〔2〕好作山林丘壑，隱嵓〔3〕幽卜，無一點朝市風埃氣。〔4〕

〔1〕王齊翰，金陵（今江蘇南京）人。生卒年不詳。

〔2〕王齊翰以道釋人物見長，自成一家，其所畫羅漢深得太宗贊賞。《聖朝名畫評》《圖畫見聞志》《宣和畫譜》對此都有記載，大意如下：開寶末，商賈劉元嗣以高價得齊翰畫羅漢十六軸，載入京師，質於僧寺。後僧以過期拒贖與訟。時太宗尹京，督索其畫，一見大加賞嘆。遂留畫，厚

賜而釋之。閱十六日太宗即位，後名其畫曰“應運羅漢”。王齊翰傳世作品有《勘書圖》（絹本設色，南京大學藏，見《中國繪畫史圖録》上），畫中并没有把人物畫成伏案校勘狀，而祇是刻畫讀書人專心致志挑耳歇息的情景。

〔3〕“嵓”，同“巖”。

〔4〕王齊翰傳世作品《勘書圖》背景爲山水屏風，以青緑設色，得山林丘壑之趣。

顧德謙，建康人。善畫人物，多喜寫道像。此外雜工動植，風格特異。〔1〕論者謂王維不能過，而李後主亦嘗謂之曰：“古有愷之，今有德謙。”其愛重如此。〔2〕

〔1〕舊題爲顧德謙作品有《蓮池水禽圖》兩幅（絹本設色，日本東京國立博物館藏，見《宋畫全集》），設色艷麗，水鳥對角構圖，形成呼應之勢。其作真僞待考。

〔2〕見《宣和畫譜》卷四《道釋四》，引文有删節。

侯翌〔1〕，字子冲，安定〔2〕人。善畫，端拱、雍熙〔3〕之間，聲名藉甚。學吴生，落墨清駃〔4〕，行筆勁峻，峭拔而秀，絢麗而雅，亦畫家之絶藝也。始年十三，師郭巡官，郭忘其名。越四年，所學過郭遠甚，慮掩郭名，徙寓秦川。〔5〕

〔1〕侯翌（yì），《圖畫見聞志》作侯翼。

〔2〕安定，今甘肅涇川北。

〔3〕端拱、雍熙，應爲雍熙、端拱。爲宋太宗年號，雍熙在984—987年，端拱在988—989年。

〔4〕清駃（kuài），清新快利。

〔5〕見《宣和畫譜》卷四《道釋四》，引文有删節，其作品不傳於世。

武洞清，長沙人。父岳，學吴生，工畫人物，尤長於天神星象，用筆純熟。洞清能世其學，過父遠甚。作佛像、羅漢，善戰掣[1]筆，作髭髮[2]尤工，布置落墨，神妙不俗。[3]

〔1〕戰掣（zhàn chè），顫動拖拽之義。

〔2〕髭髮，鬚髮。宋林逋《送史殿省典封州》詩："髭髮梅分白，旌旗瘴减紅。"

〔3〕見《宣和畫譜》卷四《道釋四》，引文有删節。舊傳武洞清傳世之作有《女仙圖》軸（絹本淺設色，日本大阪市立美術館藏，見《中國繪畫總合圖録》卷三），《柳蔭高士圖》（絹本設色，美國哈佛大學福格美術館藏，見《中國繪畫總合圖録》卷一），真僞待考。

楊棐[1]，京師人。客游江、浙，後居淮、楚。善畫道釋人物，學吴生，尤於觀音得名天下。其子圭，有父風，描像手面作極細筆。[2]

〔1〕楊棐（fěi），開封（今河南開封）人。生卒年不詳。

〔2〕見《宣和畫譜》卷四《道釋四》，引文有删節，其作品不傳於世。

武宗元[1]，字總之，河南白波人。官至虞曹外郎[2]。善丹青，長於道釋，造吴生閫奥[3]。行筆如流水，神彩活動，大抵如寫草書，奇作也。[4]

〔1〕武宗元（？—1050），初名宗道，字總之，河南白波（今河南孟津）人。宋真宗景德年間（1004—1007），營建玉清昭應宫，征集天下畫師，分爲兩部，宗元爲左部之長。其時，他的年齡應該不小於二十歲，以此推算，宗元死時應不小於七十歲。

〔2〕據《聖朝名畫評》卷一《人物門·神品》："（武宗元）世業儒，

爲鄉里所重。父道，與丞相文惠公隨爲布衣交，將宗元詣之。時方成童，大被稱賞。文惠妻以外孫，用其蔭得太廟齋郎…… 歷官至虞部員外郎。”

〔3〕閫（kǔn），門檻、門限。奥，房間西南隅。古有五種經常性的祭祀，多在奥處舆行，以示其尊。宋代劉道醇認爲武宗元學吴道子得其奥妙所在。《聖朝名畫評》卷一《人物門·神品》：“武員外學吴生筆，得其閑麗之態，可謂睹其奥矣。”

〔4〕武宗元曾在開封、洛陽等地畫過大量壁畫，其傳世作品僅有《朝元仙杖圖》（絹本墨筆，美國王季遷藏，見《中國美術全集》兩宋繪畫上）。此卷取材道教神話，描繪南極天帝君和東華天帝君前往朝見元始天尊的儀仗行列，應該是宋初繪製寺觀壁畫所用的稿本。其畫與文獻描述“筆如流水，神彩活動”相當接近。徐悲鴻收藏的《八十七神仙卷》，綫描纖秀、綿密，當爲武宗元畫稿進一步加工的作品。

道士李德柔，字勝之，河東晋人，徙居西洛。喜讀書，丹青之技不學而能，多畫神仙故實，蓋其夙世〔1〕之習也。尤工寫貌。其設色所設朱鉛〔2〕多以土石爲之，故世俗不能。宣和中，爲凝神殿校籍。〔3〕

〔1〕夙世，指前世。

〔2〕朱鉛，指繪畫所用紅白顔料。宋人所使用的天然礦物（土石）顔料主要有硃砂、赭石、白堊等。宋代之前已經使用人工製造的鉛白、鉛丹等人工顔料。

〔3〕見《宣和畫譜》卷四《道釋四》，引文有删節。舊傳李德柔傳世之作有《竹林談道圖》軸（絹本設色，“臺北故宫博物院”藏，見《故宫書畫録》卷八），款署“方外李德柔製”，無印，上有瘦金書“李德柔之筆”五字。

道士徐知常，字子中，建陽人。能詩，善屬文，尤通道儒典教。畫神仙事，明其本末。宣和中，除[1]蕊珠殿侍晨。[2]

〔1〕除，指任命官職。

〔2〕見《宣和畫譜》卷四《道釋四》，引文有删節，其作品不傳於世。

周文矩[1]，金陵句容人。事李煜爲翰林待詔。[2]善畫道釋、人物、車馬、樓觀、山林、泉石，尤精士女。其行筆瘦硬戰掣[3]，蓋學其主李重光[4]書法。至畫士女，則無顫筆，大約體近周昉而纖麗過之。[5]

〔1〕周文矩，金陵句容（今江蘇句容）人。生卒年不詳。

〔2〕周文矩在南唐李煜時任翰林待詔，李煜降宋後，曾以周文矩所畫《南莊圖》作爲貢品，進獻宋太祖。《宣和畫譜》卷七《人物三》："昇元中，煜命文矩畫《南莊圖》，覽之，嘆其精備。開寶間，煜進其圖，藏於秘府。"

〔3〕周文矩的傳世作品，以《重屏會棋圖》（絹本設色，北京故宫博物院藏，見《中國繪畫史圖録》上）、《琉璃堂人物圖》（絹本設色，美國大都會博物館藏，見《中國美術全集》兩宋繪畫上）最爲著名，圖中用筆細勁有力，多轉折頓挫，"行筆瘦硬戰掣"大約就是此種描法。

〔4〕李煜（937—978），初名從嘉，字重光，號鍾山隱士、鍾峰隱者，又號白蓮居士、蓮峰居士。南唐中主李璟第六子。彭城（今江蘇徐州）人。宋建隆二年（961）在金陵即位，在位十五年，没有年號，世稱李後主。李煜能書善畫，對其書法，宋陶穀《清异録》云："後主善書，作顫筆樛曲之狀，遒勁如寒松霜竹，謂之'金錯刀'。"

〔5〕周文矩仕女圖傳世作品有《宫中圖》（絹本墨筆，宋摹本，分藏於美國克利夫蘭美術館、大都會博物館、福格美術館等處），表現宫中婦女生活。唐代周昉的仕女畫如《揮扇仕女圖》等，多表現宫中的豪華與空虚，周文矩此圖在格調上與之類似，而且人物形象多豐腴富態，與唐代風

格接近。

石恪[1]，字子專，成都人。性滑稽，有口辯。[2]工畫佛道人物。始師張南本，技進益縱逸，不守繩墨，多作戲筆。[3]人物詭形殊狀[4]，惟面部手足用畫法，衣紋皆粗筆成之。[5]

〔1〕石恪，字子專，成都（今四川成都）人。生卒年不詳。五代時，四川先後被前、後蜀統治，宋太祖乾德三年（965），宋滅後蜀，石恪來到開封，曾受命爲相國寺作壁畫。宋朝準備對其授以畫院之職，石恪不受，要求還蜀，得到允許。

〔2〕宋代劉道醇説石恪性格輕率，喜好嘲謔他人。《聖朝名畫評》卷一《人物門·能品》："性輕率，尤好凌轢人，常爲嘲謔之句，略協聲韵，與俳優不异，有雜言，爲世所行。"

〔3〕在五代北宋畫壇中，石恪的表現手法獨樹一幟，可以説是減筆畫的開山祖。《圖畫見聞志》卷三《人物門》説他的畫："筆墨縱逸，不專規矩。"

〔4〕石恪的繪畫，常常含有"蔑辱豪右"之意，因此人物形象"詭形殊狀"。《聖朝名畫評》卷一《人物門·能品》："多爲古僻人物，詭形殊狀，以蔑辱豪右，西州人患之。"

〔5〕石恪的作品傳世極少，傳爲其所作《二祖調心圖》（紙本水墨，日本京都正法寺藏，見《中國繪畫史圖録》上）是水墨人物畫，衣紋用粗筆，面部手足用畫法，與文中所説一致。

李景道，南唐李昪親屬。喜丹青而無貴公子氣。作《文會圖》[1]，頗極其思。[2]

〔1〕《宣和畫譜》作《會友圖》。

〔2〕見《宣和畫譜》卷七《人物三》，引文有删節。原清宫收藏題爲李景道所作《斗茶圖》（絹本設色，見《宋元寶繪》畫集），真僞待考。

李景游，景道季孟行[1]也。好畫人物，極勝。作《談道圖》，風度不凡。[2]

〔1〕季孟行，兄弟輩。

〔2〕見《宣和畫譜》卷七《人物三》，引文有删節。原清宫收藏題爲李景游所作《灌花圖》《醉歸圖》（見《宋元寶繪》書集），真僞待考。

顧閎中[1]，江南人，事李氏爲待詔。善畫人物，嘗與周文矩同畫《韓熙載夜宴圖》[2][3]。

〔1〕顧閎中，江南人，籍貫不詳。南唐待詔，生卒年不可考。

〔2〕顧閎中與周文矩齊名，後主李煜命二人窺視韓熙載夜宴情況，二人分别作《韓熙載夜宴圖》。元代，周文矩之作尚在，至今，衹有顧閎中所作的《韓熙載夜宴圖》（絹本設色，北京故宫博物院藏，見《中國美術全集》隋唐五代繪畫）。

〔3〕見《宣和畫譜》卷七《人物三》，引文有删節。

顧大中[1]，江南人。善畫人物、牛馬，兼工花竹。[2]

〔1〕顧大中，五代宋初畫家，宣和御府中藏有《韓熙載縱樂圖》。《宣和畫譜》疑其爲顧閎中族屬。《中國美術家人名辭典》則云“與顧閎中恐係一人”。

〔2〕見《宣和畫譜》卷七《人物三》，引文有删節。舊傳爲顧大中作品的有《春林携琴圖》（原清宫收藏，見《宋元寶繪》圖集）、《文君當壚圖》（原清宫收藏，見《宋元寶繪》圖集）、《牧羊圖》（原平等閣收藏，見《宋元寶繪》圖集），真僞待考。

郝澄，字長源，金陵句容人。作道釋人馬，筆法清勁。善設色，尤工寫貌。[1]《畫鑑》[2]載：“曾見澄畫馬甚俗，不過一工人所爲，殊無古意。”二説未知孰是，當質諸博古者。[3]

〔1〕見《宣和畫譜》卷七《人物三》，引文有删節。

〔2〕《畫鑑》，元湯垕著，一名《古今畫鑑》。一卷。其論述分爲吴畫、晋畫、六朝畫、唐畫、五代畫、宋畫、金畫、元畫等，評論各家畫迹，有獨特見解。後附《雜論》一卷，略述鑒賞收藏等問題。

〔3〕郝澄的記載見於《宋朝名畫評》《宣和畫譜》《圖畫見聞志》。舊傳爲郝澄的作品有《漁家樂圖》，原平等閣藏，見《宋元寶繪》墨集，無名款，真僞待考。

湯子昇，蜀人。畫山水、人物頗工，有《鑄鑒圖》傳於世，描法佳。[1]

〔1〕見《宣和畫譜》卷七《人物三》，引文有删節。舊傳湯子昇的作品有《春游圖》（册頁，原壯陶閣收藏，見《宋元寶繪》翰集），作品無款，真僞待考。

李公麟[1]，字伯時，號龍眠居士，舒城人。登進士第。[2]博覽法書名畫，故悟古人用筆意。作書有晋宋風格，繪事集顧、陸、張、吴及前世名手所善以爲己有，專爲一家。[3]作畫多不設色，獨用澄心堂紙[4]爲之，惟臨摹古畫用絹素著色。[5]筆法如行雲流水，有起倒[6]。論者[7]謂鞍馬逾韓幹，佛像追吴道玄，山水似李思訓，人物似韓滉，瀟灑如王維，當爲宋畫中第一，照暎前古者也。官至朝奉郎。

〔1〕李公麟（1049—1106），舒城（今安徽舒城）人。

〔2〕李公麟於熙寧三年（1070）登進士第，官至御史臺檢法和朝奉郎。元符三年（1100），李公麟因病辭官返鄉。

〔3〕見《宣和畫譜》卷七《人物三》，引文有删節。

〔4〕澄心堂紙，南唐時産自徽州的書畫紙精品，南唐後主李煜極爲珍視，贊其爲“紙中之王”，并特辟南唐烈祖李璟節度金陵時宴居、讀書、

閱覽奏章的“澄心堂”來貯藏它，命之爲“澄心堂紙”，供宫中長期使用。澄心堂紙質量極高，但傳世極少。其特點爲：“膚卵如膜，堅潔如玉，細薄光潤。”李公麟的傳世之作《五馬圖》、歐陽修《新唐書》和《新五代史》以及拓印的《淳化閣帖》等，均取澄心堂紙作。

〔5〕李公麟臨摹前人之作，有《臨韋偃牧放圖》（絹本設色，北京故宫博物院藏，見《中國繪畫史圖録（上）》）傳世。卷右上角有李公麟篆書自題“臣李公麟奉敕摹韋偃牧放圖”。其母本係唐代韋偃的得意之作。

〔6〕起倒，元湯垕《畫鑑》評論李公麟用筆特色所説。

〔7〕後面幾句出自《畫繼》，論者指宋代鄧椿。

内臣〔1〕楊日言，字詢直，開封人。喜經史，作篆、隸、八分。畫山林、泉石、人物，荒遠蕭散，氣韵高邁，非世俗得以擬倫，尤精寫照。官至昭化軍節度使。〔2〕

〔1〕内臣，指皇宫内所使唤的官員、太監、護衛等。

〔2〕見《宣和畫譜》卷七《人物三》，引文有删節。舊傳楊日言作品有《赤壁圖》（絹本，原清宫收藏，見《宋元寶繪》府集），真僞待考。

郭忠恕，字恕先，雒陽人。少能屬文，周時爲博士，能篆隸。善畫樓觀木石，皆極精妙。〔1〕始亦嘗師關仝，太宗素知其名，召爲國子監主簿。後忤〔2〕旨流登州，至齊之臨邑道中，尸解〔3〕仙去。〔4〕

〔1〕郭忠恕擅長界畫，其傳世作品有《雪霽江行圖》（絹本設色，“臺北故宫博物院”藏，見《中國繪畫史圖録》上），上有宋徽宗瘦金書題字“雪霽江行圖郭忠恕真迹”。

〔2〕忤，不順從，違背之義。

〔3〕尸解，道教認爲道士得道後可遺棄肉體而仙去，或不留遺體，衹假托一物（如衣、杖、劍）遺世而升天，謂之尸解。

〔4〕見《圖畫見聞志》卷三《王公士大夫依仁游藝臻乎極至者一十

三人》，引文有删節。

趙克敻，宗室。戲弄筆墨，游魚盡浮沉之態。封高密侯。[1]

〔1〕見《宣和畫譜》卷九《龍魚》，引文有删節。舊傳趙克敻傳世作品有《藻魚圖》（絹本水墨淺設色，美國大都會博物館藏，見《中國繪畫總合圖録》卷一），真僞待考。

趙叔儺，宋宗室。善畫，多得意於禽魚，每下筆皆合諸[1]人句法，景物雖少，而意常多。[2]

〔1〕畫本作“詩”，當是。

〔2〕見《宣和畫譜》卷九《龍魚》，引文有删節。舊傳《游魚圖》爲趙叔儺傳世之作，見《平等閣藏中國名畫集》，上有瘦金書“儺荷花游魚圖”，無款署，真僞待考。

董羽[1]，字仲翔，毗陵人。善畫魚龍、海水，其洶涌瀾翻，只[2]尺汗漫[3]，莫知其涯涘也。事南唐爲待詔，後歸宋爲圖畫院藝學。[4]

〔1〕董羽，南唐畫家。毗陵（今江蘇常州）人。口吃，人稱“董啞子”。

〔2〕四庫本作“咫”。

〔3〕汗漫，廣大，漫無邊際。

〔4〕見《宣和畫譜》卷九《龍魚》，引文有删節。舊傳爲董羽的傳世之作有《滄海涌日圖》（絹本設色，北京故宫博物院藏，見《兩宋名畫册》），真僞待考。

楊暉，江南人。善畫魚，得其揚鬐鼓鬣[1]之態。[2]

〔1〕鬐，魚的脊鰭；鬣（liè），魚頷旁小鰭。

〔2〕見《宣和畫譜》卷九《龍魚》，引文有删節，無作品傳世。

徐易，暨弟白，海州人。善畫極得其形似，論者謂其皆作出水鱗，不過刀机[1]間物耳。兼工雜畫，尤能篆隸，爲御書院藝學。

〔1〕刀机，同“刀几”，意爲以几爲案，以刀殺魚。

宋永錫，蜀人。畫花竹、禽鳥、魚蟹，學梁廣，善傅色。[1]

〔1〕見《宣和畫譜》卷九《龍魚》，引文有删節，無作品傳世。

劉寀[1]，少時留寓京師，狂逸不事事，放意詩酒間。善畫水中魚，雖風萍水荇，觀之活動。至於鱗尾性情，游潛回泳，皆得其妙。官至朝奉郎。[2]

〔1〕寀，音 cài。

〔2〕見《宣和畫譜》卷九《龍魚》，引文有删節。舊傳爲劉寀的傳世之作有《群魚戲藻圖》（絹本設色，北京故宫博物院藏，見《中國美術全集》兩宋繪畫下），《落花游魚圖》（絹本設色，美國聖路易美術館藏，見《中國美術全集》兩宋繪畫下）。

董源[1]，江南人，事南唐爲後苑副使[2]。善畫山水，樹石幽潤，峰巒清深，得山之神氣。天真爛漫，意趣高古。[3]論者[4]謂其畫水墨類王維，著色如李思訓。兼工龍水，無不臻妙。其山石有作麻皮皴者。有著色，皴紋甚少，用色穠古。[5]人物多用青紅衣，人面亦用粉素，皆佳作也。

〔1〕《宣和畫譜》卷十一《山水二》作董元。

〔2〕《圖繪寶鑑》至正本作後苑副使，誤，應爲北苑副使。北苑是南唐政權在建州（今福建建甌）設置的專供統治者消費的茶場。但南唐都城亦有北苑，北苑使是管理前者還是後者，很難確定。

〔3〕董源的山水畫成就最高。北宋山水畫超越前代，進入完全成熟階段。這一時期的山水畫分爲南、北兩大流派，江南畫派的開山祖就是董源。其作品見於各書著録，流傳在世的有十件左右，比較可靠的真迹有《瀟湘圖》（絹本設色，北京故宫博物院藏，見《中國美術全集》隋唐五代繪畫），《夏景山待渡圖》（絹本設色，遼寧省博物館藏，見《中國美術全集》隋唐五代繪畫），《夏山圖》卷（絹本水墨，上海博物館藏，見《中國繪畫史圖録》上），《龍宿郊民圖》（絹本設色，“臺北故宫博物院”藏，見《中國繪畫史圖録》上）。

〔4〕論者指郭若虚，《圖畫見聞志》卷三《王公士大夫依仁游藝臻乎極至者一十三人》：“水墨類王維，著色如李思訓。”

〔5〕董源山水有兩種：一種水墨礬頭，疏林遠樹，平遠幽深，山水作麻皮皴；另一種是著色，皴紋甚少，用色穠古。

李成[1]，字咸熙，唐宗室，避地營丘，遂家焉。世業儒，善文，磊落有大志，因才命不偶，放意詩酒，寓興於畫，師關仝。[2]凡烟雲變滅，水石幽間[3]，樹木蕭森，山川險易，莫不曲盡其妙。[4]議者謂得山之體貌，爲古今第一。[5]子覺，職踐[6]館閣，贈光禄丞。

〔1〕李成（919—967），字咸熙，李唐宗室。唐末五代之際，其祖父李鼎避亂遷到山東益都營丘（今山東昌樂境内），遂爲營丘人。

〔2〕李成的一生主要是在五代時期度過的，在當時政局動蕩的情況下，找不到出路，於是以詩酒自娱，寓興於畫。

〔3〕毛晋本作“閒”。

〔4〕北宋著名畫家許道寧、郭熙都是李成的嫡系。元代黄公望説：“近代作畫多作董源、李成二家筆法。”即使到了元代，李成仍是人們學習的榜樣。李成的作品，北宋時期僞本就很多，流傳至今，舊題爲李成所作的畫有《讀碑窠石圖》（絹本水墨，日本大阪市立美術館藏，見《中國美

術全集》兩宋繪畫上),《寒林平野圖》(絹本水墨,“臺北故宫博物院”藏,見《故宫書畫圖目》卷一),《茂林遠岫圖》(絹本水墨,遼寧省博物館藏,見《中國美術全集》兩宋繪畫上)等,這些是否爲李成真迹,有待研究。

〔5〕北宋時期的繪畫著作《聖朝名畫評》《宣和畫譜》對其評價極高,稱爲“古今第一”。

〔6〕踐,登上(職位),就任。

范寬一作中正〔1〕,字中立,華原人。性温厚,嗜酒落魄,有大度,人故以“寬”名之。畫山水始師李成,又師荆浩,山頂好作密林,水際作突兀大石。既乃嘆曰:“與其師人,不若師諸造化。”乃捨舊習,卜居終南、太華,偏〔2〕觀奇勝,落筆雄偉老硬,真得山骨,而與關、李并馳方駕也。〔3〕晚年用墨太多,土石不分。〔4〕

〔1〕范寬,華原(今陝西耀縣)人。主要活動在北宋前期,仁宗天聖(1023—1031)時尚在。(見《圖畫見聞志》卷四《紀藝下·山水門》)他“進止疏野”,“落魄不拘世故”,顯然是一個民間畫家。

〔2〕一本作“遍”。

〔3〕見《宣和畫譜》卷十一《山水二》,引文有删節。范寬的畫,流傳至今的有《溪山行旅圖》(絹本水墨,“臺北故宫博物院”藏,見《中國美術全集》兩宋繪畫上),樹木間有“范寬”二字,真迹無疑;《雪山蕭寺圖》(絹本淺設色,“臺北故宫博物院”藏,見《中國美術全集》兩宋繪畫上);《雪景寒林圖》(絹本水墨,天津藝術博物館藏,見《中國美術全集》兩宋繪畫上),其名款爲後人所加,中國古代書畫鑒定組定爲宋人畫,雖非范寬真迹,也應是其傳人所畫。

〔4〕米芾《畫史》:“范寬勢雖雄杰,然深暗如暮夜晦暝,土石不分。”

許道寧[1]，長安人。學李成，畫山水。初賣藥都門，畫山水以聚觀者，故早年所畫俗惡。[2]至中年脱去舊學，稍自檢束，行筆簡易，風度益著，峰頭直皴而下，林木勁硬，自成一家體，至細微處始入妙理。[3]評者謂“得李成之氣”。[4]

〔1〕許道寧，長安（今陝西西安）人。一説河間（今河北河間）人。生卒年無明確記載，估計在太祖開寶三年（970）前後到仁宗皇祐四年（1052）。享年八十餘歲。

〔2〕見《聖朝名畫評》卷二《山水林木門·妙品》，引文有删節。許道寧出名以後，“遂游公卿之門”，爲貴族官僚及官署作壁畫和卷軸。

〔3〕見《宣和畫譜》卷十一《山水二》，引文有删節。一直到北宋末年，許道寧的畫都是很受歡迎的，直到元代，他的畫還是“傳世甚多”。今天傳世的許道寧真迹已經寥寥可數，有《關山密雪圖》（絹本設色，“臺北故宫博物院”藏，見《故宫書畫圖録》卷一），《漁父圖》（絹本水墨，美國納爾遜美術館藏，見《中國美術全集》兩宋繪畫上）。

〔4〕劉道醇《聖朝名畫評》：“所得李成之氣也。”

陳用志，潁川郾城人，居小窑鎮，人呼爲小窑陳。國初爲畫院祇候，已而告歸鄉里。工畫道釋、山林，亦善人馬，學胡瓌而多出自已意，雖詳悉精微，但疎放全少，無飄逸處也。[1]

〔1〕見《宣和畫譜》卷十一《山水二》，引文有删節。美國波士頓博物館藏有《釋迦牟尼像》，紙本設色。瑞典喜龍仁説：“釋迦牟尼從洞中走出來，是陳用志仿尉遲乙僧作。”（喜龍仁《中國繪畫》）真僞待考。

翟院深，營丘人[1]。師李成，畫山水。爲本郡伶人[2]，郡宴，方擊鼓，頓失節奏。部長舉其過，守詰[3]之，翟對曰：“性本好畫，操撾之次，忽見浮雲在空，宛若奇峰，可爲畫範，目不兩視，故失其節。”翊[4]日命院深爲畫，果有竦突之勢，甚異之。其臨摹李成，仿佛亂真，若論神氣，則霄壤也。評者謂得李成之風。[5]

〔1〕營丘，今山東昌樂境内。一説爲北海人。

〔2〕古時候稱演戲、唱歌、作樂的人爲伶人，大多身份低微。

〔3〕詰，責備之義。

〔4〕翊，當作"翌"，四庫本不誤。

〔5〕見《聖朝名畫評》卷二《山水林木門·妙品》，引文有删節。其傳世作品有《雪山歸獵圖》（絹本水墨，安徽歙縣博物館藏，安徽省文物局鑒定小組定爲宋畫，見《藝苑掇英》第二十期），此作與李成風格相近，但缺少李成筆法的靈活多變。

高克明[1]，絳州人。端愿謙厚，喜游佳山水，探奇訪古，歸則燕坐[2]静室，故景造筆下。亦喜道釋、人馬，花鳥、樓觀。評者謂其山水雖工，不免有畫人之習，無深厚高古之氣。[3]仁宗朝爲待詔，守少府監主簿。

〔1〕高克明，絳州（今山西新絳）人。生卒年不詳。真宗景德（1004—1007）年來到京師開封，大中祥符（1008—1016）中入圖畫院，仁宗即位（1023）遷至待詔，皇祐（1049—1053）間曾奉命"圖畫三朝聖德之事"，其年壽應在七十以上。

〔2〕燕坐，静坐，安坐。

〔3〕見《聖朝名畫評》卷二《山水林木門·妙品》，引文有删節。高克明在當時享有盛名，"畫院多學克明"（《畫繼》卷六《山水林石》）。今天他的作品不多見，舊題其作品有《溪山雪意圖》卷（絹本水墨，美國大都會博物館藏，見《海外遺珍·繪畫》），楊仁愷認爲"圖前作者名款後加，北宋人佳作"。

郭熙[1]，河陽温縣人。爲御畫院藝學，善山水寒林，宗李成法，得雲烟出没、峰巒隱顯之態，布置筆法，獨步一時。蚤年巧贍[2]致工，晚年落筆益壯。[3]

〔1〕郭熙，河陽温縣（今河南温縣）人。生卒年不可考，大致可以推斷死於元祐二年（1087）到元符三年（1100）之間。郭熙生平創作甚多，除了爲宫廷、官府作畫外，還作有寺院壁畫、卷軸畫等。保存至今的代表作品有《早春圖》（絹本水墨，“臺北故宫博物院”藏，見《中國繪畫史圖録》上），《窠石平遠圖》（絹本設色，北京故宫博物院藏，見《中國繪畫史圖録》上），《春江帆飽圖》紈扇（絹本設色，北京故宫博物院藏，見《中國美術全集》兩宋繪畫下）等。

〔2〕贍，豐富之義。

〔3〕此段見《宣和畫譜》卷十一《山水二》，引文有删節。神本後增補：“著有《畫山水論并訣》，言遠近淺深、風雨晦明、四時朝暮之所不同。至於溪谷橋徑、釣舟魚艇、人物樓觀等景，莫不分布得宜。其論也，言之最詳，後人遵爲畫式。更能教子諱思者，業儒出仕，亦深論畫，但不能肖父作畫耳。”

孫可元，不知何許人，好畫吴越間山水，筆力雖不至豪放，而氣韵高古。[1]

〔1〕見《宣和畫譜》卷十一《山水二》，引文有删節，無作品傳世。

趙幹[1]，江南人，爲南唐畫院學生。畫山水林木，皆江南風景，多作樓觀、舟船、水村、漁市、花竹，散爲景趣，無一點朝市[2]風埃。[3]

〔1〕趙幹，一説是江寧（今江蘇南京）人。

〔2〕朝市，早市。《周禮·地官·司市》：“朝市，朝時而市，商賈爲主。”

〔3〕見《宣和畫譜》卷十一《山水二》，引文有删節。趙幹擅長畫山水，所畫的都是江南景色。其傳世代表作品《江行初雪圖》（絹本淺設色，

“臺北故宫博物院”藏，見《中國美術全集》隋唐五代繪畫），此圖南唐後主李煜題“江行初雪畫院學生趙幹狀”，描寫雪中長江、江中漁夫、江畔行人，神情皆極爲生動，是公認的杰作。

屈鼎[1]，開封人。畫山水學燕文貴，頗有思致，仁宗朝爲畫院祇候。[2]

〔1〕屈鼎，開封（今河南開封）人。一説是秦（今陝西）人。宋仁宗在位時（1023—1063）爲畫院祇候，享年九十四歲（見陳高華《宋遼金畫家史料》）。

〔2〕見《宣和畫譜》卷十一《山水二》，引文有删節。屈鼎傳世繪畫有《夏山圖》（絹本設色，美國大都會博物館藏，見《中國繪畫總合圖録》卷一），據方聞、王季遷的研究，斷爲屈鼎所作。

陸瑾，江南人。善畫江山風物，落筆瀟灑，殊無塵埃。筆法[1]筆法布置，大抵宗王維，媚嫵過之。[2]

〔1〕至正本此二字爲衍文。

〔2〕見《宣和畫譜》卷十一《山水二》，引文有删節，無作品傳世。

王士元，汝南宛丘人，王仁壽之子。善丹青，兼諸家之妙。人物師周昉，山水師關仝，屋木師忠恕，凡所下筆，無一筆無來處，故皆精微。但多作樓臺橋徑，如家中景，乏深山大谷烟霞之氣耳。官止郡推官。[1]

〔1〕見《宣和畫譜》卷十一《山水二》，引文有删節，無作品傳世。

燕肅[1]，字穆之，本燕人，徙居曹，今爲陽翟人。文學治行，縉紳推之。[2]喜畫山水寒林，蹈王維之踪，仿李成之範，獨不爲設色。[3]官至禮部尚書，後贈太師。

〔1〕燕肅，字穆之，祖籍山東益都，後遷至陽翟（今河南禹縣）。生年不詳，卒於仁宗康定元年（1040）。以進士起家，歷任地方官和中央各種官職，以禮部侍郎致仕。

〔2〕燕肅既是一位博學多聞的學者，也是一位精明干練的官員，所到之處，都有所作爲。見《宋史》卷二九八《燕肅傳》。

〔3〕見《宣和畫譜》卷十一《山水二》，引文有删節。其傳世代表作品有《寒岩積雪圖》軸（紙本設色，"臺北故宫博物院"藏，見《故宫書畫圖録》卷一）等。

宋道，字公達，洛陽人，擢[1]第爲郎。善畫山水，閒淡簡遠，取重於時，但乘興即寓意而作，傳世故少。[2]

〔1〕擢（zhuó），提拔。

〔2〕見《宣和畫譜》卷十二《山水三》，引文有删節，無作品傳世。

宋迪，字復古，道之弟，以進士擢第爲郎。師李成畫山水，運思高妙，筆墨清潤。又喜畫松，或高或偃，或孤或雙，以至於千萬株，森森然殊可駭也。[1]其猶子[2]子房，亦得家法。

〔1〕見《宣和畫譜》卷十二《山水三》，引文有删節。宋迪的畫，"神領意會，自然天成"，具有文人畫審美的典型特征。曾作《瀟湘八景》，不傳於世。舊傳《溪山平遠圖》（絹本水墨，"臺北故宫博物院"藏，見《故宫書畫録》卷六），真僞待考。

〔2〕猶子，侄子。

王穀，字正叔，潁川郾城人。寓意丹青，多取今昔人詩詞意趣，寫而爲圖繪，故鋪張布置，率皆瀟灑。官至大理卿。[1]

〔1〕見《宣和畫譜》卷十二《山水三》，引文有删節。德國柏林東亞美術館藏有《柳下漁舟圖》（絹本淺設色，見《海外所在中國繪畫目録》

東南亞歐洲編)，題有“大理卿臣王穀恭畫”，真僞待考。

范坦，字伯履，洛陽人。善畫山水，其筆法學關仝、李成。兼工花鳥，游藝繪事，下筆老健。官至承議郎。[1]

〔1〕見《宣和畫譜》卷十二《山水三》，引文有删節，無作品傳世。

黄齊，字思賢，建陽人，擢第爲兵部侍郎。寓興丹青，作《風烟欲雨圖》，非陰非霽，如梅天霧曉，霏微晻靄之狀，殊有深思。[1]

〔1〕見《宣和畫譜》卷十二《山水三》，引文有删節，無作品傳世。

李公年，不知何許人。善畫山水，運筆立意，風格不下於前輩。所布置者，甚有山水雲烟餘思。嘗爲江浙提刑。[1]

〔1〕見《宣和畫譜》卷十二《山水三》，引文有删節。舊題爲其傳世之作有《秋景山水圖》(絹本設色，美國普林斯頓大學美術館藏，見《海外遺珍·繪畫》)，款署“公年”，真僞待考。

李時雍，字致堯，號適齋，成都人。崇寧[1]間爲書學諭[2]。寓意丹青，皆不凡。作墨竹尤高，與文同并馳。官至殿中丞。[3]

〔1〕崇寧(1102—1106)，宋徽宗趙佶年號。

〔2〕《宣和書譜》卷十二：“崇寧中以書名藉甚，方建書學，首擢爲書學諭。因獻頌，遷博士。”

〔3〕見《宣和畫譜》卷十二《山水三》，引文有删節，無作品傳世。

駙馬都尉王詵[1]，字晉卿，本太原人，後爲開封人。喜讀書屬文，所從游者皆一時之老師宿儒。[2]能畫，學李成山水，清潤可愛。又作著色山水，師唐李將軍，不古不今，自成一家。[3]畫墨竹師文湖州。築堂曰“寶繪”，收藏古今法書名畫，以爲勝玩，東坡爲之記。[4]

〔1〕王詵，字晋卿，祖籍太原（今山西太原）。其生卒年無明確記載，據翁同文考證，王詵生於仁宗慶曆八年（1048）前後，卒於哲宗元符三年（1104）後。王詵爲北宋開國功臣王全斌之後，爲貴胄子弟。神宗熙寧二年（1069）尚公主，爲駙馬都尉（見《宋會要輯稿》帝系八之二七、二八）。

〔2〕王詵與蘇軾兄弟、黄庭堅等文人友善，李公麟曾作《西園雅集圖》，以繪畫的形式記録了王詵與蘇軾兄弟等十六人在西園雅聚的情景。

〔3〕王詵水墨山水清潤挺秀，蘇軾説他"得破墨三昧"（《畫繼》卷二《侯王貴戚》），也善青緑山水，深得"金碧緋映，風韵動人"之格調。傳世代表山水畫有《漁村小雪圖》（絹本設色，北京故宫博物院藏，見《中國美術全集》兩宋繪畫上），《烟江叠嶂圖》（絹本青緑設色，上海博物館藏，見《中國美術全集》兩宋繪畫上），《瀛山圖》（絹本青緑設色，"臺北故宫博物院"藏，見《宋畫精華》卷中）。

〔4〕見《宣和畫譜》卷十二《山水三》，引文有删節。神本後增補："日以圖書自娱，其風流藴藉，真有王謝家風也。"

内臣童貫，字道輔，開封人。御下寬厚，能節制兵戎。時弄翰游戲，作山林泉石，人以爲珍玩。官至太傅。[1]

〔1〕見《宣和畫譜》卷十二《山水三》，引文有删節，無作品傳世。

内侍劉瑗，字伯玉，開封人。家多奇畫，尤能考覈[1]其僞，皆極精當。放筆作雲林泉石，頗復瀟灑。官至通侍大夫[2]，贈少師。[3]

〔1〕"覈"，同"核"。

〔2〕北宋通侍大夫屬武臣及内侍階官，爲正五品。

〔3〕見《宣和畫譜》卷十二《山水三》，引文有删節，無作品傳世。

内侍梁揆，字仲叙，開封人。善丹青，花竹、人物、山水，一一能之。官至直睿思殿。[1]

〔1〕見《宣和畫譜》卷十二《山水三》，引文有删節，無作品傳世。

内侍羅存，字仲通，開封人。性喜畫，作小筆山水，雖身在京國，而浩然有江湖之思致。官至尚食局奉御。[1]

〔1〕見《宣和畫譜》卷十二《山水三》，引文有删節，無作品傳世。

内侍馮覲，字遇卿，開封人。少好丹青，作江山四時之景，頗極精妙。慕王晋卿[1]筆墨，臨假亂真。官至武翼大夫。[2]

〔1〕王詵，字晋卿，宋駙馬。《圖繪寶鑑》本卷有載。

〔2〕見《宣和畫譜》卷十二《山水三》，引文有删節，無作品傳世。

僧巨然，鍾陵人。[1]善畫山水，筆墨秀潤，善爲烟嵐氣象於峰巒嶺竇之外。至林麓之間，猶作卵石、松柏、疎筠、蔓草之類，相與暎發；而幽溪細路，屈曲縈帶，竹籬茅舍，斷橋危棧，真若山間景趣也。[2]得董源正傳者，巨然爲最也。少年時礬頭多，老年平淡趣高。[3]

〔1〕僧巨然，鍾陵（今江蘇南京）人。生卒年不詳。早年在本地出家，南唐後主李煜降宋（975），巨然隨之到開封，以畫山水有名於時。他曾爲學士院所作壁畫，是他最負聲譽的作品。巨然和董源一樣，“多寫江南真山”。傳世代表作有《萬壑松風圖》軸（絹本設色，上海博物館藏，見《上海博物館藏畫》），《秋山問道圖》（絹本水墨，“臺北故宫博物院”藏，見《中國繪畫史圖録》上），《層岩叢樹圖》（絹本水墨，“臺北故宫博物院”藏，見《中國美術全集》兩宋繪畫上）。

〔2〕見《圖畫見聞志》卷四《紀藝下·山水門》。借緑草堂本此句以下增改作：“其胸中富甚，落筆無窮，得董源之正傳，變出己意，不但知

名於時，抑且流傳後世。前之荆、關，後之董、巨，闢六法之門庭，啓後學之蒙瞶，皆此四人也。”

〔3〕此兩句見米芾《畫史》：“巨然師董源，今世多有本。嵐氣清潤，布景得天真多。巨然少年時多做礬頭，老年平淡趣高。”

趙令松，字永年，大年〔1〕弟。工畫花竹，無俗韵，尤工作水墨花果，但作朽蠹〔2〕太多，論者或病之，兼畫犬，得名於時。官至右武衛將軍。〔3〕

〔1〕趙大年，即趙令穰。

〔2〕蠹，小蟲子。

〔3〕見《宣和畫譜》卷十四《獸畜二》，引文有删節。《宋元寶繪》著録《龙搏圖》册頁，款署“令松作”（字殘），真僞待考。

趙邈齪〔1〕，亡其名，朴野不事修飾，故人以“邈齪”稱，不知何許人也。善畫虎，不惟得其形似，而氣韵俱利。〔2〕樹石亦佳，如草書法。〔3〕

〔1〕趙邈齪，其名失傳，邈齪是其外號，愚鈍不潔之意。他應該是一個民間畫家，生卒年不可考。

〔2〕見《宣和畫譜》卷十四《獸畜二》，引文有删節，無作品傳世。

〔3〕《聖朝名畫評》《圖畫見聞志》《宣和畫譜》都僅僅提及其善於畫虎，并未提及他所畫樹石，這一句應該是夏文彦所加，也許夏文彦見其真迹。無作品傳世。

朱羲〔1〕，江南人。畫牛得名，作斜陽芳草，村落荒閒之趣，雖望戴嵩不及，而亦後來名家。〔2〕

〔1〕毛晋本、四庫本皆作“朱義”。

〔2〕見《宣和畫譜》卷十四《獸畜二》，引文有删節。傳世題爲朱羲

的作品有《牧牛圖》(絹本水墨，日本山口良夫藏，見《中國繪畫總合圖録》卷四)，真僞待考。

朱瑩，羲族[1]也。畫牛馬得名，尤工人物。[2]

〔1〕四庫本作“義族”，未知孰是，待考。

〔2〕見《宣和畫譜》卷十四《獸畜二》，引文有删節，無作品傳世。

甄慧[1]，睢陽人。善畫佛像，脱落世間形相，具天人之威儀。亦工畫牛馬，而留意甚精。[2]

〔1〕和本作“甄惠”。

〔2〕見《宣和畫譜》卷十四《獸畜二》，引文有删節，無作品傳世。

王凝，不知何許人，爲畫院待詔。畫花竹翎毛，下筆有生意，又工爲鸚鵡、獅猫等。[1]

〔1〕見《宣和畫譜》卷十四《獸畜二》，引文有删節。“臺北故宫博物院”藏有《子母鷄圖》(見《故宫名畫三百種》)，款署“畫院王凝”，真僞待考。

祁序，江南人。工畫花竹、禽鳥，又工畫牛，人或謂有戴嵩遺風。至於畫猫，近世亦罕有其比。[1]

〔1〕見《宣和畫譜》卷十四《獸畜二》，引文有删節。傳世作品有《江山放牧圖》(絹本設色，北京故宫博物院藏，見《中國古代書畫圖目》一)。金章宗題有“祁序江山放牧圖”，曾入清内府收藏。

何尊師，不知何許人。居衡岳，往來蒼梧五嶺，僅百餘年。人問其氏族年壽，但云“何何”，問其鄉里，亦曰“何何”，時人因號曰何尊師。喜戲弄筆墨，工作花石，尤以畫猫專門，爲時所稱。[1]

〔1〕見《宣和畫譜》卷十四《獸畜二》，引文有删節，無作品傳世。

趙宗漢，字獻甫，太宗曾孫，濮王幼子。博雅該洽，無聲色之好，唯以丹青自娱。嘗爲《雁圖》，氣韵瀟散，有江湖荒遠之趣。贈太師，追封景王。[1]

〔1〕見《宣和畫譜》卷十六《花鳥二》，引文有删節。傳世題爲趙宗漢的作品有《雁山叙别圖》軸（絹本設色，“臺北故宫博物院”藏，見《故宫書畫圖録》一），真僞待考。

趙孝穎，字師純，端獻魏王第八子。翰墨之餘，雅善花鳥，頗有思致。仕至德慶軍節度使。[1]

〔1〕見《宣和畫譜》卷十六《花鳥二》，引文有删節，無作品傳世。

趙仲佺，字隱夫，宋宗室。明敏無它嗜好，一意於文詞翰墨間，至于難狀之景，則寄興于丹青。善作草木、禽鳥，皆詩人之思致也。封和國公。[1]

〔1〕見《宣和畫譜》卷十六《花鳥二》，引文有删節。原清宫藏有《雙羊圖》紈扇，舊題爲趙仲佺所作，見《宋元寶繪》影印，真僞待考。

趙仲僩，字存道，宋宗室。長於宫邸，雅好繪畫，善花鳥，出游以筆簏[1]粉墨自隨，遇興見高屏素壁，隨意作畫，率有真趣。或求，則未必應也。追封榮國公。[2]

〔1〕簏（lù），竹篾編的盛物器。

〔2〕見《宣和畫譜》卷十六《花鳥二》，引文有删節，無作品傳世。

趙士腆，宋宗室。善畫寒林晴浦[1]，甚多思致，其竹石禽鳥亦稱是。官任武節郎。[2]

〔1〕浦，水邊或河流入海的地方。

〔2〕見《宣和畫譜》卷十六《花鳥二》，引文有删節，無作品傳世。

趙士雷，字公震，宋宗室。畫山水人物，清雅可愛，尤長於花鳥。官至襄州觀察使。〔1〕

〔1〕見《宣和畫譜》卷十六《花鳥二》，引文有删節，無作品傳世。

李植，字化光，京兆人，觀察使士衡之孫。自幼好道，不樂婚宦。工畫山水，劉貢父〔1〕嘗贊之。

〔1〕劉攽（1023—1089），北宋史學家，劉敞之弟。字貢夫，一作貢父、贛父，號公非。一生潛心史學，治學嚴謹。助司馬光纂修《資治通鑑》，任副主編，負責漢史部分。著有《東漢刊誤》等。

宗婦曹氏，雅善丹青，所畫花鳥等，皆非優柔軟媚，取悦兒女者，真若得於游覽，見江湖山川間勝概，以集於毫端耳。〔1〕

〔1〕見《宣和畫譜》卷十六《花鳥二》，引文有删節。傳世作品有《湘鄉小景圖》卷（絹本設色，北京故宫博物院藏，有宋徽宗題“宗室士雷湘鄉小景”），《荷亭消夏圖》紈扇（絹本設色，“臺北故宫博物院”藏，見《故宫書畫録》卷六）。

南唐後主李煜，字重光，自稱“鍾峰隱居”，又略其言曰“鍾隱後人”。能文，善書畫，書顫筆樛〔1〕曲之狀，遒勁如寒松霜竹，謂之“金錯刀”。畫山水、人物、禽鳥、墨竹，皆清爽不凡，别爲一格。然書畫同體，高出意外。〔2〕

〔1〕樛（jiū），本義是樹木向下彎曲，這裏指彎曲糾結。

〔2〕見《宣和畫譜》卷十七《花鳥三》，引文有删節，無作品傳世。

黄居寀[1]，字伯鸞，蜀人，筌之季子，初仕孟蜀爲翰林待詔。能世其家學，作花竹翎毛，皆妙得其真，寫怪石山景，往往過其父。[2]宋太宗朝授光禄丞，委之搜訪名畫，詮定品目，時輩莫不斂衽[3]。[4]當時較藝者，視黄氏體制爲優劣去取。自崔白、崔慤、吴元瑜出，其格遂大變。[5]

〔1〕黄居寀，字伯鸞。生於五代後唐長興四年（933），卒於北宋太宗淳化四年（993）以後。

〔2〕黄居寀善繪花竹禽鳥，精於勾勒，形象逼真。傳世作品有《山鷓棘雀圖》軸（絹本設色，"臺北故宫博物院"藏，見《中國美術全集》兩宋繪畫上），此作有宋徽宗題"黄居寀山鷓棘雀圖"八字，入宋代宣和内府和清内府收藏，是黄筌父子流傳至今没有争議的作品之一。

〔3〕斂衽，整理衣襟，表示恭敬。

〔4〕見《圖畫見聞志》卷四《紀藝下·花鳥門》，引文有删節。

〔5〕見《宣和畫譜》卷十七《花鳥三》，引文有删節。

丘慶餘，蜀人，文播之子。善畫花禽，兼長於草蟲，凡設色者，已逼於動植，至其草蟲，獨以墨之淺深暎發，亦極形似之妙，風韵高雅，爲世所推。初師滕昌祐，及晚年，遂過之。[1]

〔1〕見《宣和畫譜》卷十七《花鳥三》，引文有删節，無作品傳世。

徐熙[1]，金陵人，世爲江南顯族。熙所尚高雅，寓興閑放，畫花木、禽魚、蟬蝶、蔬果，妙奪造化。今之畫花者，往往以色暈淡而成，獨熙"落墨"以寫其枝葉蕊蕚，然後傅色，故骨氣風神，爲古今絶筆。[2]所畫多在澄心堂紙上，至於畫絹，絹文稍麄，米元章謂"徐熙絹如布"是也。[3]議者謂黄筌之畫，神而不妙；趙昌之畫，妙而不神。兼二者一洗而空之，其爲熙歟。[4]孫崇嗣、崇勳，亦頗得其所傳焉。[5]

〔1〕徐熙，五代時人，生卒年不可考。徐熙出身江南世家，祖先世代爲官，他本人是個處士，没有出仕。

〔2〕黄筌父子的畫法稱爲“勾勒”，即以細淡的墨綫勾畫物體的輪廓，然後填以色彩，以著色爲主，給人以富麗工巧的感覺。徐熙的畫法稱爲“落墨”，即用墨筆描繪所畫物體的整個形狀，然後在某些部分略加色彩，以墨爲主，著色爲輔，給人樸素自然的印象。

〔3〕見米芾《畫史》：“南唐畫皆粗絹，徐熙絹或如布。”

〔4〕議者指劉道醇，此處《宣和畫譜》引《聖朝名畫評》的評價。徐熙的傳世作品有《雪竹圖》（絹本水墨，上海博物館藏，見《中國古代書畫圖目》），謝稚柳定爲真迹（謝稚柳《徐熙落墨兼論雪竹圖》，《鑒餘雜稿》，上海人民美術出版社1979年版）；《玉堂富貴春》（絹本設色，“臺北故宫博物院”藏，見《故宫書畫圖録》卷一）等，但是否是真迹，尚待進一步研究。

〔5〕見《宣和畫譜》卷十七《花鳥三》，引文有删節，無作品傳世。

徐崇嗣，熙之孫，畫花鳥綽有祖風。又出新意，不用描寫，止以丹粉染而成，號“没骨圖”，以其無筆墨骨氣而名之，始於崇嗣也。〔1〕

〔1〕見《宣和畫譜》卷十七《花鳥三》，引文有删節。徐崇嗣自創新體，摒棄墨筆勾勒，直接用色彩暈染。舊題徐崇嗣所作的有《枇杷綬帶圖》紈扇（絹本設色，“臺北故宫博物院”藏，見《中國歷代名畫集》卷二），《草蟲圖》卷（絹本設色，臺北蘭千山館，見《中國繪畫總合圖録》卷二）等，真僞待考。

徐崇矩，熙之孫。崇嗣、崇勳，其季孟焉。畫花鳥，能不墜家學。作士女益工，曲眉豐臉，蓋寫花蝶之餘思也。〔1〕

〔1〕見《宣和畫譜》卷十七《花鳥三》，引文有删節。舊題其傳世作

品有《紅蓼水禽圖》紈扇（絹本設色，北京故宫博物院藏，見《中國美術全集》兩宋繪畫下），中國書畫鑒定組定爲宋人畫，可以一窺徐崇矩作畫之面目。

唐希雅[1]，嘉興人。妙於畫竹，作翎毛亦工。[2]學江南李後主金錯刀書，有一筆三過之法，雖若甚瘦，而風神有餘。變而爲畫，故顫掣三過處，書法存焉。[3]喜作棘櫝荒野之趣，氣韵蕭踈，非畫家繩墨所拘也。[4]

〔1〕唐希雅，嘉興（今浙江嘉興）人。生卒年不詳，生活在五代時期。

〔2〕唐希雅長於畫竹和花鳥，宋代劉道醇稱："江南絶筆，徐熙、唐希雅二人而已。"舊題爲唐希雅的作品有《古木錦鳩圖》（絹本設色，"臺北故宫博物院"藏，見《故宫書畫録》卷六），款署"希雅"，真僞待考。

〔3〕唐希雅以書法入畫，自成一格。

〔4〕見《宣和畫譜》卷十七《花鳥三》，引文有删節。

唐宿、唐忠祚，皆希雅之孫。善畫花竹翎毛，得世傳之妙。墨作棘鍼，雖易元吉[1]不能及之。[2]

〔1〕易元吉，宋代畫家，《圖繪寶鑑》本卷有載。

〔2〕見《宣和畫譜》卷十七《花鳥三》，引文有删節，無作品傳世。

趙昌[1]，字昌之，廣漢人。善畫花果，名重一時。初師滕昌祐，後過其藝，作折枝有生意，傅色尤造其妙，兼工於草蟲。蓋其所作，不特取其形似，直與花傳神也。[2]禽石非其所精。[3]

〔1〕趙昌，字昌之，廣漢人，一説劍南（今四川成都）人。生卒年不詳，主要活動在北宋前期。

〔2〕舊題趙昌的傳世作品有《寫生蛺蝶圖》（紙本設色，北京故宫博

物院藏，見《中國繪畫史圖録》，楊仁愷認爲，“北宋院畫，未必出於趙氏”)；《歲朝圖》軸（絹本設色，“臺北故宫博物院”藏，見《故宫書畫圖録》卷一)，真僞待考。

〔3〕見《宣和畫譜》卷十八《花鳥四》，引文有删節。

易元吉〔1〕，字慶之，長沙人。初工花鳥，及見趙昌畫，乃曰“世不乏人”。〔2〕遂游荆湖，搜奇訪古，幾與猿狖鹿豕同游，故口傳心擊之妙，一寫於毫端。又於長沙舍後開圃鑿池，以亂石藂篁，梅菊葭葦，馴養水禽山獸，以伺其動静，資於畫思，故寫動植，無出其右，尤善畫獐猿。〔3〕評者謂“徐熙已後一人而已”〔4〕。畫上多自書“長沙助教易元吉畫”。〔5〕

〔1〕易元吉，字慶之，長沙（今湖南長沙）人。生年不詳，其卒年應在英宗治平元年（1064）或稍後。

〔2〕《圖畫見聞志》卷四《紀藝下·花鳥門》記載與此不同：“（易元吉）始以花果專門，及見趙昌之迹，乃嘆服焉。”

〔3〕易元吉善寫猿猴，舊題爲易元吉的作品有十八件之多（《中國歷代畫目大典》)，比較可靠的有《猴猫圖》(絹本設色，“臺北故宫博物院”藏)。

〔4〕見米芾《畫史》。

〔5〕見《宣和畫譜》卷十八《花鳥四》，引文有删節。

崔白〔1〕，字子西，濠梁人。善畫花鳥、道釋、人物，山林飛走之類，尤長於寫生，極工於鵝，所畫無不精絶。宋畫院較藝者，必以黄筌父子筆法爲程式，自白及吴元瑜出，其格遂變。〔2〕宋仁宗朝畫垂拱殿御扆〔3〕稱旨，補圖畫院藝學。〔4〕

〔1〕崔白，濠梁（今安徽鳳陽）人。生卒年不詳。神宗熙寧（1068—1077）初爲畫院藝學，元豐（1078—1085）時爲畫院待詔。

〔2〕宋代翰林圖畫院的花鳥畫，原來都是以黄筌父子的筆法爲標準，自崔白起，才發生改變。其風格特點是工整活潑，寫意和工筆的和諧統一。傳世作品有《寒雀圖》（絹本設色，北京故宫博物院藏，見《中國美術全集》兩宋繪畫上），《雙喜圖》（絹本設色，“臺北故宫博物院”藏，款署“嘉祐辛丑年崔白筆”，見《中國美術全集》兩宋繪畫上）。

〔3〕扆，屏風。

〔4〕見《宣和畫譜》卷十八《花鳥四》，引文有删節。

崔慤〔1〕，字子中，崔白弟。工畫花鳥，推譽於時，筆法規模，與白相若。尤喜作兔，自成一家。官至左班殿直。〔2〕

〔1〕慤，音 què。

〔2〕見《宣和畫譜》卷十八《花鳥四》，引文有删節。“臺北故宫博物院”藏有《杞實鵪鶉圖》册頁，標簽爲“崔慤杞實鵪鶉”（見《故宫書畫録》卷六），真僞待考。

艾宣〔1〕，金陵人。善畫花竹禽鳥，能傅色，暈淡有生意，孤標雅致，别是風規，敗草荒榛，尤長野趣。尤喜畫鵪鶉，著名於時。〔2〕

〔1〕艾宣，金陵（今江蘇南京）人。生活在北宋中期，生卒年不詳。《宣和畫譜》記載他曾奉宋神宗之命爲宫廷作畫。

〔2〕見《宣和畫譜》卷十八《花鳥四》，引文有删節。舊題爲艾宣所畫作品有《霜蘆山雀圖》册頁（絹本設色，“臺北故宫博物院”藏，見《故宫書畫録》卷六），《寫生鶯粟圖》紈扇（絹本設色，“臺北故宫博物院”藏，見《故宫書畫録》卷六），真僞待考。

葛守昌，開封人，畫院祗候。善畫花鳥，率有生意。又工於草蟲、蔬菜等物，蓋其所兼耳。〔1〕

〔1〕見《宣和畫譜》卷十八《花鳥四》，引文有删節。原清宫藏有爲葛守昌的《湖天聚禽圖》紈扇，見《宋元寶繪》，真僞待考。

王曉，泗州人。善畫鳴禽、叢棘、鷹鷂，師郭乾暉而游其藩。[1]亦能畫人物，極古拙，嘗於李成《讀碑圖》上見之。[2]

〔1〕見《宣和畫譜》卷十九《花鳥五》，引文有删節，無作品傳世。

〔2〕李成、王曉合作《讀碑窠石圖》（日本大阪市立美術館藏，見本卷“李成”）中的人物，即是王曉手筆。

劉常，金陵人。善畫花竹，氣格清秀，名重江左。家治園圃，植花竹，日游息其間，得意輒索紙落筆，遂與造物者爲友。染色不以丹鉛襯傅，調匀深淺，一染而就。米海岳謂“常之所學，不減趙昌”。[1]

〔1〕見《宣和畫譜》卷十九《花鳥五》，引文有删節，無作品傳世。

武臣劉永年，字公錫，本彭城[1]人，後徙開封，因家焉。喜讀書，曉兵法，勇力兼人，能從事丹青，出人意表。作鳥獸蟲魚頗工，尤喜寫道釋人物，得貫休之奇逸，而用筆非畫家纖毫細管。遇得意處，雖堊帚可用，此畫史所不能及也。[2]官至崇信軍節度使。[3]

〔1〕彭城，今江蘇徐州。

〔2〕劉永年用筆放縱，綫條潑辣。舊題爲劉永年作品有《華陰玉兔圖》（紙本設色，“臺北故宫博物院”藏，見《故宫書畫録》卷四），《商巖熙樂圖》（絹本設色，“臺北故宫博物院”藏，見《故宫書畫圖録》卷一），真僞待考。

〔3〕見《宣和畫譜》卷十九《花鳥五》，引文有删節。借緑草堂本此句前增“仁宗最寵異之。”

武臣吴元瑜[1]，字公器，開封人。善畫花鳥、人物、山林，師崔白，描法纖細，傅染鮮潤，大變唐五代宋國初之法，自成一家。[2]晚年因求畫者多，因取它畫，或弟子所模寫，冒以印章，繆爲己筆，以塞其責。官至合州團練使。[3]

〔1〕吴元瑜，開封（今河南開封）人。生卒年不詳。生活在北宋中期。《鐵圍山叢談》記載宋徽宗趙佶曾向吴元瑜學畫，《宣和畫譜》并未提及。

〔2〕崔白、吴元瑜的繪畫風格不同於當時院體的“工整富麗”，而是一種構思和筆法上的生動活潑。傳世作品有《梨花黄鶯圖》（絹本設色，日本大阪市立美術館藏，見《中國繪畫總合圖録》），真僞待考。

〔3〕見《宣和畫譜》卷十九《花鳥五》，引文有删節。

内侍賈祥，字存中，開封人。少好工巧，至於丹青之習，頗極其妙。作竹石、草木、鳥獸、樓觀皆工，亦善人物。官至知内侍省事，贈少師。[1]

〔1〕見《宣和畫譜》卷十九《花鳥五》，引文有删節，無作品傳世。

内侍樂士宣，字德臣，祥符人。善丹青，獨喜金陵艾宣畫，久乃悟宣之拘窘，於是捨其故步，而筆法遂陵轢於前輩。善畫花鳥，尤工水墨。官至虔州觀察使，贈少保。[1]

〔1〕見《宣和畫譜》卷十九《花鳥五》，引文有删節，無作品傳世。

内侍李正臣，字端彦。工寫花竹禽鳥，頗有生意。官至文思使。[1]

〔1〕見《宣和畫譜》卷十九《花鳥五》，引文有删節，無作品傳世。

内侍李仲宣，字象賢。始專於窠木，後喜工畫鳥雀，頗造其妙。其所缺者，風韵蕭散，蓋亦有所未至焉。官至内侍省供奉官。[1]

〔1〕見《宣和畫譜》卷十九《花鳥五》，引文有删節，無作品傳世。

端獻王頵，英宗第四子。能篆籀飛白，戲作小筆花竹、蔬果，尤喜寫墨竹，無不曲盡其妙。[1]

〔1〕見《宣和畫譜》卷二十《墨竹》，引文有删節，無作品傳世。

趙令穰[1]，字大年，宋宗室。游心經史，戲弄翰墨，尤得於丹青之妙。所作甚清麗，雪景類王維筆，汀渚水鳥，有江湖意。[2]又學東坡作小山叢竹，思致殊佳，但筆意柔嫩，實少年好奇耳。[3]

〔1〕趙令穰，字大年。宋宗室，太祖五世孫。生卒年不可考，他的活動時代大體是從神宗（1067—1085）末到哲宗（1086—1100），死於哲宗末年或徽宗（1101—1125）初年。

〔2〕趙令穰長於山水小景，以汀渚水鳥爲題。風格近似惠崇，優雅清麗，名重一時。舊題爲趙令穰山水作品者不少，可靠的有《湖莊清夏圖》（絹本設色，美國波士頓博物館藏，見《中國美術全集》兩宋繪畫上），《秋塘小景圖》（紙本水墨，美國弗利爾美術館藏，見《中國繪畫總合圖録》卷一）。

〔3〕見《宣和畫譜》卷二十《墨竹》，引文有删節。

趙令庇，宋宗室。善畫墨竹，宗文同。凡落筆，瀟灑可愛。官至衡州防禦使。[1]

〔1〕見《宣和畫譜》卷二十《墨竹》，引文有删節，無作品傳世。

越國夫人王氏，端獻王婦，王審琦後。作篆隸有古法，爲小詩有林下風致。以淡墨寫竹，整整斜斜，曲盡其態，見者疑其影落縑素也。[1]

〔1〕見《宣和畫譜》卷二十《墨竹》，引文有删節，無作品傳世。

駙馬都尉李瑋，字公炤，其先錢唐人，尚仁宗兖國公主。善作水墨，畫竹石亦佳，尤善章草、飛白、散隸。官至平海軍節度使。[1]

〔1〕見《宣和畫譜》卷二十《墨竹》，引文有删節。舊題爲李瑋所作的繪畫有《竹林燕居圖》（絹本設色，美國波士頓博物館藏，見《域外所藏中國古畫集》之四），真僞待考。

劉夢松，江南人。善以水墨作花鳥，於淺深之間互相映發，雖采繪無以加也。尤精於墨竹。[1]

〔1〕見《宣和畫譜》卷二十《墨竹》，引文有删節，無作品傳世。

文同[1]，字與可，梓潼永泰人，稱石室先生，又自號笑笑先生、錦江道人。善畫墨竹，知名於時。[2]或戲作古槎老枿，淡墨一掃，雖丹青極豪楮之妙者，形容所不能及也。亦善山水。[3]官至司封員外郎，充秘閣校理。[4]

〔1〕文同（1018—1079），字與可，梓潼永泰（今四川鹽亭）人。文同多才多藝，蘇軾稱其有詩、詞、書、畫四絶。

〔2〕竹成爲一種新的獨立題材始於晚唐時期，但是真正在畫竹上取得重大成就的是文同。蘇軾畫竹受他影響，其後學他的很多，有“湖州畫派”之稱。文同畫竹的作品，早在宋元時期，僞作就很多，流傳至今，公認的文同墨竹真迹，不過三四件而已。絹本《墨竹》圖軸和紙本《墨竹》單頁，藏於“臺北故宫博物院”（見《中國美術全集》兩宋繪畫上）。

〔3〕文同的山水，傳世的很少。美國波士頓博物館藏《晚靄圖》卷（絹本水墨），款署“晚靄圖與可”，似僞作。

〔4〕見《宣和畫譜》卷二十《墨竹》，引文有删節。

李時敏，字致道，成都人，時雍之弟。尤工大字，妙於丹青，宣和内府有《詩意圖》。官至朝請郎。[1]

〔1〕見《宣和畫譜》卷二十《墨竹》，引文有删節，無作品傳世。

閻士安，宛丘人。家世業醫，性喜作墨戲，荆檟枳棘，荒崖斷岸，蟹燕蒲藻，皆極精妙。尤長於竹，下筆清勁，造形圓備。官至國子助教。[1]

〔1〕見《宣和畫譜》卷二十《墨竹》，引文有删節，無作品傳世。

梁師閔一作士閔，字循德，開封人。能詩，好畫花竹羽毛。官至忠州刺史。[1]

〔1〕見《宣和畫譜》卷二十《墨竹》，引文有删節。梁師閔畫法取法江南畫派，精緻而嚴謹。傳世作品有《蘆汀密雪圖》卷（絹本設色，北京故宫博物院藏，宋徽宗題有“梁師閔蘆汀密雪”，見《中國美術全集》兩宋繪畫上）。

僧夢休，江南人。喜丹青，學唐希雅，作花竹、禽鳥，盡物之態。[1]

〔1〕見《宣和畫譜》卷二十《墨竹》，引文有删節，無作品傳世。

武臣郭元方，字子正，開封人。善畫草蟲，信手寓興，俱有生態。官至内殿承制。[1]

〔1〕見《宣和畫譜》卷二十《蔬果》，引文有删節，無作品傳世。

武臣李延之，善畫蟲魚、草木、禽獸，寫生尤工。官至左班殿直。[1]

〔1〕見《宣和畫譜》卷二十《蔬果》，引文有删節。舊傳李延之作品《梨花鱖魚圖》軸（絹本設色，見《畫苑掇英》上)，真僞待考。

僧居寧，毗陵人。喜飲酒，酒酣則好爲戲墨。作草蟲筆力勁峻，不專於形似，每自題云“居寧醉筆”。[1]

〔1〕見《宣和畫譜》卷二十《蔬果》，引文有删節，無作品傳世。

王瓘，字國器，河南洛陽人。工畫道釋人物，深得吴法，世謂之“小吴生”。武宗元謂“瓘畫事物盡工，設色清潤，古今無倫”。子端，能世其學。[1]

〔1〕見《圖畫見聞志》卷三《業於繪事馳名當代者一百四十六人·人物門五十三人》，引文有删節。舊題爲王瓘的作品有《羅漢圖》軸（絹本水墨，捷克布拉哈國立美術館附屬拉布斯多沃美術館藏，見《中國繪畫總合圖録》卷二)，真僞待考。

王靄，開封人。畫佛像人物，追學吴生，能盡其妙。尤長於寫真。太宗朝授翰林待詔。[1]

〔1〕見《圖畫見聞志》卷三《業於繪事馳名當代者一百四十六人·人物門五十三人》，引文有删節，無作品傳世。

趙光輔，耀州華原人。太宗朝爲畫院學生，工畫佛道人物，兼精蕃馬，筆鋒勁利，名“刀頭燕尾”。[1]

〔1〕見《圖畫見聞志》卷三《業於繪事馳名當代者一百四十六人·人物門五十三人》，引文有删節。舊題趙光輔的《蠻王禮佛圖》卷（絹本設色，美國克里夫蘭美術館藏，款署“光輔”，見《訪美所見書畫録》)，一般定爲南宋末畫。

高益，涿郡人。工畫道釋、鬼神、蕃漢人馬，用墨重，傅色輕，變通應手，不拘一態。[1]

〔1〕見《圖畫見聞志》卷三《業於繪事馳名當代者一百四十六人·人物門五十三人》，引文有删節，無作品傳世。

孟顯，字坦之，安化華池人。畫佛道、鬼神、人馬、屋木，筆無少滯，轉動飄逸，出自己意，自成一家。大率作用氣格，與陳用智相似。[1]

〔1〕見《聖朝名畫評》卷一《人物門·妙品十五人》，引文有删節，無作品傳世。

張昉，字升卿，汝南人。工畫佛道人物，學吴生，僅得其法，然用意敏速，變態皆善。[1]

〔1〕見《聖朝名畫評》卷一《人物門·妙品十五人》，引文有删節，無作品傳世。

王端，字子正，山東人，瓘之子。喜讀書，工畫山水、人物、花竹。山水專師關仝，好爲罅石濺水，怪樹老根，有出人意思。亦善墨竹，取唐希雅生竹情狀而爲之，故於向背不失。[1]尤長寫真，《畫鑑》謂端“人物古拙無神氣，描法不秀”。

〔1〕見《聖朝名畫評》卷一《人物門·妙品十五人》、卷二《山水林木門·妙品六人》。舊傳王端作品有《山水圖》（絹本水墨，英國大英博物館藏，見《中國繪畫總合圖録》卷二），真僞待考。

厲昭慶[1]，建業人。工畫佛道人物，尤長於觀音。至於衣紋生熟，亦能分別，前輩殆不及。授圖畫院祇候。[2]

〔1〕厲昭慶，南唐畫家。建業（今江蘇南京）人，一説豐城（今江西）人。

〔2〕見《聖朝名畫評》卷一《人物門·妙品十五人》，引文有删節。舊題厲昭慶作品有《采芝獻壽圖》册頁（絹本設色，"臺北故宫博物院"藏，見《故宫書畫録》卷六），真僞待考。

王兼濟，洛陽人。工畫釋道鬼神，學吴道元，得其餘趣。[1]

〔1〕見《聖朝名畫評》卷一《人物門·妙品十五人》，引文有删節。舊傳王兼濟的作品有《羅漢圖》軸（絹本水墨，美國弗利爾美術館藏，見《中國繪畫總合圖録》卷一），無款印，真僞待考。

高文進[1]，蜀人，從遇之子。工畫佛道，師倣曹吴，筆力快健，施色鮮潤。太宗朝爲翰林待詔。[2]

〔1〕高文進，五代宋初畫家。真宗大中祥符（1008—1016）初尚在。祖父高道興、父親高從遇，均以道釋人物畫著名。

〔2〕見《圖畫見聞志》卷三《業於繪事馳名當代者一百四十六人·人物門五十三人》，引文有删節。舊傳高文進傳世作品有《寶相觀音圖》軸（絹本設色，"臺北故宫博物院"藏，見《故宫書畫圖録》一），真僞待考。

趙元長一作長元，字慮善，蜀人。[1]工畫道釋人物，兼工翎毛。授圖畫院藝學。[2]

〔1〕趙元長，五代後蜀宋初畫家。《圖畫見聞志》作趙長元。通天文，仕蜀爲靈臺官。入宋，配文思院爲裝飾匠人，常備禁中之役。

〔2〕見《聖朝名畫評》卷一《人物門·能品十九人》，引文有删節。舊傳趙元長作品有《梅花山雀圖》（絹本設色，"臺北故宫博物院"藏，見《故宫書畫録》卷六），款署"元長"二字，真僞待考。

趙元亨[1]，字彦德一名懷寶，開封人。工畫道釋人物，兼長屋木，多狀京城市肆車馬，盡事物之情。[2]

〔1〕《圖畫見聞志》《聖朝名畫評》均作高元亨，《圖繪寶鑑》誤爲趙元亨。

〔2〕見《聖朝名畫評》卷一《人物門·能品十九人》，引文有删節，無作品傳世。

孫懷説，安定靈臺人。工畫道釋人物，學吴生，略得其奥，乘興命筆，往往稱絶。[1]評者謂“氣格清峭，理致深遠”。

〔1〕見《聖朝名畫評》卷一《人物門·能品十九人》，引文有删節，無作品傳世。

南簡，平凉人。性簡傲，閉門獨居，以畫自樂。工畫佛道人物，傳於世者絶少。[1]

〔1〕見《聖朝名畫評》卷一《人物門·能品十九人》，引文有删節，無作品傳世。

王道真，字幹叔，蜀郡新繁人。善畫佛道人物，兼長屋木。太宗朝爲畫院祗候。亦善畫魚，得楊輝[1]之奥。[2]

〔1〕疑爲“楊暉”之誤，見本卷。

〔2〕見《聖朝名畫評》卷一《人物門·能品十九人》，引文有删節。無作品傳世。

陳士元，開封人。初名允，喜丹青之學，尤好王士元[1]筆，遂改其名。至於畫屋宇、車騎、子女、皂隸及人家景物，若太湖石、芭蕉花之類，皆如王士元之迹。[2]

〔1〕《圖繪寶鑑》卷三有傳。

〔2〕見《聖朝名畫評》卷一《人物門·能品十九人》，引文有删節，無作品傳世。

王拙，字守拙，河東[1]人。工畫佛道人物，雖放縱矜逸，往往失於卑懦。[2]

〔1〕河東，今山西永濟。

〔2〕《聖朝名畫評》卷一《人物門·能品十九人》，引文有删節，無作品傳世。

王居正，拙之子，學丹青，有父風。善畫仕女，師周昉，得其閒冶之態，然精密有餘，而氣韵不足。[1]

〔1〕見《聖朝名畫評》卷一《人物門·能品十九人》，引文有删節。傳世作品有《紡車圖》（絹本設色，北京故宫博物院藏，見《中國美術全集》兩宋繪畫上）。

葉進成，江南人。善畫人物、士女，設色清潤，頗得閻令之體。[1]

〔1〕見《聖朝名畫評》卷一《人物門·能品十九人》，引文有删節，無作品傳世。

燕文貴[1]，吴興人，隸軍中。善畫山水及人物，初師河東郝惠，又善畫舟船盤車。[2]其作山水，不專師法，自成一家，[3]細碎清潤可愛，然取其骨氣，無有也。[4]

〔1〕燕文貴，吴興（今浙江湖州）人。出身微賤，原隸籍軍中，後入畫院。

〔2〕見《聖朝名畫評》卷一《人物門·能品十九人》，引文有删節。

〔3〕見《聖朝名畫評》卷一《人物門·妙品》，引文有删節。

〔4〕燕文貴長於山水，并能人物、界畫。他的山水畫自成一體，有“燕家景致”之稱。把山水畫和界畫有機結合起來，應是他的畫法特點之一。傳世作品有《江山樓觀圖》（紙本淺設色，日本大阪市立美術館藏，見《中國繪畫總合圖録》卷三），《溪山樓觀圖》（絹本水墨，“臺北故宫博物院”藏，見《中國美術全集》兩宋繪畫上），《秋山蕭寺圖》卷（臺北故宫博物院藏，見《故宫書畫録》卷八）等。

葉仁遇，江南人，進成族弟。工畫人物，多狀江表市肆風俗、田家人物。[1]

〔1〕見《圖畫見聞志》卷三《業於繪事馳名當代者一百四十六人·人物門五十三人》，引文有删節，無作品傳世。

毛文昌，字則之，蜀人。好畫郊野村堡人物，能與真迫。又爲《村童入學圖》，其行步動止，拜立誦寫，備其風概。[1]

〔1〕見《聖朝名畫評》卷一《人物門·能品十九人》，引文有删節，無作品傳世。

商訓，不知何許人。善鼓琵琶，工畫山水，師范寬，[1]但筆勢勾斫，山石少皴，頗失之拙。《宋畫評》載“學闕仝”。[2]

〔1〕見《圖畫見聞志》卷四《業於繪事馳名當代者一百四十六人·山水門二十四人》，引文有删節，無作品傳世。

〔2〕《宋畫評》即今本《聖朝名畫評》。見《聖朝名畫評》卷二《山水林木門第二·妙品六人》，引文有删節，其無作品傳世。

黄懷玉，華原人，有足疾，時人目爲跛子。學范寬，頗有其格，蓋意思孤特，得其巖嶠之骨，樹木皴剥，人物清灑，然大約失之工。[1]向嘗見一本，清潤可愛，而往往傳世者皆無足觀，恐是僞作耳。

〔1〕見《聖朝名畫評》卷二《山水林木門第二·能品十人》，引文有刪節，無作品傳世。

紀真，亦學范寬，失之似。[1]

〔1〕見《圖畫見聞志》卷四《業於繪事馳名當代者一百四十六人·山水門二十四人》，引文有刪節，無作品傳世。

劉永，開封人。工畫山水，始師僧德符畫松石，後覩關仝畫，遂捐棄餘學，專法關氏意思筆墨，頗得其法。[1]

〔1〕見《圖畫見聞志》卷四《業於繪事馳名當代者一百四十六人·山水門二十四人》，引文有刪節，其無作品傳世。

李隱，五原人。善畫山水，其勢超峻，截空而立。復有平遠之趣，止以焦墨皴淡，全無勾斫。[1]

〔1〕見《聖朝名畫評》卷二《山水林木門第二·能品十人》，引文有刪節，無作品傳世。

龐崇穆，字季和，右北平人。工畫山水，能爲群峰列岫、雲烟聚散之象。大中祥符[1]中，欲授以畫院之職，遁[2]去不仕。[3]

〔1〕大中祥符（1008—1016），是宋真宗的第三個年號，共九年。

〔2〕音 dùn，逃也。

〔3〕見《圖畫見聞志》卷四《業於繪事馳名當代者一百四十六人·山水門二十四人》，引文有刪節，無作品傳世。

曹仁希，字企之，毗陵人。善畫水，爲驚濤怒浪，萬流曲折，以至輕波細溜，於一筆自分淺深之勢，甚佳，古今無及。[1]

〔1〕見《聖朝名畫評》卷二《山水林木門第二·能品十人》，引文有刪節，無作品傳世。

裴文睍[1]，開封人，仁宗朝翰林待詔。工畫水牛，骨氣老重，劄[2]渲謹密，亦一代佳手。然形似，乏古意，不足也。[3]

〔1〕《圖畫見聞志》《聖朝名畫評》俱作“睍”，四庫本作“晛”，“睍”義爲斜視，“晛”義爲謹慎或美麗。

〔2〕劄，同“札”。

〔3〕見《圖畫見聞志》卷四《業於繪事馳名當代者一百四十六人·雜畫門》，引文有刪節，無作品傳世。

龍章，字公絢，京兆人。性淳静好古，居亦冠帶。善畫虎兔，亦工道釋，尤長於裝染。[1]

〔1〕見《圖畫見聞志》卷三《業於繪事馳名當代者一百四十六人·人物門》，引文有刪節，無作品傳世。

馮清，陝郡閿鄉人，真宗時入圖畫院。善畫槖駝，[1]兼工平畫，亦能畫火。

〔1〕見《圖畫見聞志》卷四《業於繪事馳名當代者一百四十六人·雜畫門》，引文有刪節，無作品傳世。

韓拙[1]，字全翁，南陽人。善畫山水窠石，有《山水純全集》行於世。[2]

〔1〕韓拙，字純全，北宋南陽（今河南南陽）人，出身書香仕宦之家，善畫山水窠石。紹聖（1094—1098）年間到汴梁（今河南開封），爲駙馬都尉王詵所欣賞，常共同評鑒古今書畫，并被王詵舉薦給端王趙佶。趙佶繼位後韓拙被授爲翰林書藝局祗候，累遷至直長秘書待詔，供奉宫廷，

在畫院中享有較高的地位。

〔2〕韓拙的繪畫作品早已失傳，論畫之作《山水純全集》記録了他的藝術見解。全書共分《論山》《論水》《論林木》《論石》《論雲霞、烟靄、嵐光、風雨、雪霧》《論人物、橋、關城、寺觀、山居、舟船四時之景》《論用筆格法氣韵之病》《論觀畫别識》《論古今學者》《論三古之畫過與不及》十篇。

荀信，江南人，工畫龍水。真宗時翰林待詔。[1]

〔1〕見《圖畫見聞志》卷四《業於繪事馳名當代者一百四十六人·雜畫門》，引文有删節，無作品傳世。

吴懷，江南人。善畫龍水。[1]

〔1〕見《圖畫見聞志》卷四《業於繪事馳名當代者一百四十六人·雜畫門》，無作品傳世。

吴進，亦善龍水。[1]

〔1〕見《圖畫見聞志》卷四《業於繪事馳名當代者一百四十六人·雜畫門》，無作品傳世。

李用及，開封人。能畫馬，深得韓幹筆法，人多稱之。亦善鬼神，宗吴生。[1]

〔1〕見《圖畫見聞志》卷三《業於繪事馳名當代者一百四十六人·人物門五十三人》，引文有删節，無作品傳世。

張翼一名鈐[1]，豳國人。善畫馬及人物，師趙光輔，得其筆法。但爲蕃族，面目多類漢人，於體爲失。[2]

〔1〕《聖朝名畫評》作“張鈐，豳國人，一名翼”。

〔2〕見《圖畫見聞志》卷四《業於繪事馳名當代者一百四十六人·雜畫門》，引文有删節，無作品傳世。

辛成，不知何許人，籍隸軍中。工畫虎，有精神氣骨。〔1〕

〔1〕見《圖畫見聞志》卷四《業於繪事馳名當代者一百四十六人·雜畫門》，無作品傳世。

陶裔，京兆鄠〔1〕人。工畫花鳥，精於寫生，形制設色，與黄筌相近。太宗朝爲翰林待詔。〔2〕

〔1〕鄠（hù），今陝西省户縣北。

〔2〕見《圖畫見聞志》卷四《業於繪事馳名當代者一百四十六人·花鳥門》，引文有删節，無作品傳世。

馮進成，江南人。工畫犬兔，〔1〕思慮精巧，尤善染澤。

〔1〕見《圖畫見聞志》卷四《業於繪事馳名當代者一百四十六人·雜畫門》，無作品傳世。

解處中，江南人，爲南唐後主翰林司藝，俗呼爲“解將軍”。善畫雪竹，有冒寒之意，但間泊翎毛〔1〕，頗虧形似耳。〔2〕

〔1〕偶有翎毛（鳥類）栖止竹上。

〔2〕見《圖畫見聞志》卷四《業於繪事馳名當代者一百四十六人·花鳥門》，引文有删節，無作品傳世。

毋咸之〔1〕，江南人。善畫鷄，毛色明潤，瞻視清爽，大有生意。〔2〕

〔1〕四庫本作“母咸之”。

〔2〕見《圖畫見聞志》卷四《業於繪事馳名當代者一百四十六人·

花鳥門》，引文有删節，無作品傳世。

傅文用，開封人。工畫花鳥，有黄筌之風，特精野雉鶉鵲，能辨四時毛采。[1]

〔1〕見《圖畫見聞志》卷四《業於繪事馳名當代者一百四十六人·花鳥門》，引文有删節。舊傳爲傅文用的作品有《萬蛾歸巢圖》軸（絹本水墨，美國弗利爾美術館藏，見《中國繪畫總合圖録》卷一），真僞待考。

李茂，不知何許人。善畫人物，清麗可愛。

夏侯延祐，字景休，蜀人。工畫花鳥，師黄筌，粗得其要。官至圖畫院藝學。[1]

〔1〕見《圖畫見聞志》卷四《業於繪事馳名當代者一百四十六人·花鳥門》，引文有删節，無作品傳世。

劉文惠，不知何許人。善畫花鳥，傅采雖勤，而氣格傷懦。[1]

〔1〕見《圖畫見聞志》卷四《業於繪事馳名當代者一百四十六人·花鳥門》，引文有删節，無作品傳世。

王友，字仲益，漢州人。師趙昌，畫花果不由筆墨，專尚設色，得其芳艷之意，比之於昌，終乏潤澤之妙。[1]

〔1〕見《圖畫見聞志》卷四《業於繪事馳名當代者一百四十六人·花鳥門》，引文有删節，無作品傳世。

道士牛戩，字受禧，河内人。工畫翎毛，多信筆寫寒鵲、野雉、鳩子，佳甚。但栝棘不甚精高。[1]然筆墨麄豪縱放，亦不俗，師劉永年。

〔1〕見《圖畫見聞志》卷四《業於繪事馳名當代者一百四十六人·花鳥門》，引文有删節，無作品傳世。

李雄，北海人。工畫佛道，偏長鬼神，罕有倫比。[1]

〔1〕見《圖畫見聞志》卷三《業於繪事馳名當代者一百四十六人·人物門》，引文有删節，無作品傳世。

蔡潤，建康人。善畫舟船及江河水勢。太宗朝授圖畫院待詔。[1]

〔1〕見《圖畫見聞志》卷四《業於繪事馳名當代者一百四十六人·雜畫門》，引文有删節，無作品傳世。

吕拙，開封人。工畫樓觀，太宗營玉清宫，拙畫“鬱羅蕭臺[1]樣”稱旨，授翰林待詔，不就，愿爲本宫道士，仍得賜紫。拙畫屋木絶妙，又能映帶池塘，但人物傷繁耳。[2]

〔1〕鬱羅蕭臺，傳説爲西王母所居宫闕，亦稱玄都山。

〔2〕見《圖畫見聞志》卷四《業於繪事馳名當代者一百四十六人·雜畫門》，引文有删節，無作品傳世。

劉文通，開封人。善畫樓臺。真宗朝入畫院爲藝學。[1]

〔1〕見《圖畫見聞志》卷四《業於繪事馳名當代者一百四十六人·雜畫門》，引文有删節，無作品傳世。

宋澥，字則未聞，長安人，湜之弟，司封道之從祖。[1]高潔不仕，善畫山水林石。[2]

〔1〕據《宋史·宋湜傳》，宋湜父名温故，温故弟温舒，而澥爲温舒之子，與湜實爲從兄弟。司封爲吏部職官名，司封道應指宋道，《宋史》

無宋道記載。

〔2〕見《圖畫見聞志》卷三《業於繪事馳名當代者一百四十六人·人物門五十三人》，引文有删節，無作品傳世。

隱士趙雲子，善畫道像，於青城丈人觀〔1〕畫諸仙，奇絶。

〔1〕《青城山記》："丈人觀在丈人山之陽，宋改爲建福宫，清光緒時重建，今在四川省灌縣。"

袁仁厚，師李文才。〔1〕

〔1〕見《圖畫見聞志》卷三《高尚其事以畫自娱者二人》，引文有删節，無作品傳世。

郝處，江南人。工畫佛道鬼神，兼長寫貌。〔1〕

〔1〕見《圖畫見聞志》卷三《業於繪事馳名當代者一百四十六人·人物門五十三人》，引文有删節，無作品傳世。

顧洪祝，不知何許人。工畫人物。〔1〕

〔1〕見《圖畫見聞志》卷三《業於繪事馳名當代者一百四十六人·人物門五十三人》，引文有删節，無作品傳世。

高懷節，文進長子，太宗朝爲翰林待詔。頗有父風，兼長屋木。〔1〕

〔1〕見《圖畫見聞志》卷三《業於繪事馳名當代者一百四十六人·人物門五十三人》，引文有删節，無作品傳世。

童仁益，字友賢，蜀人。工畫人物、尊像，出自天資，不由師訓，筆力勁健，類孫知微。〔1〕

〔1〕見《圖畫見聞志》卷三《業於繪事馳名當代者一百四十六人·人物門五十三人》，引文有删節，無作品傳世。

龍章，京兆櫟陽人。工畫道釋人物，兼工傳寫，尤善畫虎。子淵，有父風。〔1〕

〔1〕見《圖畫見聞志》卷三《業於繪事馳名當代者一百四十六人·人物門五十三人》，引文有删節，無作品傳世。此條與上文龍章（字公絢）爲一人重出，然内容不盡相同，可合并參見。

鍾文秀，開封人。爲翰林待詔。工畫道釋，山水學關仝。〔1〕

〔1〕見《圖畫見聞志》卷三《業於繪事馳名當代者一百四十六人·人物門五十三人》，引文有删節，無作品傳世。

田景，慶陽人。工畫人物，有奇思。〔1〕

〔1〕見《圖畫見聞志》卷四《業於繪事馳名當代者一百四十六人·人物門五十三人》，引文有删節，無作品傳世。

李元濟，太原人。工畫道釋人物，精於吴筆。〔1〕

〔1〕見《圖畫見聞志》卷四《業於繪事馳名當代者一百四十六人·人物門五十三人》，引文有删節，無作品傳世。

王易，鄜州人。亦工佛道人物，學隣元濟。〔1〕

〔1〕見《圖畫見聞志》卷四《業於繪事馳名當代者一百四十六人·人物門五十三人》，引文有删節，無作品傳世。

陳坦，晋陽人。工畫道釋人物。其畫田家，固爲獨步。〔1〕

〔1〕見《圖畫見聞志》卷四《業於繪事馳名當代者一百四十六人·

人物門五十三人》，引文有删節，無作品傳世。

張宗古，工山水。

道士李八師亡其名，邛州依政人。工畫道門尊像。[1]

〔1〕見《圖畫見聞志》卷三《業於繪事馳名當代者一百四十六人·人物門五十三人》，引文有删節，無作品傳世。

劉道士亡其名，建康人。工畫佛道、鬼神，落筆遒怪。尤善山水，師董源，與巨然同時，畫亦同，但劉畫道士在左，巨然則以僧在左，以此爲别耳。[1]

〔1〕見《圖畫見聞志》卷四《業於繪事馳名當代者一百四十六人·人物門五十三人》，引文有删節，無作品傳世。

丘訥，河南雒陽人。工畫山水，體近許道寧，筆氣不逮，而用墨過之。[1]

〔1〕見《圖畫見聞志》卷四《業於繪事馳名當代者一百四十六人·山水門二十四人》，引文有删節，無作品傳世。

郝鋭，不知何許人。工畫山水。[1]

〔1〕見《圖畫見聞志》卷四《業於繪事馳名當代者一百四十六人·山水門二十四人》，引文有删節，無作品傳世。

梁忠信，開封人。仁宗朝爲畫院祇候。工畫山水，體近高克明，而筆墨差嫩。又寺宇過盛，棧道兼繁。[1]

〔1〕見《圖畫見聞志》卷四《業於繪事馳名當代者一百四十六人·山水門二十四人》，引文有删節，無作品傳世。

李宗成，鄜時人。工畫山水寒林，學李成，破墨潤媚，取象幽奇，林麓江皋[1]，尤爲盡善。評者謂“得成之似”。[2]

〔1〕皋（gāo），岸邊之義。

〔2〕見《圖畫見聞志》卷四《業於繪事馳名當代者一百四十六人·山水門二十四人》，引文有删節。舊傳李宗成作品有《雪窗讀書圖》，見《中國名畫集》第一册，真僞待考。

董贇[1]，潁川長社[2]人。工畫山水、寒林，學志精勤，豪鋒老硬，但器類近俗，格致非高。[3]

〔1〕贇，音 yūn。

〔2〕長社，今河南長葛。

〔3〕見《圖畫見聞志》卷四《業於繪事馳名當代者一百四十六人·山水門二十四人》，引文有删節，無作品傳世。

侯封，邠[1]人，爲圖畫院學生。工畫山水、寒林，師許道寧，不能踐其老格，然筆墨調潤，自成一體，亦郭熙之亞。[2]

〔1〕邠（bīn），今陝西咸陽彬縣。

〔2〕見《圖畫見聞志》卷四《業於繪事馳名當代者一百四十六人·山水門二十四人》，無作品傳世。

苻道隱，長安人。工畫山水、寒林，學無師法，多從己見，當其合作，亦有可觀。[1]

〔1〕見《圖畫見聞志》卷四《業於繪事馳名當代者一百四十六人·山水門二十四人》，引文有删節，無作品傳世。

僧擇仁，寓永嘉。善畫松，初集諸家所長而學之，後夢吞數百條龍，遂臻神妙。性嗜酒，每醉揮墨於綃紈粉堵之上，醒乃添補，千形萬狀，極於奇怪。[1]

〔1〕見《圖畫見聞志》卷四《業於繪事馳名當代者一百四十六人·山水門二十四人》，引文有删節，無作品傳世。

吴僧繼肇，工畫山水，與巨然同時，體亦相類，但峰巒稍薄怯也。[1]

〔1〕見《圖畫見聞志》卷四《業於繪事馳名當代者一百四十六人·山水門二十四人》，引文有删節。無作品傳世。

劉贊，蜀人。工畫花鳥、龍水，迹意兼美。

李符，襄陽人。工畫花，彷佛[1]黄體，而丹青雅淡，别是一種風格。然於翎毛，骨氣有得失耳。[2]

〔1〕同"仿佛"。

〔2〕見《圖畫見聞志》卷四《業於繪事馳名當代者一百四十六人·花鳥門三十九人》，引文有删節。無作品傳世。

李懷衮，蜀人。工畫花鳥，學黄氏，與夏侯延祐不相上下。[1]

〔1〕見《圖畫見聞志》卷四《業於繪事馳名當代者一百四十六人·花鳥門三十九人》，引文有删節。無作品傳世。

李吉，開封人。嘗爲畫院藝學。工畫花鳥，學黄氏。[1]

〔1〕見《圖畫見聞志》卷四《業於繪事馳名當代者一百四十六人·花鳥門三十九人》，引文有删節。舊題李吉所作的有《萬年寶枝圖》（"臺北故宫博物院"藏，見《故宫書畫録》卷八），真僞待考。

侯文慶，開封人。爲翰林待詔。工畫草蟲及寫蔬菜，体尚精謹，殊乏生氣。[1]

〔1〕見《圖畫見聞志》卷四《業於繪事馳名當代者一百四十六人·花鳥門三十九人》，引文有刪節，無作品傳世。

董祥，開封人。爲翰林待詔。工畫花木，有瑠璃[1]瓶中雜花折枝，人多愛之。[2]

〔1〕即琉璃，琉璃生産最早的文字記載（唐代李元《獨異誌》）可以追溯到唐代。

〔2〕見《圖畫見聞志》卷四《業於繪事馳名當代者一百四十六人·花鳥門三十九人》，引文有刪節，無作品傳世。

李祐，河内人。善畫花鳥。[1]

〔1〕見《圖畫見聞志》卷四《業於繪事馳名當代者一百四十六人·花鳥門三十九人》，引文有刪節，無作品傳世。

建陽僧惠崇[1]，工畫鵝、鴈、鷺鷥，尤工小景，善爲寒汀遠渚，瀟灑虚曠之象，人所難到也。[2]

〔1〕僧惠崇，建陽（今福建建陽）人，一説長沙人，生卒年不可考。據陳高華《宋遼金畫家史料》考證，惠崇主要生活在北宋前期。

〔2〕見《圖畫見聞志》卷四《業於繪事馳名當代者一百四十六人·花鳥門三十九人》，引文有刪節。惠崇能詩善畫，他的畫以江南小景著稱，蘇軾曾爲他的畫寫下“春江水暖鴨先知”的名句。傳世之作有《溪山春曉圖》（絹本設色，北京故宫博物院藏，見《中國美術全集》兩宋繪畫上），《秋浦雙鴛圖》册頁（紙本淺設色，“臺北故宫博物院”藏，見《故宫書畫録》卷六），《沙汀烟樹圖》（絹本設色，遼寧省博物館藏，見《遼寧省博物館藏畫》）等。

卑顯，不知何許人。真宗朝爲翰林待詔。工畫馬，有韓幹之風，筆力勁健。[1]

〔1〕見《圖畫見聞志》卷四《業於繪事馳名當代者一百四十六人·雜畫門三十九人》，引文有删節，無作品傳世。

張戡，瓦橋人。工畫蕃馬，居近燕山，得胡人形骨之妙，盡戎衣鞍勒[1]之精。[2]

〔1〕勒，馬絡頭，有嚼口的叫勒，没有嚼口的叫羈。

〔2〕見《圖畫見聞志》卷四《業於繪事馳名當代者一百四十六人·雜畫門三十九人》，引文有删節。無作品傳世。

丘士元，不知何許人。工畫水牛，精神形似外，特有意趣。[1]

〔1〕見《圖畫見聞志》卷四《業於繪事馳名當代者一百四十六人·雜畫門三十九人》，引文有删節。無作品傳世。

胡九齡，絳[1]人。工畫水牛，筆弱於裴文睍[2]，而意瀟灑。愛作臨水倒影牛，人多稱之。[3]

〔1〕絳，今山西絳縣。

〔2〕湯垕《畫鑑》："裴文睍工畫牛有聲，然形似有之，古意不足也。"

〔3〕見《圖畫見聞志》卷四《業於繪事馳名當代者一百四十六人·雜畫門三十九人》，引文有删節，無作品傳世。

包貴，宣城人。善畫虎，名聞四遠，號"老包"也。[1]

〔1〕見《圖畫見聞志》卷四《業於繪事馳名當代者一百四十六人·雜畫門三十九人》，引文有删節，無作品傳世。

包鼎，貴之子，雖從父訓，抑又次焉。[1]

〔1〕見《圖畫見聞志》卷四《業於繪事馳名當代者一百四十六人·雜畫門三十九人》，引文有删節。歐陽修《歸田録二》稱包氏父子畫虎已被稱爲"近世名畫"，與李成、巨然、趙昌齊名。無作品傳世。

任從一，開封人。仁宗朝爲翰林待詔。工畫龍水海魚，爲時推賞。[1]

〔1〕見《圖畫見聞志》卷四《業於繪事馳名當代者一百四十六人·雜畫門三十九人》，引文有删節，無作品傳世。

戚文秀，工畫水，筆力調暢。畫《清濟灌河圖》，一筆長五丈，自邊際起，通貫於波浪之間，與衆豪不失次序，超騰回摺。[1]《畫鑑》載："常州佛寺後壁有徐友畫水，亦名'清濟貫河'，中有一筆，尋其端末，長四十丈，筆法既老，波浪起伏，相對活動，愈看愈奇。"[2]

〔1〕見《圖畫見聞志》卷四《業於繪事馳名當代者一百四十六人·雜畫門三十九人》，引文有删節，無作品傳世。

〔2〕見《畫鑑》，引文有删節。

路衙推亡其名，不知何許人。善畫魚，體致純古。[1]

〔1〕見《圖畫見聞志》卷四《業於繪事馳名當代者一百四十六人·雜畫門三十九人》，引文有删節。無作品傳世。

劉仲懷，山陰人。元祐徙居諸暨。善畫墨竹，筆法師文湖州。

蒲永昇，成都人。性嗜酒放浪。善畫水，東坡嘗得其畫，每觀之，陰風襲人，毛髮爲立。[1]

〔1〕見《圖畫見聞志》卷四《業於繪事馳名當代者一百四十六人·雜畫門三十九人》，引文有删節。無作品傳世。

何霸，不知何許人。工畫船水，其名尤著。[1]

〔1〕見《圖畫見聞志》卷四《業於繪事馳名當代者一百四十六人·雜畫門三十九人》，引文有删節。無作品傳世。

支選，不知何許人。仁宗朝爲畫院祗候。工畫太平車[1]，又畫酒肆邊絞縛樓子[2]，有分踈界畫之功，兼工雜畫。[3]

〔1〕太平車最早出現在宋代，北宋張擇端的《清明上河圖》中就描繪有幾輛用四匹或兩匹健騾拉的太平車。太平車因其滚動平穩而得名。

〔2〕絞縛樓子，彩樓歡門的店面裝飾，盛行於北宋東京和南宋臨安。

〔3〕見《圖畫見聞志》卷四《業於繪事馳名當代者一百四十六人·雜畫門三十九人》，引文有删節，無作品傳世。

趙裔，不知何許人。工雜畫，兼長道釋人物，學朱繇，用筆少亞，而傅彩爲精。亦善花鳥。[1]

〔1〕見《圖畫見聞志》卷四《業於繪事馳名當代者一百四十六人·雜畫門三十九人》，引文有删節，無作品傳世。

高懷寶，懷節之弟。工畫花鳥、草蟲、蔬果，頗臻精妙。與兄懷節，同時畫院祗候。高氏自道興[1]至二子，凡四世，皆以畫進，延賞於世，誠可佳矣。[2]

〔1〕高道興，前蜀畫家，見《圖繪寶鑑》卷二。

〔2〕見《圖畫見聞志》卷四《業於繪事馳名當代者一百四十六人·花鳥門》，引文有删節。舊題高懷寶的繪畫有《佳蔬圖》軸（紙本水墨，

美國弗利爾美術館藏，見《中國繪畫總合圖録》卷一），真僞待考。

鄧隱，梓州人。工佛像、鬼神、山水、花鳥。[1]

〔1〕見《圖畫見聞志》卷四《業於繪事馳名當代者一百四十六人·雜畫門》，引文有删節，無作品傳世。

張敦禮[1]，汴梁人。哲宗婿也。畫人物、樹石，并倣顧、陸，筆法緊細，神采如生。贈太師。[2]

〔1〕張敦禮，北宋畫家。汴梁（今河南開封）人。爲宋英宗女婿（《畫鑑》誤爲哲宗婿）。與李瑋、王詵均爲多才多藝的駙馬都尉。《畫史會要》卷二有相關記載。

〔2〕見《畫鑑·宋畫》，引文有删節。舊題爲張敦禮所作的有《松壑層樓圖》（絹本設色，北京故宫博物院藏），《中國古代書畫目録》第二册定爲宋人作，傅熹年則認爲元人所作。

程坦，善雜畫，松竹頗佳，人物甚俗。米元章謂“能污茶坊酒肆者”，此論真是。[1]

〔1〕見《畫鑑·神品》，引文有删節，無作品傳世。

僧仲仁[1]，會稽人，住衡州花光山。以墨暈作梅，如花影然，别成一家，所謂寫意者也。[2]

〔1〕僧仲仁，會稽（今浙江紹興）人。長期居住在湖南衡州（今湖南衡陽）華（花）光寺，故以華（花）光自號。他與黄庭堅交往甚密，其活動時期應在北宋中後期。

〔2〕畫梅之法古已有之，但均用彩色，仲仁則以水墨爲之。“世人畫梅賦丹粉，山僧畫梅匀水墨。”（《雲溪居士集》卷六）這在畫梅技法上是一大變化，南宋的楊無咎、趙孟堅、湯叔雅繼之而起，到了元代，就成爲

一時風範了。舊題爲仲仁所作的《山水圖》紈扇（絹本水墨，德國柏林東亞美術館藏，見《中國繪畫總合圖録》卷二），真僞待考。

趙叔盎，字伯充，宋宗室。善畫馬。[1]

〔1〕見《畫繼》卷二《侯王貴戚》，引文有删節，無作品傳世。

趙士暕，字明發，宋宗室。讀書能文，兼工畫，有《高軒過圖》。[1]

〔1〕見《畫繼》卷二《侯王貴戚》，引文有删節，無作品傳世。

趙士衍，宋宗室，號花一相公。長於著色山水，意韵可喜。[1]

〔1〕見《畫繼》卷二《侯王貴戚》，引文有删節，無作品傳世。

趙士安，宋宗室。長於墨竹，不遵川派，好作筀竹[1]，殊秀潤。[2]

〔1〕筀竹，竹的一種，又名桂竹。

〔2〕見《畫繼》卷二《侯王貴戚》，引文有删節，無作品傳世。

蘇軾[1]，字子瞻，眉山人。高名大節，照映古今，復能留心墨戲。[28]作墨竹師文與可。枯木奇石，時出新意，木枝榦虬屈無端，石皴老硬[3]，大抵寫意，不求形似。[4]

〔1〕蘇軾（1037—1101），北宋著名文學家，詩、詞、賦、散文成就均極高，兼擅書法和繪畫。

〔2〕蘇軾在北宋士大夫之中，聲望很高。他一反當時士大夫輕視繪畫的習氣，大加提倡，使風氣有所改變。北宋中期出現了一批文人畫家，幾乎都與蘇軾有一定的關係。他提倡寫意，反對片面形似，爲繪畫創作開闢了新的途徑。

〔3〕借緑草堂本改作:“枝幹逑屈,而無端石,皴法老硬。”

〔4〕見《畫繼》卷三《軒冕才賢》,引文有删節。蘇軾的畫流傳在世的很少,有《枯木怪石圖》(紙本水墨,北京故宫博物院藏,見《中國美術全集》兩宋繪畫上),接紙上有劉良佐、米芾詩跋,定爲蘇軾真迹。《木石圖》(又名《瀟湘竹石圖》,絹本水墨,中國美術館藏),曾爲鄧拓收藏,楊仁愷定爲真迹(《人間遺墨若南金》,《光明日報》1982年1月3日)。

米芾[1],字元章。天資高邁,書法入神。[2]作畫喜寫古賢像[3]。山水其源出董源,天真發露,[4]怪怪奇奇。[5]枯木松石,自有奇思。[6]

〔1〕米芾(1051—1110),祖籍太原,後徙襄陽。

〔2〕米芾能詩文,善書畫。其行草博取前人所長,用筆俊邁豪放,有“風檣陣馬,沉着痛快”之評。與蔡襄、蘇軾、黄庭堅合稱“宋四家”。

〔3〕米芾的人物畫不傳於世。

〔4〕米芾山水不求工細,多用水墨點染,傳世繪畫有《春山瑞松圖》(紙本設色,“臺北故宫博物院”藏,見《中國美術全集》兩宋繪畫上)。《故宫書畫圖録》卷一:“唯此畫顯爲宋高宗以前所作。筆墨高超。米芾以前殆無人能爲米家雲山而臻此境。”此外還有舊題爲米芾的《岷山圖》(紙本水墨,“臺北故宫博物院”藏,見《故宫書畫録》卷八)、《天降時雨圖》(絹本水墨,美國弗利爾美術館藏,見《中國繪畫總合圖録》卷一),真僞待考。

〔5〕借緑草堂本此句增改作:“思致不凡。性最愛石,每購得之,即繪其形似焉。博雅好古,至於畫理,鑒别纖細,今古推爲第一。故所著《書畫評》,後學不可不一見也。”

〔6〕見《畫繼》卷三《軒冕才賢》,引文有删節。

晁補之[1],字無咎,濟北人。善畫山水,官至知泗州事。[2]

〔1〕晁補之（1053—1110），字無咎，濟北（今屬山東）人。北宋文學家、畫家。其山水、人物、鳥獸、屋宇無所不能，同時代詩人陳師道稱之爲“今代王摩詰”。

〔2〕見《畫繼》卷三《軒冕才賢》，引文有删節。其傳世作品有《老子騎牛圖》（紙本水墨，“臺北故宫博物院”藏，見《故宫書畫圖録》卷一），款署“晁無咎寫”，并有王詵題記。

劉涇，字巨濟，簡州人。米元章書畫友也。善作林石槎竹，竹以圈筆爲葉，筆墨狂逸，體制拔俗，極有奇思。官至職方郎中。[1]

〔1〕見《畫繼》卷三《軒冕才賢》，引文有删節。舊題劉涇作品有《螃蟹圖》，款署“簡州劉涇巨濟”，原清宫收藏，見《宋元寶繪》東集，真僞待考。

蘇過，字叔黨，東坡先生季子也。[1]善作怪石叢篠，咄咄逼翁。又畫山水，遠水多紋，依岩多屋木，皆人迹絶處，并以焦墨爲之，此出奇也。官至中山倅。[2]

〔1〕蘇過（1072—1123），蘇軾次子，字叔黨。

〔2〕見《畫繼》卷三《軒冕才賢》，引文有删節。蘇軾有《觀過所作木石竹三絶》：“老可能爲竹寫真，小坡今與竹傳神。”將蘇過與文同并提，可見蘇過繪畫之一斑。無作品傳世。

宋子房，字漢杰，鄭州滎陽人。少府監選之子，復古[1]之姪。善畫山水，不古不今，稍出新意。官至正郎。[2]

〔1〕宋復古，即宋迪。《圖繪寶鑑》卷三有載。

〔2〕見《畫繼》卷三《軒冕才賢》，引文有删節，無作品傳世。

程堂，字公明，眉人。善畫墨竹，宗文湖州。好畫鳳尾竹，其梢極重，作迴旋之勢，而枝葉不失向背。尤善寫園蔬，極佳。[1]

〔1〕見《畫繼》卷三《軒冕才賢》，引文有删節，無作品傳世。

范正夫，字子立，潁昌人。文正公諸孫，德孺之子。長於水墨雜畫，標格清秀，有《訪戴圖》《鵪令圖》《竹石圖》。知鳳翔，還鄉死於兵。[1]

〔1〕見《畫繼》卷三《軒冕才賢》，引文有删節，無作品傳世。

顏博文，字持約，德州人。長於水墨，作人物，筆法位置如李伯時，但氣韵差短耳。又善墨花。[1]

〔1〕見《畫繼》卷三《軒冕才賢》，引文有删節，無作品傳世。

任誼，字才仲，宋復古之甥。畫山水，髣髴籠澹[1]，清潤可喜。亦能畫花。隸書學蔡中郎。官至澧州通判。[2]

〔1〕薄染作朦朧狀。

〔2〕見《畫繼》卷三《軒冕才賢》，引文有删節，無作品傳世。

李石，字知幾，資州人。醉吟之餘，時作小筆，風調遠俗。官至成都倅。[1]

〔1〕見《畫繼》卷三《軒冕才賢》，引文有删節，無作品傳世。

杭士林生，作江湖景，蘆雁水禽，氣格清絶。米元章謂“可并徐熙，在艾宣、張涇之右，南唐無此畫”。[1]

〔1〕見《畫繼》卷三《岩穴上士》，引文有删節，無作品傳世。

寶覺大師，畫翎毛、蘆雁甚不俗。

李甲，字景元，華亭人。作逸筆翎毛，有意外趣。木不佳。[1]

〔1〕見《畫繼》卷三《岩穴上士》，引文有删節，無作品傳世。

周純，字忘機，成都華陽人，後久留荆楚，亦自稱楚人。畫山水師李思訓，衣冠師顧愷之，佛像師李伯時，尤善畫花鳥、松竹、牛馬，一一清絶。[1]

〔1〕見《畫繼》卷三《岩穴上士》，引文有删節，無作品傳世。

高燾，字公廣，沔州[1]人，自號三樂居士。作小景自成一家，清思可人，一洗工氣。眠鴨浮雁，枯梼衰楊，最爲珎絶。篆隸飛白，一一造妙。[2]

〔1〕沔州，今陝西略陽。

〔2〕見《畫繼》卷三《岩穴上士》，引文有删節。舊傳爲高燾的繪畫有《雪景圖》（絹本水墨淺設色，美國克里夫蘭美術館藏，見《訪美所見書畫録》），真僞待考。

僧德正，信州人。徐競明叔之兄，徐林稚山之弟。登科爲平江教官，棄而爲僧。能畫山水人物，種種清絶，專師李伯時。[1]

〔1〕見《畫繼》卷三《岩穴上士》，引文有删節，無作品傳世。

劉明復，善畫山水，師李成。官至直龍圖閣[1]。[2]

〔1〕即龍圖閣直學士，加官，是一種榮譽稱號。

〔2〕見《畫繼》卷四《搢紳韋布》，引文有删節，無作品傳世。

蔣長源，字永仲。作著色山水，頂似荆浩，身似李成。葉取真松爲之，如靈鼠尾，大有生意。石不甚工。作凌霄花纏松，亦佳作。[1]

〔1〕見《畫繼》卷四《搢紳韋布》，引文有删節，無作品傳世。

鄢陵王主簿，亡其名，長於花鳥。[1]東坡曾題其折枝花[2]。

〔1〕見《畫繼》卷四《搢紳韋布》，引文有删節，無作品傳世。

〔2〕蘇軾《書鄢陵王主簿所畫折枝二首》其一："論畫以形似，見與兒童鄰。賦詩必此詩，定非知詩人。詩畫本一律，天工與清新。邊鸞雀寫生，趙昌花傳神。何如此兩幅，疏淡含精勻。誰言一點紅，解寄無邊春。"其二："瘦竹如幽人，幽花如處女。低昂枝上雀，摇蕩花間雨。雙翎决將起，衆葉紛自舉。可憐采花蜂，清蜜寄兩股。若人富天巧，春色入毫楮。懸知君能詩，寄聲求妙語。"

李世南，字唐臣，安肅人。善畫山水、寒林。官至大理丞。[1]

〔1〕見《畫繼》卷四《搢紳韋布》，引文有删節，無作品傳世。

趙宗閔，畫墨竹，山谷嘗題之。官至尚書郎。[1]

〔1〕見《畫繼》卷四《搢紳韋布》，引文有删節，無作品傳世。

薛判官，不知其名，善墨竹。[1]

〔1〕見《畫繼》卷四《搢紳韋布》，引文有删節，無作品傳世。

倪濤，字巨濟，宣和間爲都司。善畫墨戲草蟲。[1]

〔1〕見《畫繼》卷四《搢紳韋布》，引文有删節，無作品傳世。

文勛，字安國，善畫寺壁[1]。官至太府寺丞。[2]

〔1〕至正本"畫"字後有二字爲墨丁。各本作"善畫山水"，據《畫繼》原文來看，應爲"寺壁"。

〔2〕見《畫繼》卷四《搢紳韋布》，引文有删節，無作品傳世。

劉延世，字王孟，新喻人。公是先生敞[1]之猶子。善寫墨竹，築堂曰“抱瓮”，爲講書之所。[2]

〔1〕劉敞（1019—1068），字原父，世稱公是先生。臨江新喻（今江西樟樹）人。北宋經學家、史學家、散文家、金石學家。

〔2〕見《畫繼》卷四《搢紳韋布》，引文有删節，無作品傳世。

王沖隱，名持，字正叔，長安人。畫禽鳥竹棘，師崔白。[1]

〔1〕見《畫繼》卷四《搢紳韋布》，引文有删節，無作品傳世。

靳東發，字茂遠。工畫人物，集古今諫諍[1]百事爲圖，號《百諫圖》。官至州倅。其子咏，字少張，亦善山水。[2]

〔1〕諫諍，直言規勸，使人改正過錯。

〔2〕見《畫繼》卷四《搢紳韋布》，引文有删節，無作品傳世。

李頎，字粹老。嘗畫山并詩，上東坡，東坡次其韵。[1]

〔1〕見《畫繼》卷四《搢紳韋布》，引文有删節，無作品傳世。

陳直躬，高郵人。工畫禽雁。[1]

〔1〕見《畫繼》卷四《搢紳韋布》，引文有删節，無作品傳世。

朱象先，字景初，松陵人。馳名元符間，善畫。[1]

〔1〕見《畫繼》卷四《搢紳韋布》，引文有删節，無作品傳世。

張無惑，山人也。善山水。[1]

〔1〕見《畫繼》卷四《搢紳韋布》，引文有删節，無作品傳世。

何充，姑蘇人。能寫貌[1]，擅藝東南，無出其右。[2]

〔1〕何充曾爲蘇軾寫真，蘇軾有詩贈之。

〔2〕見《畫繼》卷四《搢紳韋布》，引文有删節。舊傳何充作品有《摹唐盧媚娘圖》（絹本設色，美國弗利爾美術館藏，見《中國繪畫總合圖録》卷一），真僞待考。

眉山老書生，不得其名。作《七才子入關圖》，山谷謂“人物各有意態，以爲趙雲子之苗裔，摹寫物象漸密，而放浪閒遠則不逮也”。[1]

〔1〕見《畫繼》卷四《搢紳韋布》，引文有删節，無作品傳世。

雍秀才，不知何許人。善畫蟲魚。[1]

〔1〕見《畫繼》卷四《搢紳韋布》，引文有删節，無作品傳世。

章友直，字伯益。善畫龜蛇，頗有生意。[1]

〔1〕見《畫繼》卷四《搢紳韋布》，引文有删節，無作品傳世。

黄斌老，潼川安泰人[1]。文湖州妻侄。登科，任戎倅。善畫竹。[2]

〔1〕重和元年（1118），梓州升爲潼川府，梓州路亦改稱潼川府路，而安泰改稱永泰，故此處作潼川安泰似不妥。

〔2〕見《畫繼》卷四《搢紳韋布》，引文有删節，無作品傳世。

黄彝，字子舟，斌老弟。善畫竹。[1]

〔1〕見《畫繼》卷四《搢紳韋布》，引文有删節，無作品傳世。

劉明仲，善作竹。[1]

〔1〕見《畫繼》卷四《搢紳韋布》，引文有删節，無作品傳世。

黄與迪，善墨竹。[1]

〔1〕見《畫繼》卷四《搢紳韋布》，引文有删節，無作品傳世。

楊吉老，字克一，張文潛之甥。善畫竹。[1]

〔1〕見《畫繼》卷四《搢紳韋布》，引文有删節，無作品傳世。

成子，不得其名，畫山水。[1]

〔1〕見《畫繼》卷四《搢紳韋布》，引文有删節，無作品傳世。

張遠，字行之，太原榆次人。隱居山間，善畫山水。

張明，遠之侄。亦擅名山水。[1]

〔1〕見《畫繼》卷四《搢紳韋布》，引文有删節，無作品傳世。

王元通，滄州人。工山水，師李成。爲人豪逸，每畫竟，大呼奇奇數聲，乃得意筆也。[1]

〔1〕見《畫繼》卷四《搢紳韋布》，引文有删節，無作品傳世。

閭丘秀才，江南人，不記其名。長於畫水，無所宗師，自成一家。[1]

〔1〕見《畫繼》卷四《搢紳韋布》，引文有删節，無作品傳世。

喬仲常[1]，河中人。工雜畫，人物師李伯時。[2]

〔1〕喬仲常，河中（今山西永濟）人。

〔2〕見《畫繼》卷四《搢紳韋布》，引文有删節。喬仲常工雜畫，尤

長於道釋人物，其傳世作品有《後赤壁賦圖》卷（紙本水墨，美國大都會博物館藏，見《中國繪畫總合圖録》卷一），無款印，從題跋中可知作者是喬仲常。

孔去非，汝州人。寧極先生之後。長於小筆，清雅可玩。尤工草蟲、蠡蜨，竹雀甚可觀。[1]

〔1〕見《畫繼》卷四《搢紳韋布》，引文有删節，無作品傳世。

劉松老，字榮祖，巨濟之子。書學米元章，畫師東坡。[1]

〔1〕見《畫繼》卷四《搢紳韋布》，引文有删節，無作品傳世。

王逸民，永康導江[1]人。初爲僧，名紹祖。詩畫俱效周忘機，而氣韵懸絶也。學山谷草書，亦佳。[2]

〔1〕北宋時導江屬成都府路永康軍，今四川灌縣。

〔2〕見《畫繼》卷四《搢紳韋布》，引文有删節。舊傳王逸民繪畫有《秋林牧戲圖》軸，見《平等閣藏中國名畫集》，真僞待考。

馮久照，字明遠，汾州人，後寓蜀。畫山初頗繁冗，後因郭熙之孫游卿[1]來爲太守，盡以家學傳之，其格遂一變。[2]

〔1〕郭游卿，見本卷。

〔2〕見《畫繼》卷四《搢紳韋布》，引文有删節，無作品傳世。

劉履中，字坦然，汴人也。善畫人物，筆勢雄特，仙佛亦其所長。但故事人物，未脱工氣。[1]

〔1〕見《畫繼》卷四《搢紳韋布》，引文有删節，無作品傳世。

劉銓，字真孺，成都人。喜畫山水，尤精佛像，描墨成染，與李道明無異，而清勁過之。[1]

〔1〕見《畫繼》卷四《搢紳韋布》，引文有刪節，無作品傳世。

李皓，字雲叟，唐臣[1]孫也。避亂入蜀，畫山林。[2]

〔1〕李世南，字唐臣，見本卷。

〔2〕見《畫繼》卷四《搢紳韋布》，引文有刪節，無作品傳世。

張嗣昌，字起之，與可[1]外孫。筆法既有所授，每作竹，乘醉大呼，然後落筆。[2]

〔1〕文同，字與可，見本卷。

〔2〕見《畫繼》卷四《搢紳韋布》，引文有刪節，無作品傳世。

婦人盧氏，許州人。能作墨竹，梅聖俞[1]嘗賦詩題之。[2]

〔1〕梅堯臣（1002—1060），字聖俞，宣州宣城（今安徽宣城）人，世稱宛陵先生，北宋詩人。

〔2〕見《畫繼》卷四《搢紳韋布》，引文有刪節，無作品傳世。

任粹，才仲之侄，能作著色山水。[1]

〔1〕見《畫繼》卷四《搢紳韋布》，引文有刪節，無作品傳世。

雍巘，字幼山，興元人。善山水，作岩崖、枯木、雲氣。畫墨梅尤佳。[1]

〔1〕見《畫繼》卷四《搢紳韋布》，引文有刪節，無作品傳世。

牟谷，不知何許人。善傳寫，能寫正面真，真宗朝授翰林待詔。[1]

〔1〕見《圖畫見聞志》卷四《業於繪事馳名當代者一百四十六人·

獨工傳寫者七人》，引文有删節，無作品傳世。

尹質，蜀人。工傳寫，兼長雜畫。[1]

〔1〕見《圖畫見聞志》卷四《業於繪事馳名當代者一百四十六人·獨工傳寫者七人》，引文有删節，無作品傳世。

歐陽黌[1]，開封人。工傳寫。[2]

〔1〕黌，音 hóng。

〔2〕見《圖畫見聞志》卷四《業於繪事馳名當代者一百四十六人·獨工傳寫者七人》，引文有删節，無作品傳世。

僧維真，嘉禾人。工傳寫。[1]

〔1〕見《圖畫見聞志》卷四《業於繪事馳名當代者一百四十六人·獨工傳寫者七人》，引文有删節，無作品傳世。

僧元靄，蜀人。太宗朝供奉，工寫貌。[1]

〔1〕見《圖畫見聞志》卷四《業於繪事馳名當代者一百四十六人·獨工傳寫者七人》，引文有删節，無作品傳世。

蔡肇[1]，字天啟，丹陽人，登進士第，仕至從官。畫山水人物，尤好作枯槎老樹，怪石奔湍，頗多古意。[2]

〔1〕蔡肇（？—1103），北宋畫家，潤州（今江蘇丹陽）人。初事王安石，見器重，又從蘇軾游，聲譽益顯。嘗與王詵、李公麟、蘇軾、米芾等十六人雅集西園。神宗元豐二年（1079）進士。

〔2〕見《畫繼補遺》卷上，引文有删節。善畫山水、人物，舊題爲蔡肇的作品有《仁壽圖》軸（絹本水墨，“臺北故宫博物院”藏，見《故宫書畫録》卷五），款署“蔡肇”，經梁清標、清内府收藏，真僞待考。

程若筠，宣、政間太乙宫道士。善作古木老棘，殊峭勁。兼寫花竹翎毛，踈渲頗工。[1]花則每樹只作數花，亦頗清雅。

〔1〕見《畫繼補遺》卷上，引文有删節，無作品傳世。

道士蕭太虚，畫墨竹墨梅，松柏雜樹。每畫須用濃墨作枝梢，其上斡暈[1]梅花，有山林清幽氣象。題名作陰文篆字於石上，如石刻然，自作一格，清奇可愛。[2]

〔1〕斡爲旋轉之義，斡暈爲畫梅花技法。

〔2〕見《畫繼補遺》卷上，引文有删節，無作品傳世。

甘風子，關右人。陽[1]狂好酒。畫人物以細筆作頭面，動以十數，然後放筆如草書法，以就全体，頃刻而成，妙合自然，多畫列仙之流。[2]

〔1〕“陽”通“佯”。

〔2〕見《畫繼》卷五《道人衲子》，引文有删節，無作品傳世。

王顯道，漢州人。本餅師，後專心畫龍，格製雄壯。[1]

〔1〕見《畫繼》卷五《道人衲子》，引文有删節，無作品傳世。

成宗道，長安人。工人物，兼善刻石，臨摹吴筆上石，其迹細如絲髪，不失精神体段，宛然如畫。[1]

〔1〕見《畫繼》卷六《仙佛鬼神》，引文有删節。舊題成宗道作品有《仙人圖》（絹本水墨，捷克布拉哈國立美術館附屬布拉斯多沃美術館藏，見《中國繪畫總合圖録》卷二），真僞待考。

三朵花，房州人。不知姓名，嘗[1]戴三朵花，故名之。能自寫真。[2]

〔1〕《畫繼》作“常”。

〔2〕見《畫繼》卷五《道人衲子》，引文有删節，無作品傳世。

眉山道士羅勝先，自號雲和山長。善山水，有古意。

李時擇，遂寧人。見武洞清所畫羅漢，豁然曉解，得其筆法。兵亂歸蜀，即以畫名。[1]

〔1〕李時擇，《畫繼》卷五作“李時澤”，見《畫繼》卷五《道人衲子》，引文有删節，無作品傳世。

楊大明，字民瞻，號至樂子。善龜蛇。[1]

〔1〕見《畫繼》卷五《道人衲子》，引文有删節，無作品傳世。

杭僧真慧，杭人。畫山水、佛像，近世佳品。翎毛墨竹，有江南氣象。[1]

〔1〕見《畫繼》卷五《道人衲子》，引文有删節。舊傳真慧繪畫有《羅漢補衲圖》軸（絹本設色，美國弗利爾博物館藏，見《中國繪畫總合圖録》卷一），真僞待考。

惠洪覺範[1]，能畫梅竹，用皂子膠畫梅於生絹扇上，燈月下宛然梅影也。筆力於枝梗極遒健。[2]

〔1〕惠洪（1071—1128），一名德洪，字覺範，自號寂音尊者。俗姓喻（一作姓彭），筠州新昌（今江西宜豐）人。宋代著名詩僧。自幼家貧，十四歲父母雙亡，入寺爲沙彌。十九歲入京師，於天王寺剃度爲僧。當時領度牒較難，乃冒用惠洪度牒，遂以惠洪爲己名。

〔2〕見《畫繼》卷五《道人衲子》，引文有删節。舊傳惠洪繪畫有

《墨梅圖》，見《東方雜志》第二十七卷一號，真僞待考。

道宏，峨眉人。姓楊，受業於雲頂山，相貌枯瘁。善畫山水、佛僧。晚年似有所遇，遂冠巾，改號龍岩隱者。[1]

〔1〕見《畫繼》卷五《道人衲子》，引文有删節,，舊傳道宏繪畫有《五百應真圖》卷（紺紙金泥，設色，美國弗利爾美術館藏），見《中國繪畫總合圖録》卷一，真僞待考。

妙喜[1]師，長寫貌。[2]

〔1〕《畫繼》作“妙善”。

〔2〕見《畫繼》卷五《道人衲子》，引文有删節，無作品傳世。

道臻，嘉州石洞僧，能墨竹。[1]

〔1〕見《畫繼》卷五《道人衲子》，引文有删節，無作品傳世。

吴僧法能，工畫羅漢。[1]

〔1〕見《畫繼》卷五《道人衲子》，引文有删節，無作品傳世。

祖鑒，成都僧，畫觀音。[1]

〔1〕見《畫繼》卷五《道人衲子》，引文有删節，無作品傳世。

智平，成都清涼院僧，善畫觀音。[1]

〔1〕見《畫繼》卷五《道人衲子》，引文有删節，無作品傳世。

虚己，成都柏林院僧，善山水。[1]

〔1〕見《畫繼》卷五《道人衲子》，引文有删節，無作品傳世。

覺心，字虚静，嘉州人。善畫草蟲，後工山水。[1]

〔1〕見《畫繼》卷五《道人衲子》，引文有删節，無作品傳世。

智原，字子豐，遂寧人。工雜畫，尤長人物山水。[1]

〔1〕見《畫繼》卷五《道人衲子》，引文有删節，無作品傳世。

智永，成都僧。工小景，長於傳模，宛然亂真。[1]

〔1〕見《畫繼》卷五《道人衲子》，引文有删節，無作品傳世。

真休，漢嘉僧。善模榻[1]，人物如真。[2]

〔1〕模榻，同“摹搨”。

〔2〕見《畫繼》卷五《道人衲子》，引文有删節，無作品傳世。

宋莊，字臨仲，漢傑之孫。其山水氣韻得家法，但筆未老耳。[1]

〔1〕見《畫繼》卷五《世胄婦女》，引文有删節，無作品傳世。

賈公傑，字千里，昌朝孫，炎之子。[1]學馬賁，而標格過之。又作佛像，極精細，衣縷皆描金而不俗。[2]

〔1〕《宋史·賈昌朝傳》：“炎爲昌朝從子，以昌朝蔭補官。”賈公傑《宋史》無載，若確爲炎之子，則當爲昌朝之從孫；若確爲昌朝之孫，則爲炎之從子。

〔2〕見《畫繼》卷五《世胄婦女》，引文有删節，無作品傳世。

郭道卿，字仲常。游卿，字季熊。熙之諸孫，皆爲郡守。頗有家學，善畫馬，其筆法真季孟也。[1]

〔1〕見《畫繼》卷五《世胄婦女》，引文有删節，無作品傳世。

高大亨，字通叟。長於山水。[1]

〔1〕見《畫繼》卷五《世冑婦女》，引文有删節，無作品傳世。

錢端回，戚里人。善寫平遠。[1]

〔1〕見《畫繼》卷五《世冑婦女》，引文有删節，無作品傳世。

李景孟，字仲淳。善畫馬，尤於圖畫鑒别精確。[1]

〔1〕見《畫繼》卷五《世冑婦女》，引文有删節，無作品傳世。

邵少微，字叔才，澤民子。工畫石、竹、禽獸，筆墨草具，而有餘意。[1]

〔1〕見《畫繼》卷五《世冑婦女》，引文有删節，無作品傳世。

李元崇，字季姚，文正公裔，無盡甥。畫山水，師范寬，清潤可喜。官至縣令。[1]

〔1〕見《畫繼》卷五《世冑婦女》，引文有删節，無作品傳世。

葉漢卿、李漢舉、楊道孚、薛彦晦、王佐才、雷殿直，已上俱善墨竹。

道士田白，兖州人。畫竹石，學東坡。

李蕃，字符翰，成都人，才元之曾孫。能畫道釋、人物，全學范瓊，但不喜布色。[1]

〔1〕見《畫繼》卷五《世冑婦女》，引文有删節，無作品傳世。

崇德郡君李氏，王之才妻，公擇之妹。能臨松竹木石，見本即爲之，卒難辨。[1]

〔1〕見《畫繼》卷五《世胄婦女》，引文有删節，無作品傳世。

臺亨，夏縣人。元豐中修景靈宫，調天下畫工，亨名第一。待詔翰林，固辭歸養。

和國夫人王氏，宗室仲輗室。善字畫，兼長翎毛。[1]

〔1〕見《畫繼》卷五《世胄婦女》，引文有删節，無作品傳世。

張嗣昌母，文湖州第三女。嘗臨湖州黄樓障，暮年以手訣傳嗣昌。

章友直女，名煎，能如其父篆筆畫棋盤。[1]

〔1〕見《畫繼》卷五《世胄婦女》，引文有删節，無作品傳世。

任才仲[1]妾艷艷，有絶色，善著色山水。[2]

〔1〕任誼，字才仲，宋復古之甥。嘗爲協律郎，後通判澧州，適丁亂離，鍾賊反叛，爲群盗所殺。平日凡所經歷江山佳處，則舐筆吮墨，輒成圖軸。仿佛籠淡，清潤可喜。

〔2〕見《畫繼》卷五《世胄婦女》，引文有删節。艷艷，本良家子，有絶色，善著色山水。才仲死鍾賊，不知所在。傳世之作有《草蟲花蝶卷》（絹本設色，上海博物館藏），此作花卉草蟲刻畫精整工緻，形象神態生動，暈染色彩細膩，點苔細密，充滿女性所特有的細緻入微、娟秀淡雅的趣味。其風格與同時期馬遠、林椿、吴炳等宫廷畫家全然一致。

桐廬方氏，陳晦叔子婦，作梅竹，極清遠。[1]

〔1〕見《畫繼》卷五《世胄婦女》，引文有删節，無作品傳世。

魏觀察宣政宦寺，善墨竹。[1]

〔1〕見《畫繼》卷五《世胄婦女》，引文有删節，無作品傳世。

劉國用，漢州[1]人，工畫羅漢。[2]

〔1〕漢州，今四川廣漢。

〔2〕見《畫繼》卷六《仙佛鬼神》，引文有删節。劉國用善於在壁上作羅漢，舊傳其作品有《烏窠禪師圖》（紙本設色，英國大英博物館藏），見《中國繪畫總合圖録》卷二），真僞待考。

陳自然，工畫佛，兼長水禽。[1]

〔1〕見《畫繼》卷六《仙佛鬼神》，引文有删節。無作品傳世。

于氏，不記名，河東人。能畫佛道、鬼神。[1]

〔1〕見《畫繼》卷六《仙佛鬼神》，引文有删節。無作品傳世。

雷宗道，商州人。工雜畫，尤長於佛像、山水，山水似郭熙。[1]

〔1〕見《畫繼》卷六《仙佛鬼神》，引文有删節。無作品傳世。

能成甫，工畫佛像、山水。官至縣令。[1]

〔1〕見《畫繼》卷六《仙佛鬼神》，引文有删節。其無作品傳世。

費宗道，蔡州人。畫佛道鬼神。[1]

〔1〕見《畫繼》卷六《仙佛鬼神》，引文有删節。無作品傳世。

吉祥，平陽人。工佛道，筆墨輕清，山水亦佳。[1]

〔1〕見《畫繼》卷六《仙佛鬼神》，引文有刪節。無作品傳世。

司馬寇，汝州人。佛像、鬼神、人物，種種能之，宣和間稱第一手。[1]

〔1〕見《畫繼》卷六《仙佛鬼神》，引文有刪節。無作品傳世。

楊傑，閬州人。長於鬼神，每下筆，先畫手足，然後三兩筆成就全體。[1]

〔1〕見《畫繼》卷六《仙佛鬼神》，引文有刪節。無作品傳世。

張通，鄜延人。長於仙佛。[1]

〔1〕見《畫繼》卷六《仙佛鬼神》，引文有刪節。無作品傳世。

李士雲，金陵人；程懷立，南郡人；朱漸，開封人。朱宗翼、徐確，以上俱善寫照。[1]

〔1〕見《畫繼》卷六《人物傳寫》，引文有刪節。無作品傳世。

劉宗道，開封人。作《照盆孩兒》。以手指水影，影亦相指，形影自分。[1]

〔1〕見《畫繼》卷六《人物傳寫》，引文有刪節。無作品傳世。

杜孩兒，開封人。在宣政間，其筆盛行。[1]

〔1〕見《畫繼》卷六《人物傳寫》，引文有刪節。無作品傳世。

王可訓，京西人。元豐待詔。工山水，自成一家。[1]

〔1〕見《畫繼》卷六《山水林石》，引文有刪節。無作品傳世。

池州匠，畫《秋浦九華》，粗有清趣，師董元。[1]

〔1〕見《畫繼》卷六《山水林石》，引文有删節。無作品傳世。

李明，善山水。[1]

〔1〕見《畫繼》卷六《山水林石》，引文有删節。無作品傳世。

蔡規，建昌人。善山水。[1]

〔1〕見《畫繼》卷六《山水林石》，引文有删節。無作品傳世。

兼至誠，不知何許人。善畫山水，意匠精深，筆力高古。補將仕郎。[1]

〔1〕見《畫繼》卷六《山水林石》，引文有删節。無作品傳世。

賀真，延安人，出身戎籍。畫人物、山水、古木、怪松，得郭熙筆法。[1]

〔1〕見《畫繼》卷六《山水林石》，引文有删節。無作品傳世。

甯濤，華陰敷水人。師范寬，多作關右風景，其巧過寬，而渾厚藏畜不及，但樓觀人物失於太顯。[1]

〔1〕見《畫繼》卷六《山水林石》，引文有删節。無作品傳世。

甯久中，濤子也。工山水人物，得出俗之態，筆意不減其父，但多平遠道路之景，不起峰頂耳。[1]

〔1〕見《畫繼》卷六《山水林石》，引文有删節。無作品傳世。

高洵，開封人。工山水，師高克明，尤長於湖石，晚年復師范寬，花鳥師程若筠。[1]

〔1〕見《畫繼》卷六《山水林石》，引文有删節。無作品傳世。

馮曠，河内人。工山水，体製不類前人，自成一家，筆墨蒼老，峰巒秀潤，馳名熙寧間。[1]

〔1〕見《畫繼》卷六《山水林石》，引文有删節。無作品傳世。

何淵，畫院人。專師高克明，往往逼真，然失之繁碎。[1]

〔1〕見《畫繼》卷六《山水林石》，引文有删節。無作品傳世。

劉翼，耀州人。呼爲“劉評事”。學范寬而有自得處。[1]

〔1〕見《畫繼》卷六《山水林石》，引文有删節。無作品傳世。

宋處[1]，邢州人。善畫山水，曾模郭熙《滿溪春溜圖》。[2]

〔1〕宋處，邢州（今河北邢臺）人。

〔2〕見《畫繼》卷六《山水林石》，引文有删節。原平等閣藏有《崇山積雪圖》，見《平等閣藏中國名畫集》，真僞待考。

李遠，青州人。學李成，氣象深遠，馳名崇、觀間。[1]

〔1〕見《畫繼》卷六《山水林石》，引文有删節。無作品傳世。

郝士安，太原榆次人。張遠弟子，事師甚敬，常執杖倚立左右。[1]

〔1〕見《畫繼》卷六《山水林石》，引文有删節。無作品傳世。

張舉，懷州人。工山水，尤長濺瀑。[1]

〔1〕見《畫繼》卷六《山水林石》，引文有删節。無作品傳世。

趙林，字子安，懷州人。善山水，步驟李成。[1]

〔1〕見《畫繼》卷六《山水林石》，引文有删節。無作品傳世。

郭鐵子，榆次人。學李成。善煅鐵作方響[1]，故號之。[2]

〔1〕方響，古磬類打擊樂器。由十六枚大小相同、厚薄不一的長方鐵片組成，分兩排懸於架上。用小鐵槌擊奏，聲音清濁不等。創始於南朝梁，爲隋唐燕樂中常用樂器。

〔2〕見《畫繼》卷六《山水林石》，引文有删節。無作品傳世。

老成，洺州人。工雜畫，尤長山水。性沈静，筆法謹細如其人。[1]

〔1〕見《畫繼》卷六《山水林石》，引文有删節。無作品傳世。

李希成，華州人。慕李成，遂名之。初入畫院，自晦以妨[1]忌嫉，比已補官，始出所長。[2]

〔1〕妨，借緑草堂木本作“防”。

〔2〕見《畫繼》卷六《山水林石》，引文有删節。無作品傳世。

田和，陜州人。學李成，意韵深遠，筆墨精簡。[1]

〔1〕見《畫繼》卷六《山水林石》，引文有删節。無作品傳世。

蒙亨，華州人。學甯濤山水，得典刑[1]也。[2]

〔1〕典刑，同“典型”。

〔2〕見《畫繼》卷六《山水林石》，引文有删節。無作品傳世。

戰德淳，畫院人。能著色山水，人物甚小，青衫白袴，烏巾黄履，不遺豪髮。又作紅花緑柳，清江碧岫，一扇之間，有十里光景，真可愛也。[1]

〔1〕見《畫繼》卷六《山水林石》，引文有删節。無作品傳世。

和成忠，京西人，宣和待詔。學李成山水，筆墨温潤，病在烟雲太多尔。[1]

〔1〕見《畫繼》卷六《山水林石》，引文有删節。無作品傳世。

劉仲先，成都人。善山水。[1]

〔1〕見《畫繼》卷六《山水林石》，引文有删節。無作品傳世。

郝孝隆，[1]太原人。師李成。

〔1〕見《畫繼》卷六《山水林石》，引文有删節。無作品傳世。

瀟湘劉堅，師范寛，頗柔媚，樓閣人物，種種皆工。多作小圖，無豪放之氣。時作竹石，甚有風致。畫院學生。[1]

〔1〕見《畫繼》卷六《山水林石》，引文有删節。無作品傳世。

尹白，汴人。專工墨花，習花光[1]梅，扶疏縹緲。[2]

〔1〕即“華光”。

〔2〕見《畫繼》卷六《山水林石》，引文有删節。無作品傳世。

李覺，京師人，字民先。長於山水，醉後能潑墨作圖，曲盡自然之態。[1]

〔1〕見《畫繼》卷六《山水林石》，引文有删節。無作品傳世。

張涇，姑蘇人。米元章稱其翎毛、蘆雁不俗。[1]

〔1〕見《畫繼》卷六《山水林石》，引文有刪節。無作品傳世。

陳常，江南人。以飛白筆作樹石，有清逸意，折枝花亦以逸筆一抹爲枝，以色亂點花，欲奪造化，妙作也。人物不工。[1]

〔1〕見《畫繼》卷六《山水林石》，引文有刪節。無作品傳世。

張希顏，漢州人，初名適。善畫花，師趙昌。大觀初累進畫花得旨，補畫學諭，後變從院體。官至蜀州推官。[1]

〔1〕見《畫繼》卷六《山水林石》，引文有刪節。無作品傳世。

任源，漢州人，少隸軍籍。師張希顏，盡得其法。[1]

〔1〕見《畫繼》卷六《山水林石》，引文有刪節。無作品傳世。

費道寧，懷安人。善畫花，多作交枝。[1]

〔1〕見《畫繼》卷六《山水林石》，引文有刪節。無作品傳世。

楊寵，成都人。善花鳥，可亞費道寧。[1]

〔1〕見《畫繼》卷六《山水林石》，引文有刪節。無作品傳世。

楊祁，彭州人。善花鳥，又工畫鷄。[1]

〔1〕見《畫繼》卷六《山水林石》，引文有刪節。無作品傳世。

李猷，河内人。長於鷹鶻，精神態度，曲盡其妙。[1]

〔1〕見《畫繼》卷六《山水林石》，引文有刪節。無作品傳世。

韓若拙，洛人。善翎毛，政和間，兩京推爲絶筆。[1]

〔1〕見《畫繼》卷六《山水林石》，引文有刪節。又能肖像，宣和

(1119—1125）末應募使高麗寫國王真，會用兵，不果行。舊傳韓若拙的繪畫有《雙雀圖》紈扇（紙本設色，德國柏林東亞美術館藏，見《中國繪畫總合圖録》卷二)，款署“臣韓若拙恭繪”，真僞待考。

孟應之，不知何許人。精於翎毛。[1]

〔1〕見《畫繼》卷六《山水林石》，引文有删節。無作品傳世。

老麻，關中人。熙寧間以花鳥稱，非蜀之居禮[1]也。[2]

〔1〕五代有“麻居禮”，見《圖繪寶鑑》卷二。

〔2〕見《畫繼》卷六《山水林石》，引文有删節。無作品傳世。

宣亨，汴人。精於花鳥。[1]

〔1〕見《畫繼》卷六《山水林石》，引文有删節。無作品傳世。

胡奇，長安人。長於蘆雁。[1]

〔1〕見《畫繼》卷六《山水林石》，引文有删節。無作品傳世。

鮑洵，京西人。工花鳥。弟洋，亦善其技。[1]

〔1〕見《畫繼》卷六《山水林石》，引文有删節。無作品傳世。

盧章，汴人。工畫花鳥，多畫禁中佛像。[1]

〔1〕見《畫繼》卷六《山水林石》，引文有删節。無作品傳世。

劉益，字益之，汴人。工花禽，宣和間與富燮供御，多取内殿珍禽諦玩以爲法。其描染類郭乾暉，尤長小景。靖康之難，流落嶺表，多畫山果野禽，故人呼爲“劉村”。子椿，世其業。[1]

〔1〕見《畫繼》卷六《山水林石》，引文有删節。其無作品傳世。

富燮，汴人。宣和間與劉益同供御。布景運思，過於益。[1]

〔1〕見《畫繼》卷六《山水林石》，引文有删節。無作品傳世。

夏奕，不知何許人。工翎毛，畫鸂鶒作對而皆雄，蓋求脱俗也。[1]

〔1〕見《畫繼》卷六《山水林石》，引文有删節。無作品傳世。

田逸民，濟南人。長於墨竹，極佳。入宣和畫院祗應。[1]

〔1〕見《畫繼》卷六《山水林石》，引文有删節。無作品傳世。

李誕，河間人。多畫叢竹，笋、籜、鞭、節，色色畢具，此宣和體也。[1]

〔1〕見《畫繼》卷六《山水林石》，引文有删節。無作品傳世。

張舜民[1]，字芸叟，號浮休居士。嗜畫山水，作秋景自賦詩云："我有故山常自寫，免教魂夢落天涯。"畫上有"浮休"二字可辨。紹聖貶筠州，紹興初追復直學士。[2]

〔1〕張舜民，生卒年不詳，北宋文學家、畫家。字芸叟，自號浮休居士，又號矴齋。邠州（今陝西彬縣）人。

〔2〕見《畫繼》卷三《軒冕才賢》，引文有删節。張舜民能自作山水，舊傳張舜民作品有《賣薪讀書圖》（絹本設色，美國弗利爾美術館藏），真僞待考。

李遵易，不知何許人。善畫魚。[1]

〔1〕見《畫繼》卷七《畜獸蟲魚》，引文有删節。無作品傳世。

侯宗古，善畫龍。[1]

〔1〕見《畫繼》卷七《畜獸蟲魚》，引文有删節。無作品傳世。

郗七，不知名。亦善畫龍，比宗古有筆力。[1]

〔1〕見《畫繼》卷七《畜獸蟲魚》，引文有删節。無作品傳世。

陳皋，漠州[1]人。長於蕃馬，頗盡胡態。張戡之甥也。[2]

〔1〕漠州，漢代所置，在今吐魯番附近。

〔2〕見《畫繼》卷七《畜獸蟲魚》，引文有删節。無作品傳世。

路皋，并州人。畫橐駝，兼長鬼神。[1]

〔1〕見《畫繼》卷七《畜獸蟲魚》，引文有删節。無作品傳世。

龔吉，不知何許人。長於兔，人所不及。[1]

〔1〕見《畫繼》卷七《畜獸蟲魚》，引文有删節。無作品傳世。

吴九州，燕人。善畫鹿，曲盡其態。[1]

〔1〕見《畫繼》卷七《畜獸蟲魚》，引文有删節。無作品傳世。

周照，專畫狗。[1]

〔1〕見《畫繼》卷七《畜獸蟲魚》，引文有删節。無作品傳世。

郝章，汾州人。長於人馬。[1]

〔1〕見《畫繼》卷七《畜獸蟲魚》，引文有删節。無作品傳世。

老侯，瀘州人。善畫猨鹿，兼長花鳥，頗有生意。[1]

〔1〕見《畫繼》卷七《畜獸蟲魚》，引文有删節。無作品傳世。

趙樓臺，不知名，相州人。善畫屋宇。[1]

〔1〕見《畫繼》卷七《屋木舟車》，引文有删節。無作品傳世。

郭待詔，趙州人。善界畫。[1]

〔1〕見《畫繼》卷七《屋木舟車》，引文有删節。無作品傳世。

任安，汴人。工界畫，每與賀真合手作圖軸。[1]

〔1〕見《畫繼》卷七《屋木舟車》，引文有删節。無作品傳世。

陶縝，金陵人。畫花果，尤工蔬菜。[1]

〔1〕見《畫繼》卷七《蔬果藥草》，引文有删節。無作品傳世。

薛志，字子尚。長於水墨雜畫，翎毛不逮花果，不善設色。[1]

〔1〕見《畫繼》卷七《蔬果藥草》，引文有删節。無作品傳世。

馬賁，河中人。宣和待詔。[1]工畫花鳥、佛像、人物、山水，尤長於小景。[2]

〔1〕馬賁，北宋畫家，河中（今山西永濟）人。宣和畫院待詔。馳名於元祐（1086—1094）、紹聖（1094—1098）間。爲南宋畫家馬遠的曾祖。

〔2〕見《畫繼》卷七《小景雜畫》，引文有删節。舊傳馬賁的作品有《百雁圖》卷（紙本水墨，美國火奴魯魯美術館，見《中國繪畫總合圖録》卷一），真僞待考。

周曾，不知何許人。與馬賁同時，差高於賁。尤長山水。[1]

〔1〕見《畫繼》卷七《小景雜畫》，引文有删節。無作品傳世。

叚吉先[1]，不知何許人。晁無咎曾題其小景。[2]

〔1〕“叚”，四庫本作“段”，與《畫繼》同。

〔2〕見《畫繼》卷七《小景雜畫》，引文有刪節。無作品傳世。

李達，汴人。好作沙汀遠岸，含畜[1]不盡意。[2]

〔1〕“畜”，通“蓄”。

〔2〕見《畫繼》卷七《小景雜畫》，引文有刪節。無作品傳世。

劉浩，居華陰。愛作雪驢水磨，故事人物，多布叙景致，意象幽遠，筆法輕清。[1]

〔1〕見《畫繼》卷七《小景雜畫》，引文有刪節。無作品傳世。

楊威，絳州[1]人。工畫村田樂。[2]

〔1〕絳州，今山西新絳。

〔2〕《畫繼》卷七《小景雜畫》，引文有刪節。舊傳爲楊威繪畫有《耕獲圖》紈扇（絹本設色，北京故宫博物院藏，見《中國美術全集》兩宋繪畫下），真僞待考。

郭思，熙之子。亦善雜畫。崇、觀中應制畫《山海經圖》，其中瑞馬，頗得曹、韓遺法。[1]

〔1〕見《畫繼補遺》卷上，引文有刪節。舊傳爲郭思所作的繪畫有《戲羊圖》軸（絹本設色，“臺北故宫博物院”藏，見《故宫書畫録》卷五），款署“郭思”，真僞待考。

姒頤真，南陽人。畫墨鬼暈淡有功，山谷[1]嘗跋之。

〔1〕黄山谷即黄庭堅，北宋書法家、文學家，字魯直，號山谷道人、涪翁，分寧（今江西修水）人。其詩書畫號稱“三絶”，與蘇東坡齊名，人稱“蘇黄”。

黄宗道，宣和畫院待詔。工畫人物、蕃馬，師胡瓌、東丹王。

世論胡畫馬得肉，東丹得骨，宗道二法俱備。畫上寫“京師黄宗道”。[1]

〔1〕黄宗道傳世作品有《射鹿圖》，此圖原定爲五代李贊華（東丹王）所作，今學者依據歷代題跋、著録以及繪畫風格，將此畫定爲北宋黄宗道所作。(見〔美國〕張子寧：《北宋黄宗道射鹿圖》)

道士林靈素[1]，善作墨竹，湖州玄妙觀有石刻一枝尚存。

〔1〕林靈素（1075—1119），原名靈噩，字通叟，温州（今屬浙江）人，北宋末著名道士，少時曾爲蘇東坡書僮。宋徽宗賜號通真達靈先生，加號玄妙先生、金門羽客。

陳珍，蜀人。畫花竹學徐熙。

何澄[1]，長沙人。工畫神佛，因其祖曾收武洞清[2]畫本甚多，觀習久之，得其遺意，然後落筆。自幼及長，無日不作，老而愈勤。傅染簡净，不假重色。

〔1〕元初畫家何澄與此北宋畫家同名同姓，事迹不同，并非一人。

〔2〕武洞清，見《圖繪寶鑑》本卷。

賈行恭，北地人。善寫道釋、鬼神，尤長於巨人大馬。

郭信，京師人。補畫院，賜緋待詔。或云熙之裔[1]。工畫道釋，落筆細秀。亦善山水，得李成惜墨法，氣象清曠。其皴搶又類賀真，亦一代奇筆也。

〔1〕郭熙後裔，郭熙見《圖繪寶鑑》本卷。

吕漸，洛陽人。工畫佛像，威儀雄偉，尤善山水窠石，深得位置。

周與權，長沙人。工畫佛像，筆法勁爽。

田松，舞水[1]人。工道釋人物，筆法勁健，傅染輕淡。

〔1〕舞水，今河南泌陽。

王藻，工畫牛馬。

趙宣，用飛白筆[1]作人物，宣和元年[2]試中畫人。

〔1〕書畫用筆中的乾枯筆觸部分，北宋黃伯思說："取其髮絲的筆迹謂之白，其勢若飛舉者謂之飛。"

〔2〕宣和元年，公元1119年。

洪子範，東京[1]人。工人物山水。

〔1〕東京，今河南開封。

楊安道，九江人。學范寬山水，用焦墨[1]太重耳。

〔1〕焦墨是純用濃墨而不借助於水的滲化作用的一種畫法。

戴琬，京師[1]人。宣政間[2]在翰林，恩寵特異。工翎毛花竹。嘗得入閣供奉，後因求者甚衆，徽宗聞之，封其臂不令私畫，故傳世者鮮。[3]

〔1〕北宋京師汴梁，今河南開封。

〔2〕宋徽宗政和至宣和年間，公元1111—1125年。

〔3〕戴琬工翎毛花竹，傳世之作有《瑞香花圖》紈扇，絹本設色，經黃君璧收藏，見《白雲堂藏畫》上集，真僞待考。

王登仕，中原人。畫佛道像別具一體，衣帶飄薄。

超師，北地人。宣和畫院名手，工道釋人物。

張武翼[1]，名諒。工道釋人物，其迹爲畫家格範，今世稱院體者是也。二子永年、康年，永年後事劉益，學花鳥；康年有父風，未中年而卒。

〔1〕武翼非名字，而是職官，武翼大夫爲宋置官員，正七品。

張戩[1]，不知何許人。志向清虚，每以琴自娱，工畫山水。應奉翰林日，徽宗遣其乘舟往觀山水之勝，作《八景圖》，未及進上而虜禍[2]作，遂留滯湘中。

〔1〕戩，音jiǎn。

〔2〕虜禍，指靖康之變，靖康二年（1127）四月金軍攻破東京（今河南開封），俘虜了宋徽宗、宋欽宗父子，以及大量趙氏皇族、后宫妃嬪與貴卿、朝臣等共三千餘人北上金國，東京城中公私積蓄爲之一空。

傅逸，京師人。工畫人物，師張諒，善描染。

王晟，景陵人。師張諒，長而變法，尤善山水，初學張戩，而後變體。

盧道寧，少事張諒。工畫神佛，尤精傅染。作山水師賀真，多作寒林古木，用筆恬淡。

丁晞顏，字令子。書畫皆精，全似李伯時，嘗有所畫《孝經》。

卷四

宋　南渡後

高宗[1]，書畫皆妙，作人物、山水、竹石，自有天成之趣，上用“乾”卦印。晚居北内，多用“太上皇帝之寶”“德壽殿寶”“御府圖書”[2]。[3]

〔1〕宋高宗趙構（1107—1187），南宋第一代皇帝，在位三十六年。善書畫，書法傳世作品有：《行書七言絶句》（中國歷史博物館藏），《草書洛神賦》（遼寧省博物館藏），《臨虞世南真草千字文》（上海博物館藏）。

〔2〕《中國書畫家印鑒款識》有宋高宗“御府圖書”之印。

〔3〕《畫繼補遺》卷上所載，與夏文彦記載不同。舊傳宋高宗繪畫之作僅有《蓬窗睡起圖》（絹本設色，“臺北故宫博物院”藏，見《故宫藏畫精選》），畫有江岸邊二柳迎風摇曳，樹下竹影婆娑，江磯邊泊一竹篷小舟，一人坐舟内遥望江天，波光粼粼，遠山一抹有無之間。右上有高宗題《漁父詞》一首：“誰云漁父是愚公，一葉爲家萬慮空。輕破浪，細迎風，睡起蓬窗日正中。”鈐印“壽皇書寶”，未用文中所提之印，真僞待考。

趙士遵，高宗之叔，封漢王。善人物、山水，著色景頗似李昭道。紹興間，一時婦女服飾及琵琶、阮[1]面，所作多以小景山水，實始於士遵。然其筆超俗，特一時倣傚宮中之化，非專爲此等作也。[2]

〔1〕阮，一種樂器，圓形，聲音厚重，用撥片或指甲彈奏。

〔2〕見《畫繼》卷二《侯王貴戚》，今本《畫繼》中無“封漢王”，引文有文字改動。無作品傳世。

趙子澄，字處廉[1]，宋宗室。作濺瀑，欲動屋，筆力極遒壯。[2]

〔1〕處廉，《畫繼》作處度。

〔2〕見《畫繼》卷二《侯王貴戚》，引文有刪節。無作品傳世。

景獻太子諱詢[1]，燕王德昭九世孫，希懌之子。善畫竹石。其子乃裕[2]，孝宗之弟也，官至保寧軍節度使，臨川郡王，謚莊靖。書學高、孝兩朝筆法。尤工墨竹，喜作挂屏[3]，長竿枝梢，傍出如檐底，乍見濃墨獵獵[4]，頗具掀舞之態。題詩其上，用“善雅堂”印。[5]

〔1〕景獻太子趙詢，初名與願，宋寧宗開禧十一年（1215）立爲太子，善畫竹石（見《宋史·景獻太子詢傳》）。無作品傳世。

〔2〕《宋史》載，乃裕本名孟杓，爲詢之嗣子，其生父名與珍。

〔3〕挂屏，貼在有框的木板上供懸挂用的屏條。

〔4〕獵獵，形容物體隨風飄拂的樣子。

〔5〕《式古堂書畫彙考》著録其有《修篁銷夏圖》《湘竹圖》《曉竹含烟圖》等傳世，今已散佚。

趙師宰，字牧之，居天台臨海，登真西山門[1]，學墨竹。得徐熙之妙，見稱於人。號隨庵。[2]

〔1〕真德秀號西山先生，善草書，未聞其善墨竹。故疑此處有脱誤。

〔2〕見《松齋梅譜·畫梅人譜》，引文有删節。無作品傳世。

趙與懃，居處州青田〔1〕，正惠公希懌〔2〕之子。嘉熙間〔3〕知臨安府，以右文殿修撰奉祠，與兄與籌以治辦并稱於時。臨模古畫莫能辨，善作墨竹。〔4〕號蘭坡。

〔1〕青田，今浙江青田。

〔2〕希懌，一本作“希暉”。

〔3〕宋理宗嘉熙（1237—1240）間。

〔4〕據南宋周密《雲烟過眼録》記載，他是當時有名的收藏家，僅畫卷就達三百餘件之多。

趙伯駒〔1〕，字千里。善畫山水、花禽、竹石，尤長於人物，精神清潤，能别狀貌，使人望而知其詳也。高宗極愛重之，仕至浙東兵馬鈐轄。〔2〕

〔1〕趙伯駒，生卒年不詳，應生於宣和五年（1123）以前，卒於南宋孝宗乾道九年（1173）以前、高宗紹興三十年（1160）以後。

〔2〕見《畫繼補遺》卷上，引文有删節。《畫繼》卷二《侯王貴戚》亦有記載。趙伯駒、伯驌是宋朝宗室，宋朝南遷之後，趙氏兄弟也流落南方。高宗顧念舊情，同時又欣賞他們的畫藝，因而倍加優遇，賜官至浙東兵馬鈐轄。趙伯駒在南宋享有盛名，趙希鵠歷舉南渡後畫手，以趙千里名列第一（《洞天清禄集》）。傳世的題爲趙伯駒的作品，衹有《江山秋色圖》（絹本設色，北京故宫博物院藏，見《中國美術全集》兩宋繪畫上），是公認的真迹。

趙伯驌〔1〕，字希遠，千里弟。善畫山水、人物，尤長於花禽。傅染輕盈，頓有生意。嘗畫《姑蘇天慶觀様》進呈，孝宗書其上，令依元様建造，今玄妙觀是也。仕至觀察使。〔2〕子師睪，官至八座。

〔1〕趙伯驌（1124—1182），字希遠，宋室宗親，趙伯駒之弟。南宋畫家，山水、人物、花鳥兼擅，傅色輕盈，頗有生意，界畫亦精。

〔2〕《畫繼補遺》卷上有相關記載，與夏文彦記載有所不同。趙氏兩兄弟都善畫青緑金碧山水，但兩人在繪畫風格上還是有明顯的差别。如果以趙伯駒的《江山秋色圖》與趙伯驌的《萬松金闕圖》（絹本設色，北京故宫博物院藏，見《中國美術全集》兩宋繪畫上）相比較，趙伯駒重勾綫，重山體的參差脉絡，局部上青緑重色；而趙伯驌則重點染，重氣韵的蒼茫氤氲，樹石通體上青緑色。

趙孟堅[1]，字子固，號彝齋居士。居海鹽廣陳鎮。寶慶二年進士。修雅博識，人比米南宫。東西游適，一舟横陳，僅留一榻偃息地，餘皆所挾雅玩之物，意到左右取之，吟弄忘寢食，過者望而知爲趙子固書畫船也。[2]善水墨白描，水仙花、梅、蘭、山礬、竹石，清而不凡，秀而雅淡。[3]有《梅譜》傳世。[4]官至朝散大夫、嚴州守。

〔1〕趙孟堅（1199—1267?），宋宗室，太祖十一世孫。字子固，號彝齋居士，浙江湖州人。家境清寒，理宗寶慶二年（1226）中進士，官至朝散大夫、嚴州守。是南宋末年兼具貴族、士大夫、文人三重身份的著名畫家。

〔2〕趙孟堅也是南宋著名的書畫收藏家，他嗜好收藏書畫古物，常用一隻船載着書畫文物及紙筆墨硯等，東游西適，評賞書畫古玩，吟詩作畫。當時人稱其舟爲“趙子固書畫船”。《齊東野語》載其“多藏三代以來金石名迹，遇其會意時，雖傾囊易之而不靳也”。據説他曾得書法珍品五字不損本《蘭亭》，歸家時，風作舟覆，趙孟堅“被濕衣立淺水中，手持褉帖示人曰：‘《蘭亭》在此，餘不足惜也。’因題八字於卷首云：‘性命可輕，至寶是保。’”其酷嗜收藏到了幾乎痴狂的地步。

〔3〕趙孟堅工詩善書，擅水墨白描水仙、梅、蘭、竹石。其中以墨

蘭、白描水仙最精，給人以“清而不凡，秀而雅淡”之感。傳世作品有《歲寒三友圖》紈扇（絹本水墨，上海博物館藏，見《中國繪畫史圖録》上）、《墨蘭圖》（紙本水墨，北京故宫博物院藏，見《中國美術全集》兩宋繪畫下）等。

〔4〕據考，《梅譜》即今存《梅竹譜詩》（見謝巍《中國畫學著作考録》）。

趙孟淳〔1〕，字子真，子固之弟，繼秀安僖王後。自號竹所。墨竹可觀。

〔1〕趙孟淳，宋宗室。自號竹所，又號虚問野叟。作品不傳於世。

趙孟奎〔1〕，字文耀，太師忠惠公與篝之子，號春谷。畫竹石蘭蕙。官至秘閣修撰。〔2〕

〔1〕趙孟奎，字文耀，號春谷，宋宗室。作品不傳於世。

〔2〕南宋理宗趙昀寶祐（1253—1258）年間進士，官至秘閣修撰。

吴琚〔1〕，字居父，憲聖皇后姪，太寧郡王益之子。性寡嗜好，日臨古帖以自娱，字類米南宫。〔2〕以詞翰被遇孝宗，非它戚屬比。嘗作墨竹坡石，品不俗。自號雲壑。歷尚書郎，部使者，直學士。慶元年間，以鎮安節度使留守建康，遷少保，謚忠惠。世稱吴七郡王，汴人。〔3〕

〔1〕吴琚，南宋書法家，字居父，號雲壑，汴（今河南開封）人。生年不詳，卒年約宋孝宗淳熙末（1189年）。主要活動於孝宗、光宗和寧宗三朝。太寧郡王、衛王吴益之子，宋高宗吴皇后之侄。乾道九年（1173）以恩蔭授臨安通判。其後歷尚書郎，鎮安軍節度使。復知明州，兼沿海制置使。寧宗時，知鄂州，再知慶元府。嘗使金，金人重其信義。位至少師，判建康府兼保守，世稱吴七郡王。

〔2〕董其昌評吴琚云:“書似米元章,而俊俏過之。”吴琚的運筆較米書内斂,落筆沉雄,稍運即止,結體八面呼應,即所謂“俊俏”之意。

〔3〕見《松齋梅譜·畫梅人譜》,引文有删節。無作品傳世。

楊瓚,字繼翁,恭仁皇后姪孫,太師次山之孫,度宗朝女爲淑妃,官列卿。[1]好古博雅,善琴,倚調製曲,有《紫霞洞譜》傳世。[2]時作墨竹,自號守齋。[3]

〔1〕宋度宗曾選他的女兒爲淑妃,因此而官位列卿。

〔2〕楊瓚,南宋琴家。字嗣翁(一作繼翁),號守齋,又號紫霞。浙江錢塘人。官至司農卿,贈少師。曾派人向民間搜求嵇氏《四弄》十餘種,從中加以甄别。晚年與琴客匯集訂正調意、操弄四百六十八首,編爲《紫霞洞琴譜》十三卷,成爲收録最豐富的大型譜集,今佚。

〔3〕其墨竹不傳於世。

楊鎮,字子仁,嚴陵[1]人,自號中齋,節度使蕃孫之子,尚理宗周漢國公主。平居少飲,喜觀圖史,書學張即之[2]。工丹青、墨竹,在鄆王[3]、員大夫間,蘊藉可觀。凡畫,賦詩其上,卷軸印記,清致異常,用“駙馬都尉”印。

〔1〕嚴陵,今浙江桐廬。

〔2〕張即之(1186—1263),宋代書法家,字温夫,號樗寮,歷陽(今安徽和縣)人,生於名門顯宦家庭,爲參知政事張孝伯之子,著名詞人張孝祥之侄,係中唐著名詩人張籍的八世孫。張即之書法深受唐人影響,初學歐陽詢、褚遂良和顔真卿,後師米芾,參以漢隸及晋唐經書,加上受禪宗哲學思想的影響,故形成一種獨特的書法藝術風格。張即之能“獨傳家學”,以張孝祥書爲主調,而自成一家。

〔3〕鄆王,徽宗第二子,見《畫繼》卷二《侯王貴戚》。

謝堂[1]，號恕齋。善畫竹拂蘭，松石窠木，清雅可愛。官至樞密使。

〔1〕謝堂，字升道，號恕齋。爲謝深甫的曾孫，謝道清内侄。理宗淳祐三年（1243），由籍田令添差通判平江。恭宗德祐元年（1275）十二月，賜進士出身，除同知樞密院事。次年正月，除知樞密院，銜命與元軍議和，被脅迫北遷，後死於北方。

米友仁[1]，字元暉，元章之子。能傳家學，作山水清致可掬，略變其父所爲，成一家法。烟雲變滅，林泉點綴，草草而成，不失天真，意在筆先，正是古人作畫妙處。每自題其畫曰“墨戲”。晚年多於紙上作之。[2]

〔1〕米友仁（1074—1153），米芾長子，世稱“小米”。一名尹仁，字元暉，小名寅哥、鰲兒，晚號懶拙老人。書法繪畫皆承家學，早年以書畫知名，北宋宣和四年（1122）應選入掌書學，南渡後備受高宗優遇，官至兵部侍郎、敷文閣直學士，高宗趙構曾命他鑒定法書。

〔2〕見《畫繼》卷三《軒冕才賢》，引文有删節。米友仁山水畫發展了米芾技法，自成一體。所作用水墨横點，連點成片，雖草草而成却不失天真，每畫自題其畫曰“墨戲”。往往運用“落茄皴”（即“米點皴”）加渲染之表現方法以抒寫山川自然之情，世稱“米家山水”，對後來文人畫影響較大。其傳世代表作有《瀟湘奇觀圖》（紙本水墨，北京故宫博物院藏，見《中國美術全集》兩宋繪畫下）。

廉布[1]，字宣仲，山陽人，自號射澤老農。畫山水，尤工枯木、藂竹、奇石、松柏，本學東坡，青出於藍。[2]官至武學博士，以張邦昌壻，負才不得用。[3]子孚，亦有父風。[4]

〔1〕廉布，字宣仲，山陽（今江蘇淮安）人。生卒年不詳，由北宋入南宋。

〔2〕南宋前期的繪畫，一類是畫院之畫，以李唐、蕭照爲代表；一類是文人之畫，以廉布、楊補之爲代表。廉布學蘇軾風格，舊傳廉布的作品有《秋山圖》（紙本設色，“臺北故宫博物院”藏，見《故宫書畫録》卷六）、《葡萄圖》對幅軸（絹本水墨，日本柳孝藏，見《中國繪畫總合圖録》卷四），真僞待考。

〔3〕廉布是北宋末期權臣張邦昌的女婿，廉布在得勢之時，“車騎雍容，行者趨避”，聲勢巨大。北宋滅亡，張邦昌在金朝操縱下建立僞楚政權，後被迫取消，投奔南宋後被處死。廉布因爲與張邦昌的關係，不能再入仕，便以詩酒自娱。

〔4〕見《畫繼》卷三《軒冕才賢》，引文有删節。舊傳廉孚作品有《秋山烟靄圖》（絹本水墨，“臺北故宫博物院”藏，見《故宫書畫録》卷六），真僞待考。

王清叔，開封人，乾道〔1〕間進士，號醒庵。學廉宣仲畫枯木竹石，臨仿逼真，但筆墨粗惡，少生意耳。〔2〕官至太府卿，世稱王經略之名特著。

〔1〕南宋孝宗年號，公元1165—1173年。

〔2〕其畫作今不傳於世，雖夏文彦對他的繪畫評價不高，但《攻媿集》中記載他的《枯木圖》云：“此幅筆勢尤壯，雜之文湖州、射澤（廉布）中，未易辨也。”

揚補之，字無咎，〔1〕號逃禪老人，南昌人也。祖漢子雲，其書從扌不從木。〔2〕高宗朝以不直秦檜，累徵不起，〔3〕又自號清夷長者。水墨人物學李伯時，梅竹、松石、水仙，筆法清淡閒野，爲世一絶。〔4〕

〔1〕揚補之（1097—1169），字無咎。一説名無咎，字補之。

〔2〕漢代揚雄（字子雲）後裔，故其姓氏從“扌”不從“木”。

〔3〕此處沿襲元人吴大素《松齋梅譜》。《松齋梅譜》的下文是："秦死，再有詔，則没三日矣。"秦檜死於1155年，與揚補之之死相距十四年，將二者聯係在一起顯然是靠不住的。

〔4〕見《松齋梅譜·畫梅人譜》，引文有删節。揚補之書畫都很有名氣，尤其擅長畫梅，繼承華光仲仁有所發展，變水墨點瓣爲白描圈綫，成爲一時風尚。傳世代表作品有《雪梅圖》（紙本水墨，北京故宫博物院藏，見《中國美術全集》兩宋繪畫下），《四梅花圖》（紙本水墨，北京故宫博物院藏，見《中國美術全集》兩宋繪畫下）等。

韓侂胄，嘉泰間爲平章太師。[1]善作水墨竹石，所畫大葉琅玕[2]，自稱曰"太師竹"。卷軸上用"安陽開國"印記。[3]

〔1〕韓侂胄（1152—1207），宋朝相州安陽（今河南安陽）人，爲韓琦五世孫。父娶宋高宗皇后之妹，韓侂胄以恩蔭入仕。

〔2〕形容竹之青翠，亦指竹。

〔3〕其作品不傳於世。

俞澂[1]，字子清，吴興人。作竹石得文蘇二公[2]遺意，清潤可愛。光宗朝任大理少卿，寶謨閣待制致仕。號且軒。[3]

〔1〕"澂"之義爲清澈，與其字之義合。

〔2〕文蘇二公，指北宋的文同、蘇軾二人。

〔3〕見《畫繼補遺》上卷，引文有改動。俞澂在光宗時官大理少卿。後放意於山水林泉，在浙江臨安的浮玉山對面築室，號"無塵"。

晁説之[1]，字以道，號景迂。喜作帶景秋色蘆雁。世惟知崔白，不知以道尤妙。官至侍讀學士。[2]

〔1〕晁説之（1059—1129），北宋畫家、鑒賞家。字以道，巨野（今屬山東）人。晁補之從弟。蘇軾有詩云："論畫以形似，見與兒童鄰。賦

詩必此詩，定知非詩人。”晁説之注云：“畫寫物外形，要物形不改。詩傳畫外意，貴有畫中態。”補充了蘇軾的畫學理論。

〔2〕見《畫繼》卷三《軒冕才賢》，引文有删節。無作品傳世。

李昭，字晋傑，鄄城人，李文靖之曾孫。山水學范寬，又善畫花，長於墨竹，自云：“他人以蕭疎爲能，余以重密爲巧，吾一派不讓文湖州也。”尤精篆，學《三墳記》〔1〕。〔2〕

〔1〕又稱《三墳記碑》，爲唐代李陽冰篆書代表作。

〔2〕見《畫繼》卷四《搢紳韋布》，引文有删節。無作品傳世。

魏燮，字彦密，北人。長於水墨梅竹雜畫，工詩。高宗見而喜之，除浙西參議。〔1〕

〔1〕見《畫繼》卷四《搢紳韋布》，引文有删節。無作品傳世。

連鰲，字仲舉，自號石臺居士。精長短句，工畫魚，幾於徐白。〔1〕紹興年間人。〔2〕

〔1〕徐白，四庫本誤作“崔白”，崔白善畫花鳥人物，徐白善畫魚。

〔2〕見《畫繼》卷四《搢紳韋布》，引文有删節。無作品傳世。

王利用，字賓王，潼川〔1〕人，舉進士。善畫山水，長於人物，精謹而已。亦能書。高宗頗愛之，官至夔憲。〔2〕

〔1〕北宋改梓州爲潼川府，至明洪武九年（1376）潼川府方降爲州。

〔2〕見《畫繼》卷四《搢紳韋布》，引文有删節。舊傳爲王利用作品有《寫神老君别號事實圖》（絹本設色，美國納爾遜美術館藏，見《中國繪畫總合圖録》卷一），真僞待考。

朱敦儒〔1〕，字希真。善畫山水，官至浙東憲。〔2〕

〔1〕朱敦儒（約1081—1159），宋代著名詞人，有“詞俊”之名，爲“洛中八俊”之一。畫名爲詞名所掩。

〔2〕見《畫繼》卷三《軒冕才賢》，引文有刪節。

江參[1]，字貫道，江南人。形貌清臞，嗜香茶以爲生。[2]居霅川，深得湖天之景，平遠曠蕩，盡在方寸。長於山水，師董源、巨然。[3]趙叔問[4]居三衢，治園築館，取《楚詞》之言，名之曰“崇蘭”，嘗與陳簡齋、程致道從容其中，命貫道爲之圖，及令畫史各繪像其上，乃賦詩焉。[5]

〔1〕江參，字貫道，衢（今浙江衢縣）人。南宋前期畫家，生卒年待考。

〔2〕見《畫繼》卷三《岩穴上士》，引文有刪節。

〔3〕江參師董源、巨然，是江南山水畫派的繼承人。其傳世代表作有《千里江山圖》（絹本水墨）。

〔4〕《宋史》無趙叔問，疑爲趙叔悶之訛。趙叔悶爲宋宗室，曾任右監門衛大將軍、惠州刺史。

〔5〕按《畫鑑》的記載，江參應該是個“士人”，但同時代的一些記載祇説他妙於丹青，看來是以畫藝周旋於官僚貴族之間的。他受到葉夢得等人的賞識，後來宋高宗也對他的繪畫産生興趣，召入臨安，但未及覲見就去世了。

鄭希古，河東人。長於平畫，每出新意，輒過人。初未甚精，紹興初遇郝章於閬州，盡得其法。[1]

〔1〕見《畫繼》卷六《仙佛鬼神》，引文有刪節。無作品傳世。

楊簡[1]，字敬仲，慶元慈溪人。師於陸象山。喜作墨竹，士大夫求者，欣然落筆，有石本橫枝傳世。理宗朝官至寶謨閣學士，謚文元，人尊稱曰“慈湖先生”。

〔1〕楊簡，字敬仲，慶元慈溪（今浙江慈溪）人，宋乾道五年（1169）舉進士。楊簡曾授富陽主簿。爲浙西撫干，督三軍將兵，後爲國監博士，又升爲朝奉郎。嘉定元年（1208）授秘書郎，遷秘書省著作佐郎，兼權兵部郎官，又任國史院編修官兼實録院檢討官。

王會，字元叟。工花鳥，頗拘院體，枝葉爪羽，窮極微細。乾道間官朝請大夫。[1]

〔1〕見《畫繼》卷五《世胄婦女》，引文有删節。

馬和之[1]，錢唐人，紹興中登第。善畫人物佛像，山水倣吴裝，筆法飄逸，務去華藻，自成一家。[2]高孝兩朝，深重其畫，每書《毛詩》三百篇，令和之圖寫[3]。官至工部侍郎。[4]

〔1〕馬和之，南宋人，生卒年不詳。錢塘（今浙江杭州）人，紹興（1131—1162）中登第，官至工部侍郎。

〔2〕馬和之善畫人物、山水，用柳葉描（一作螞蝗描），人物畫仿吴道子，行筆飄逸，著色輕淡。傳世代表作品有《後赤壁賦圖》（絹本設色，北京故宫博物院藏，見《中國美術全集》兩宋繪畫下），《鹿鳴之什圖》（絹本設色，北京故宫博物院藏，見《中國美術全集》兩宋繪畫下）。

〔3〕《繪事備考》云：“高宋嘗以《毛詩》三百篇詔和之圖寫，未及竣事而卒。”

〔4〕舊傳爲馬和之的畫作多數是同《詩經》有關的題材，如《豳風圖》（絹本設色，北京故宫博物院藏），《唐風圖》（絹本設色，北京故宫博物院藏），《清廟之什圖》（絹本設色，遼寧省博物館藏），《詩經召南八篇圖》（絹本設色，上海博物館藏），《詩經周頌十篇圖》（絹本設色，上海博物館藏）等。

陳容[1]，字公儲，自號所翁，福堂人。端平二年進士，歷郡文學，倅臨江，入爲國子監主簿，出守莆田。[2]賈秋壑招致賓幕，無何，醉輒狎侮之，賈不爲忤。詩文豪壯。[3]善畫龍，得變化之意，潑墨成雲，噀水成霧，醉餘大叫，脱巾濡墨，信手涂抹，然後以筆成之。或全體，或一臂一首，隱約而不可名狀者，曾不經意而皆得神妙。時爲松竹，云：作柳誠懸墨竹，豈即鐵鈎鎖之法歟。[4]寶祐間名重一時，垂老筆力簡易精妙，絳色者可并董羽，往往贋本亦托以傳。[5]

〔1〕陳容，福堂（今福建福清）人。生活於南宋後期，生卒年不可考。

〔2〕陳容曾入國子學，理宗端平二年（1235）中進士。中進士時已屆中年，可見在此之前的遭遇是不順利的。中年後曾在臨江軍任副職，後調任國子監主簿，最後任莆田縣主簿。

〔3〕據當時人的記載，陳容寄情詩畫，可惜他的詩没有流傳下來（詳見陳高華《宋遼金畫家史料》）。

〔4〕陳容善用水墨畫龍，勾筆剛健，形象威嚴，而以墨色層層烘染雲氣，沉鬱蒼茫，氣勢宏偉。但流傳至今的不過數幅，較爲可信的有《墨龍圖》（絹本水墨，北京故宫博物院藏，見《中國美術全集》兩宋繪畫下），《九龍圖》（紙本水墨，美國波士頓博物館藏，見《訪美所見書畫録》）等。

〔5〕《畫繼補遺》卷上有相關記載，與此不同。

單煒，字炳文，好古博雅，與姜白石[1]爲友。善書，喜寫竹。[2]

〔1〕姜夔，字堯章，别號白石道人，饒州鄱陽（今江西鄱陽）人。南宋詞人。他少年孤貧，屢試不第，終生未仕，一生轉徙江湖。早有文名，頗受楊萬里、范成大、辛棄疾等人推賞，以清客身份與張鎡等名臣公卿往

來。

〔2〕其作品不傳於世。

張端衡，鎮江人。畫木石有名。以進士調句容縣尉。[1]

〔1〕宋代劉宰有《送張端衡尉句容》："梅仙西上古仙鄉，梅蕊先春特地香。自人郏人聞魯柝，縣知晋盜避秦疆。名山久合清蕪穢，窮蒼猶聞缺蓋藏。惠政由來要全美，須君努力佐琴堂。"

丁權，字子卿，越人。善畫竹，自述《竹譜》。

陳珩，字行用，號此山，所翁弟[1]。亦善龍水，時亦作水墨。枯荷折葦、蟲魚蟹鵲及墨竹極有生意。仕朝請郎。[2]

〔1〕《畫繼補遺》作"所翁之侄"。

〔2〕見《畫繼補遺》卷上，字句稍有不同。無作品傳世。

艾淑，字景孟，建寧人，號竹坡。早游太學，善畫竹，與陳所翁同舍，畫龍俱得名，時稱"六館二妙"。仕爲寧海軍節度判官。時又有茅汝元，舉進士，號静齋。善墨梅，人以"艾竹茅梅"爲稱。[1]

〔1〕見《松齋梅譜·畫梅人譜》，引文有删節。無作品傳世。

林詠，興化人，盧齋林希逸[1]之子。善墨竹。自號弓寮。

〔1〕林希逸（1193—1271），理學家，字肅翁，號盧齋，又號竹溪，福清（今屬福建）人。理宗端平二年（1235）進士。淳祐六年（1246）召爲秘書省正字；淳祐七年，遷樞密院編修官（《南宋館閣續録》卷八）。景定中官至中書舍人。

魯之茂[1]，海鹽當湖人，號雪村。畫梅竹。寧宗朝仕爲郎。[2]

〔1〕《松齋梅譜·畫梅人譜》作魯茂之。

〔2〕見《松齋梅譜·畫梅人譜》，引文有删節。無作品傳世。

王柏，字會之，號魯齋，金華人，丞相淮之族。事朱氏門人楊船山[1]，又從何北山[2]，不求聞達。德祐間將起之，俄卒。[3]梅竹之妙，不妄與人，世罕知之。[4]

〔1〕楊船山，即楊與立，字子權，浦城人。受業朱子之門。嘗知處州遂昌縣，因家於蘭溪。以道淑人，學者多宗之，稱爲船山先生。所著有《朱子語略》二十卷（參見《蘭溪縣志》）。

〔2〕何基（1188—1268），字子恭，號北山。金華人。南宋理學家。

〔3〕王柏曾在麗澤和上蔡書院講學，事迹見《宋史·王柏傳》。

〔4〕見《松齋梅譜·畫梅人譜》，引文有删節。無作品傳世。

湯正仲[1]，字叔雅，江西人，揚補之甥，後居黄岩，號閒庵，開禧[2]年貴仕。善畫梅竹松石，清雅如傅粉之色。[3]水仙、蘭亦佳，大抵宗補之，别出新意，用"湯氏叔雅"印。[4]

〔1〕湯正仲，江西人。南宋前、中期人，享年八十以上，生卒年不詳。

〔2〕開禧爲宋寧宗年號（1205—1207）。

〔3〕湯正仲發展了揚補之的畫梅技法，他的特點是"倒暈素質"，也就是用墨筆勾出花形，在四周用墨暈染，顯示出墨底上的朵朵白花，和過去通行的白地墨花正好相反（見《朱文公文集》卷八十四）。

〔4〕見《松齋梅譜·畫梅人譜》，引文有删節。無作品傳世。

畢良史[1]，字少董，紹興間進士。善作窠木、竹石、雲龍，能寫唐人小楷，書畫俱妙。

〔1〕畢良史，字少董，蔡州（今河南汝南）人，一作代州（今山西大同）人。紹興（1131—1162）間進士，善作窠木、竹石、雲龍。喜字學，得晋、唐人筆法，尤工小楷。少游京師，以買賣古器、字畫之屬，出入貴人之門，當時謂之畢償賣，又號畢骨董。舊傳爲畢良史的作品有《溪橋策杖圖》（紙本水墨，“臺北故宫博物院”藏，見《故宫書畫録》卷六）。

陳虞之[1]，字雲翁，號止所，温州人。咸淳初進士，深於《易》。作墨竹，每見竹，折小枝就日影視之，皆欲精到。歷官揚州教授，終奉議郎。

〔1〕陳虞之（1225—1279），字雲翁，號止所，永嘉芙蓉村人。南宋咸淳元年（1265）進士，歷任揚州州學教授、淮東帥干、兩淮漕干、刑工二部架閣文字，遷秘書省校勘兼國史院校勘，積階承議郎。善書畫，工墨竹，以忠義自許。其作品不傳於世。

馬宋英，温州人，放達能詩。父歿，家資日削，至錢塘游净慈寺，寫古松於壁，題云：“磨出[1]一錠兩錠墨，掃出千年萬年樹。月明烏鵲誤飛來，踏枝不著空歸去。”丁大全[2]丞相賞其詩、畫，急命索之，人忌其能，閟不令出，卒不遇，此誠詩讖。作墨梅、竹，俱妙。[3]

〔1〕出，四庫本作“盡”，當是。

〔2〕丁大全（1191—1263），字子萬，江蘇鎮江人。生時有异相，面呈藍色，令人不寒而栗。嘉熙二年（1238）中進士，被調任蕭山尉。寶祐六年（1258），拜參知政事，同年四月，拜右丞相兼樞密使，進封國公。元代脱脱在編纂《宋史》時，將丁大全列入《奸臣傳》，與韓侂胄、賈似道之流并列。

〔3〕見《松齋梅譜·畫梅人譜》，引文有删節。無作品傳世。

毛信卿，失其名，温州人。屢試無成，放意詩酒，畫竹自給，號筼[1]山。杭人得其片幅，轉售於市，輒争取之。自言“大竹畫形，小竹畫意，得法於趙牧之[2]”。[3]

〔1〕筼（yún），本義指一種竿高、節長的竹子。

〔2〕趙牧之，即趙師宰，見《圖繪寶鑑》本卷。

〔3〕《杭州府志》《甌海軼聞》有載。

裴叔泳，字德游，號静庵居士。其先汴人，徙錢唐，財雄鄉里。建炎[1]間裴節使之孫也，與楊中齋[2]駙馬爲書畫友，善寫蘭竹、窠木、怪石，畫上用“嘉善堂”印。

〔1〕建炎（1127—1130），宋高宗趙構年號。

〔2〕即楊鎮，號中齋。見《圖繪寶鑑》本卷。

水丘覽雲，杭州臨安[1]人。效米元暉[2]作山水逼真，又善寫貌。[3]

〔1〕臨安，今浙江杭州。《杭州府志》也有同樣記載。

〔2〕米元暉，即米友仁，見《圖繪寶鑑》本卷。

〔3〕借緑草堂本後加注“《浙志》作水覽雲”。

楊季衡，洪都[1]人，補之姪。畫墨梅得家法，又能作水墨翎毛。又有劉夢良，亦鄉里親黨，俱寫墨梅。[2]

〔1〕洪都，今江西南昌。

〔2〕《圖繪寶鑑》卷五有同名姓人物，善畫梅，宗揚補之，疑爲重出。

僧超然，不知何許人。善作山水，其峰巒礬頭，酷似郭熙；至於屋宇林石、坡灘水口，筆法孱弱，與巨然殊不相類。今人多以巨然、超然連稱，莫曉所謂。[1]

〔1〕南宋畫僧超然作品不傳於世。清代亦有畫僧超然，號無塵子，擅長水墨花鳥，以筆墨爲禪事，頗有時譽。

武道光，錢唐人，東太乙宮[1]道士。善潛補[2]六朝古名畫，又能作花鳥、窠木、竹石。

〔1〕一般所說的太乙宮在今陝西西安遠郊，終南山下。這裏的東太乙宮是指位於南宋京城杭州的御前十大宮觀之一。南宋京城御前十大宮觀包括東太乙宮、西太乙宮、祐聖觀、開元宮、龍翔宮、宗陽宮、四聖延祥觀、三茅寧壽觀、顯應觀、萬壽觀。

〔2〕潛補，指潛心修補。

闕生，不知何許人，作古木、雪景、梅花，寒鴉、凍鵲，深得其意。

許龍湫，江南術士[1]。山水師米元暉，用筆自成一家，設色清潤。[2]

〔1〕古代稱從事天文、醫藥、占卜、修仙等活動的人爲術士。

〔2〕明人項守祖《散水岩》詩中曾有“丹崖翠壑瀑泉垂，未許龍湫獨擅奇”的贊語，可見許龍湫擅長繪畫岩石瀑布。

左幼山一作幻山，錢唐景靈宮[1]道士。善花鳥、山水、人物，師閻次平[2]。

〔1〕錢塘景靈宮是宋代皇帝供奉歷代祖先塑像的神廟，在今浙江杭州。本爲蘄王韓世忠原賜宅基，其子獻於朝，改建爲宮。紹興以後，兩度擴建，改爲宮廟。内有殿堂數十間，設内侍官，提舉宮内事務。

〔2〕閻次平，閻仲之子。見《圖繪寶鑑》本卷。

葛長庚[1]，閩人，自號白玉蟾。嗜酒苦吟。善草書，畫竹石。游湘潭，與葉天谷皆言得道。鄂州[2]城隍廟壁林竹，是其真迹。嘗畫祖師張平叔、薛道光[3]及自己像。

〔1〕葛長庚（1194—?），南宋道士。祖籍福建閩清，生於瓊州。葛長庚父亡後，母改適白姓，故更名白玉蟾。十二歲舉童子科，諳九經，能詩賦，更長於書畫。因任俠殺人，亡命於武夷，後出家爲道士，師事陳楠九年，相從流浪各地，盡得其道法。

〔2〕南宋的鄂州在今湖北武漢武昌老城區一帶。當年的城隍廟壁林竹今已不存。

〔3〕薛道光（1078—1191），宋代道士，成道後人稱爲道光紫賢真人。

丁野堂，名未詳，住廬山清虛觀[1]。善畫梅竹，理宗因召見，問曰："卿所畫者恐非宮梅?"對曰："臣所見者，江路野梅耳。"遂號野堂。

〔1〕廬山清虛觀始建於唐朝初年，原名太平觀，北宋治平元年（1064）改稱清虛觀，後又賜名太平興國觀，元初改作太平崇聖宮，明代以後仍稱清虛觀。歷代屢經重修，現存建築爲元、明所建。

歐陽楚翁，字無塵，龍虎山[1]道士。善畫山水、窠木、竹石，水墨梅花，四時之景，尤工畫龍。其子雪友，亦臻其妙。

〔1〕龍虎山位於江西省鷹潭市貴溪境内，距鷹潭二十公里，是中國道教發祥地。龍虎山原名雲錦山。東漢中葉，第一代天師張道陵（張魯）在此肇基煉九天神丹，"丹成而龍虎見，山因以名"。

僧梵隆[1]，字茂宗，號無住，吴興人。善白描人物，山水師李伯時。高宗極喜其畫，每見輒品題之，然氣韵筆法，皆不迨[2]龍眠。[3]

〔1〕僧梵隆，吴興（今浙江吴興）人。南宋初期畫家，生卒年不詳，應死於高宗去世之前。梵隆不是一個普通僧人，而是上層僧侣。他原是左丞葉夢得門下的僧人，結交權貴，後來得到高宗的恩寵（見陳高華《宋遼金畫家史料》）。

〔2〕此處“迨”通“逮”。

〔3〕舊題爲梵隆的畫作有《羅漢渡海圖》（紙本水墨，美國弗利爾美術館藏，見《中國繪畫總合圖録》卷一）《十六應真圖》（紙本水墨，美國弗利爾美術館藏，見《中國繪畫總合圖録》卷一），真僞待考。

僧法常[1]，號牧溪。喜畫龍虎、猿鶴、蘆雁、山水、樹石、人物，皆隨筆點墨而成，意思簡當，不費妝飾。[2]但麁惡無古法，誠非雅玩。[3]

〔1〕僧法常，號牧溪，四川人。生卒年不詳。他曾“造語傷賈似道”，因而遭到追捕，不得不逃亡躲避。

〔2〕法常善作水墨畫，隨意點染而成，不加修飾。傳世作品有《寫生蔬果圖》（紙本水墨，北京故宫博物院藏，見《中國歷代繪畫圖録》），《目黑達摩圖》（紙本水墨，日本大阪市立美術館藏，見《中國繪畫總合圖録》卷二），《羅漢圖》（絹本水墨，日本静嘉堂文庫藏，見《中國繪畫總合圖録》卷三），《漁村夕照圖》（紙本水墨，日本根津美術館藏，見《中國繪畫總合圖録》卷三）。

〔3〕見《松齋梅譜・畫梅人譜》，引文有删節。《畫繼補遺》卷上有相關記載，與此文本不同。以夏文彦爲代表的元代文人對他的作品評價不高，主要是認爲他的作品“無古法”“誠非雅玩”。文人詩集幾乎無人提到他的作品。但法常的畫在南宋就已流入日本，在日本產生了巨大的影響，他的不少作品被日本列爲“國寶”或“重要文化財”。

僧月蓬，不知何許人，貌古怪，亦不知止宿何地。畫觀音、佛像、羅漢、天王，得古人體韵。其畫不妄與人，人罕有之。[1]

〔1〕日本君臺觀有月蓬所畫觀音、佛像、羅漢、天王。見成書於十六世紀前期日本室町幕府時代《君臺觀左右帳記》，别名《御飾記》。

僧静賓，號白雲。善作異松怪石，如龍騰虎踞，上寫草字，寺院多收。

瑩玉礀[1]，西湖净慈寺僧。師惠崇，畫山水。

〔1〕礀，四庫本作"澗"。本卷僧仁濟爲玉澗之甥。和本《君臺觀左右帳記》有"玉澗"，其印文作"玉礀"，可見澗、礀兩字混同由來已久。

僧蘿窗，不知名，居西湖六通寺，與牧溪畫意相侔[1]。[2]

〔1〕類似之意。

〔2〕僧蘿窗，南宋畫家，生卒年不詳。傳世作品少見，無争議的作品有《竹鷄圖》（絹本水墨，日本東京國立博物館藏，見《中國繪畫總合圖録》卷三），此作在日本定爲"重要文化財"，作品工整細緻，與牧溪隨意點染風格不類。另有《寒山圖》（紙本水墨，美國加利福利亞大學美術館藏，見《中國繪畫總合圖録》卷三），《蓮鷺圖》（日本高桐院藏），真僞待考。

僧子温，字仲言，號日觀。[1]作水墨葡萄，自成一家法，人莫能測。又號知歸子。[2]

〔1〕温日觀（？—1291後），宋末元初畫家，杭州葛嶺瑪瑙寺僧，俗姓温，初名玉山，法名子温，字仲言，號日觀，一號知非子，通稱温日觀，華亭（今上海市松江）人。性烈嗜酒，好穿短衣，宋亡，出家爲僧，佯狂於市。後定居杭州瑪瑙寺。

〔2〕温日觀擅長墨葡萄。傳世代表作有《葡萄圖》軸（絹本水墨，日本根津美術館藏，見《中國繪畫總合圖録》卷三）。

僧若芬[1]，字仲石，婺州曹氏子，爲上竺寺書記。模寫雲山以寓意，求者漸衆，因謂："世間宜假不宜真，如錢唐八月潮，西湖雪後諸峰，極天下偉觀，二三子當面蹉過，却求玩道人數點殘墨，何邪?"歸老家山，古澗側流，蒼壁間占勝作亭，扁[2]曰"玉澗"，因以爲號。又建閣對夫容峰，號夫容峰主。嘗自題畫竹云："不是老僧親寫，曉來誰報平安。"[3]

〔1〕僧若芬，婺州（今浙江金華）人。南宋後期畫家，生卒年不詳。

〔2〕"扁"通"匾"。

〔3〕見《松齋梅譜·畫梅人譜》，引文有删節。僧若芬的水墨山水和梁楷、法常的作品一樣，對日本的繪畫産生過重大的影響，日本畫聖雪舟便繼承了他的風格。其傳世作品主要藏於日本，代表作有《廬山圖》（絹本水墨，日本吉川文子藏，見《世界名畫全集》卷十七），《遠浦歸帆圖》（紙本水墨，日本德川美術館藏，見《世界名畫全集》卷十七）。

僧仁濟，字澤翁，姓童氏，玉澗之甥。書學東坡，墨竹學俞子清，梅學揚補之，自謂"用心四十年，作花圈稍圓耳。"山水亦得意。[1]

〔1〕見《松齋梅譜·畫梅人譜》，引文有删節。無作品傳世。

僧圓悟，閩人，號枯崖。能詩，喜作竹石。[1]

〔1〕見《松齋梅譜·畫梅人譜》，引文有删節。無作品傳世。

僧慧丹，號一山叟，天台[1]人。居西湖長慶寺，能詩。作小叢竹，或二三竿，或百十成林，不見其重復冗雜。

〔1〕今浙江台州天台縣，因境内天台山而得名。

僧太虛，江西人。作竹學鄆王楷〔1〕。

〔1〕鄆王楷，宋徽宗第三子。見《圖繪寶鑑》卷三。

李唐〔1〕，字晞古，河陽三城人。徽宗朝曾補入畫院，建炎間太尉邵淵薦之，奉旨授成忠郎〔2〕、畫院待詔，賜金帶，時年近八十。善畫山水、人物，筆意不凡，尤工畫牛。〔3〕高宗雅愛之，嘗題《長夏江寺》〔4〕卷上云："李唐可比唐李思訓。"〔5〕

〔1〕李唐，河陽三城（今河南孟縣）人，字晞古，一作希古。據余輝考證，李唐約生於北宋治平年間（1064—1068），四十多歲在政和年間（1111—1114）爲應考作《竹鎖橋邊賣酒家》。五十歲至六十歲作《萬壑松風圖》。南渡時已六十歲，紹興（1131—1162）初年復職，授成忠郎、待詔。紹興十六年（1146），年近八十歲時，賜金帶，1150年之前去世，壽約八十（參見余輝：《南宋畫家生活時段及其家族輩分考》）。

〔2〕成忠郎：宋階官名。徽宗政和（1111—1117）中，定武臣官階五十三階，第四十九階爲成忠郎。

〔3〕李唐在宋代繪畫史上是承上啓下的人物，上接北宋畫院之餘緒，下開南宋畫院之風氣。他的山水畫，晚年去繁就簡，創"大斧劈皴"。傳世代表作有《采薇圖》（絹本設色，北京故宫博物院藏，見《中國美術全集》兩宋繪畫下），《萬壑松風圖》（絹本設色，"臺北故宫博物院"藏，見《中國美術全集》兩宋繪畫下）等。

〔4〕《長夏江寺》爲故宫舊藏，今歸北京故宫博物院藏，畫面有宋高宗行草題詞，前題"長夏江寺"，後題"李唐可比唐李思訓"。

〔5〕《畫繼》卷六《山水林石》和《畫繼補遺》卷上有相關記載，與此文本不同。

劉宗古，汴京人，宣和[1]間待詔、成忠郎。畫人物、山水、佛像。靖康亂，流落江左。紹興二年[2]進《車輅式》稱旨，復舊職，除提舉車輅院事。其畫人物，長於成染，不背粉，水墨輕成，但筆墨纖弱耳。[3]

〔1〕宣和（1119—1125），北宋徽宗年號。

〔2〕紹興二年，公元1132年。

〔3〕見《畫繼》卷七《屋木舟車》。舊傳劉宗古繪畫有《瑶臺步月圖》紈扇（絹本設色，北京故宫博物院藏，見《宋人畫册》），真僞待考。

馬公顯，弟世榮，興祖子。[1]俱善花禽、人物、山水，得自家傳。[2]紹興間，授承務郎、畫院待詔，賜金帶。世榮二子，長曰逵，次曰遠，世其家學。

〔1〕《畫繼補遺》與《圖繪寶鑑》有分歧，莊肅認爲："馬公顯，遠之孫也，傳家學。"《畫繼補遺》完成於莊肅晚年（1298），莊肅與馬公顯年代接近，所記當更爲可信。

〔2〕舊傳馬公顯繪畫有《藥山李翺問答圖》（絹本水墨淺設色，日本京都南禪寺藏，見《中國繪畫總合圖録》卷四），此畫被日本定爲"國寶"。

楊士賢，宣和待詔，紹興[1]間至錢唐，復舊職，賜金帶。工畫山水、人物，師郭熙，多作小景山水。林木勁挺，似亦可取；峰石水口，雄偉之筆，遠不逮熙。[2]

〔1〕紹興（1131—1162），南宋高宗年號。

〔2〕楊士賢工山水，舊傳其作有《赤壁圖》（絹本，美國波士頓博物館藏，見《訪美所見書畫録》），諸家鑒定，説法不一，真僞待考。

李迪，河陽人。宣和莅職畫院，授成忠郎。紹興間復職畫院副使，賜金帶，歷事孝、光朝。[1]工畫花鳥、竹石，頗有生意，山水小景不迨[2]。[3]

〔1〕宣和莅職畫院，供職於孝宗、光宗二朝（1162—1224）。此處恐有誤，李迪不可能從北宋宣和年間一直待到光宗朝。《畫繼補遺》卷上載："錢塘人。孝、光、寧畫院祇候。"余輝考證李迪出生於紹興（1131—1162）初年，其繪畫高潮在孝宗朝至光宗朝初，有二子，名李瑛、李璋（參見余輝：《南宋畫家生活時段及其家族輩分考》）。

〔2〕"迨"，通"逮"。

〔3〕《畫繼補遺》卷上有相關記載，與此文本不同。傳世代表作有《楓鷹雉鳥圖》（絹本設色，北京故宫博物院藏，見《中國美術全集》兩宋繪畫下），《鷄雛待飼圖》（絹本設色，北京故宫博物院藏，見《中國美術全集》兩宋繪畫下）。

李安忠，居宣和畫院，歷官成忠郎，紹興間復職畫院，賜金帶。[1]工畫花鳥、走獸，差高於迪。尤工捉勒[2]，山水平平。[3]

〔1〕《畫繼補遺》卷上記載，李安忠與李迪同是畫院祇候。據余輝考證，李安忠爲南宋末期畫院畫家（參見余輝：《南宋畫家生活時段及其家族輩分考》）。

〔2〕捉勒：專指花鳥畫中以猛禽獵食爲題材的畫。南宋李安忠、李猷、趙子厚等皆以"捉勒"著名於時。

〔3〕李安忠工於走鳥飛獸，舊題爲李安忠的繪畫有《雪岸寒鴉圖》（絹本水墨，"臺北故宫博物院"藏，見《故宫書畫圖録》卷二，上有趙佶題"李安忠雪岸寒鴉圖"），《竹鳩圖》（絹本設色，"臺北故宫博物院"藏，見《故宫書畫録》卷六）。

蘇漢臣，開封人，宣和畫院待詔。師劉宗古，工畫釋道，人物臻妙，尤善嬰兒。[1]紹興間復官，孝宗隆興[2]初畫佛像稱旨，補承信郎。其子焯，能世其學，隆興畫院待詔。[3]

〔1〕作有《百子嬉春圖》紈扇（絹本設色，北京故宫博物院藏，見《宋人畫册》），《嬰戲圖》（絹本設色，天津市藝術博物館藏，見《中國古代書畫圖録》九）。

〔2〕隆興（1163—1164），宋孝宗年號。

〔3〕蘇焯繼承家學，善畫嬰孩，舊傳爲蘇焯的繪畫有《端陽戲嬰圖》（絹本設色，“臺北故宫博物院”藏，見於《故宫書畫圖録》卷二），曾入清内府收藏。

朱鋭，河北人，宣和畫院待詔，紹興間復職，授迪功郎[1]，賜金帶。工畫山水、人物，師王維，尤好寫騾綱、雪獵、盤車等圖。[2]形容布置，曲盡其妙。筆法類張敦禮[3]。

〔1〕迪功郎是古代官名，又稱宣教郎，始於宋，在宋爲從九品官。

〔2〕朱鋭傳世之作有《溪山行旅圖》（絹本淺設色，上海博物館藏，見《中國美術全集》兩宋繪畫下），此作又名《盤車圖》，表現人力、畜力、車輛行進在山路間，是宋人所喜愛的繪畫題材之一，朱鋭擅長此類作品，所作也别具特色。

〔3〕張敦禮，北宋畫家，《圖繪寶鑑》卷三有載。

李端，汴人，宣和畫院待詔，紹興間復官，賜金帶。作“梨花鳩子”[1]得法。

〔1〕“梨花鳩子”是古代畫家比較喜愛的繪畫題材，通常表現斑鳩鳥在開花的梨樹上的生動情態。

張浹，宣和畫院待詔。畫人物、山水，師郭熙。紹興間復官，賜金帶。

顧亮，宣和待詔。師郭熙，畫山水、人物。與張浹同流落江左[1]宮觀寺院，畫壁餬口。紹興間復職，賜金帶。

〔1〕江左，江的左岸，即江東。古人在地理上以東爲左、以西爲右。

胡舜臣、張著，俱學郭熙山水，與張浹、顧亮同門，各得熙之一偏。亮能作大幅巨軸；浹喜布置，著畫重山叠巘，頗繁冗；舜臣謹密，雖皆不逮其師，然後人亦無及之者。[1]

〔1〕胡舜臣、張著、顧亮、張浹同門，俱學郭熙山水，舜臣得其謹密。傳世之作有《送郝玄明使秦圖》（絹本淺設色，日本大阪市立美術館藏，見《中國繪畫總合圖録》卷二）。

李從訓，宣和待詔，紹興間復官，補承直郎[1]，賜金帶。工畫道釋、人物、花鳥，位置不凡，傅采精妙，高出流輩。[2]

〔1〕承直郎，文散官名。

〔2〕舊題爲李從訓的傳世之作有《蜀葵飛蝶圖》（絹本設色，重慶市博物館藏，見《中國古代書畫圖目》十七），其構圖以畫面的中下部爲中心，向四周發散，與文獻記載中“位置不凡”契合。

閻仲，宣和百王宫待詔。工畫人物、絳色山水，尤工畫牛。紹興間復官，補承直郎[1]，畫院待詔，賜金帶。筆法頗麄俗。[2]

〔1〕承直郎，文散官名。宋徽宗崇寧初置，正六品。

〔2〕《畫繼補遺》卷上有相關記載，與此文本不同。

閻次平，弟次于，皆仲之子，能世其學而過之。畫山水、人物，工於畫牛。[1]次平髣髴[2]李唐，而迹不逮意，次于又次之。孝宗隆興初進畫圖稱旨，補次平將仕郎，[3]次于承務郎、畫院祇候，賜金帶。[4]

〔1〕閻次平工於畫牛，其傳世之作有《牧牛圖》四段（絹本設色，南京博物院藏，見《中國美術全集》兩宋繪畫下），《四樂圖》（絹本設色，“臺北故宫博物院”藏，見《故宫書畫録》卷五）。

〔2〕髣髴，同“仿佛”，類似、好像之義。

〔3〕承務郎，文散官名。

〔4〕《畫繼補遺》卷上有相關記載，與此文本不同。

吴炳，毗陵人[1]。工畫花鳥寫生折枝，可奪造化，采繪精緻富麗。[2]光宗、李后多愛其畫，恩賚[3]甚厚。紹興間畫院待詔，賜金帶。[4]

〔1〕毗陵，今江蘇常州。

〔2〕吴炳工於寫生折枝，設色艷麗，形象生動。舊題爲吴炳的傳世之作有《出水芙蓉圖》紈扇（絹本設色，北京故宫博物院藏，見《宋人畫册》），《竹雀圖》（絹本設色，上海博物館藏，款署“吴炳畫”，見《中國美術全集》兩宋繪畫下）等。

〔3〕賚（lài），賜予，給予之義。

〔4〕此處“紹興”應爲“紹熙”。“紹興”爲宋高宗年號，“紹熙”爲宋光宗年號，上文有“光宗、李后多愛其畫”，故此處應是“紹熙”。

林椿，錢唐人，工畫花鳥翎毛，師趙昌，傅色輕淡，深得造化之妙。[1]淳熙年畫院待詔，賜金帶。

〔1〕舊題爲林椿的作品有《葡萄草蟲圖》（絹本設色，北京故宫博物院藏，見《中國古代書畫圖目》十九），《枇杷山鳥圖》（絹本設色，北京故宫博物院藏，見《中國古代書畫圖目》十九），此作采用没骨畫法，細緻入微，形象生動。

趙彦，汴人，居臨安，不入畫院，開市鋪，畫扇得名。作人物山水，細碎深遠。

蕭照[1]，濩澤人。頗知書，亦善畫。靖康中流入太行爲盗[2]，一日掠至李唐，撿其行囊，不過粉奩[3]畫筆而已，叩知其姓氏，照雅聞唐名，即辭賊隨唐南渡，得以親炙，唐感其生全之恩，盡以所能授之。紹興中補迪功郎、畫院待詔，賜金帶。其畫山水人物，異松怪石，蒼浪古野，惜用墨太多。[4]書名於樹石間。[5]

〔1〕蕭照，濩澤（今山西陽城）人，生卒年不詳。

〔2〕北宋滅亡時，山西等地的人民紛紛武裝起來，抗擊金兵，太行地區就是活動的主要地區。蕭照家鄉臨近太行山，他也上山爲"盗"。

〔3〕奩，小匣子。

〔4〕蕭照長於山水、人物。其所作人物畫，流傳下來的真迹有《中興瑞應圖》（絹本設色，天津市藝術博物館藏，見《中國古代書畫圖目》九），旨在用藝術手段説明衹有宋高宗才是真命天子。蕭照以山水顯名，流傳的代表作有《秋山紅樹圖》紈扇（絹本設色，遼寧省博物館藏，見《遼寧省博物館藏畫》），《山腰樓觀圖》（絹本設色，"臺北故宫博物院"藏，見《中國美術全集》兩宋繪畫下）。

〔5〕見《畫繼補遺》卷下，文本有所不同。

周儀，宣和畫院待詔。善畫人物，謹守法度，清秀入格，承應摹唐畫有可觀。[1]紹興年復官，賜金帶。

〔1〕《畫繼補遺》載："世傳千里、晞遠常師之。謹守法度，甚雅潔。"

劉松年[1]，錢唐人。居清波門[2]，俗呼爲暗門劉。淳熙畫院學生，紹熙年待詔。師張敦禮，工畫人物、山水，神氣精妙，名過於師。[3]寧宗[4]朝進《耕織圖》稱旨，賜金帶。院人中絶品也。[5]

〔1〕劉松年，錢塘（今浙江杭州）人。生卒年不詳，由其生平可以推知其生活在十二世紀後半期到十三世紀初期。

〔2〕清波門，俗稱暗門。

〔3〕劉松年與馬遠、夏珪等齊名，以山水畫著名於世，公認的真迹有《四景山水圖》（絹本設色，北京故宫博物院藏，見《中國美術全集》兩宋繪畫下）。

〔4〕宋寧宗，公元1195—1224年在位。

〔5〕見《畫繼補遺》卷下，文本有所不同。

李嵩，錢塘人。少爲木工，頗遠繩墨〔1〕，後爲李從訓〔2〕養子。工畫人物道釋，得崇訓〔3〕遺意，尤長於界畫。〔4〕光、寧、理三朝畫院待詔。〔5〕

〔1〕繩墨本指木工打直綫用的墨綫，比喻規矩和法度。

〔2〕李從訓，南宋畫家，見《圖繪寶鑑》卷四。

〔3〕四庫本作“從”，當是。本卷“李從訓”條有“工畫道釋人物花鳥”。

〔4〕李嵩擅長人物、花鳥，傳世之作有《貨郎圖》（絹本設色，北京故宫博物院藏，款署“嘉定辛未，李從訓男嵩畫”，見《中國繪畫史圖録》上），《花籃圖》（絹本設色，北京故宫博物院藏，見《中國繪畫史圖録》上），《骷髏幻戲圖》（絹本設色，北京故宫博物院藏，見《中國古代書畫圖目》十九）。

〔5〕宋光宗，1190—1194年在位；宋寧宗，1195—1224年在位；宋理宗，1125—1264年在位。

賈師古〔1〕，汴人。善畫道釋人物，師李伯時白描。紹興畫院祇候。其人物頗得閒逸自在之狀。〔2〕

〔1〕賈師古，汴（今河南開封）人。南宋畫家，師法李公麟人物畫，

梁楷是其高足。

〔2〕見《畫繼補遺》卷下，與此文本有所不同。賈師古擅長白描人物，傳世之作有《大士像》軸（紙本白描水墨，“臺北故宫博物院”藏，見《故宫藏畫精選》)。王季遷認爲此圖爲明人所作，當是（見《王季遷讀畫筆記》)。此作人物神態輕松自如，與文獻記載接近。應該説，明人托名之作也是有所依據的。

王訓成，山東人。爲人物、山水，描寫麄惡。〔1〕紹興畫院待詔，名“餅餷王”。當時上方所尚蕭、李之迹，故訓成不得志而死。〔2〕

〔1〕見《畫繼補遺》卷下，引文有删節。

〔2〕王訓成粗筆綫條作畫，而當時畫院流行蕭照、李唐一路工細畫法，畫院中人稱其爲“餅餷王”，意爲其畫作筆墨模糊，像在做面餅一樣。其作品不傳於世。

焦錫，宣和院人，紹興復爲畫院待詔。師石恪〔1〕，畫人物。

〔1〕石恪，見《圖繪寶鑑》卷三。

馬興祖〔1〕，河中人。賁之後〔2〕，紹興間待詔。工花鳥雜畫〔3〕。高宗每獲名踪卷軸，多令辨驗。〔4〕

〔1〕馬興祖，河中（今山西永濟）人。南宋畫家，馬賁之後。

〔2〕《畫繼補遺》認爲馬興祖是馬賁的“裔孫”，隨高宗南渡至杭州。

〔3〕馬興祖工畫花鳥，傳世之作有《疏荷沙鳥圖》（絹本設色，北京故宫博物院藏，見《中國美術全集》兩宋繪畫下)。

〔4〕此語亦出自南宋周密《齊東野語》。

馬遠，興祖孫，世榮子。畫山水、人物、花禽，種種臻妙，院人中獨步也。〔1〕光、寧朝畫院待詔。〔2〕

〔1〕馬遠繼承家學，能畫山水、人物、花鳥，尤以山水最爲出色，他的山水師法李唐，在構圖和表現手法上獨具一格。他擅長采用部分以表現整體的藝術手法，畫山常畫山之一角，畫水常畫水之一涯，使畫面留有很多空白，這和北宋的山水畫大不一樣，後人稱“馬一角”，在南宋畫院享有很高的聲譽。馬遠與李唐、夏珪、劉松年合稱“南宋四大家”。馬遠傳世代表之作有《踏歌圖》（絹本設色，北京故宫博物院藏，見《中國美術全集》兩宋繪畫下），《水圖》（絹本淺設色，北京故宫博物院藏，見《中國美術全集》兩宋繪畫下），《華燈侍宴圖》（絹本設色，“臺北故宫博物院”藏，見《故宫書畫圖録》二）。

〔2〕《畫繼補遺》卷下作“馬遠之弟”，與此文本有所不同。

馬逵〔1〕，遠兄，得家學之妙。畫山水、人物、花果、禽鳥，疏渲極工，毛羽燦然，飛鳴生動之態逼真，殊過於遠，它皆不逮。〔2〕

〔1〕馬逵是馬興祖之孫，馬世榮之子，馬遠之兄，寧宗朝（1195—1224年）畫院待詔。

〔2〕見《畫繼補遺》卷下，引文有删節。舊傳爲馬逵傳世之作有《僧院訪友圖》紈扇（絹本水墨，美國波士頓美術館藏，見《波士頓美術館的至寶·中國宋元畫名品展》），《林亭喜鵲圖》軸（絹本設色，美國大都會博物館藏，見《中國繪畫總合圖録》卷一），真僞待考。

徐珂，蘇漢臣壻。學婦翁畫人物，得其遺意，頗能描寫，其傅染〔1〕則不及。

〔1〕傅染，傅色和染色，即色彩運用。

梁楷〔1〕，東平相“義”之後。善畫人物、山水，道釋、鬼神，師賈師古，描寫飄逸，青過於藍。嘉泰〔2〕年畫院待詔，賜金帶，楷不受，挂於院内，嗜酒自樂，號曰“梁風子”。院人見其精妙之筆，無不敬伏，但傳於世者皆草草[3]，謂之減筆。[4]

〔1〕梁楷，祖籍東平（今山東東平），生卒年不詳。

〔2〕嘉泰爲南宋寧宗年號，即公元1201—1204年。

〔3〕梁楷繪畫以“草草”爲其代表性風格，今天可見的傳世之作中，也有細筆白描作品存於世，如《黄庭經神像圖》（白描，美國私人藏，見《梁楷全集》），其著録亦見於吴其貞《書畫記》、張丑《真迹日録》。

〔4〕梁楷善於用簡潔的筆墨，以寫意的手法，來表達人物的音容笑貌及性格特徵。這種技法，被稱之爲“減筆”。其傳世作品多采用這種手法，如《李白行吟圖》（紙本水墨，日本東京博物館藏，見《中國繪畫總合圖録》卷三），《潑墨仙人圖》（紙本水墨，“臺北故宫博物院”藏，見《中國繪畫史圖録》上）。其山水畫也具有這種“減筆”特徵，《秋柳雙鴉圖》紈扇（絹本水墨，北京故宫博物院藏，見《中國美術全集》兩宋繪畫下）在構圖和表現手法上就具有與衆不同的特點。梁楷的畫在南宋畫院中獨樹一幟，對後世也有一定的影響。

夏珪[1]，字禹玉，錢唐人。寧宗朝待詔，賜金帶。善畫人物，高低醞釀，墨色如傅粉之色，筆法蒼老，墨汁淋漓，奇作也。[2]雪景全學范寬，院人中畫山水，自李唐以下，無出其右者也。[3]

〔1〕夏圭（一作珪），錢唐（今浙江杭州）人。寧宗時（1195—1224）朝任職畫院，生卒年不詳。

〔2〕《圖繪寶鑑》記載夏圭善畫人物，今傳世作品中不見其人物畫，山水中的點景人物雖小却很精彩，相信文獻記載不虚。元代莊肅《畫繼補遺》斷言夏圭“畫山水人物極悪俗”，“濫得時名，其實無所取，僅可知時代姓名而已”，與夏文彦《圖繪寶鑑》記載全然不同，不知何據。

〔3〕夏圭以山水著名，他的山水表現技法，取法李唐，用秃筆帶水作大斧劈皴，稱爲“拖泥帶水皴”，筆墨簡練蒼老而墨氣明潤。構圖同馬遠一樣，多作“半邊”“一角”之景，後世有“夏半邊”之稱。夏圭與馬遠

的繪畫風格相近，代表了南宋院畫的主流。傳世代表作有《溪山清遠圖》（紙本水墨，“臺北故宫博物院”藏，見《中國美術全集》兩宋繪畫下），《烟岫林居圖》（絹本設色，北京故宫博物院藏，見《中國美術全集》兩宋繪畫下）。

毛松，沛人一作吴郡崑山人。善畫花鳥四時之景。[1]

〔1〕毛松，南宋畫家。江蘇昆山（一作沛縣）人。亦見於《吴中人物志》。舊題毛松傳世作品有《猿圖》（絹本設色，日本東京國立博物館藏，見《世界名畫全集》卷十七），真僞待考。

毛益，松之子，乾道間[1]畫院待詔。善畫花鳥小景。[2]

〔1〕乾道間，指南宋孝宗乾道，即公元1165—1173年間。

〔2〕毛益善於花鳥小景，傳世之作有《牧牛圖》（紙本水墨，北京故宫博物院藏，見《中國美術全集》兩宋繪畫下），《榴枝黄鳥圖》（絹本設色，北京故宫博物院藏，見《中國美術全集》兩宋繪畫下）等。

王定國，汴人。隨吴郡王渡江，居臨安。[1]工寫花鳥，師李安忠[2]，亦學二崔[3]筆法，傅色輕淺，清雅不凡。[4]後郡王薦入仕，賜金紫。

〔1〕王定國，汴（今河南開封）人。隨吴郡王渡江（1127），居臨安（今浙江杭州）。

〔2〕李安忠，見《圖繪寶鑑》本卷。

〔3〕二崔，指北宋初崔白、崔慤兄弟，見《圖繪寶鑑》卷三。

〔4〕舊傳王定國的作品僅有《雪景寒禽圖》紈扇（絹本設色，“臺北故宫博物院”藏，舊簽題爲“王定國雪景寒禽”，見《故宫書畫録》卷六）。

陳居中[1]，嘉泰年畫院待詔。專工人物、蕃馬。[2]布景著色，可亞黄宗道[3]。

〔1〕陳居中，南宋畫家，生卒年不詳，嘉泰間（寧宗嘉泰年，即1201—1204年）供職畫院。

〔2〕陳居中專工人物番馬，尤以表現北方少數民族的游牧生活著稱。傳世作品有《四羊圖》（絹本設色，北京故宫博物院藏，見《中國美術全集》兩宋繪畫下），《柳塘牧馬圖》紈扇（絹本設色，北京故宫博物院藏，見《宋人畫册》）。另有明人臨摹陳居中《胡笳十八拍》卷（絹本設色，南京博物院藏，見《中國古代書畫圖目》七），可見陳居中繪畫特點。

〔3〕黄宗道，北宋畫家，工畫番騎。見《圖繪寶鑑》卷三。

白良玉[1]，錢唐人。工畫道釋鬼神。寧、理朝畫院待詔。子用和輝[2]，能世其學，寶祐年畫院待詔。[3]

〔1〕良玉，南宋畫家，生卒年不詳。寧宗（1195—1224）、理宗（1225—1264）時畫院待詔。舊題爲白良玉所作繪畫有《秋汀游禽圖》紈扇（絹本設色，臺北私人藏，見《中國繪畫總合圖録》卷二），真僞待考。

〔2〕白良玉之子，考《南宋院畫録》作“白用和”，故白良玉之子名“輝”，字“用和”。

〔3〕寶祐年，即南宋理宗寶祐（1253—1258）年間。

王輝，錢唐人，理、度朝畫院祗候。畫人物道釋頗工，亦能作山水，草率。嘗用左手描寫，遂目爲左手王。[1]

〔1〕見《畫繼補遺》卷下，引文略有不同。

李瑛，安忠子。家傳畫花竹禽獸。紹興年畫院待詔。[1]

〔1〕《畫繼補遺》卷下記載，李瑛、李璋皆爲李迪之子，不知孰是。舊題爲李瑛的傳世作品有《清風摇玉佩圖》（絹本設色，重慶市博物館藏，

見《中國古代書畫圖目》十七），真僞待考。

李永年，嵩之姪。世其家學，咸淳[1]畫院衹候。

〔1〕咸淳（1265—1274），南宋度宗年號。

何青年，錢塘人。善畫道釋人物。[1]

〔1〕舊傳何青年的傳世之作有《麻姑仙像圖》（絹本設色，“臺北故宫博物院”藏，見《故宫書畫圖録》卷二），曾入清内府收藏，款署“青年”二字，真僞待考。

陸青，師李唐，作山水得筆法，用墨清秀，簡易不凡。喜用濃墨，木葉不分，唯《風雨圖》最佳。紹熙[1]畫院待詔。

〔1〕紹熙（1190—1194），南宋光宗年號。

張訓禮，舊名敦禮，避光宗諱，改今名。[1]學李唐畫山水人物，恬潔滋潤，時輩不可及，劉松年師之。一説著色青緑如趙千里筆法。[2]

〔1〕考《宋史》，英宗第三女韓魏國大長公主，下嫁張敦禮。南渡之後的張訓體并非張敦禮改名之人，因此張訓體和張敦禮實爲二人。

〔2〕見《畫繼補遺》卷下。舊題爲張訓體傳世作品有《春山魚艇圖》紈扇（絹本設色，北京故宫博物院藏，見《中國古代書畫圖目》十九）、《圍爐博古圖》（絹本設色，“臺北故宫博物院”藏，見《故宫書畫圖録》二），真僞待考。

趙大亨，乃二趙[1]皂隸。每供其昆仲[2]研朱調粉，遂亦能畫。時人以其肥偉，目爲趙大漢，自耻其俗，因就名“大亨”。多畫青緑山水、神仙故實。[3]

〔1〕二趙爲趙伯駒、趙伯驌兄弟。

〔2〕昆仲是稱呼别人兄弟的敬詞。

〔3〕見《畫繼補遺》卷上，引文有删節。舊題爲趙大亨的傳世之作有《薇亭小憩圖》（絹本設色，遼寧省博物館藏，見《遼寧省博物館藏畫集》），《蓬萊仙會圖》（絹本設色，“臺北故宫博物院”藏，見《故宫書畫圖録》二）。

於青年[1]，毗陵人。嘉、定間[2]專畫荷花、草蟲，世號“於荷”。[3]

〔1〕於青年，一作於青言，毗陵（今江蘇常州）人。

〔2〕嘉、定間，指南宋理宗嘉熙（1237—1240）至景定（1260—1264）年間。

〔3〕於青年善畫荷花，舊題爲於青年的傳世之作有《蓮華圖》對幅（絹本設色，日本京都知恩院，日本定位“重要文化財”，見《宋元的繪畫》）。

馮大有，文簡公族孫，自號“怡齋”，寓居吴門。專畫蓮荷，精巧入格。[1]

〔1〕馮大有善於捕捉蓮花風、晴、老、嫩不同的面貌，可謂畫蓮能手。傳世之作有《太液荷風圖》紈扇（絹本設色，“臺北故宫博物院”藏，見《故宫書畫録》卷六），賦色典雅，用筆細膩，又能寫盡蓮塘在風中的景象，是馮大有僅存的作品。

彭皋，錢唐人。師林椿[1]，畫花果寫生。

〔1〕林椿，南宋畫家，見《圖繪寶鑑》本卷。

高嗣昌，珦之從子。[1]師李唐，作山水、寒林、古木。嘉定[2]

間畫院待詔。

〔1〕高珣爲北宋畫家，見《圖繪寶鑑》卷三。高嗣昌爲其侄子。

〔2〕嘉定，宋寧宗年號（1208—1224年）。

韓佑[1]，石城人。尤善寫生小景、花鳥草蟲，師林椿。染色筆法，可並石橋王。[2]紹興畫院祇候。較之時流畫，頗覺版實。[3]

〔1〕韓佑，石城（今屬江西贛州）人。南宋畫家，生卒年不詳。

〔2〕南宋王宗元家住石橋，稱石橋王，見《圖繪寶鑑》本卷。

〔3〕見《畫繼補遺》卷下，引文略有不同。舊題爲韓佑的傳世之作有《瓊花真珠鷄圖》（絹本設色，重慶市博物館藏，見《中國古代書畫圖目》十七），此作工細嚴謹。

戚仲，寶慶年殿司[1]軍士。善絳色山水，師楊士賢[2]。兼畫虎，師李迪。畫上左手書“戚仲”字，多喜作《江潮圖》（扇面）。[3]

〔1〕殿司，宋代禁兵三個最高統帥機關之一，實與侍衛司總領天下之禁兵。

〔2〕楊士賢，宣和待詔，見《圖繪寶鑑》本卷。

〔3〕舊題爲戚仲所作的有《雪麓早行圖》（絹本設色，美國波士頓博物館藏，見《波士頓美術館的至寶·中國宋元畫名品展》），畫中有“戚仲”二字反書石根，真僞待考。

許迪，毗陵[1]人。專工草蟲，師居寧[2]，作黄花、紫菜、青草、紅葉，精妙入神。[3]

〔1〕毗陵，今江蘇常州。

〔2〕僧居寧亦善草蟲，見《圖繪寶鑑》卷三。

〔3〕舊傳許迪的作品有《野蔬草蟲圖》（絹本設色，“臺北故宫博物

院”藏，見《故宫藏畫精選》)，此作無款，舊傳爲許迪所作。

楊安道，九江人。人物、山水師范寬筆法，有江湖氣韵。[1]

〔1〕楊安道學范寬山水，用焦墨太重。見元末陶宗儀《書史會要》。

林谷成，作人物、山水、樹石平遠，秀麗清潤。[1]江右多作范寬收藏。

〔1〕見元末陶宗儀《書史會要》。

牟仲甫，隨州[1]人，畫猿、獐、猴、鹿與易元吉相似，湖廣多有之。

〔1〕隨州，今湖北隨州。

李珏，從訓[1]之子，能世其學，淳熙畫院待詔。

〔1〕李從訓，南宋畫家，見《圖繪寶鑑》本卷。

樓觀，錢唐人。工畫花鳥、人物，山水學馬遠筆法，傅色俱不細潤。咸淳年畫院祗候。[1]

〔1〕樓觀在南宋與馬遠齊名，舊傳爲樓觀的傳世作品有《石勒問道圖》(絹本水墨設色，美國明德堂藏，見《中國繪畫史》卷一)，此作款署“錢塘樓觀”，用筆瘦硬，構圖似馬遠。

馬麟，遠之子，能世家學，然不逮父。[1]遠愛其子多於己，畫上題作馬麟，蓋欲子得譽故也。爲畫院祗候。[2]

〔1〕馬麟筆力遜其父，傳世之作不少，代表作有《層迭冰綃圖》(絹本設色，北京故宫博物院藏，見《故宫博物院藏花鳥畫選》)，此作畫折枝梅，有宋寧宗皇后楊氏題“層迭冰綃”，上居中又題七言詩一首。

〔2〕見《畫繼補遺》卷下。

方椿年，錢唐人。工畫人物道釋、著色山水、神仙故實。紹定年待詔，景定年陞祗候。〔1〕

〔1〕舊題爲方椿年傳世之作的有《神仙游戲圖》（絹本設色，美國弗利爾美術館藏，見《中國繪畫總合圖録》卷一），畫兩神仙游戲，真僞待考。

蘇顯祖，錢唐人。工畫人物山水，與馬遠同時，筆法亦相類，但筆法稍弱。嘉定年畫院待詔。俗呼其畫爲“没興馬遠”。〔1〕

〔1〕没興，亦作“没幸”，晦氣、倒霉之意。傳世之作有《山水圖》（絹本水墨，日本根津美術館藏，見《中國繪畫總合圖録》卷三）。

朱懷瑾，錢唐人。寶祐年畫院待詔，景定間爲福王府使臣，咸淳年〔1〕賜金帶。作人物、山水、樹木、窠石，多畫雪景。筆法用墨，全師夏珪，謹守規矩，殊欠瀟洒。〔2〕

〔1〕寶祐年，即宋理宗寶祐（1253—1258年）；景定，即宋理宗景定（1260—1264年）；咸淳年，指宋度宗咸淳（1265—1274年）。

〔2〕見《畫繼補遺》卷下，較《圖繪寶鑑》之記載爲略。舊題爲朱懷瑾的傳世之作有《江亭覽勝圖》（絹本設色，遼寧省博物館藏，見《遼寧省博物館藏畫集》），《溪畔獨釣圖》（絹本水墨，美國弗利爾美術館藏，見《中國繪畫總合圖録》卷一）。

孫必達，錢唐人。善畫道釋鬼神，師蘇漢臣。淳祐年畫院待詔。

俞珙，錢唐人。師梁楷，畫人物山水，布景著色逼真，但筆法差弱。紹定年畫院待詔。[1]

〔1〕俞珙的作品在清代尚有流傳，清代王毓賢《繪事備考》中記録其《載酒尋山圖》，今已不存。

毛允昇，益[1]之子。能世家學。景定年畫院待詔。

〔1〕毛益，見《圖繪寶鑑》本卷。

李權，錢唐人。師梁楷。咸淳年畫院祇候。[1]

〔1〕舊傳爲李權之作有《寒林飛瀑圖》，見《平等閣藏中國名畫集》。

陳清波，錢唐人，多作西湖全景。[1]

〔1〕陳清波，南宋畫家，理宗寶祐（1253—1258 年）間畫院待詔（《畫史會要》）。錢塘（今浙江杭州）人。多作西湖全景，舊題陳清波的傳世之作有《湖山春曉圖》紈扇（絹本設色，北京故宫博物院藏，見《中國美術全集》兩宋繪畫下）。

喬鍾馗、喬三教，寶祐年待詔。

葉肖岩，杭人。作人物小景類馬遠，專工傳寫。[1]寶祐間人。

〔1〕葉肖岩傳寫肖像之作不傳於世，舊題其作品有有十開册葉的《西湖十景圖》（絹本設色，"臺北故宫博物院"藏，見《故宫藏畫精選》）。

豐興祖，錢唐人。工畫人物、山水、界畫。花禽師李嵩。[1]景定[2]畫院待詔。

〔1〕舊傳豐興祖的傳世之作有《萬年青圖》（絹本設色，"臺北故宫博物院"藏，見《故宫書畫圖録》三），真僞待考。另有《海天旭日圖》（絹本設色，臺北蘭千山館藏，見《中國繪畫總合圖録》卷一），此幅無

款，引首有明代沈度題識，定爲豐興祖所作。

〔2〕景定，指南宋理宗景定（1260—1264年）間。

張仲，工畫花禽，筆法可并林椿。[1]寶祐年待詔。亦善人物山水。

〔1〕舊題爲張仲所作有《牧羊圖》（絹本設色，“臺北故宫博物院”藏，見《故宫書畫録》卷六）。

顧興裔，錢唐人。專師馬和之，筆法設色俱不逮。淳祐年[1]畫院待詔。

〔1〕淳祐，指南宋理宗淳祐（1241—1252年）間。

孫覺，善水墨白描毛女[1]，筆力細巧。寶慶[2]年畫院待詔。

〔1〕四庫本作“侍女”，當是。

〔2〕寶慶，指南宋理宗寶慶（1225—1227年）間。

陳宗訓，杭人。師蘇漢臣，畫道釋、人物、仕女，描染未精，人呼爲“鐵陳”[1]。紹定[2]年畫院待詔。[3]

〔1〕可能是形容他的筆墨像“鐵”一樣的死板。

〔2〕紹定，指南宋理宗紹定（1228—1233年）間。

〔3〕舊題爲陳宗訓傳世之作有《秋庭嬰戲圖》紈扇（絹本設色，北京故宫博物院藏，見《宋人畫册》），與蘇漢臣風格類似。

范安仁，錢唐人。寶祐畫院待詔。善畫魚，[1]俗呼“范癩子”[2]。

〔1〕范安仁擅長畫魚，舊題范安仁的傳世之作有《魚藻圖》（絹本設色，“臺北故宫博物院”藏，見《故宫書畫録》卷四），其畫風上承徐熙、

徐崇嗣，以淡彩没骨爲主。

〔2〕《中國歷代畫家辭典》稱其因患皮膚病，人稱“范癩子”，待考。

夏森，珪之子。善畫山水，筆法用墨不逮其父遠甚。〔1〕

〔1〕夏森善於山水，舊題爲夏森的傳世之作有《飛閣觀濤圖》（絹本水墨，“臺北故宫博物院”藏，見《故宫書畫録》卷六），《烟江帆影圖》（絹本水墨，美國克利夫蘭美術館藏，見《中國繪畫總合圖録》卷一）。

胡彦龍，儀真〔1〕人。善畫人物、天神、寒林、水石、窠木，描法用大落墨，自成一家格法。〔2〕紹定間苗安撫薦入朝，爲畫院待詔。

〔1〕儀真，今江蘇儀征。

〔2〕胡彦龍作品不傳於世，“描法用大落墨”指其使用粗綫條的筆法。

趙芾〔1〕，鎮江人。作人物、山水、窠石、江勢波浪、金焦二山〔2〕，有氣韵，有筆力。師古人，無院體。〔3〕惜乎僅作一郡之景，畫意不遠耳。〔4〕

〔1〕趙芾（一作黻），鎮江（今江蘇鎮江）人。

〔2〕金焦二山，金山與焦山的合稱，兩山都在今江蘇省鎮江市。金山原名浮玉，因裴頭陀江際獲金，唐貞元間李騎奏改；焦山因漢代焦光隱居此山得名。

〔3〕《清河書畫舫》記載，後人得到趙芾的畫往往誤稱米南宫之畫。

〔4〕趙芾傳世之作有《長江萬里圖》（紙本水墨，北京故宫博物院藏，見《中國美術全集》兩宋繪畫下）。趙芾居住在長江邊上的北固山，與萬里長江朝夕相處，對兩岸景色有深切感受。所作江勢波濤，脱出院體的痕迹。傳世之作有《長江萬里圖》（紙本水墨，北京故宫博物院藏，見《中國美術全集》兩宋繪畫下）。

魯宗貴，錢塘人。善畫花竹、鳥獸、窠石，描染極佳。尤長寫生，鷄雛、鴨黄，最有生意。[1]紹定年畫院待詔，出入楊駙馬[2]府。

〔1〕魯宗貴長於寫生，舊題魯宗貴所作的有《夏卉駢芳圖》（絹本設色，北京故宫博物院藏，見《宋人畫册》），《春韶鳴喜圖》（絹本設色，“臺北故宫博物院”藏，見《故宫書畫圖録》卷二）。

〔2〕楊駙馬，即楊鎮，見《圖繪寶鑑》本卷。

錢光甫甫一作普，杭人。專科畫魚，帶景精妙，如活可愛。[1]景定間畫院待詔。

〔1〕錢光甫所畫之魚，都有背景襯托。《南宋院畫録》著録他的作品有《桃花流水鱖魚》等，今已不傳。

陳可久，寶祐間待詔。工畫魚，四時花木師徐熙，上花下魚，筆力意淺，[1]用色鮮明。[2]

〔1〕四庫本作“筆力浮淺”，當是。

〔2〕舊傳爲陳可久的傳世之作有《春溪水族圖》（絹本設色，北京故宫博物院藏，見《宋人畫册》），設色艷麗，與文獻記載相似。

李章，杭人，從訓之後。善畫人物、著色山水。

蘇堅，焯[1]之子。善畫道釋人物。慶元[2]間待詔。

〔1〕蘇焯，南宋畫家，見《圖繪寶鑑》本卷。

〔2〕慶元，南宋寧宗慶元（1195—1200）。

范彬，錢塘人。善畫人物山水，師李權[1]。劉朴，其弟子也。

〔1〕李權師梁楷，見《圖繪寶鑑》本卷。

陳珏，錢塘人，號桂岩。善人物、著色山水。寶祐年待詔。子琳[1]，世其學。

〔1〕陳琳，元初畫家，曾得趙孟頫指點。見《圖繪寶鑑》卷五。

崔友諒，金陵人。善畫道釋人物、絳色山水。淳祐年馬光祖[1]薦補畫院待詔。多作大幅雪景及小簇子。[2]

〔1〕馬光祖，南宋政治家，有仁德。《宋史》卷四一六有傳。

〔2〕崔友諒的作品以大幅雪景和細筆小景居多，惜不傳於世。

劉朴，師范彬，又師梁楷，畫人物。子耀，世其學。

徐道廣，杭人，號古岩，畫花鳥，師樓觀[1]。景定年待詔。[2]

〔1〕樓觀，南宋畫家，錢塘人。見《圖繪寶鑑》本卷。

〔2〕舊傳爲徐道廣傳世之作有《花鳥圖》（款署“景定元年春□□古岩徐道廣”，見《宋元寶繪》酉集）。

曹正國，字良有。善畫佛像天神，描法入格[1]。景定待詔。

〔1〕描法入格，其描法合乎規矩法度。

李德茂[1]，迪之後。善畫花禽、鷹鶻、野景，不逮其父。淳祐待詔。

〔1〕李德茂，李迪之子。擅長花鳥，舊題爲李德茂傳世之作有《蘆洲蜂蝶圖》紈扇（絹本設色，“臺北故宫博物院”藏，見《故宫書畫録》卷六）。

謝昇，杭人。善畫花竹、仕女。景定年待詔。

顧師顔，杭人。師李嵩[1]，畫道釋人物。景定年待詔。

〔1〕李嵩，見《圖繪寶鑑》本卷。

史顯祖，杭人。善畫人物、仕女、青緑山水。[1]端平[2]年待詔。

〔1〕吴其貞見其《南屏秋色》斗方，贊其筆墨“沉著古雅”。

〔2〕端平（1234—1236），南宋理宗年號。

周鼎臣，杭人。師王輝[1]，畫道釋人物。

〔1〕王輝，南宋畫家，見《圖繪寶鑑》本卷。

朱玉，杭人，號柳林朱。善畫天神雷部兵將。[1]寶祐待詔。

〔1〕朱玉，杭（今浙江杭州）人。善畫天神兵將，舊題其傳世之作有《燈戲圖》（絹本水墨，香港趙氏基金會藏，見《中國繪畫總合圖録》卷二）。

張翠峰，淮陽人。師胡彦龍，專畫龍神雷部天將。

衛松，二趙昆仲[1]皂隸，嘗供役使，遂多獲其遺稿，且熟識其用意傅色制度，與趙大亨每倣二趙圖寫，皆能亂真。[2]

〔1〕趙伯駒、趙伯驌兄弟，見《圖繪寶鑑》本卷。

〔2〕見《畫繼補遺》卷上，引文有删節。無作品傳世。

單邦顯，吴郡人。學千里、晞遠[1]，畫林木山水，則全不然；惟花卉蠭蜨[2]，粗可髣髴。

〔1〕趙伯駒，字千里；趙伯驌，字晞遠。千里、晞遠是指二趙兄弟。

〔2〕蠭蜨，亦作“蜂蝶”。

老戴，忘其名，吴郡昆山[1]人。亦學二趙[2]林木山水，可追踪趙大亨、衛松[3]。花卉謬甚，與單邦顯正相反。[4]

〔1〕昆山，今江蘇昆山。

〔2〕二趙指趙伯駒、趙伯驌兄弟，見《圖繪寶鑑》本卷。

〔3〕見《圖繪寶鑑》本卷。

〔4〕見《畫繼補遺》卷上，引文有删節。無作品傳世。

趙子雲，江西人。能作一筆畫，凡寫人面及手，描畫頗工，至衣摺則如草符篆[1]，一筆而就，蓋不欲蹈襲，自成一家尔。[2]

〔1〕他畫的衣紋像道士畫符一樣。

〔2〕見《畫繼補遺》卷上。無作品傳世。

陳善，紹興間人。學易元吉[1]畫獐猿、禽鳥、花果，頗能逼真。傅色輕淡，過於林、吴[2]。

〔1〕見《圖繪寶鑑》卷三。

〔2〕林、吴，應指同時代的林椿、吴炳。

劉思義，紹興間待詔。專畫青緑山水，拙於布置，善於傅色，亦不足觀。[1]

〔1〕舊題爲劉思義的傳世之作有《人物圖》（日本嚴村成允藏，見《支那名畫寶鑑》），此作款署“青峕”，真僞待考。

朱光普，字東美，汴人，南渡補入畫院。學左建[1]畫《村田樂》及《農家迎婦》等，亦善山水。[2]

〔1〕左建，宋代畫家，善田家景物。

〔2〕見《畫繼補遺》卷下，舊傳爲朱光普傳世之作的有《江亭晚眺圖》紈扇（絹本設色，遼寧省博物館藏，見《遼寧省博物館藏畫集》）。

朱森，鋭之弟。亦工山水、人物，布置行筆，俱不逮兄。[1]

〔1〕朱鋭爲南宋畫家，善畫山水，其事迹見《圖繪寶鑑》本卷。此條全文見《畫繼補遺》卷下，引文有删節。無作品傳世。

楊公傑，不知何許人。畫小景、禽鳥，得荒閒之趣。

張紀，錢唐人。師李迪，工畫花竹、禽鳥，不及其師。[1]

〔1〕見《畫繼補遺》卷下，引文有删節。無作品傳世。

朱紹宗，工畫人物、猫犬、花禽，描染精邃，遠過流輩。隸籍畫院。[1]

〔1〕見《畫繼補遺》卷下，引文有删節。舊題爲朱紹宗的傳世之作有《菊叢飛蝶圖》紈扇（絹本設色，北京故宫博物院藏，見《宋人畫册》），刻畫精細，有院體之風，真僞待考。

王宗元，不知何許人，家居石橋，人遂目爲“石橋王”。專學惠崇[1]，作池塘小景，頗有野趣。[2]

〔1〕惠崇，北宋畫僧，見《圖繪寶鑑》卷三。

〔2〕見《畫繼補遺》卷下。無作品傳世。

周詢，錢唐人。工畫界畫樓臺。占籍后邸，[1]少與人畫，故所傳不多。[2]

〔1〕占籍后邸，應指其在皇后家服役。

〔2〕清代的《式古堂書畫彙考》著録其《滕王閣圖》一幅，今不傳於世。

王友端，不知何許人。工畫獵犬，得其摇尾乞憐之態，世不多見。亦善花鳥。〔1〕

〔1〕見《畫繼補遺》卷下。無作品傳世。

秦友諒，毗陵〔1〕人，少爲縣吏。善畫草蟲，其花卉未可言工，特於蟬蜨之類，傅色輕妙，人頗稱之。〔2〕

〔1〕毗陵，今江蘇常州。

〔2〕見《畫繼補遺》卷下，引文有删節。無作品傳世。

李東，不知何許人。理宗時，常於御街粥〔1〕其所畫《村田樂》《常酣圖》之類，僅可娱俗眼耳。〔2〕

〔1〕粥，同“鬻”。

〔2〕見《畫繼補遺》卷下，舊題爲李東傳世之作的有《雪江賣魚圖》紈扇（絹本水墨，北京故宫博物院藏，款署“李東”，見《中國美術全集》兩宋繪畫下），《寫生秋葵圖》（絹本設色，“臺北故宫博物院”藏，款署“李東畫”，著録於《故宫書畫録》卷六）。

畢生，文簡公諸孫，寓居吴郡。工畫牡丹，甚有生意。其壻〔1〕姚亨，能繼其業。〔2〕

〔1〕壻，同“婿”。

〔2〕見《畫繼補遺》卷下，引文有删節。無作品傳世。

僧智叶，白描佛像人物。

僧真惠，善畫花窠〔1〕。

〔1〕花窠，四庫本作“花果”，當是。

僧希白，白描荷花。

員真，字光祖，一字勝之，金陵人。畫墨竹、坡石。

吴迪，字泰之，杭州人。畫梅蘭竹石，蕭散可喜。扁[1]所居室曰“惠齋”，號“心玉道人”。

〔1〕“扁”通“匾”。

陸仲明，畫山水、窠石。

李思賢，畫人物、山水。

張思義，善畫人物、花竹。

閻次安，仲子。畫山水、窠石。[1]

〔1〕宣和及紹興畫院待詔閻仲之子，兄弟中閻次平、閻次於皆善畫。閻仲、閻次平、閻次於見《圖繪寶鑑》本卷。

黄益，畫山水，學夏珪。

王公道，畫山水、人物、小景。

侯守中，畫花竹、翎毛。

李春，畫神佛。[1]

〔1〕《畫史會要》記載李春也善畫山水。

李遵，畫人物，嘗見有《女孝經圖》傳世。[1]

〔1〕今不傳於世。

孫用和，畫道釋人物。[1]

〔1〕其人身世不詳，清代《式古堂書畫彙考》著録其作品有《龍樹菩薩》《馬鳴大士》《維摩禪定》《生公説法》等，今不傳於世。

張團練，山水、人物頗清潤。

李焕[1]，畫神佛。[2]

〔1〕“焕”，四庫本作“涣”。

〔2〕清代《式古堂書畫彙考》著録其作品有《甘露如來》《净名居士》《大力菩薩》等，今不傳。

李確，白描學梁楷。[1]

〔1〕傳爲李確之作有《豐干布袋圖》對幅（紙本水墨，日本妙心寺藏，見《中國繪畫總合圖録》），筆法簡略，有梁楷風範。

徐凱之，畫人物、窠石。

王用之，輝[1]子。畫道釋人物。

〔1〕王輝爲南宋畫家，見《圖繪寶鑑》本卷。

房斂，畫花竹。

徐世榮，畫界畫，兼工嬰兒。[1]

〔1〕徐世榮身世不詳，清代《式古堂書畫彙考》著録其作品有《嬰

戲圖》，類似蘇漢臣筆法，作品今不傳。

衛昇，畫花鳥甚佳。[1]

〔1〕舊傳衛昇之作有《寫生紫薇圖》紈扇（絹本設色，“臺北故宫博物院”藏，見《故宫書畫録》卷六）。

夏東叟，畫道釋人物。[1]

〔1〕夏東叟南宋時人，學李公麟，善畫神佛像及人物。清代《式古堂書畫彙考》記載其臨摹李公麟《十國圖》，又臨摹王維《伏生授經圖》，都能達到和原本“不爽毫末”的程度。

宋良臣，畫花鳥。[1]

〔1〕舊題爲宋良臣所作繪畫有《聚禽圖》紈扇（款署“宋良臣繪”，原清宫收藏，見《宋元寶繪》圖集）。

黄承務[1]，畫道釋人物兼寫照。

〔1〕名失傳，可能因曾任承務郎，遂稱“黄承務”。

魏道士，畫道釋人物。

章程，畫人物、山水。

吕源，畫花禽。

綱兵朱，畫山水、窠石。

王木，畫蕃馬。[1]

〔1〕王木籍貫、家世不可考，清代《式古堂書畫彙考》著録其作品有《華山歸馬》《穆王八駿》等番馬題材，其作品今不傳於世。

夏子文，畫山水。

赤目張，畫山水，師夏珪。

葉森，畫山水。

儲大有，畫花竹。

楊八門司[1]，畫蘭石、窠木。

〔1〕籍貫、本名不可考，排行第八，曾任門司官職。司門在南宋主管內東門，主要掌管宫中人物出入及供奉之物的登記，領取內庫寶貨檢查與留取存根等。

何閣長[1]，畫魚。

〔1〕閣長是其官職，兩宋時期主管龍圖閣、天章閣、寶文閣等官，别稱閣長，通常由內侍擔任。

蔣太尉[1]，畫山水、窠石、梅蘭。

〔1〕太尉在北宋爲三公官，政和後改爲武官階之首階。

劉門司，墨戲。

李苑使，墨戲。

張鎡，字功父[1]，號約齋。清標雅致，爲時聞人，詩酒之餘，能畫竹石古木，字畫亦工。[2]

〔1〕功父，一作"功甫"。

〔2〕循王張俊之曾孫。張鎡出身貴族，能詩善詞，又善畫竹石古木。嘗學詩於陸游，尤袤、楊萬里、辛棄疾、姜夔等皆與之交游。《齊東野語》載"其園池聲妓服玩之麗甲天下"，又以其牡丹會聞名於世。

毛存，杭人。父伯益，坐[1]韓侂胄[2]黨，流嶺表，存乃跋涉數千里，函骨歸杭，人稱篤孝。善墨竹、水石，如楊中齋、裴德游[3]諸人皆宗之。號勿齋，人但謂之"毛門司"。

〔1〕坐，因爲、由於。

〔2〕韓侂胄，見《圖繪寶鑑》本卷。

〔3〕楊中齋即楊鎮，見《圖繪寶鑑》本卷。裴德游即裴叔泳，南宋畫家，與駙馬楊鎮爲友，見《圖繪寶鑑》本卷。

王介，號默庵，慶元[1]間内官太尉。善作人物、山水，似馬遠、夏珪。亦能梅蘭。[2]

〔1〕慶元（1195—1200），南宋寧宗年號。

〔2〕《式古堂書畫彙考》著録其作品有《江山梵剎》《竹石小景》《梅花圖》等，今不傳於世。

劉夫人，希字號。[1]夫人建炎[2]年掌内翰文字，善畫人物，師古人筆法，及寫宸翰[3]字，高宗甚愛之。畫上用"奉華堂"印。

〔1〕希，罕也，劉夫人的字號罕傳。

〔2〕建炎（1127—1130），南宋高宗年號。

〔3〕宸翰，帝王書法。宸（chén），北極星所在，後借指帝王所居，又引申爲王位、帝王的代稱。

胡夫人，平江胡元功[1]尚書女，黄尚書由[2]之妻，自號“惠齋居士”。精於琴書，畫梅竹小景俱不凡，時比李易安[3]夫人。

〔1〕胡元功，字國敏，長洲（今江蘇蘇州）人，元質弟。孝宗隆興元年（1163）進士，歷陽守，《全宋詩》中存有其詩。

〔2〕黄由（1150—1225），宋代大臣，字子由，號盤野居士，平江長洲（今江蘇蘇州）人。淳熙八年（1181）進士第一，狀元。歷仕紹興府通判、嘉王府贊讀、禮部尚書兼吏部，成都、紹興知府，正奉大夫。

〔3〕李清照（1084—約1151），南宋著名女詞人，號易安居士。

湯夫人，叔雅[1]之女，趙希㝠[2]妻。寫梅竹，每以“父閒庵”圖書識其上。

〔1〕湯叔雅爲南宋畫家，善畫梅。2007年北京匡時秋拍其作品《梅花雙雀圖》（作於1207年），以582.4萬元成交。

〔2〕各本作“趙希泉”。

翠翹，洪内翰侍人，失其姓，自題云“翠翹戲筆”，字畫婉媚。程大昌[1]題詩云：“戲作風枝斜，垂惱玉堂宿。”

〔1〕程大昌（1123—1195），字泰之，徽州休寧（今屬安徽）人。南宋政治家、學者。高宗紹興二十一年（1151）進士。二十六年，除太平州教授。二十七年，召爲大學正。三十年，遷秘書省正字。孝宗即位，擢著作佐郎，歷國子司業兼權禮部侍郎、直學士院。

蘇氏，建寧人。淳祐間流落樂籍[1]，以蘇翠名。嘗寫墨竹扶疏，旁八分書[2]題，如倚雲、拂雲之類，頗不俗。亦作梅蘭。

〔1〕樂籍，樂户的名籍。古時官妓屬樂部，故稱。亦指樂户或官妓。

〔2〕隸書分“秦隸”與“漢隸”。“秦隸”又稱爲“古隸”，“漢隸”

又稱爲“八分”體，變圓曲爲方直，結體寬扁，逆筆突進，波磔呈露。

趙士表[1]，宋宗室。善山水，尤喜作墨竹，思致如鄆王[2]，秀潤過之。

〔1〕趙士表，與趙士腆弟兄輩。

〔2〕即鄆王趙楷，見《圖繪寶鑑》卷三。

羅仲通，汴[1]人。好畫墨竹，頗自珍惜，故傳世絶少。所作殊精緻，但類院體，行筆巧妙，乏蕭散氣象。[2]

〔1〕汴，今河南開封。

〔2〕《宣和畫譜》中有内臣羅存，字仲通，今河南開封人，《圖繪寶鑑》卷三亦有記載。古人以孟、仲、叔、季爲兄弟排行，并以此命字，羅存當爲姓名。此條當與《圖繪寶鑑》卷三“内臣羅存”條爲同一人，記載其人繪畫的不同方面。

李明友，字題孺，成都人。

黄廣[1]，字彦暉，靖州[2]人。

〔1〕《畫史會要》記載黄廣在南宋末年以畫竹著名。

〔2〕靖州，今湖南靖縣。

霍适[1]，字南仲，渭州人。俱善畫竹。

〔1〕一本作“霍適”。

吴璜，延陵人[1]。畫竹師文湖州。[2]

〔1〕今江蘇丹陽、金壇間人。

〔2〕全文引自元吴鎮《文湖州竹派》。無作品傳世。

師永錫，蜀人。嘗畫老竹枯木。

王世英，字才仲，號頤齋，不知何許人。效東坡作墨竹。[1]

〔1〕全文引自元吴鎮《文湖州竹派》。無作品傳世。

來子章，不知何許人。作墨竹，但葉失之太短。

鑒湖惰民，云賀方回裔孫，名字未詳。作平遠細竹，瀟灑可喜。

尹大夫，遺其名，高宗朝畫院待詔。善墨竹。

張茂，杭人，光宗朝隸畫院。作山水、花鳥俱精緻，小景更佳。[1]

〔1〕舊題爲張茂的傳世之作有《雙鴛鴦圖》（絹本設色，北京故宫博物院藏，見《中國美術全集》兩宋繪畫下），款署“張茂”，筆法細緻，與《圖繪寶鑑》記載一致。

趙子厚，宋宗室。作小山、叢竹，有思致。[1]

〔1〕舊題爲趙子厚的傳世之作有三件，一作《鷹兔圖》，係鄧拓捐贈，中國美術家協會收藏；另兩件爲《花卉禽獸圖》二幅，絹本設色，日本井上勝之助收藏，見《支那名畫寶鑒》。

劉浩，常州無錫人。作窠石、人物。紹興中人。男顥，世其業。

劉文惠，善畫花鳥。[1]

〔1〕《聖朝名畫評》記載其爲京師人，人們喜愛他的作品，用金玉也换不了。《圖畫見聞志》説他的畫“傅彩雖勤，而氣格傷懦”。此條重出。

何浩，畫花鳥類李迪。[1]

〔1〕何浩身份不可考，《石渠寶笈初編》著録其《萬壑松風圖》，説明他兼畫山水樹木，其作品曾入清内府收藏。

侯必大，不知何許人。工畫花竹。

陶忠，工水墨山水。紹興中人。

游昭，京口[1]人。習山水。紹興間人。

〔1〕京口，今江蘇鎮江。

李祐之，東京[1]人，紹興間居臨安。寫佛像鬼神，尤工牛馬。[2]

〔1〕東京，今河南開封。

〔2〕《式古堂書畫彙考》著録他的作品有《孔雀明王》《護法天王》《文殊部從》《寶印菩薩》等，多爲神像。其作品今不傳於世。

左建，西京[1]人。用逸筆畫《村田樂》。[2]

〔1〕西京，今陝西西安。

〔2〕《式古堂書畫彙考》著録有《雨中插種》《冒雨理苗》等表現農村生活的繪畫，今不傳於世。

田宗源，字子濟，東京人。習范寬山水，尤工雜畫。後居金陵。[1]

〔1〕《式古堂書畫彙考》著録他的山水有《夏山早行》《山形圖》《山居秋山樓觀圖》等，今不傳於世。

周珏，專畫水。紹興中人。

時光，大名[1]人。習賀真[2]山水，筆跡細碎，喜作短松怪石、密林芳樹。後居鎮江。男建亨，小字烏郎，亦能畫。

〔1〕大名，今河北大名。

〔2〕賀真，北宋畫家，見《圖繪寶鑑》卷三。

執煥，紹興中殿前使臣。工畫人物故實。

張鎰，字季萬，北人，後居滁州水口[1]。善草書，尤工山水，得破墨法。

〔1〕滁州水口，今安徽滁州水口。

吕元亨，金陵人。工花鳥。

林俊民，紹興畫院待詔。習范寬山水。

祝次仲，字孝友，太末[1]人。工山水，尤善草書。[2]

〔1〕《龍游縣志》："祝次仲女，嫁常山徐堪，善畫。"宋之龍游即唐之太末縣地，今在浙江。

〔2〕舊題爲祝次仲傳世之作有《蒼磯清樾圖》紈扇（絹本設色，"臺北故宫博物院"藏，見《故宫藏畫精選》）。

徐本，工雜畫。紹興間人。[1]

〔1〕徐本身世不詳，其侄子徐世昌爲江西石城人，亦善畫，見《圖繪寶鑑》本卷。

黄庭浩，工人物。

武克温，上京[1]人。紹興間工蕃馬。

〔1〕金上京會寧府，金天眷元年（1138）以京師會寧府爲上京，故址在今黑龍江阿城南白城。

陸琮，工山水蕃馬，學田宗源。

毛文昌，工田家風俗。[1]

〔1〕此條爲重出，見《圖繪寶鑑》卷三。

陳廣，宣城[1]人。習徐白魚水。

〔1〕今屬安徽宣城。

睢世雄，工魚水。

施義，金陵[1]人，習李唐山水。

〔1〕金陵，今江蘇南京。

周白，平之曾祖。工山水。

董琛，金陵人。習施義[1]山水。[2]

〔1〕見《圖繪寶鑑》本卷。

〔2〕《式古堂書畫彙考》著録其作品有《瀟湘八景》《長江晚霽》《小寒林》等圖，今不傳於世。

劉興祖，工花鳥，師江伯清，後習韓佑[1]。[2]

〔1〕韓佑，見《圖繪寶鑑》本卷。

〔2〕《式古堂書畫彙考》著録其作品有《海山圖》《崇山圖》等，又臨摹李成《江山晚照圖》和范寬的《秋景山水圖》，今不傳於世。

熊應周，金陵人。習小米[1]山水，兼工花鳥。[2]

〔1〕小米指米友仁，見《圖繪寶鑑》本卷。

〔2〕《式古堂書畫彙考》著録其作品有《遥山圖》《山居圖》《雲山圖》等，今不傳於世。

陸懷道，通州[1]人。習田宗源[2]山水，作濺瀑，出而無源，流而不散。

〔1〕通州，今屬北京。

〔2〕田宗源，見《圖繪寶鑑》本卷。

毛政，廬江[1]人。工神佛及山水。[2]

〔1〕廬江，今屬安徽合肥。

〔2〕《式古堂書畫彙考》著録其曾臨摹王維《輞川圖》，今不傳於世。

趙君壽，臨安[1]人，工傳寫及仕女。[2]

〔1〕臨安，今浙江杭州。

〔2〕《式古堂書畫彙考》著録其所畫《蕉窗覓句圖》和《紈扇仕女圖》，今不傳於世。

趙賓王，鄂渚[1]人，工傳寫。

〔1〕隋改郢州爲鄂州，因其地有鄂渚而得名，世人亦稱鄂州爲鄂渚。

萬濟，工墨竹。

宋永年，臨江[1]人，後居金陵。善寫梅。

〔1〕臨江，今江西清江。

趙山甫，京口[1]人。淳熙中習老米山水。

〔1〕京口，今江蘇鎮江。

王洪[1]、龍祥，俱蜀人。紹興中習范寬山水。

〔1〕舊傳爲王洪傳世之作有《瀟湘八景圖》（共八段，絹本水墨淺設色，美國普林斯頓大學美術館藏，見《中國繪畫總合圖録》卷一）。

陳禧，金陵人。乾道[1]中工雜畫。

〔1〕乾道（1165—1173），南宋孝宗年號。

何世昌，淳熙畫院人。工花鳥。

陳椿，杭人。習郭熙山水。乾道間祇應甲庫[1]。

〔1〕南宋時期的甲庫，性質完全不同於過去的兵器倉庫，屬於向皇帝供應圖畫、酒等雜物的官庫。

徐世昌，石城[1]人，本之從子。工花鳥。

〔1〕石城，今屬江西。

魯莊，杭人。工人物。乾道間祇應脩内司[1]。

〔1〕修内司在兩宋時屬將作監，掌宫殿、太廟修繕事務。

徐京，宗馬遠山水。

王安道，宗李迪花鳥。[1]

〔1〕《中國歷代畫家人名辭典》記載，王安道爲河陽（今河南孟縣南、黄河北岸）人，與李迪同鄉。未知所據。

林彦祥，紹興間人。嘗臨盧鴻[1]《草堂圖》，小米跋其後。

〔1〕盧鴻，見《圖繪寶鑑》卷三。

衛光遠，畫花鳥師李迪。

曹瑩，畫花鳥師李迪。

周左，山水人物師周儀[1]。

〔1〕周儀，見《圖繪寶鑑》本卷。

陳左，仕女宗陳宗訓。

梁松，隸畫院。師賈師古，描寫飄逸，青過於藍。

李公茂，安忠[1]之子。世其家學，然不逮父。

〔1〕李安忠，南宋畫家，擅長“捉勒”。其子除李公茂外，還有李瑛，三人在《圖繪寶鑑》本卷中都有記載。

宋碧雲，景定間畫院待詔。善人物、花竹、翎毛。

吴俊臣，江南人，淳祐間畫院待詔。善人物，山水多作雪景，師朱鋭。[1]

〔1〕舊題爲吴俊臣傳世之作的有《洛水凌波圖》（絹本設色，“臺北故宫博物院”藏，見《故宫書畫録》卷六）。

李澄，畫山水及牛，宗李唐。

王曾，字孝先，封沂國文正公，昭陵名臣。[1]書畫皆合格。

〔1〕王曾（978—1038），字孝先，青州益都（今山東益都）人。真宗咸平間中進士第一，仁宗時爲宰相，封沂國公。見《宋史·王曾傳》。

吴瓌，益王子，琚之弟。工畫竹。

翟汝文，字公巽，潤之丹陽[1]人。紹興初參知政事。[2]嘗自畫佛道像六十餘軸及著色《楚天春曉圖》，藏於家。[3]

〔1〕潤即潤州，丹陽屬潤州。

〔2〕見《宋史·翟汝文傳》。

〔3〕《式古堂書畫彙考》著録他所畫傳佛像、觀音等，不見其山水畫。

湯叔用，乃叔雅之弟。亦工墨梅。

紫微劉尊師，僞齊豫之孫。工山水人物。

趙師睪[1]，字從善，千里之姪。善畫花。

〔1〕趙師睪，趙伯驌之子，字從善，號東墻。孝宗淳熙二年（1175）

進士。《宋史》有傳。

曹申甫，工木石風竹，與梵隆爲畫友。

王華，景祐[1]間畫院待詔。工花鳥。

〔1〕當作景定。景祐爲北宋仁宗年號，景定爲南宋理宗年號。若王華爲北宋人，則應入第三卷。

包寀，宣城人。家世畫虎，能紹其業。[1]

〔1〕宣城（今安徽宣城）包貴、包鼎皆善畫虎，包寀爲其族人，《式古堂書畫彙考》著録其作品有《熊渠射虎》《重岩卧虎》等，今不傳於世。

盛師顏，金陵人。工雜迹及道釋像，仕女凝[1]面，每用北螺青[2]或烟墨水淡開，謂之“青蛾粉白”，有一種富貴氣象。

〔1〕“凝”，四庫本作“顔”，似當。

〔2〕北螺青，中藥的一種，可治咳嗽，也可作顔料。

牟益[1]，字德新，理、度朝人。畫入能品。[2]

〔1〕牟益（1178—?），字德新，籍貫四川，南宋理宗（1225—1264年在位）、度宗（1265—1274年在位）時文士。

〔2〕見《書史會要》卷六，引文有刪節。舊題爲牟益傳世之作的有《東來紫氣圖》（絹本白描，北京故宫博物院藏）；《擣衣圖》（紙本白描，“臺北故宫博物院”藏，見《中國美術全集》兩宋繪畫下），此圖人物面目豐腴，衣裙寬大，有唐人之風，然與張萱、周昉濃麗豐肥之美不同，反而接近李公麟的白描人物。

僧德止，號清谷。工畫，嘗畫廬山尋真觀二壁，朱文公[1]題其上。

〔1〕指南宋朱熹，謚文，又稱朱文公。

張翼，字性之，號竹林，金陵人。初學畫於胡彦龍[1]，成於盛師顔，人物道像雜迹外，尤工逸筆。居杭時嘗爲巨璫[2]羅大節作導引四圖，各系以自製小讚。羅上直[3]時，張於直舍中，理宗顧見之，曰："此畫極工緻，可於閣下開版。"竟不問誰筆，其運窮不偶如此。

〔1〕胡彦龍，南宋畫家，見《圖繪寶鑑》本卷。

〔2〕巨璫指漢代武職宦官帽子的裝飾品，後借指宦官。

〔3〕直，直舍，古代官員在禁中當值辦事之處。

顔直之，字方叔，號樂閒，吴郡人。善小篆，工畫人物。

金

顯宗[1]，章宗父。畫獐鹿人馬，學李伯時，墨竹自成一家，雖未臻神妙，亦不涉流俗，章宗每題其籤。

〔1〕金顯宗，完顔允恭，本名胡士瓦，金世宗第二子，金章宗之父，大定時封楚王。立爲皇太子，未即位而卒。廟號顯宗。見《金史·世紀補》。

海陵煬王完顔亮[1]，嘗作墨戲，多喜畫方竹。

〔1〕本名迪古，字符功，大定時封海陵王，後殺熙宗自立。建都燕京，後遷開封。見《金史·完顔亮傳》。

完顔璹[1]，字仲實，號樗軒，封密國公。家藏法書名畫，幾於“中秘”[2]等。喜作墨竹，自成規格，亦甚可觀。

〔1〕完顔璹，本名壽孫，金越王永功子，世宗孫。世宗賜字仲實，又字子瑜，大定二十七年（1187）封國上將軍，正大初進封密國公。

〔2〕中秘，宫廷珍藏圖書文物之所。金元好問《密公寶章小集》詩：“王家書絶畫亦絶，欲與中秘論低昂。”

王庭筠[1]，字子端，號黄華老人。遼東人，大定中進士，官至翰林修撰。[2]善山水、古木、竹石，上逼古人。[3]論者謂“胸次不在米元章下”。[4]尤善草書。曼慶子[5]。

〔1〕王庭筠（1156—1202），遼東熊岳（今遼寧熊岳）人。

〔2〕見《金史》卷一二六《王庭筠傳》。

〔3〕王庭筠傳世之作有《幽竹枯槎圖》（紙本水墨，日本藤井有鄰館藏，見《中國美術全集》兩宋繪畫上），畫卷後有自識“黄華山真隱，一行涉世，便覺俗狀可憎，時拈禿筆作枯木竹石、幽竹枯槎，以自料理耳”。可見作者清高之志。

〔4〕見金代元好問《中州集》丙集第三，原文：“字畫學米元章，其得意處頗似之，墨竹殆天機所到，文湖州已下不論也。”

〔5〕此處應爲“子曼慶”，王曼慶乃王庭筠之子。

王曼慶[1]，字禧伯，號澹游。善墨竹，樹石絶佳。亦能山水，然不逌[2]墨竹。官至行省左右司郎中。

〔1〕王曼慶由金入元，生卒年不詳。善畫墨竹、山水，但無作品傳世。金代畫家父子齊名者，祇此一家 。

〔2〕逌，及、趕得上之義。

任詢[1]，字君謨，號南麓，易州人。草書入能品，山水亦佳，在王子端[2]下。

〔1〕任詢，字君謨，易州（今河北易縣）人，正隆二年（1157）進士。見《金史·任詢傳》。

〔2〕王庭筠，字子端，見《圖繪寶鑑》本卷。

李澥[1]，字公渡，相州人。能行書，工畫山水。

〔1〕李澥，字公渡，相州（今河南）人。王庭筠的學生，與趙閒閒等名士交往，屢考不中，當時説他“賦不如詩，詩不如字，字不如畫”。

龐鑄，字才卿，號默翁，大興[1]人。明昌[2]進士，官至京兆轉運使。善山水、禽鳥。[3]

〔1〕大興，今屬遼東。

〔2〕明昌（1190—1196），金章宗年號。

〔3〕《畫史會要》記載，龐鑄學識淵博，文筆奇健。《滏水集》記載，他畫的《長江圖》，曾得到趙秉文題詩贊賞，今不傳於世。

李遹[1]，字平甫，號寄庵，欒城[2]人。明昌進士。官至東平府治中[3]。善山水，嘗爲元裕之[4]畫《繫舟山圖》，得前輩不傳之妙。龍虎亦佳。[5]

〔1〕遹（yù），“回避”之義。

〔2〕欒城，今河北欒城。

〔3〕治中，職官名，主掌文書案卷。

〔4〕元好問，字裕之，號遺山，太原秀容（今山西忻州）人。工詩文，作有《遺山集》，又名《遺山先生文集》，編有《中州集》。

〔5〕舊題爲李遹的傳世作品有《羅漢圖》（絹本水墨，“臺北故宫博物院”藏，見《故宫書畫圖録》二），款署“欒城李遹作”，并有趙孟頫收藏印記。

李仲略[1]，字簡之，大定[2]進士，官至山東按察使。畫山水，嘗臨米元章《楚山圖》。[3]

〔1〕李仲略（？—1205），金代畫家，澤州高平（今山西晋城）人。

〔2〕大定（1161—1189），金世宗年號。

〔3〕李仲略傳世作品有《山水圖》（紙本水墨，美國納爾遜美術館藏，見《中國繪畫總合圖録》卷一）。

劉謙，光甫父，號東軒。工畫山水。

王競[1]，字無競，彰德人。官至翰林承旨。善大字，作墨竹亦古怪。[2]

〔1〕王競，彰德（今河南安陽）人，宋宣和時任主簿，後降金，官至禮部尚書兼翰林學士。見《金史·王競傳》。

〔2〕王競善草隸，又善墨竹。《式古堂書畫彙考》著録其有《僧贊寧譜竹圖》，今不傳於世。

虞仲文，字質夫，武州定遠[1]人。善畫人馬、墨竹，學文湖州。官至平章，封秦國公。[2]

〔1〕武州定遠，今山西五寨。

〔2〕見《松齋梅譜·畫梅人譜》，引文有删節。舊傳爲虞仲文之作有《飛駿圖》（見《平等閣藏中國名畫集》）。

趙秉文[1]，字周臣，號閒閒，滏陽人。官至翰林學士。書效鍾王。畫梅花竹石，筆力雄健，命意高古。[2]

〔1〕趙秉文，字周臣，號閒閒（一作間間），滏陽（今河北磁縣）人，官至翰林學士（見《金史·趙秉文傳》）。有詩文集《滏水集》傳世。

〔2〕見《松齋梅譜·畫梅人譜》，引文有删節。無作品傳世。

蔡珪[1]，字正甫，丞相松之子。畫墨竹學文湖州。官至濰州守。

〔1〕蔡珪（？—1174），真定（今河北正定）人，吴國公蔡松年之子。天德（1149—1152）年進士，官至濰州刺史（見《金史·蔡珪傳》）。無作品傳世。

張汝霖，字仲澤，遼陽人。畫墨竹師黄華[1]。官至平章。

〔1〕黄華，即王庭筠，見《圖繪寶鑑》本卷。

耶律履，字履道，契丹人。東丹王[1]七世孫，官至尚書右丞。善畫鹿，作人馬墨竹尤工。

〔1〕東丹王指遼畫家耶律倍，唐明宗賜名李贊華，見《圖繪寶鑑》卷二。

耶律浩然，工山水。

韓將軍，未詳其名。善墨竹。

馬天騋[1]，字雲章，介休[2]人。能畫作小竹石，瀟灑可喜。弟雲卿、雲漢，皆善畫。

〔1〕馬天騋（一作來），曾中進士，任國使館編修。正大九年（1232）病歿於京師，卒年六十一歲（見元好問《中州集》）。

〔2〕介休，今屬山西，金時屬河東北路汾州。

陳道輔[1]，京兆人。好寫墨竹。自號夜江散人。

〔1〕陳道輔，燕京（今北京）人。其墨竹學文同（見《畫史會要》）。

謝宜休妻，遺其姓氏，小字阿環。山水學李成，精妙合格。竹學王華[1]，亦可觀。

〔1〕此句“王華”當作“黄華”，指黄華老人王庭筠。

武元直，字善夫，明昌[1]名士。能畫，有《巢雲》《曙雪》等作。[2]

〔1〕明昌（1190—1196），金章宗年號。

〔2〕《巢雲》《曙雪》等作品不傳於世。金趙秉文題他的山水：“太華五千仞，驅寫入盈尺。飛泉峰頂來，落我松下石……呼兒急寫之，指下淋灕濕。”（見《滏水集》）武元直傳世之作有《赤壁賦圖》（紙本水墨，“臺北故宫博物院”藏，見《中國美術全集》兩宋繪畫上）。

李元素、趙霖[1]、周濟川，并善畫。

〔1〕趙霖籍貫不詳，金熙宗時人，善畫走獸。趙霖傳世之作有《昭陵六駿圖》（絹本設色，北京故宫博物院藏，見《中國美術全集》兩宋繪畫上）。

喬夫人，工墨竹。

李早，工畫，人物甚佳，樹石不稱。[1]明昌間人。[2]張翰林翥嘗題其《三馬圖》云：“金原六葉全盛年，明昌政似宣和前。寶書玉軸充内府，時以李早方龍眠。”

〔1〕李早的傳世之作有《閱兵圖》（紙本白描，劉海粟美術館藏，見《劉海粟美術館藏品中國歷代書畫集》），真僞待考。

〔2〕據説李早在金章宗明昌年間供奉内廷，以畫馬著稱。

武伯英，崞縣[1]人。進士，官至觀州同知，善畫。[2]

〔1〕崞縣，今屬山西省，金時屬河東北路代州。

〔2〕武伯英聰明智巧，詩文字畫皆善，并收藏字畫奇石，尤以收藏太湖石著名於汾晋一帶。

劉器之，祁陽[1]人。以墨竹得名，兼精小景。

〔1〕祁陽，今湖南祁陽。

張公佐，并州[1]人。工山水，明昌、泰和[2]間，推爲獨步。

〔1〕并州，今山西陽曲。

〔2〕明昌（1190—1196）、泰和（1201—1208），金章宗年號。

大簡之，渤海人。工松石小景。

錢過庭，畫山水，以米老《楚山清曉圖》[1]爲法。

〔1〕《宣和書譜》記載米芾曾作《楚山清曉圖》："兼喜作畫，嘗爲《楚山清曉圖》，曾非俗師所能到也。"今不傳於世。歷代畫家如黄道周、董其昌等人皆有仿作傳世。

叚志賢[1]，工畫龍。

〔1〕四庫本作"段志龍"。

徐榮之，工花鳥。

李仲華，善畫湍流高樹。

李漢卿，東平人。工草蟲。

黄謌，精蕃騎，嘗見《雪獵圖》[1]，題“大金國御前應奉黄謌”。

〔1〕今不傳於世。

胡先生，又號胡叟，不知何許人。工山水。

杜文，字莘老，雲中[1]人。工山水。

〔1〕雲中，今山西大同。雲中府於宋宣和四年（1122）改遼大同府。宋、金聯合攻遼盟約中預定歸還宋人，其後金人失約，地遂入金。

張珪，正隆中人。工人物。[1]

〔1〕張珪，金畫家，海陵王正隆（1156—1160）間人。傳世之作有《神龜圖》（絹本設色，北京故宫博物院藏，見《中國美術全集》兩宋繪畫上）。

重陽真人王嚞[1]，字知明，咸陽人，大定中得道登真。其初度馬丹陽夫婦日，嘗畫《骷髏》《天堂》二圖，并自寫真，及作《松鶴圖》與史宗密真人。[2]

〔1〕嚞，古文“哲”，用於人名。後世往往將其誤作“王壽”。

〔2〕王嚞傳世之作有《吕嵒像》（絹本設色，旅順博物館藏，見《藝苑掇英》第三十五期），畫上有清畢瀧題識，定爲王壽（嚞）所作。

僧玄悟禪師，能詩書，墨竹學樗軒[1]。

〔1〕樗軒，一本作樗軒。完顔璹，號樗軒，見《圖繪寶鑑》本卷。

僧歸義，工山水。

龍門公，善墨竹。[1]

〔1〕榕本後有小字注“劉敏”。《圖繪寶鑑》卷五有“劉敏，號龍門居士”，故與“龍門公”應爲同一人，此條重出。

隱秀君[1]，善山水。

〔1〕《玉臺畫史》及所引《元遺山集》《中州集》等作“秀隱君”。

卷五

元

趙孟頫[1]，字子昂，號松雪道人。宋宗室，居吴興。官至翰林學士承旨，贈江浙行省平章政事，封魏國公，謚文敏。榮際五朝，名滿四海。[2]書法二王，畫法晋唐，俱入神品。[3]

〔1〕趙孟頫（1254—1322），關於趙孟頫的家世、籍貫，元代楊載於至治二年（1322）所作的“行狀”是最可靠的一手材料。《松雪齋文集》附録《大元故翰林學士承旨榮禄大夫知制誥兼修國史趙公行狀》：“公諱孟頫，字子昂，姓趙氏。宋太祖子秦王德芳之後。五世祖秀安僖王子偁，實生孝宗，始賜第居湖州，故公爲湖州人。”

〔2〕趙孟頫出身宋朝皇族，南宋滅亡前，當上小官（真州司户參軍）。元滅南宋，回家閑居，後忽必烈爲籠絡江南士人，趙孟頫在大都任兵部郎中（從五品），後調任集賢直學士（正五品），曾任江浙行省儒學提舉、泰州尹（正四品）等職。元仁宗時，升集賢侍講學士（從二品），後進翰林學士承旨（從一品）。他在政治上是十分顯赫的，不僅如此，他也是公認的畫壇領袖，元代張羽《静居集》卷三《臨房山小幅感而作》：“近代丹青誰最高，南有趙魏北有高。”趙魏所指就是趙孟頫，因此稱“榮際五朝，名滿四海”。

〔3〕對趙孟頫書畫的評價，夏文彦應該受陶宗儀影響很深，《輟耕

録》:“魏公趙文敏公孟頫，以書法稱雄一世，畫入神品。其書人但知自魏晋中來，晚年則稍入李北海耳……然往往閲公所畫馬及人物、山水、花竹、禽鳥等圖，無慮數十百軸，又豈止龍眠并驅而已哉!”趙孟頫在書法和繪畫上都有很高成就，書法代表作有《巴丹碑》《洛神賦》等，從中可以看出其書法宗法二王。繪畫上崇尚“古意”，主張取法晋唐，從兩宋之前的繪畫傳統中吸收養分。代表作有《鵲華秋色圖》卷（紙本設色，“臺北故宫博物院”藏，經明代項元汴、清代梁清標和乾隆内府收藏，見《中國美術全集》元代繪畫),《水村圖》卷（紙本水墨，北京故宫博物院藏，經明代王敬美、董其昌和清内府收藏，見《中國美術全集》元代繪畫),《秀石疏木圖》卷（紙本水墨，北京故宫博物院藏，經元代柯九思、明代項元汴和清代梁清標收藏，見《中國美術全集》元代繪畫),《紅衣羅漢圖》卷（紙本設色，遼寧省博物院藏，見《中國美術全集》元代繪畫）等。

趙雍[1]，字仲穆，文敏子，官至集賢待制，同知湖州路總管府事。[2]畫山水師董源，尤善人馬，書篆皆精妙。[3]子鳳，字允文。畫蘭竹，與乃父亂真，集賢每題作己畫以酬索者，故其名不顯。(子)麟，字彦徵，以國子生登第，今爲江浙行省檢校。善畫人馬。[4]

〔1〕趙雍，字仲穆，吴興人。生年有争議：陳葆真考訂趙雍生於至元二十七年，即公元1290年（見《古代畫人談略·管道昇和她的〈竹石圖〉》)。趙志成認爲，趙雍生於至元二十八年（1291)，死於至正二十一年(1361)(《元代畫家趙雍的生卒年及相關問題》)。卒年應在至正二十年至二十四年（1360—1364）之間。

〔2〕趙雍是趙孟頫的次子，以父蔭入仕，官至集賢待制（正五品)、同知湖州路總管府事（從四品)。

〔3〕趙雍在繪畫方面，也跟趙孟頫一樣，是個多面手，山水、花鳥、鞍馬、人物、界畫，無所不能，尤以山水、鞍馬最爲出色。現存代表作品

有《挾彈游騎圖》（紙本設色，北京故宫博物院藏，見《中國美術全集》元代繪畫），《采菱圖》（紙本設色，“臺北故宫博物院”藏，見《中國繪畫史圖録》上）等。

〔4〕趙麟元末爲莒州（山東）知州。與顧瑛爲友。其書畫有乃祖之風，據王紱言：“今世傳子昂畫馬，半係彦徵所仿。”現存畫不多，有《趙氏三世人馬圖卷》（美國大都會博物館藏）。相關研究見李鑄晋《鵲華秋色——趙孟頫的生平與畫藝》。

李衎〔1〕，字仲賓，號息齋道人，薊丘人〔2〕，官至江浙行省平章政事，致仕封薊國公，謚文簡。〔3〕善畫竹石枯槎，始學王澹游〔4〕，後學文湖州〔5〕，著色者師李頗〔6〕，馳譽當世。〔7〕

〔1〕李衎，生於蒙古乃馬真后稱制四年（1245），死於元英宗延祐七年（1320），享年七十六歲。

〔2〕李衎爲大都人，死後被追封薊國公，并非薊丘（今天津薊縣）人。

〔3〕李衎“少孤貧”，二十餘歲在太常寺（掌管禮樂、祭祀、宗廟等事）充當小吏，做到集賢大學士，階榮禄大夫（從一品），最後以光禄大夫（從一品）致仕，可以説仕途得意。在元代畫家中，他和趙孟頫是地位最高的官僚。

〔4〕金代畫家王曼慶，字澹游。王庭筠之子。見《圖繪寶鑑》卷四。

〔5〕北宋文同，見《圖繪寶鑑》卷三。

〔6〕李頗，北宋畫家，見《圖繪寶鑑》卷三。

〔7〕李衎善畫竹，主要是墨竹和松石，現存代表作有《雙鈎竹圖》軸（絹本設色，北京故宫博物院藏，見《中國美術全集》元代繪畫），《沐雨竹圖》軸（又名《沐雨圖》，絹本設色，北京故宫博物院藏，見《中國美術全集》元代繪畫），《梧竹蘭石四清圖》卷（紙本水墨，北京故宫博物院藏，見《中國美術全集》元代繪畫）。

李衎在理論上也頗有建樹，編著有《竹譜詳録》七卷，不但敘述他在畫竹方面的經驗，而且收集各種竹的資料，供創作時借鑒之用。李衎畫竹在元代享有盛名，并以畫竹博得元朝統治者的賞識，曾奉詔爲宫殿、寺廟作壁畫，“上當天意，寵意赫奕”（吴師道《跋李息齋〈墨竹〉》，《吴禮部集》卷十六）。

李士行〔1〕，字遵道，文簡〔2〕子，官至黄岩知州〔3〕。畫竹石得家學，而妙過之，尤善山水。〔4〕

〔1〕李士行，字遵道，元代畫家李衎之子，生於元世祖至元十九年（1282），死於元文宗天曆元年（1328）（據墓志銘，見蘇天爵《李遵道墓志銘》，《滋溪文稿》卷十九）。

〔2〕李衎死後被追封爲薊國公，謚文簡。（見蘇天爵《故集賢大學士光禄大夫李文簡公神道碑》，《滋溪文稿》卷十）

〔3〕元代前期没有實行科舉制度，後期雖然實行了一段時間，但知識分子仍然很難通過科舉入仕。李士行雖是官僚子弟，也難以進入仕途，後來他向元仁宗進獻《大明宫圖》，立即换得五品官。元代以畫藝得以做官的，還有王振鵬、何澄等。

〔4〕李士行雖以界畫博得統治者青睞，但他所擅爲畫竹木和山水，尤以枯木爲佳，同時代的學者認爲他超過了他父親李衎，《農田餘話》卷上：“……子遵道任台州黄岩知州，猶善畫竹木，優於乃父。”李士行傳世代表作品有《枯木竹石圖》（絹本水墨，北京故宫博物院藏，見《中國古代書畫圖目》十九），《江鄉秋晚圖》軸（紙本設色，“臺北故宫博物院”藏，《故宫書畫録》卷五），《喬松竹石圖》軸（絹本水墨，“臺北故宫博物院”藏，見《中國繪畫史圖録》上）。

商琦〔1〕，字德符，曹南人。左山參政第七子〔2〕，官至集賢學士。〔3〕山水師李營丘，得用墨法。〔4〕墨竹自成一家，亦有妙處。〔5〕

〔1〕商琦，字德符，號壽巖。生卒年不可考，主要活動於十四世紀前期。

〔2〕夏文彥的記載有誤，商琦爲商挺第五子，《元史》卷一五九《商挺傳附商琦傳》："（商挺）子五人：琥、璘、瑭、瓛、琦……"

〔3〕商琦是忽必烈名臣商挺的第五子，因其父進入仕途，通過畫藝得到統治者賞識，實際上是個高級的宫廷畫家。

〔4〕商琦曾爲皇宫嘉禧殿作壁畫，還曾奉統治者之命，與李衎一起爲寺廟作畫。此外，他還爲其他官僚住宅作壁畫山水。其山水畫傳世作品不多見。有《春山圖》卷（絹本設色，北京故宫博物院藏，經清内府收藏，見《中國美術全集》元代繪畫），《溪亭坐隱圖》軸（紙本水墨，"臺北故宫博物院"藏，真僞待考，見《故宫書畫集》第二十四期）。

〔5〕商琦墨竹不傳於世，現存的商琦的花鳥作品有《杏雨浴禽圖》軸（紙本設色，"臺北故宫博物院"藏，真僞待考，見《故宫書畫圖録》四）。

商璹，字台元，左山[1]之姪，司業台符之弟，自號遜齋。安恬不仕，喜畫山水，得破墨法，窠石最佳。

〔1〕左山，指商挺。

劉融[1]，字伯熙，薊丘[2]人。官至秘書卿[3]。善畫山水，師郭熙。[4]

〔1〕劉融，元代後期畫家。生年不可考，卒於至正十七年（1357）。

〔2〕薊丘，今河北薊縣。

〔3〕秘書監是掌管"歷代圖籍并陰陽禁書"的衙門，元代不少畫家曾在此任職。劉融自至元三年（1337）任秘書太監，到至正十七年（1357）升爲秘書卿，在秘書監任職達二十年之久，可見當時統治者對他十分賞識。

〔4〕劉融擅長山水，但没有作品流傳於世。

柯九思[1]，字敬仲，號丹丘生，台州人，[2]官至奎章閣鑒書博士。[3]博學能文，喜寫墨竹，師文湖州，亦善墨花。[4]

〔1〕柯九思（1290—1343），字敬仲，號丹丘生。台州仙居人。相關史料可見宗典《柯九思史料》。

〔2〕神本在“台州人”以下增改作：“博學能文，官至奎章閣鑒書博士。所畫山水，筆墨蒼秀，丘壑不凡，雖不逮夫四大家，亦不亞於流輩也。喜寫文湖州之墨竹，又善墨花，字亦相近趙承旨之意。”

〔3〕柯九思曾經人推薦投奔蒙古貴族圖貼睦爾門下。不久，圖貼睦爾在激烈的政治斗争中獲勝，即爲元文宗，專門建立文化機構“奎章閣”，任命柯九思負責“品定書畫”的鑒書博士（正五品）。至順二年（1331），因招人嫉妒而遭到攻擊，柯九思被迫退職。1332年，元文宗死後，他回到江南，鬱鬱而終。

〔4〕柯九思在詩文、書法、鑒賞文物方面，都有較高聲譽。其繪畫以畫竹和墨畫成就最高，畫竹師法文同、蘇軾。元代虞集《道園學古録》卷二《題柯敬仲畫》：“丹丘生用文法作竹木，而坡石過之，近又以新意作墨花，甚妙。”柯九思善用書法畫竹石，曾説：“寫幹用篆法，枝用草書法，寫葉用八分，或用魯公撇筆法，木石用金釵股、屋漏痕之遺意。”現存作品有《雙竹圖》（紙本水墨，上海博物館藏，見《中國繪畫史圖録》上），《清閟閣墨竹圖》（紙本水墨，北京故宫博物館藏，見《中國美術全集》元代繪畫）。

王振鵬[1]，字朋梅，永嘉人，官至漕運千户。界畫極工緻[2]，仁宗眷愛之，賜號“孤雲處士”。[3]

〔1〕王振鵬，字朋梅，號孤雲處士，永嘉（今浙江温州）人。主要活動於十四世紀前期。生卒年詳見余城《元代界畫家王振鵬繪畫藝術的欣賞》。

〔2〕王振鵬擅長界畫，其界畫“極工緻”，能“以墨爲濃淡高下”，

同時又能做到“神氣飛動，不爲法拘”（見袁桷：《王振鵬錦標圖》，《清容居士集》卷四十五）。元代蒙古貴族魯國大長公主就收藏他的作品。現存王振鵬代表作品有《龍池競渡圖》（絹本白描，“臺北故宫博物院”藏，見《中國繪畫史圖録》上），《伯牙鼓琴圖》（絹本水墨，北京故宫博物院藏，經元代魯國大長公主及清内府收藏，見《中國美術全集》元代繪畫）等。

〔3〕王振鵬以畫藝“受知”元仁宗，他曾畫《大明宫圖》進獻，得到統治者賞識，後來當上五品官，在元仁宗的提拔下，在秘書監任職，得以“遍觀圖書”，還拿出前人的作品讓他臨摹。元代虞集《道園學古録》卷十九《王知州墓志銘》：“振鵬之學，妙在界畫……嘗爲《大明宫圖》以獻，世稱爲絶。延祐中得官，稍遷秘書監典簿，得以遍觀古圖書，其識更進，蓋仁宗意也。”

周密〔1〕，字公謹，號草窗，歷山人，居錢唐，宋寶祐間爲義烏令。家藏名畫法書頗多〔2〕，善畫梅竹蘭石，賦詩其上。〔3〕

〔1〕周密（1232—約1298），宋末元初人，字公謹，號草窗，又號四水潜夫、弁陽老人、弁陽嘯翁。祖籍濟南（今屬山東），後來曾祖周秘南渡吴興。周密早年以門蔭監建康府都錢庫，景定二年（1261）擔任浙西安撫司幕僚，咸淳初爲兩浙運司掾屬，咸淳十年（1274）監豐儲倉。元朝建立後，周密不願意做元朝的官，於是在臨安隱居，并著書記録南宋的各種事物，成書《武林舊事》《癸辛雜識》《齊東野語》等。他在詞、詩、書、雜文、畫方面都有極高的造詣。

〔2〕周密家富收藏，他曾作《志雅堂雜鈔》，録有關圖畫碑帖、諸玩、寶器、醫書史等方面的内容。又撰《雲烟過眼録》，記載當時各家所藏奇珍古玩（如玉器、古琴之類）及書畫評論。

〔3〕周密畫作不傳於世。

鄭思肖〔1〕，字所南，福州人。工畫墨蘭。〔2〕嘗自畫一卷，長丈餘，高可五寸許，天真爛漫，超出物表，題云："純是君子，絶無小人。"〔3〕

〔1〕鄭思肖，字所南，宋亡後居住在平江（今江蘇蘇州）。生卒年不可考，是由宋入元的畫家。鄭思肖的名字是有來歷的，陶宗儀《輟耕録》卷二十《狷潔》："鄭所南先生思肖，福州連江人。宋太學上舍，應博學宏詞科，剛介有立志。會天兵南，叩閽上疏，犯新禁，衆争目之，由是變今名，曰肖，曰南，義不忘趙北面他姓也。隱居吴下，一室蕭然，坐必南向。歲時伏臘，望南野哭，再拜而返，人莫識焉。誓不與朔客交往，或於朋友坐上有語音异者，便引去。人咸知其狷潔，亦弗爲怪。"

〔2〕鄭思肖以畫蘭著名，在畫旁常題詩，通過畫蘭寄托自己的故國之思。鄭元祐《遂昌山人雜録》："（鄭思肖）平日喜畫蘭，疏花簡葉，不求甚工。其所自賦詩以題蘭，皆險异詭特，蓋所以書寫其憤懣云。"其傳世作品有《墨蘭圖》（紙本水墨，見《中國繪畫總合圖録》），不同版本藏於日本大阪市立美術館、美國耶魯大學美術館、美國弗利爾美術館。

〔3〕此一段出自陶宗儀《輟耕録》卷二十《狷潔》，有所減省，原文如下："工畫墨蘭，不妄與人。邑宰求之不得，聞先生有田三十畝，因脅以賦役取。先生怒曰：'頭可斫，蘭不可畫。'嘗自寫一卷，長丈餘，高可五寸許，天真爛漫，超出物表，題云：'純是君子，絶無小人。深山之中，以天爲春。'"此畫有記載，惜不傳於世。

金應桂，字一之，號蓀壁，錢唐人。在宋爲縣令，歸附後隱風篁嶺。書法歐陽率更。〔1〕畫學李龍眠。嘗作《岩居上真》《出塵觀音》刻石。

〔1〕陶宗儀説金應桂的書法"體雖純熟，然乏氣韵"。金應桂生平及書法見《書史會要》卷七。

錢選[1]，字舜舉，號玉潭，霅川人。宋景定間鄉貢進士。[2]善畫人物、山水、[3]花木、翎毛，師趙昌，青緑山水師趙千里，尤善作折枝，其得意者，自賦詩題之。[4]

〔1〕錢選（約1239—約1300），他和趙孟頫是同鄉，又是朋友，兩人主要活動時期大體一致。

〔2〕錢選原是南宋的鄉貢進士。南宋滅亡後，他把自己的一些關於經學的著作都燒掉了，甘心隱居繪畫，不再出仕。趙汸《贈錢彦賓序》："……訪其家，問諸其兄子國用，則曰：'公嘗著書，有《論語説》《春秋餘論》《易説考》《衡泌間覽》之目，後皆焚之矣。'蓋當時同游之士，多起家教授，而舜舉獨隱於繪事以終其身。世之見其杜德機者，亦惟稱其善畫而已。"

〔3〕神本在"善畫人物山水"以下增改作："其青緑者師趙千里，惜不多作，人亦罕見。所最著者花木翎毛，雖師趙昌，其一種古雅處出自天（神本誤作爲"文"）敏，實過於藍，迄今爲人所争購焉。尤善折枝，得意者每自賦詩其上。"

〔4〕錢選在繪畫上多有成就，人物、花鳥、山水、鞍馬無不擅長，特别擅長折枝花木。傳世的著名作品有《浮玉山居圖》卷（紙本設色，上海博物館藏，見《中國繪畫史圖録》上），《山居圖》卷（紙本設色，北京故宫博物院藏，見《中國美術全集》元代繪畫），《八花圖》卷（紙本設色，北京故宫博物院藏，見《中國美術全集》元代繪畫）。

龔開[1]，字聖與，號翠岩，淮陰人。宋景定間兩淮制置司監當官。[2]作隸字極古，畫山水師二米，畫人馬師曹霸，描法甚粗。[3]尤善作墨鬼鍾馗等畫，怪怪奇奇，自出一家。[4]

〔1〕龔開，字聖與，號翠岩。生於南宋寧宗嘉定十五年（1222），元滅南宋之時（1279年），龔開已五十八歲，死於大德丁酉年（1307）或在此之前。龔開曾於元成宗大德辛丑的次年（1302），爲馬臻《霞外詩集》

寫了一篇序，落款是："淮陰龔開聖與甫序於西湖客舍，時年八十一。"

〔2〕龔開在南宋滅亡前，主要從事政治活動，他曾先後充當趙葵和李庭芝的幕僚，做過兩淮制置司監當官。元朝統一後，作爲南宋遺老，龔開曾是江南文壇上有重要影響的人物之一。元末明初人宋濂云："聽説杭都舊事，有如淮陰龔公開、嚴陵何公夢桂……凡十餘人，相與倡明雅道。"(見《元故湛淵先生白公墓銘》，《宋文憲公全集》卷十九)

〔3〕龔開畫馬和山水，在當時就享有盛名。趙孟頫詩："今日看山還自笑，白頭輸與楚龔開。"可見對其十分欽佩（《題龔聖與〈山水圖〉》，《松雪齋文集》卷五)。山水傳世作品有《天香書屋圖》（絹本青緑，"臺北故宫博物院"藏)。其畫馬的傳世作品有《瘦馬圖》（又名《駿骨圖》，紙本水墨，日本大阪市立美術館藏）等。

〔4〕龔開所作繪畫，往往是寄情筆墨，用以抒發自己的牢騷和不滿，并畫上題詩，詩、書、畫結合，開風氣之先。他所畫的墨鬼鍾馗在畫史上最具特色，傳世代表作品有《中山出游圖》（紙本水墨，美國弗利爾美術館藏，見《中國美術全集》元代繪畫)。

沈孟堅，畫花鳥，師錢舜舉，往往逼真。〔1〕

〔1〕沈孟堅籍貫、生平不可考，《域外所藏中國古畫集》之五收録傳爲沈孟堅《牡丹蛺蝶圖》(無款)，此作爲工筆重彩，與錢選之作相類。

王正真，先名纘，字承之，號竹齋，又號筠溪，杭人。以宋内侍奉謝后北覲〔1〕，受命佩虎符，一旦辭入道。〔2〕工山水、墨竹，學毛勿齋〔3〕。

〔1〕覲（jìn)，原義指朝拜。這裏指南宋謝太后被俘後，去見蒙古君王。

〔2〕王正真原名纘，浙江杭州人，南宋宦官。宋亡，謝太后被俘至北京，王正真隨行，因不願在元朝廷任事，便去做了道士。

〔3〕毛存，號勿齋，南宋畫家。見《圖繪寶鑑》卷四。

趙孟籲[1]，字子俊，文敏弟，官至知州。畫人物、花鳥頗佳。[2]

〔1〕趙孟籲（yù），趙孟頫之弟。

〔2〕趙孟籲善人物花鳥，傳世代表作有《喬木高齋圖》（紙本設色，“臺北故官博物院”藏，見《故官書畫圖録》卷四），《瓶花圖》（絹本水墨，日本中埜又左衛門藏，見《中國繪畫總合圖録》卷四）。

陳琳[1]，字仲美，珏之次子[2]。善山水、人物、花鳥，俱師古人，無不臻妙。見畫臨模，咄咄逼真，蓋得趙魏公[3]相與講明，多所資益，故其畫不俗。[4]論者謂宋南度[5]二百年，工人無此手也。

〔1〕陳琳，杭州人，江南畫工，字仲美，生卒年不可考。

〔2〕《圖繪寶鑑》卷四：“陳珏，錢塘人，號桂岩。善人物、著色山水。寶祐年待詔。子琳，世其學。”

〔3〕趙孟頫，字子昂，封魏國公。湯垕《畫鑑》：“子昂與講明，多所資益，故畫不俗。”

〔4〕陳琳以及王淵、盛懋等人都是所謂“畫工”，雖然他們與達官顯貴、文人學士來往，但因其身份而往往受到輕視。他們爲保證其銷路，不得不迎合市場的要求，即使像陳琳這樣水平很高的畫家，也衹能博得“不俗”的評價。趙孟頫指點陳琳，并曾親自給他的《文禽》潤色。仇遠《山村遺集·題陳仲美〈文禽〉》：“大德五年辛丑秋，仲美訪子昂學士於余英松雪齋。霜晴溪碧，作此如活，使崔艾復生，當讓出一頭。修飾潤色，子昂有焉。”陳琳的傳世代表作品有《溪鳬圖》（紙本設色，“臺北故官博物院”藏，見《中國美術全集》元代繪畫），趙孟頫題云：“陳仲美戲作此圖，近世畫人皆不及也。”

〔5〕“度”當作“渡”。湯垕《畫鑑》：“宋南渡二百年，工人無此手

也。”

劉敏[1]，字有功，宣德龍門縣人。賜號龍門居士，自號年豐老人。善畫墨竹，學顧正之，有《風烟夕翠圖》傳於世。子世亨，字嘉甫，亦善墨竹。

〔1〕與《圖繪寶鑑》卷四之“龍門公”同爲一人，詳見《圖繪寶鑑》卷四“龍門公”。

史杠，字柔明，號橘齋道人，官至行省左丞。[1]讀書餘暇，弄筆作人物、山水、花竹、翎毛，咸精到。[2]

〔1〕史杠，生卒不可考。

〔2〕史杠善畫人物、山水、花鳥，行筆細秀生動，風韵清雅。其傳世作品不多見，有《鍾馗出獵圖》卷（紙本設色，臺灣清玩雅集藏），《孔子見老子圖》（見《支那名畫寶鑒》《域外所藏中國古畫集》之五）。

郭敏[1]，字伯達，杞縣人。幼讀書，長好丹青，工畫人物、山水，喜武元直[2]畫，師其意，不師其法。至於花竹墨竹，亦臻妙。[3]官至州倅。

〔1〕郭敏，今河南杞縣人，生卒年不可考。

〔2〕武元直，金代畫家。見《圖繪寶鑑》卷四。

〔3〕郭敏善畫山水，傳世代表作有《春園宴樂圖》卷（泰山殘石樓藏），《風雪松杉圖》軸（絹本設色，美國景元齋藏）。其花鳥畫不見傳於世。

李有，字仲方[1]，先名立義，燕[2]人。官至兩浙運司經歷。善古木竹石，筆意高遠，作者推服。

〔1〕仲方，四庫本作“仲芳”。

〔2〕燕，今河北。

喬達，字達之，燕人。官至翰林直學士。善丹青，山水學李成，墨竹學王庭筠，後更學文同。〔1〕

〔1〕全文引自元吳鎮《文湖州竹派》，其作品不傳於世。

王英孫，字才翁，號脩竹，紹興人。宋將作監簿，入朝隱居不仕。作墨竹、蘭蕙，頗雅潔不凡。

李倜〔1〕，字士弘，號員嶠真逸，官至集賢侍讀學士。〔2〕喜作墨竹，宗文湖州。〔3〕

〔1〕李倜，字士弘，號員嶠真逸。太原榆次（今山西榆次）人。元代前期畫家，主要活動在十三世紀末期至十四世紀初期。

〔2〕李倜歷任集賢侍讀學士、臨江路總管。大德十一年（1307），爲延平路總管。改兩浙鹽運使，以中奉大夫、集賢侍讀學士致仕。

〔3〕全文引自元吳鎮《文湖州竹派》。李倜長於畫竹，在當時有一定的聲望。黄公望認爲他的墨竹與“息齋（李衎）”伯仲間（見《李士弘臨右軍帖》，《鐵網珊瑚》書畫卷六）。其傳世作品有《清風高節圖》（見《支那名畫寶鑒》）。

田衍，字師孟，彰德人。性穎異博識，多藏古法書名畫。畫墨竹，學王澹游，頗得雅趣。〔1〕

〔1〕田衍其先京兆醴泉（今陝西醴泉）人，後徙太康，再徙蒙城。歷中書掾主事員外郎，知河中府，積官中順大夫。酷愛古書畫，爲一時佳士。與趙孟頫交往甚深（見趙孟頫《田師孟墓志銘》，《趙孟頫文集》）。

張衡，字士衡，欒陵〔1〕人。爲中書左司員外郎，辭閒屢辟不起。作文字務奇古，書學張長史，山水學荆關，墨竹不師古人，自成一家。

〔1〕樂陵，今屬山東。

顧正之，不知何許人。善墨竹，學樂善老人〔1〕，有酷似處，人莫能辨。

〔1〕樂善老人，善畫墨竹，爲顧正之、范庭玉及韓紹曄之師。按，樂善居士爲金完顔永成號，樂善處士爲元昆山顧信（字善夫）號，二人以善書稱，諸書均未言其能畫。

范庭玉，保定人。善墨竹，師樂善老人筆法。

劉貫道〔1〕，字仲賢，中山人。工畫道釋人物〔2〕，鳥獸花竹，一一師古，集諸家之長，故尤高出時輩。亦善山水，宗郭熙，佳處逼真〔3〕。至元十六年寫裕宗御容稱旨〔4〕，補御衣局使。

〔1〕劉貫道，中山（今河北定縣）人。生卒年不可考。

〔2〕劉貫道善畫人物，尤以寫真見長。其人物畫代表作有《元世祖出獵圖》（款署：至元十七年二月，御衣局使臣劉貫道恭畫。此卷絹本設色，“臺北故宫博物院”藏，見《中國美術全集》元代繪畫），《消夏圖》卷（絹本設色，美國納爾遜美術館藏，見《中國美術全集》元代繪畫）。

〔3〕劉貫道山水似郭熙，傳世作品有《積雪圖》（絹本水墨，“臺北故宫博物院”藏）。在師法郭熙的畫家中，劉貫道的樹石筆墨較重。

〔4〕至元十六年，即公元1279年。元裕宗，本名孛兒只斤·真金（1243—1285），元朝第一代皇帝元世祖忽必烈之嫡子，第二代皇帝元成宗鐵穆耳之父，母昭睿順聖皇后弘吉烈氏。

柴禎〔1〕，字君正，東平人，自號適齋。善畫山水，才思天賦，不習而工。[2]

〔1〕柴禎，善畫山水，傳世作品有《秋山曳杖圖》軸（紙本設色，日本大阪市立美術館藏，見《支那名畫寶鑒》）。

信世昌，字雲甫，東平[1]人。自號中隱。善畫山水，學於沈士元[2]，有出藍之譽。墨竹别成一家，蓋黄華[3]之後，又一變者也。

〔1〕東平，今山東東平。

〔2〕沈士元，《中國歷代畫家人名辭典》録有"沈士元"，記載其爲元代東平人，其内容來自《圖繪寶鑑》。校者尋找各家版本，亦未見此條。

〔3〕金代畫家王庭筠號黄華老人，見《圖繪寶鑑》卷四。

李章，字君章，東平人。善書[1]。晚年畫墨竹，有高致。

〔1〕四庫本作"善畫"。

胡瓚，字元禮，京兆[1]人。官至衡州路同知[2]。善丹青、墨竹。

〔1〕京兆，今北京。

〔2〕元朝六品官。

韓公麟，字國瑞，號雪谷，真定[1]人。爲太醫副使，善養生之學。留情翰墨，喜寫竹，筆意簡當，殊有生意。

〔1〕真定，今河北正定。

牛麟[1]，字伯祥，太原人。初業詞賦，作大字。畫墨竹，意度蕭散。

〔1〕其生平及書法，見《書史會要》卷七。

張德琪，字廷玉，燕中豪家。讀書樂道，行書學劉房山〔1〕，草書學張長史〔2〕，畫墨竹、梅花，竹學王澹游，有佳趣。

〔1〕劉房山，名伯熙，字善甫，燕人。燕京四大族劉姓之後，爲金末元初時人。

〔2〕張旭（675—750?），字伯高，一字季明，唐朝吴（今江蘇蘇州）人。曾官常熟縣尉、金吾長史。善草書，性好酒，世稱張顛。

劉德淵，字仲淵，燕人。官至藍山縣尹。墨竹學劉自然〔1〕。

〔1〕劉自然，元代畫家，即“自然老人”。見《圖繪寶鑑》本卷。

韓紹曄，字子華，燕人。官至御衣局使。畫山水學武元直〔1〕，墨竹學樂善老人。

〔1〕武元直，金代畫家。見《圖繪寶鑑》卷四。

張敏夫，燕人。喜畫墨竹，學顧正之。

高吉甫，燕人。喜畫竹石，宗劉自然，亦無大過人者。

趙淇〔1〕，潭州人。宋趙葵之仲子，號平遠，又號太初道人，故合而曰“平初”，又云静華翁，官至湖南宣慰使。作墨竹，長竿勁節，風致甚佳。〔2〕

〔1〕趙淇（1239—1307），元畫家。潭州（今湖南長沙）人。宋代畫家趙葵次子。（其生平見元代虞集《道園學古録》）

〔2〕趙淇善墨竹，可惜不傳於世。舊題爲趙淇所作有《相鶴圖》（絹本設色，“臺北故宫博物院”藏，見《故宫書畫録》卷六）。

周堯敏，字禹卿，號學山。海鹽當湖〔1〕人。畫竹宗文湖州，頗有得處。[2]

〔1〕海鹽當湖，今浙江平湖。

〔2〕全文引自元吴鎮《文湖州竹派》，其作品不傳於世。

王鼎，字德新，海鹽人。好寫竹，學丁子卿[1]，深悟筆意。子泰之，號竹趣，能紹父業。

〔1〕丁子卿，即南宋畫家丁權，見《圖繪寶鑑》卷四。

謝顯，字耀卿，號隱麓，大名[1]人。畫墨竹，宗員大夫員一作尹[2]。

〔1〕大名，今河北大名。

〔2〕《圖繪寶鑑》卷四有“員真……畫墨竹坡石”；另“楊鎮”條有“墨竹在鄆王、員大夫之間”；另“尹大夫善墨竹”，故很難考證員大夫、員真、尹大夫是否爲同一人。

劉廣之，燕人。善寫墨竹。

宋敏[1]，字好古，善墨竹。

〔1〕宋敏，魏郡（今河北臨漳）人。天曆中官藝文監照磨。工寫竹石，有以其墨竹進於明宗者。明宗曰：“此真士大夫筆。”遂名其竹爲“敕賜士大夫竹”（見明羅鶴《應庵隨録》）。

沈雪坡，嘉興魏塘[1]人。好寫梅竹。

〔1〕魏塘，今浙江嘉善。

姚雪心，台州黄岩人。畫墨竹，宗文湖州。[1]

〔1〕全文引自元吴鎮《文湖州竹派》，其作品不傳於世。

趙雲岩，温州人，寓華亭青龍鎮[1]。喜作花鳥，設色有法，亦善墨戲墨竹。

〔1〕華亭青龍鎮，今屬上海。

喬戚里，名字出處未詳。[1]畫梅竹石，建安白鶴山嶽祠東廡中壁有其畫。

〔1〕《中國歷代畫家人名辭典》記載，他家和元朝皇帝有親戚關係，故稱“戚里”。

王仲元，不知何許人。專門花鳥，尤善作小景，得用墨之法，温潤可喜。

自然老人，姓劉氏，遺其名，真定祁州人，兵後居燕。工畫墨竹、禽鳥。

牛老，大名[1]人。自少居市廛[2]間，作絲絹牙郎[3]，號“窩絲牛”。能畫墨竹，得於巧性，不師古人，亦粗有可觀。

〔1〕大名，今河北大名。

〔2〕市廛（chán），指集市。

〔3〕在買賣人雙方之間，從中撮合，以獲取傭金的人稱牙郎，也稱牙人。

朱淳甫，濟陰[1]人，居曹之樂平坊。世業丹青，山水、人物、樹石俱精，亦寫梅竹，有佳致。

〔1〕濟陰，今山東菏澤。

焦善甫，燕人。工雜畫、花竹、人物，尤長寫貌。

陳仲仁，江右[1]人。官至陽城主簿。善山水、人物、花鳥。[2]爲湖州安定書院山長[3]，日與趙子昂論畫法，子昂多所不及。後見其寫生花鳥，含豪命思，追配古人，嘆曰："雖黄筌復生，亦復爾耳。"其見重如此。

〔1〕江右，今屬江西。

〔2〕陳仲仁善花鳥、山水，又精通畫理。其傳世之作有《百祥圖》（絹本設色，"臺北故宫博物院"藏，款署"江右陳仲仁寫"，見《故宫書畫集》第四十一期），《江山漁笛圖》（紙本水墨，日本私人藏，見《支那名畫寶鑒》）。

〔3〕山長，中國古代書院的負責人，又稱院長、山主、洞主、主洞、掌教等，主持教學與行政。

顔輝[1]，字秋月，江右人。善畫道釋人物。[2]

〔1〕顔輝，《畫繼補遺》作廬陵人，今江西吉安人。生卒年不詳。

〔2〕舊傳爲顔輝的作品有《李仙像》（絹本水墨，北京故宫博物院藏，見《中國美術全集》元代繪畫），《山水樓閣人物圖》（絹本水墨，河南省開封市博物館藏，見李亞明《顔輝和他的山水樓閣人物圖》）。

孫君澤[1]，杭人。工山水、人物，學馬遠、夏珪。

〔1〕孫君澤，杭（今浙江杭州）人。善山水，舊題爲孫君澤的傳世代表之作有《雪景山水圖》（絹本水墨，日本東京國立博物館藏，見《中國繪畫總合圖録》卷三），有馬遠、夏珪之風。

吴梅山，工山水、人物。

吴梅溪，工花鳥雜畫。

馬君道，錢唐人。畫花竹翎毛。性酷嗜鵪鶉，每袖養之，觀其飲啄，以資筆畫。

楊月澗[1]，畫花鳥、龍虎。

〔1〕楊月澗，元畫家，生卒年不詳。楊月澗傳世之作有《茄子圖》（絹本設色，款署“楊月澗”，日本永青文庫藏，見《中國繪畫總合圖録》卷三），《雲龍圖》（絹本水墨，日本住友藏，見《中國繪畫總合圖録》卷三）。

楊説岩[1]，畫道釋，尤工寫貌。

〔1〕四庫本作“巖”。

馬虚中，善畫花鳥、山水。

許擇山，工畫神佛。

沈月田，工畫林水、樹石。

朱梅間，善畫花竹。

劉耀，字耀卿，朴[1]之子。畫山水，學馬遠、夏珪。

〔1〕四庫本作“樸”。

吴古松，杭人。山水學郭熙。

王淵[1]，字若水，號澹軒，杭人。幼習丹青，趙文敏多指教之，故所畫皆師古人，無一筆院體。[2]山水師郭熙，花鳥師黄筌，人物師唐人，一一精妙。尤精墨花鳥、竹石[3]，當代絶藝也。[4]

〔1〕王淵，杭州人，生卒年不可考，但在元末已“白頭”，可知是活動於元代後期的畫家。

〔2〕王淵年幼時得趙孟頫指點。陶宗儀《輟耕録》卷七《畫鬼》：“幼時獲侍趙魏公，故多得公指教，所以傅色特妙。”

〔3〕借緑草堂本作“尤精水墨花鳥、竹石”。

〔4〕元代畫壇最興盛的是山水畫，花鳥名家屈指可數，元末主要的花鳥畫家有王淵和張中。王淵花鳥的特點是以工筆爲主，略帶寫意，以水墨爲主。傳世代表作品有《竹石集禽圖》（紙本水墨，上海博物館藏，見《中國繪畫史圖録》上），《桃竹春禽圖》（紙本水墨，“臺北故宫博物院”藏，見《中國繪畫史圖録》上），《桃竹錦鷄圖》（紙本水墨，北京故宫博物院藏，見《中國繪畫史圖録》上）。

朱德潤[1]，字澤民，吴郡人。官至征東儒學提舉。[2]畫山水學郭熙，其合作者甚佳。[3]

〔1〕朱德潤（1294—1365），今江蘇蘇州人。

〔2〕朱德潤的書、畫、詩得到元仁宗和元英宗的賞識，官做到了行省儒學提舉（從五品）（見周伯琦《朱府君墓志銘》，《存復齋文集》附録）。

〔3〕朱德潤青年時就工畫山水人物，曾得到趙孟頫的推薦（見周伯琦《朱府君墓志銘》，《存復齋文集》附録）。在繪畫上他重視觀察自然山水，以此爲創作素材。《存復齋文集》卷四《集清畫序》：“於風和日明傍花隨柳之時，觀山川林巒遠近之勢，感春夏草木榮悴之變，朝清而夕昏，遠淡而近濃。”他也很重視寫生，在居庸關時就曾“畫筆記行稿”（見陳高華《元代畫家史料》）。朱德潤傳世作品有《秀野軒圖》（紙本設色，北京故宫博物院藏，見《中國繪畫史圖録》上），《松溪放艇圖》（紙本水墨，北

京故宫博物院藏，見《中國繪畫史圖録》上）等。

唐棣[1]，字子華，吴興人，官至休寧縣尹。[2]畫山水師郭熙，亦可觀。[3]

〔1〕唐棣，生卒年不可考，約出生於十三世紀九十年代，死於十四世紀六十年代，享年六十九（據《吴興備志》）。

〔2〕唐棣以“茂才异等”（元代政府“擢茂异以待非常之人”，這是一種由官員保薦的辦法，被保薦的往往是一些有相當聲望的知識分子）進入仕途，歷任郴州教授、青田縣鄉巡檢等職。元仁宗在南京修建龍翔寺，唐棣被召集爲龍翔寺作壁畫，得到提拔，至順四年（1333）調任嘉興路提控案牘兼照磨。至正五年（1345），任休寧縣尹（見余城《元代唐棣之研究》）。

〔3〕唐棣“早歲稱奇童”，詩文書畫均有名於時。他與趙孟頫是同鄉，曾經得到趙的指點。他的畫以山水爲主，學郭熙、趙孟頫。在元代後期畫壇中，唐棣占有重要地位。楊翮《佩玉齋類稿》卷三《送唐伯庸序》：“嘗游翰林公（趙孟頫）之門，用詩畫顯聞江左。”現存作品有《林蔭聚飲圖》（絹本設色，上海博物館藏，見《中國美術全集》元代繪畫），《霜浦歸漁圖》（絹本淺設色，“臺北故宫博物院”藏，見《中國繪畫史圖録》上）等。

黄公望[1]，字子久，號一峰，又號大痴道人[2]，平江常熟[3]人。幼習神童科[4]，通三教，旁曉諸藝。[5]善畫山水，師董源。晚年變其法，自成一家，山頂多岩石，自有一種風度。[6]

〔1〕黄公望生於南宋咸淳五年（1269），死於至正十四年（1354），享年八十有餘。

〔2〕黄公望的“名”和“字”“號”是有些來歷的，《録鬼簿》卷下：“黄公望，字子久，乃陸神童之次弟也。係姑蘇琴川子游巷居。髫齔

時，螟蛉温州黄氏爲嗣，因而姓焉。其父年九旬時方立嗣，見子久，乃云：‘黄公望子久矣。’先充浙西憲令，以事論經理田糧，獲直。後在京爲權豪所中，改號一峰。原居淞江，以卜術閑居。目今棄人間事，易姓名爲苦行净堅，又號大痴翁。”

〔3〕平江常熟，今江蘇常熟。

〔4〕南宋設有童子科，但在宋亡前夕，即“景定、咸淳中”，黄公望生於咸淳五年（1269），到其幼年童子科已廢，元初并未恢復，而且元代人“諱之不習”，因此夏文彦所説的“幼習童子科”是值得懷疑的。

〔5〕《録鬼簿》卷下（曹氏刊本）：“公望之學問，不待文飾，至於天下之事，無所不知，下至薄技小藝，無所不能。長詞短曲，落筆即成。人皆師尊之。”

〔6〕明代董其昌將黄公望、倪瓚、王蒙、吴鎮推爲“元四家”。黄公望的山水對後世影響極大，其傳世代表作有《富春山居圖》（紙本水墨，浙江省博物館、“臺北故宫博物院”藏，見《中國繪畫史圖録》上），《九峰雪霽圖》（絹本水墨，北京故宫博物院藏，見《中國繪畫史圖録》上），《天池石壁圖》（絹本淺設色，北京故宫博物院藏，見《中國繪畫史圖録》上）。

曹知白〔1〕，字貞素，號雲西，華亭人。畫山水師馮覲〔2〕，筆墨差弱，而清氣可愛。〔3〕有僕夏汲清，亦能畫。

〔1〕曹知白（1272—1355），今上海松江人。

〔2〕關於曹知白的師承，歷代記載不同。董其昌《畫禪室隨筆》卷二：“曹本師馮覲、郭熙。”何良俊《四友齋叢説》卷十六：“善畫者在勝國時，莫過曹雲西，其平遠法李成，山水師郭熙，蓋郭亦本之李成也。”從其傳世之作來看，馮覲應該是師從李成、郭熙一路的。

〔3〕曹知白受趙孟頫影響，趨向李成、郭熙一路，吸取董源、巨然之長，筆墨疏秀清潤。傳世代表作品有《群峰雪霽圖》（紙本水墨，“臺北故

宫博物院”藏，見《中國繪畫史圖録》上），《疏林幽岫圖》（紙本水墨，北京故宫博物院藏，見《中國繪畫史圖録》上），《溪山泛艇圖》（紙本水墨，上海博物館藏，見《上海博物館藏畫》）等。

吴鎮[1]，字仲圭，號梅花道人[2]，嘉興魏塘鎮人。畫山水師巨然，其臨模與合作者絶佳；[3]而往往傳於世者，皆不專志，故極率略。[4]亦能墨竹、墨花。

〔1〕吴鎮（1280—1354），享年七十五歲。（見孫茂芝《梅花墓考》，《梅道人遺墨》附録）

〔2〕孫大雅《滄螺集》卷三《墨竹記》：“仲圭爲人抗簡孤潔，高自標表，號梅花道人。”

〔3〕吴鎮臨摹之作有《仿荆浩漁父圖》（紙本水墨，美國弗利爾美術館藏，見《中國繪畫總合圖録》卷一），當是其早年所作，細緻精彩，與後世粗筆水墨不同。吴鎮與人合作者，世不多見。

〔4〕吴鎮隱居鄉里，與文人官僚極少往來，很少有人提到他的作品。在夏文彦所處的時期，吴鎮的作品，即使是在他的家鄉，評價也并不高。孫大雅《滄螺集》卷三《墨竹記》：“余留秀州三年，遍訪士大夫家，徵其筆迹，蔑有存者。”衹是到了明代被捧成“元末四大家”之後，才受到重視。夏文彦對其繪畫的不屑，也是出於當時社會品評傾向。吴鎮傳世作品以山水居多，兼有墨竹，代表作有《洞庭漁隱圖》（紙本水墨，“臺北故宫博物院”藏，見《故宫書畫圖録》四）、《漁父圖》（絹本設色，北京故宫博物院藏，見《中國繪畫史圖録》上）、《雙檜平遠圖》（絹本水墨，“臺北故宫博物院”藏，見《中國美術全集》元代繪畫）等。

倪瓚[1]，字元鎮，號雲林生，常州無錫人。畫林木平遠竹石，殊無市朝塵埃氣。[2]晚年率略酬應，似出二手。[3]

〔1〕倪瓚（1306或1301—1374），初名珽，字元鎮。

〔2〕倪瓚傳世代表作品有《容膝齋圖》（紙本水墨，“臺北故宫博物院”藏，見《中國美術全集》元代繪畫），《漁莊秋霽圖》（紙本水墨，上海博物館藏，見《中國美術全集》元代繪畫）等。

〔3〕與夏文彦不同，明代之後的人對倪瓚晚年繪畫贊賞有加。董其昌《畫禪室隨筆》卷二：“及乎晚年，畫益精詣……一變古法，以天真幽淡爲宗，要亦所謂漸老漸熟者。”《石渠寶笈》卷二《乾清宫二·御臨倪瓚〈平遠秀石圖〉》：“元四大家畫，獨雲林格韵尤超，世稱逸品。”

盛懋〔1〕，字子昭，嘉興魏唐鎮人。父洪甫，善畫，〔2〕懋世其家學而過之。善畫山水、人物、花鳥，始學陳仲美〔3〕，略變其法，精緻有餘，特過於巧。〔4〕

〔1〕盛懋的生卒年不可考，推知其生活在元代晚期。

〔2〕盛洪甫傳世之作有《群仙圖》（紙本設色，《宋元明清書畫家年表》著録）。

〔3〕陳琳，字仲美，《圖繪寶鑑》卷五有記載。

〔4〕盛懋世代以繪畫爲業，也就是所謂的“畫工”，流傳於世的作品有《松石圖》（紙本水墨，北京故宫博物院藏，見《中國美術全集》元代繪畫），《秋江待渡圖》（紙本水墨，北京故宫博物院藏，見《中國繪畫史圖録》上），《秋舸清嘯圖》（絹本設色，上海博物館藏，見《中國美術全集》元代繪畫）。

孟玉澗〔1〕、吴庭暉〔2〕，皆吴興人。畫青緑山水、花鳥，雖極精密，然未免工氣。同時有姚彦卿，亦能畫。

〔1〕孟珍，字玉澗，元畫家，後以字行。舊題爲孟玉澗的畫有《山水圖》（絹本水墨，日本藤井美術館藏，見《中國繪畫總合圖録》卷三），《雪中騎驢圖》（絹本水墨，日本群馬縣立現代美術館藏，見《中國繪畫總合圖録》卷三）。

〔2〕吴庭暉，當爲胡庭暉。今傳世元代繪畫中有款署“胡庭暉”者，與畫史記載類似，應是夏文彦筆誤。胡庭暉傳世之作有《蓬萊仙會圖》（絹本設色，款署“胡庭暉製”，“臺北故宫博物院”藏，見《故宫書畫圖録》卷四），《龍舟奪標圖》（絹本設色，“臺北故宫博物院”藏，見《故宫書畫圖録》卷四）。

王士熙，字繼學，東平人。官至御史中丞。〔1〕善畫山水。

〔1〕王士熙，山東東平人，官至江東廉訪使，封趙國公。見《書史會要》卷七。

賈策，字治安，中州〔1〕人。嘗爲杭仁和〔2〕尹。畫花竹禽鳥，得其飛鳴翔集之狀。

〔1〕中州，今河南。

〔2〕杭仁和，今浙江杭州。

顧安，字定之，□□〔1〕，嘗任泉州路判官。善畫墨竹。〔2〕

〔1〕至正本此處作墨丁。關於顧安的籍貫，元人朱德潤《存復齋文集》卷五《送顧定之如京師序》：“元統中，淮東顧君定之以寫竹得名。”故顧安爲“淮東”人。

〔2〕顧安畫竹，在當時和後代，都相當有名。明人吴寬認爲，顧安的竹，雖比不上宋代的文同，但也超過了元代的李衎。明代吴寬《匏翁家藏集》卷十《題顧定之〈墨竹〉》：“傳神者爲難，顧老從後起。不及湖州文，尤勝薊丘李。”傳世的顧安作品有《竹石圖》（紙本水墨，北京故宫博物院藏，見《中國繪畫史圖録》上），《墨竹圖》（絹本水墨，上海博物館藏，見《中國古代書畫圖目》二），《新篁圖》（紙本水墨，北京故宫博物院藏，見《中國繪畫史圖録》上）等。

陶復初，字明本，號介軒老人，天台〔1〕人。官至台州儒學教授，贈樂清尹。師李薊丘父子〔2〕，畫墨竹及著色竹甚工，亦能山水。〔3〕

〔1〕天台，今浙江臨海。

〔2〕李衎，死後被追封薊國公，子士行，皆以畫竹著稱於世。《圖繪寶鑑》卷五有記載。

〔3〕陶復初傳世作品有《秋林小隱圖》（紙本淺設色，款署“讀易居士寫秋林小隱”，“臺北故宫博物院”藏，見《故宫書畫圖録》卷五）。

李篔嶠〔1〕，河東人。官至翰林學士。善畫墨竹。

〔1〕《圖繪寶鑑》卷五有李倜，二人實爲一人。詳見“李倜”條。

謝庭芝，字仲和，號雪村，平江昆山〔1〕人。善畫墨竹。

〔1〕昆山，今江蘇昆山。

李升〔1〕，字子雲，號紫篔生，濠梁〔2〕人。畫墨竹，亦能窠石平遠。〔3〕

〔1〕李升，元末畫家，生卒年不詳。

〔2〕濠梁，今安徽定遠。

〔3〕清代朱彝尊看到李升的山水畫，評道：“松竹清疏，峰嵐渲以焦墨，淡抹羸青作遥山，識者謂其原出王維也。”（見《曝書亭集》卷五十四《李紫篔畫卷》）傳世作品有《淀湖送别圖》（紙本水墨，上海博物館藏，見《中國古代書畫圖目》二），《佛陀説法圖》（紙本水墨，美國貝里藏，見《海外所在中國繪畫目録》）。

盛昭，字克明，揚州人。竹石師文湖州。

郭畀[1]，字天錫，京口人。[2]畫竹石窠木。[3]

〔1〕郭畀（1280—1335），享年五十六歲。

〔2〕據《至順鎮江志》卷十七《學職》記載，郭畀是鎮江人。

〔3〕郭畀畫山水有米家之風，傳世作品有《寫高使君意圖》（紙本水墨，“臺北故宫博物院”藏，見《故宫書畫圖録》卷四），《山窗讀易圖》（紙本設色，“臺北故宫博物院”藏，見《故宫書畫圖録》卷四）。

蘇大年[1]，字昌齡，號西坡，真定人，居揚州。竹石師蘇東坡[2]，窠木師廉宣仲。[3]

〔1〕蘇大年（？—1364），字昌齡，號西澗，又號西坡。祖籍真定（今河北正定），居揚州。見《東維子文集》卷二十六《蘇先生挽者辭叙》。

〔2〕借緑草堂本作“文湖州”。

〔3〕廉布，字宣仲。見《圖繪寶鑑》卷四。

張遜[1]，字仲敏，號溪雲，吴郡人。善畫竹，作鈎勒法，妙絶當世。[2]山水學巨然，則[3]不逮竹。

〔1〕張遜，生卒年不可考，他同顧瑛、楊維楨、郭翼都有來往，應該是元末活躍於浙西文壇的詩人兼畫家。

〔2〕我國古代畫竹，都講究勾勒，如五代黄筌父子、徐熙等，但宋代以來，流行墨竹，特别是到了元代，墨竹之風大盛，名家輩出，如高克恭、李衎父子、趙孟頫、柯九思等。張遜可以説是當時爲數極少以勾勒畫竹出名的畫家，其傳世之作有《雙鈎竹石圖》（紙本水墨白描，北京故宫博物院藏，見《中國美術全集》元代繪畫），《石上松花山水圖》（絹本水墨，美國懷雲樓藏，見《中國繪畫總合圖録》卷一）。

〔3〕“則”當作“然”或“然則”。

顧逵一名達，字周道，中吴[1]人。畫山水人物，并能寫貌。[2]

〔1〕中吴，蘇州古稱。

〔2〕顧逵，字周道，吴（今江蘇蘇州）人，生卒年不詳。長於山水，兼能寫真，元末著名畫家王繹便是在他的啓迪下有所成就的。元代陶宗儀《輟耕録》卷十一《寫像訣》："……（王繹）繼得吴中周道逵緒言開發，益造精微，是故於小像特妙。"

班惟志，字彦功，號恕齋，大梁[1]人。官至集賢待制，江浙儒學提舉。[2]善墨戲。[3]

〔1〕大梁，今河南開封。

〔2〕班惟志是元代著名書法家鄧文原的弟子，因爲跟隨鄧文原以泥金寫《大藏經》，得以入仕，當過州學教授、秘書監知事，後來做到集賢待制（正五品）、江浙儒學提舉（從五品）。（見陶宗儀《書史會要》卷七）

〔3〕班惟志在元末平江一帶，書法的名聲很大，柏子庭有詩云："家家恕齋字，户户雪窗蘭。"（見《元詩選三集·不繫舟集》）無傳世作品，文獻中提到他的繪畫也不多，傳世繪畫有《雪江圖》（絹本設色，美國波士頓博物館藏，見《波士頓美術館的至寶·中國宋元畫名品展》）。

邊魯[1]，字至愚，號魯生。善畫墨戲花鳥。[2]

〔1〕邊魯，元末畫家，生卒年不可考。陳高華考證邊魯應是畏兀兒（維吾爾）人，見《元代畫家史料匯編》。

〔2〕邊魯作品見諸著録的不多，近年發現了他的《起居平安圖》（張叔誠先生 1981 年捐贈，天津市藝術博物館藏），這是目前所知的唯一傳世作品，其畫法與王淵接近。

陳君佐，宿州[1]人，居揚州。山水師馬遠、夏珪，墨戲師徽廟[2]。

〔1〕宿州，今安徽宿州。

〔2〕徽廟，即宋徽宗，見《圖繪寶鑑》卷三。

李容瑾，字公琰。畫界畫山水，[1]師王孤雲[2]。

〔1〕李容瑾傳世之作有《漢苑圖》（絹本水墨，款署“李容瑾作”，“臺北故宫博物院”藏，見《中國繪畫史圖録》上）。

〔2〕王孤雲，即王振鵬，見《圖繪寶鑑》本卷。

林士能，字若拙。畫山水，無渾厚秀潤之氣。

朱裕，字敏道，延陵[1]人。畫山水師李成。

〔1〕延陵，今山東延陵。

沈麟，字秋澗，杭人。畫山水學郭熙，兼能寫貌。

鄭禧[1]，字熙之，吴郡人。善畫山水，學董源筆法，用墨清潤可愛。畫墨竹、禽鳥，法趙文敏。[2]惜乎夭折。

〔1〕鄭禧，字熙之，一作禧之，吴郡（今江蘇蘇州）人。

〔2〕鄭禧的墨竹、花鳥學趙孟頫，傳世之作有《聚芳亭圖》（絹本設色，“臺北故宫博物院”藏，見《故宫書畫録》卷四），《丹楓雙鳥圖》（絹本設色，美國印第安波利斯美術館藏，見《中國繪畫總合圖録》）。

王蒙[1]，字叔明，吴興人。趙文敏甥。畫山水師巨然，甚得用墨法，秀潤可喜。[2]亦善人物。[3]

〔1〕王蒙生年不詳，據陶宗儀《哭王黄鶴》一詩所記，他在“乙丑九月初十日，卒於秋官獄”，乙丑是明太祖洪武十八年（1385）。

〔2〕王蒙在元末曾遠游京師，由於他是趙孟頫的外甥，加上他在詩文

上的造詣，當時許多文人與他友善。在夏文彥所處的時代，王蒙還衹是一個初露頭角的青年畫家，在畫壇上并無多大影響力，因此《圖繪寶鑑》中對王蒙着墨不多。在明代中葉被捧爲“元末四大家”之後，他才真正成爲畫史上的佼佼者。王蒙的畫見於明清兩代著録較多，現存代表作有《青卞隱居圖》（紙本墨彩，上海博物館藏，見《中國繪畫史圖録》），《太白山圖》（紙本墨彩，遼寧省博物館藏，見《中國繪畫史圖録》）等。

〔3〕借緑草堂本增改作：館於山，故號黄鶴山樵。善山水，甚得巨然用墨法，其用筆亦從郭熙捲雲皴中化出，秀潤可喜，臨摹細密者尤佳。至於峰巒叠巘，蹊徑迂回，山居茅屋，悉具村莊僮婦；水渚舟航，多寫朱衣漁叟，其一種學堂氣，冠絶古今也。書法晋唐小楷，能畫能書之謂歟。

趙元〔1〕，字善長，山東〔2〕人。畫山水師董源。〔3〕

〔1〕趙元（一作原），字善長，元末畫家，生卒年不可考。明人王穉登《丹青志》：“趙原，字善長，郡人。畫師王右丞。洪武中召對，不稱旨，賜死。”趙元長期居住在平江（今江蘇蘇州）鄉間，與倪瓚、顧瑛有十分密切的關係。元倪瓚《清閟閣集》卷九《題〈獅子林圖〉》：“予與趙君善長以意商榷作《獅子林圖》，真得荊關遺意，非王蒙所夢見也。四海名公宜寶之。懶瓚記。”

〔2〕趙元祖籍應是山東，寓居平江。王逢《梧溪集》卷五《題趙善長爲李原復所畫〈山水〉》：“齊東趙原吴下客，辭榮養母韓康伯。”《玉山名勝集》所載的一些詩序，有的稱“東平趙原”，有的稱“莒城趙善長”。

〔3〕趙元傳世作品有《陸羽烹茶圖》（紙本水墨淺設色，“臺北故宫博物院”藏，見《中國繪畫史圖録》），《溪亭秋色圖》（紙本淺設色，上海博物館藏，見《上海博物館藏畫》）。

張義上〔1〕，字師夔，善畫山水。

〔1〕四庫本、毛晋本作“張義上”。

陳植[1]，字叔方，吴郡人。畫樹石甚有意趣。[2]

〔1〕陳植（1293—1362），字叔方，號慎獨叟，吴郡（今江蘇蘇州）人。陳植是個儒生，以教學童蒙爲業，倪瓚就曾寫信請他爲友人的子弟訓蒙。（見倪瓚《清閟閣集》卷十《與陳叔方》）

〔2〕李日華《六硯齋筆記》卷一：（陳植）“寫江浦樹石，蒼莽疏宕，有子久氣韵”。陳植的傳世作品有《雲山圖》，見《名筆集勝》第四册。

李士傳，字仲芳，薊丘[1]人。畫山水人物學李伯時，尤善摹徽廟墨戲。

〔1〕薊丘，今天津薊縣。

戴淳[1]，字厚夫，錢唐人。善畫山水。

〔1〕戴淳，錢塘（今浙江杭州）人。善畫山水，用筆沉着，用墨温厚周密。傳世之作有《匡盧圖》（紙本水墨，“臺北故宫博物院”藏，見《故宫書畫圖録》卷五）。

杜本，字原父[1]。畫墨牛、葡萄甚可觀。亦善山水。

〔1〕原父，一本作“源夫”。《書史會要》卷七：“杜本，字原功，號清碧。”未知與此杜本是否爲同一人。

吴垕，字從禮，杭人。臨摹院畫，咄咄逼真。

張渥[1]，字叔厚，號貞期生，杭人[2]。善白描人物，筆法不老，無古意。[3]

〔1〕張渥生卒年不可考。據貝瓊在作於明洪武九年（1376）《書〈九歌圖〉後》一文中所説“蓋其晚年筆也”，“越二十年而神氣益新”，可知其死應在元順帝至正十六年（1356）後不久。

〔2〕張渥祖籍淮南（今安徽北部），實爲浙江杭州人。

〔3〕張渥屢次考科舉不中，致力於詩畫。張渥的畫，以白描人物著稱，傳世之作有《九歌圖》（紙本水墨，上海博物館藏，見《中國古代書畫圖目》二），《雪夜訪戴圖》（紙本水墨，上海博物館藏，見《中國美術全集》元代繪畫）。

王冕[1]，字元章，會稽人[2]。能詩，善畫墨梅，萬蕊千花，自成一家。[3]凡畫成必題詩其上。[4]

〔1〕王冕生年不可考，卒年有多種說法，根據《明太祖實録》《保越録》《國初事迹》等記載，以及王冕同時代人徐顯、宋濂所寫的傳記，可以斷定王冕死於至正十九年（1359）。

〔2〕據《稗史集傳》等記載，王冕是紹興諸暨（今浙江諸暨）人。

〔3〕王冕以畫梅著稱於世，《草堂雅集》卷十四記載："以胭脂作没骨體，自元章始。"從傳世作品中没有看到王冕的胭脂没骨梅花，傳世作品以繁花墨梅居多，與文獻記載一致。清代朱方藹《畫梅題記》："宋人畫梅，大都疏枝淺蕊，至元煮石山農始易以繁花，千叢萬簇，倍覺風神綽約，珠胎隱現，爲此花别開生面。"清代方熏《山静居畫論》："畫梅自王會稽千花萬蕊一法，傳習自今。"王冕畫梅在後世有很大影響力，他的作品見於畫史、畫譜著録者較多，傳世的作品有《墨梅圖》《南枝春早圖》等。有關王冕的研究頗多。

〔4〕王冕詩畫皆精，北京故宫博物院藏《墨梅圖》王冕自題詩云："吾家洗硯池頭樹，箇箇華開淡墨痕。不要人誇好顏色，只留清氣滿乾坤。"

吴瓘，字瑩之，嘉興人。多藏法書名畫[1]，能作窠石、墨梅，學揚補之，頗有清趣。

〔1〕吴瓘傳世之作有《梅竹圖》（紙本水墨，遼寧省博物館藏，見《中國美術全集》元代繪畫）。

張文樞，字石隱，湖州德清人。幼嘗爲僧。能畫山水，學巨然。亦善墨竹。[1]

〔1〕錢惟善贈其詩云："客遍江湖成落魄，才兼書畫擅風流。"見《江月松風集》。

李沖[1]，字用之。善畫山水，學李成、荆浩。

〔1〕神本作"冲"。

張遠，字梅岩，華亭[1]人。善畫山水、人物，學馬遠、夏珪。至於潛補古畫，無出其右。臨模亦能亂真。

〔1〕華亭，今屬上海。

陳鑒如[1]，居杭州。精於寫神，國朝第一手也。其子芝田，能世其業。[2]

〔1〕陳鑒如、陳芝田父子，是元代著名人物畫家。陳鑒如還被推崇爲"國朝第一手"。陳鑒如一直在杭州從事創作活動，大致上與趙孟頫同時。《山居新語》："余幼侍坐於趙子昂學士席間，適寫神陳鑒如持趙公影草來呈。"陳鑒如在元仁宗延祐己未（1319）曾爲高麗名畫家、政治家李齊賢畫像。日本平凡社《世界美術全集》第十四卷收入，原作係絹本墨筆，畫李齊賢袖手坐椅上，旁有小几，上置香爐等物。人物神態生動，綫條細緻。這是目前已知陳鑒如傳世的唯一作品。

〔2〕陳芝田青年時期就來到大都，是元代後期大都有名的肖像畫家，而且專門爲達官顯貴畫像。陳芝田傳世之作有《吴全節十四像并贊》（絹本設色，美國波士頓美術館藏，見《波士頓美術館的至寶·中國宋元畫名

品展》)。

佟士明,居上都[1]。以寫貌得名。[2]

〔1〕元代的上都位於今内蒙古自治區錫林郭勒盟正藍旗境内,多倫縣西北閃電河畔。

〔2〕虞集贈詩云:"拈筆寫其似,千歲留英華。"(見《道園學古録》)

冷起喦,居京師。工傳神,至正間嘗寫御容稱旨。[1]

〔1〕至正(1341—1370)年間,爲元惠帝(順帝)寫御容,稱旨。

王繹[1],字思善,杭人。善寫貌,尤長於小像,不徒得其形似,兼得其神氣。[2]

〔1〕王繹,字思善,號痴絶生。杭州人。據陶宗儀記載,至正乙酉(1345),王繹十二三歲;元朝滅亡時(1368),不過三十五六歲。(陶宗儀《輟耕録》卷十一《寫像訣》)有關王繹的生卒記載,目前所知,僅此而已。

〔2〕王繹是元末著名的人物肖像畫家,陶宗儀《輟耕録》卷十一《寫像訣》:"(王繹)於小像特妙,非惟貌人之形狀,抑且得人之神氣。"王繹的創作經驗《寫像秘訣》經陶宗儀記録流傳於世,强調在"呼嘯談話之間"進行觀察,"默識於心",然後進行創作。其傳世之作有《楊竹西小像》(紙本水墨,北京故宫博物院藏,見《中國美術全集》元代繪畫),神態生動,與文獻記載一致。

林伯英,嘉興魏塘人。工畫花鳥,師樓觀。

周如齋,杭人。畫山水學高房山[1]。

〔1〕高克恭,字彦敬,號房山,善畫山水。《圖繪寶鑑》卷五有記載。

沈月溪，華亭[1]青村人。以稜作[2]爲業。畫山水、人物，學馬遠，往往亂真，人莫能辨。

〔1〕華亭，今屬上海。

〔2〕"稜作"，同"棱作"，棱的本義是橫斷面爲四邊形的木材。"稜作"應該是指從事木工中的一類。

邊武，字伯京，京兆人。[1]善墨戲花鳥。[2]

〔1〕邊武，字伯京。元末畫家、書法家（陶宗儀《書史會要》有載）。關於他的籍貫，有多種説法。《中國歷代名畫集》第三卷收有張舜咨《樹石圖》，邊武在上面題字，自稱"甬東邊武"，甬即當時的慶元，今天的寧波。京兆應是他的祖籍。

〔2〕邊武無作品傳世。

王迪簡[1]，字庭吉，號蕺隱，越人。善畫水仙。[2]

〔1〕王迪簡，浙江紹興人。元代前期畫家，生卒年不可考。

〔2〕王迪簡出身"故門清家"，入元後，慕爲山人處士之事，在山中築屋，過着隱者的生活。擅長畫水仙（見戴表元《剡溪文集》卷四《蕺隱記》）。舊題爲王迪簡的傳世之作有《雙鈎水仙圖》（紙本水墨，北京故宫博物院藏，見《中國古代書畫圖目》十九）。

陶鉉，號菊村，金陵人。畫山水師李成。[1]

〔1〕陶鉉，金陵（今江蘇南京）人。舊題爲陶鉉的傳世之作有《幽亭遠岫圖》，著録於《宋元明清書畫家年表》。

謝佑之，居都下[1]。善畫折枝，傅色差厚，蓋欲仿趙昌而未能升堂[2]者。

〔1〕都下，指大都，今北京。

〔2〕升堂，比喻學問技藝初入門。《論語·先進》：“子曰：‘由也升堂矣，未入於室也。’”

劉夢良，蜀人。畫梅花，宗揚補之。[1]

〔1〕《圖繪寶鑑》卷四有劉夢良，善畫梅，江西人。疑爲重出。

朱邸[1]，蜀人。善畫竹木。

〔1〕畫本作“朱邱”。

簡生，蜀人。善畫山水。

陳立，嘗畫《龍眠山圖》，虞先生集[1]題之。

〔1〕虞集（1272—1348），元代著名學者、詩人。字伯生，號道園，人稱邵庵先生。少受家學，嘗從吴澄游。成宗大德初，以薦授大都路儒學教授，歷國子助教、博士。仁宗時，遷集賢修撰，除翰林待制。文宗即位，累除奎章閣侍書學士。領修《經世大典》，著有《道園學古録》《道園遺稿》。

華岳，善山水。楊先生載[1]詩云：“華岳能詩世有名，學畫丹青亦疏放。”[2]

〔1〕楊載（1271—1323），字仲弘，浦城（今福建浦城）人。元代中期著名詩人，與虞集、范梈、揭傒斯齊名，并稱爲“元詩四大家”。

〔2〕此詩引自《翰林楊仲弘詩集》八卷。

潘桂，金陵人。宋末張翼孫壻也。善寫貌。

何大夫，工畫人馬。[1]虞先生[2]詩云：“國朝畫手何大夫，親臨伯時閱馬圖。”

〔1〕何大夫即何澄，金末元初畫家。金哀宗時官至太中大夫、秘書少監，元代武宗至大初晋升爲中奉大夫，授昭文館大學士，領圖畫總管，年九十三尚健在。工畫人物故實，亦善山水。傳世作品有《歸莊圖》（紙本水墨，吉林省博物館藏，見《中國美術全集》元代繪畫），款“太中大夫何秘監筆。”

〔2〕虞先生，指元代文人虞集。見本卷“陳立”條。

霍元鎮，規摹董北苑、米南宫父子，寫山水雲物，殊有標致。

王起宗，善畫山水樹石。[1]

〔1〕元代楊載題他的《松岩圖》説：“始知王宰用意高，使人觀圖鄙吝消。世間未必有此景，涂抹變换憑秋毫。”王起宗的作品今不傳於世。

戈叔義，善畫墨竹。

臧良，字祥卿，錢唐人。畫花竹翎毛，師王若水[1]。

〔1〕王淵，字若水，元代畫家。見《圖繪寶鑑》卷五。

夏迪，字簡伯，温州人。畫山水竹石。

趙天澤，字鑑淵，蜀人。畫梅竹。

張中[1]，字子正，松江人。畫山水，師黄一峰[2]，亦能墨戲。[3]

〔1〕張中，又名守中，字子正（一作子政）。松江（今上海松江）

人。元末畫家。生卒年不詳。

〔2〕黄公望，字子久，號大痴，又號一峰。《圖繪寶鑑》卷五有記載。

〔3〕張中傳世作品不多見。上海博物館藏有張中《芙蓉鴛鴦圖》（紙本墨筆，見《中國繪畫史圖録》上），畫水邊木芙蓉舒枝展葉，水中一對鴛鴦嬉戲游玩，筆墨粗簡樸實，山石不以苔點修飾。

衛九鼎[1]，字明鉉，天台人。畫界畫，師王孤雲[2]。

〔1〕衛九鼎，字明鉉。天台（今浙江天台）人。元代後期畫家，生卒年不可考。其傳世之作有《洛神圖》（紙本水墨，“臺北故宫博物院”藏，見《中國繪畫史圖録》上）。

〔2〕王振鵬，號孤雲居士。《圖繪寶鑑》卷五有記載。

徐愷，字士元，湖州南潯鎮人。畫山水，師李成。

曾瑞卿，號褐夫，居錢塘。工畫山水，學范寬。

張觀，字可觀，松江[1]楓涇人。世業稜作。畫山水，學馬遠、夏珪，特長於模倣。

〔1〕松江，今屬上海。

趙清澗，淮人。工畫人物仕女。

楊基，字孟載，蜀人，居平江[1]。畫山水竹石。

〔1〕平江，今江蘇蘇州。

高克恭[1]，字彦敬，號房山。其先西域人[2]，後居燕京。官至刑部尚書。[3]善山水，始師二米，後學董源、李成，[4]墨竹學黄華[5]，大有思致。怪石噴浪，灘頭水口，烘瑣潑染，作者鮮及。[6]

〔1〕高克恭（1248—1310），字彦敬，號房山。大都（今北京）房山人。

〔2〕高克恭祖先是“西域人”，元代所謂的西域，是指中亞及中亞以西地區的居民。從元代所分的四等（蒙古、色目、漢人、南人）來看，高克恭屬於色目人。

〔3〕高克恭的祖父已與漢族通婚，其父對經學有很深的研究。高克恭二十七歲起進入仕途，先是充當吏，後當上了官，最後升至刑部尚書和大名路總管（均爲正三品）。

〔4〕高克恭的山水，師承二米、董源、巨然。傳世作品有《春山晴雨圖》（絹本設色，“臺北故宫博物院”藏，見《中國繪畫史圖録》上），《雲横秀嶺圖》（絹本設色，“臺北故宫博物院”藏，見《中國繪畫史圖録》上），《秋山暮靄圖》（紙本設色，北京故宫博物院藏，見《中國美術全集》元代繪畫）等。

〔5〕王庭筠，號黄華，金代畫家，擅長畫竹。

〔6〕高克恭的山水在元代有很大的影響，劉仁本《羽庭集》卷二《題米元暉〈青山白雲卷〉》：“世之圖青山白雲者，率尚高房山。”

伯顔不花[1]，高昌世子，而鮮于伯幾之甥，號蒼岩。官至江東廉訪副使。工畫龍。[2]

〔1〕伯顔不花，姓畏兀兒氏，高昌王孫，生年不詳，卒於公元1359年。四庫本作“巴延布哈”。

〔2〕其傳世唯一作品有《古壑雲松圖》，立軸，紙本，藏“臺北故宫博物院”，見（臺北）《故宫文物月刊》第十九卷第一期封底，畫上草書題“古壑雲松”，署名“蒼岩居士伯顔不花”，其右有乾隆題跋。王季遷認爲是僞作。

赤盞君實[1]，女真人，居燕城。畫竹學劉自然，頗有意趣。

〔1〕四庫本作“持嘉君實”。

蕭鵬摶，字圖南，本契丹人。父榮甫，王子端[1]之甥。圖南幼有巧思，博學多能，詩、書、畫三事，皆追踪黄華。尤長山水，亦喜墨寫梅竹[2]。

〔1〕王庭筠，字子端，號黄華老人。見《圖繪寶鑑》卷四。

〔2〕借緑草堂本作“亦善梅竹墨戲”。

丁野夫，回紇人。畫山水人物，學馬遠、夏珪，筆法頗類。[1]

〔1〕丁野夫傳世之作有《高士觀瀑圖》紈扇（絹本設色，日本柳孝藏，見《中國繪畫總合圖録》卷四），《灌口搜山圖》（絹本水墨，美國私人藏，見《中國繪畫總合圖録》卷一）。

宋嘉禾，上黨[1]人。伶優[2]也。畫人物學石恪[3]减筆，好作利市[4]仙官、和尚，骨格態度，俗工莫及。亦能墨竹，小景絶佳。

〔1〕上黨，今山西長治。

〔2〕伶優，以演藝爲業的人員。

〔3〕石恪，五代畫家，善減筆人物畫。見《圖繪寶鑑》卷三。

〔4〕利市這裏指潤筆，古人把爲人撰文、書畫所得報酬稱爲“利市”，亦含取之有道，吉利、喜慶之意。

宋汝志，錢唐人。宋景定年畫院待詔，歸附後[1]爲開元宫道士，號碧雲。善畫人物、山水、花鳥[2]，師樓觀[3]。

〔1〕歸附後，入元後。

〔2〕宋汝志的人物山水不見傳於世，舊題其所作《雛雀圖》（絹本設色，日本東京國立博物館藏，見《宋畫全集》），工筆水墨淡彩，雀窩似竹

編成，組理如織，爲南宋院畫風格。

〔3〕樓觀，南宋畫家，見《圖繪寶鑑》卷四。

天師張與材，字國梁，號薇山，别號廣微子，封留國公，居信州〔1〕龍虎山。能大字，畫竹與龍。

〔1〕信州，今江西上饒。

天師張嗣成，號太玄。能畫龍，亦嘗見其所畫《廬山圖》。

天師張嗣德，號太一，畫墨竹禽鳥。

道士方方壺〔1〕，居上清宫。畫山水極瀟灑，〔2〕無塵俗氣。〔3〕

〔1〕方從義，字無隅，號方壺，又號鬼谷山人、金門羽士。方從義是正一道的道士，生卒年不可考。關於他的經歷能够確切知道的是，在元順帝時期，他由信州龍虎山出游，至正三年（1343）曾到大都，結交了不少達官貴人、文人、畫家，博得一定聲譽。

〔2〕借緑草堂本此句以下增改作："峰巒高聳，樹木槎枒；雲横嶺岫，舟泊莎汀；墨氣冉冉，非塵俗筆也。遇興揮毫，故傳世不多耳。"

〔3〕方從義以畫山水著名，當事人對其畫評價甚高。余闕《青陽文集》卷四《爲高士方壺子歸信州序》："……獨其性好畫，人以禮求之，始爲出其一二，皆蕭散，非世人所能及。"其傳世代表作品有《武夷放棹圖》（紙本水墨，北京故宫博物院藏，見《中國美術全集》元代繪畫），《高高亭圖》（紙本水墨，"臺北故宫博物院"藏，見《中國繪畫史圖録》）等。

道士吴霞所，居龍虎山。善畫龍。

六一道士〔1〕張彦輔〔2〕，多居京師。善畫山水。〔3〕

〔1〕至正本作“六一道士”。根據《道園學古録》卷三：“太乙道士張彦輔，族本國人（元代所謂的國人，就是指蒙古人而言），從玄德真人學道，妙令逸趣，特精繪事。”元代北方道教主要是太一道，因此此處應該作“太一道士”。

〔2〕張彦輔是元代後期的名畫家，是一個道士。張彦輔在元泰定帝時(1323—1328年）已經出名。元順帝即位（1333年）後，更得以“待詔尚方”，爲宫廷畫壁，可見，他也是一個宫廷畫家。危素《危太僕文集》卷三《雲林圖記》：“張彦輔真人奉敕寫欽天殿壁，余時在經筵，用米氏法爲余圖之。”不僅如此，他還是身份很高的宫廷畫家，一般的人很難得到他的畫，就連蒙古魯國大長公主也得不到。危素《危太僕文集》卷六《山庵圖序》：“彦輔君，國人，隱老子法中，而善寫山水。鄉者侍臣有進其畫於延閣，上覽而説之。余數從講官入直，嘗與古畫并觀，幾莫可辨矣。然其畫，人所罕得，從游之久者亦不能强求也。初，魯國大長公主好名畫，以自娱玩，欲得其畫。而張君終不肯與，他人可知矣。”

〔3〕從上所引文獻來看，張彦輔的山水名重一時。張彦輔唯一的傳世作品是《棘竹幽禽圖》（紙本水墨，美國納爾遜美術館藏，見《中國美術全集》元代繪畫），作於至正癸未年（1343）。

道士趙元靖，不知何許人。浪游閩、浙間，以墨竹有名。所至淋漓墻壁，雖頗近繁重，亦有可觀。

道士丁清溪，錢唐人。工畫道釋人物，師李嵩、王輝、馬麟，尤善寫貌。

道士王景昇，杭人，居開元宫。善畫道釋人物，學王輝、李嵩。

道士徐太虚，不知何許人。善畫山水。

道士盧益脩，天台人。善畫水仙，學趙子固[1]。

〔1〕趙孟堅，字子固，宋末元初畫家，善畫水仙。

道士蕭月潭，淮人。善白描道釋人物。[1]

〔1〕舊傳爲蕭月潭的繪畫有《水月觀音圖》（絹本水墨，日本正木美術館藏，見《中國繪畫總合圖録》卷三）。

宗師溥光，字玄暉，號雪庵，俗姓李氏，大同人。特封昭文館大學士，賜號玄悟大師。善真、行、草書，亦善畫，山水學關仝，墨竹學文湖州，俱成趣。[1]

〔1〕宗師溥光傳世之作有《羅漢圖》（絹本水墨，日本私人藏，款署“雪庵”，見《中國繪畫總合圖録》卷四），《山水圖》（絹本水墨，美國私人藏，款署“至大二年穀日，雪庵戲墨”，見《中國繪畫總合圖録》卷一）。

頭陀溥圓，字大方，號如庵，俗姓李氏，河南人。於雪庵爲法弟。書學雪庵，山水、墨竹俱學黄華。[1]

〔1〕溥圓，書學溥光，畫學王庭筠。其傳世之作有《佛像》（絹本設色，美國克里夫蘭美術館藏，見《中國繪畫總合圖録》卷一）。

僧海雲，墨竹學樗軒[1]。

〔1〕完顔璹，號樗軒（一字樗軒），見《圖繪寶鑑》卷四。

僧妙圓，墨竹頗有法度。

僧□浩[1]，號梅軒。墨竹雖少蘊藉，脱灑簡略，得自然趣。

〔1〕至正本作墨丁，四庫本作“智浩”，和本作“得浩”。

僧道隱，字仲孺，號月澗，俗姓李，海鹽當湖人。蘭石學趙子固，墨竹宗王翠岩。

僧允才，號雪岑，受業嘉興石佛寺。墨梅竹似丁子卿[1]。

〔1〕丁權，字子卿。見《圖繪寶鑑》卷四。

僧時溥，字君澤，號雨岩，華亭人。居奉賢鄉接待寺。通經律，作詩[1]，亦畫墨竹，三梢五葉而已。

〔1〕神本增改作：“能詩畫，其墨竹三梢五葉而已。”

僧智海，居燕中。喜畫墨竹，學海雲禪師[1]。

〔1〕僧海雲，見《圖繪寶鑑》本卷。

僧明雪窗[1]，畫蘭[2]；柏子庭[3]，畫枯木菖蒲[4]。止可施之僧坊，不足爲文房清玩。[5]

〔1〕僧普明，號雪窗，通常稱爲明雪窗。生卒年不可考，他在平江（今江蘇蘇州）出家當和尚。元順帝後至元四年（1338），在平江虎丘雲岩寺當主持。

〔2〕明雪窗以畫蘭著稱，同時代的柏子庭描寫平江風俗道：“家家恕齋（班惟志，字恕齋）字，户户雪窗蘭。春來行樂處，只説虎丘山。”（見《元詩選三集·不繫舟集》）傳世作品國内少見，美國普林斯頓大學藝術博物館和美國克里夫蘭藝術博物館分别藏有其《蘭竹圖》（見鈴木敬編《海外藏中國繪畫目録》）。

〔3〕僧祖柏，號子庭，通常稱柏子庭。其詩在當時很有名，有《不繫

舟集》(《元詩選三集》) 傳於世。

〔4〕關於柏子庭的繪畫，明代吴寬《匏翁家藏集》卷九《希遂持柏子庭〈古木圖〉求題，爲其尊翁壽》提到有《古木圖》; 吴其貞《書畫記》卷五《僧子庭〈松石圖〉絹畫一幅》，現存的作品絶少，日本保存有《墨蘭圖》(絹本水墨，日本根津美術館藏，見《中國繪畫總合圖録》卷三),《石菖蒲圖》(絹本水墨，日本梅澤紀念館，見《中國繪畫總合圖録》卷三) 等。

〔5〕可見其畫不合文人的審美要求。

管夫人道昇，字仲姬，趙文敏室[1]，贈魏國夫人[2]。能書，善畫墨竹梅蘭。[3]

〔1〕管道昇 (1262—1319)，字仲姬。趙孟頫的妻子，吴興 (今浙江吴興) 人。

〔2〕元仁宗延祐四年 (1317)，趙孟頫入翰林爲承旨，管道昇加封爲魏國夫人。

〔3〕借緑草堂本此句後增補:“晴竹新篁，是其始創。寸綃片紙，人争購之，後學爲之模範，尤嫌其傳世之不廣耳。”管道昇能書、長於竹蘭，是元代知名的女畫家。傳世作品有《墨竹卷》(紙本水墨，款署“仲姬畫與淑瓊”，北京故宫博物院藏，見《中國美術全集》元代繪畫),《竹石圖》(紙本水墨，“臺北故宫博物院”藏，見《故宫書畫集》第十二期)。

劉氏，不知何許人，孟運判室，號尚温居士。能臨古人字逼真，喜吟小詩。寫墨竹效金顯宗[1]，亦粗可觀。

〔1〕見《圖繪寶鑑》卷四“顯宗”條。

蔣氏，汴人，完顔用之室，婺居[1]以清净自守。好作墨竹。

〔1〕婺，此處當爲星名，指婺女，又稱須女，北方玄武之宿。婺居蓋

爲寡居之意。

張氏，喬德王室，善寫竹。

外國

日本國　古倭奴國也。有畫不知姓名，傳寫其國風物、山水，設色甚重，多用金碧，然殊方異域，而能留意繪事，亦可尚也。至今倭僧多能作墨畫觀音、佛像。

高昌國　畫用金銀箔子及朱墨，點點如雨，銷洒紙上。畫翎毛如中國，花卉亦佳。

夏國　英宗元昊[1]，通蕃漢文字，善繪畫。

〔1〕西夏李元昊，宋時賜姓趙。後割據稱王。廟號景宗。《圖繪寶鑑》本卷誤作“英宗”。

西蕃　畫佛像，多畫於布上，作奇形詭狀，上用油油之。

高麗　畫觀音像甚工，其源出尉遲乙僧，筆法流而至於纖麗。

補遺

宋

宗少文，南陽人。文帝朝徵，不起，妙善書畫。[1]

〔1〕宗炳，字少文。晚年曾將游歷所見景物，繪於居室之壁，自稱："澄懷觀道，卧以游之。"著有《畫山水序》。見《歷代名畫記》卷六，引文有删節，其作品不傳於世。

齊

宗測，字敬微，一字茂深。宋徵士少文孫。明帝徵爲司徒主簿，不就。善畫。[1]

〔1〕見《歷代名畫記》卷七，引文有删節，其作品不傳於世。

毛惠秀，善畫。武帝欲北侵，使畫《漢武北伐圖》。[1]

〔1〕毛惠遠之弟，見《歷代名畫記》卷七，引文有删節，其作品不傳於世。

劉瑱，字士温。官至義興太守。爲當世所稱，尤長於婦人。[1]

〔1〕見《歷代名畫記》卷七，引文有删節，其作品不傳於世。

毛惠遠，滎陽人。善畫馬，與劉瑱同時，并爲當世第一。[1]

〔1〕見《歷代名畫記》卷七，引文有删節，其作品不傳於世。

殷蒨，陳郡人。善寫人面，與真不别。[1]

〔1〕殷蒨，陳郡（今河南項城東北）人。《南史·劉瑱傳》記載，劉瑱之妹十分思念亡夫，悲哀成病，醫治無效。劉瑱就請殷蒨畫了一幅畫，内容是鄱陽王和他寵愛的姬妾并肩照鏡調笑的形態，送給他的妹妹看。王妃見後，引起了嫉妒的怒火，痛恨鄱陽王感情不專，於是就不再悲傷，病也就慢慢好了。這足以説明殷蒨畫的人物栩栩如生。無作品傳世。

梁

南郡大連，字仁靖，簡文帝子。善丹青。[1]

〔1〕《歷代名畫記》卷七："蕭大連，字仁靖，簡文帝第五子，封南郡王。"其作品不傳於世。

蕭賁，字文奂，齊武帝曾孫，官湘東王法曹參軍。善畫。[1]

〔1〕蕭賁，字文奂，南蘭陵（今江蘇常州西北）人。齊竟陵王蕭子良孫，巴陵王蕭昭胄次子。幼好學，有文才，能書善畫。於扇上圖山水，咫尺之内，便覺萬里爲遥。好著述，嘗著《西京雜記》六十卷。《歷代名畫記》卷七有載，但内容不同。其作品不傳於世。

後魏

王由，字茂道，官至東萊太守。善書畫。[1]

〔1〕見《歷代名畫記》卷八，引文有删節，其作不傳於世。

唐

李從儼，岐王茂貞子。工書善畫。官至鳳翔節度使。[1]

〔1〕見《舊五代史》卷一三二《世襲列傳》。

田弘正，工丹青，尤善圖人形表。官至魏博節度使。[1]

〔1〕《新唐書》卷一六一有傳。

梁令瓚，或云蜀人，開元中工畫人物。[1]宋秘閣有《五星二十八宿真形圖》一卷，[2]李伯時云："甚似吴生。"

〔1〕梁令瓚在開元（713—741）間任集賢院畫直，率府兵曹參軍。精天文、數學，曾與僧一行製作渾天銅儀。

〔2〕《五星二十八宿真形圖》（絹本設色，日本大阪市立美術館藏，見《中國繪畫史圖録》上）今有傳本於世，卷首篆書"五星二十八宿真形圖"，有宋代"宣和""政和"等印信，又有董其昌、陳繼儒題跋。作品用筆工細，人物形象生動。

倪麟，開元中集賢畫直，工人物。

陳子昂，工畫人馬。[1]

〔1〕陳子昂（659—700），唐代文學家，初唐詩文革新人物之一。字伯玉，梓州射洪（今屬四川）人。因曾任右拾遺，後世稱爲陳拾遺。光宅進士，歷任武則天朝麟臺正字、右拾遺。受武三思所害，寃死獄中。其存詩共一百多首。

楊岫之，大曆[1]中工鬼神。[2]

〔1〕大曆（766—779），唐代宗李豫年號。

〔2〕《寺塔記》記載，楊岫之工畫鬼神，道政坊寶應寺東廊北面壁畫鬼神。

周助，工佛像。[1]

〔1〕唐文宗（826—840 年在位）時人，善畫釋像，嘗畫水月觀音，白居易有贊（見《白氏長慶集》）。

修處士，工花鳥。[1]

〔1〕唐裴諧《觀修處士畫桃花圖歌》："一從天寶王維死，於今始遇修夫子。能向鮫綃四幅中，丹青暗與春爭工。"

李翽[1]，工花鳥。[2]

〔1〕翽，音 huì。

〔2〕李翽同李紹以善畫花鳥著名於唐末。見《唐朝名畫録》。

桓言、桓駿，皆善屋木。

周邁，工人馬。

令元素，工古仙事迹。

于邵[1]，以德宗誕日[2]進自畫《松竹圖》。

〔1〕于邵，字相門，京兆萬年（今陝西萬年）人，天寶（742—756 年）進士，德宗時（780—805）任太子賓客。見《舊唐書·于邵傳》。

〔2〕唐德宗（742—805）李适，天寶元年（742）四月十九日生於長安大内宫中。

李方叔，元和[1]中工山水、人物，自號"西河山人"。

〔1〕元和（806—820），唐憲宗年號。

宋之望，善傳寫。[1]

〔1〕唐宋之問的族兄，曾畫宋之問肖像，唐詩人張九齡作贊語，有“意得神傳，筆精形似”之句。(見張九齡《曲江集》)

鄭華原[1]，善松石。

〔1〕鄭華原，德宗時人，善畫松樹，曾在吴使君的廳壁上作松鼠壁畫。于邵作贊語:“美華原之墨妙，能入室而思禪。”

祁岳、項洙，范山人。并工山水。

杜宗，河南人。工佛經變。

李察、張昱，并善畫鷄。

韋叔方，進士也。工畫馬。

梁司馬，工畫馬。

元俊，善畫牛及山坡草野之景。

盧珍，爲内供奉。工人物及佛經變。

陳庶，揚州人。師邊鸞花鳥，尤善布色。[1]

〔1〕見《圖繪寶鑑》卷二，此條重出。

裴遠，善畫鷺鷥并牛。[1]

〔1〕《唐朝名畫録》把他和吴玢、樂峻并列：“皆圖山水，曲盡其

能。”

崔希真，鍾陵[1]人。精繪事。

〔1〕鍾陵，今江蘇南京。

侯造，工折枝并牛。[1]

〔1〕《唐朝名畫録》把他和張遵禮、尹澄等列入能品中，稱其“各負其志，并極其妙”。

杜秀才，善畫牛。

李紹，工花鳥。

張桂，西川[1]人。工雜迹。

〔1〕西川，今甘肅固原。

李奉珪、樊守素，俱善人物。

李約，善畫梅。[1]

〔1〕《歷代名畫記》卷十“張璪”條：“兵部李員外約，好畫成癖。”《中國歷代畫家人名辭典》記載此處“李約”和“兵部李員外約”爲同一人，不知何據。

五代

胡嚴徵，晋天福[1]間工神佛。

〔1〕天福（936—944），後晋高祖石敬瑭年號。

王畊[1]，吴越人。善畫，尤精牡丹。

〔1〕畊，古同耕。

黄惟亮，筌之子，畫亦如其父兄，人鮮知者。[1]

〔1〕黄筌有五子，《圖繪寶鑑》中有居寶、居實、居寀，其名皆有“居”，另二子雖未載，其名應當如此規律。《夢溪筆談》卷十七記載，黄惟亮爲筌弟，故此條當作“黄惟亮，筌之弟，畫亦如其兄，人鮮知者”。

成處士，江南人，善寫真。

宋

欽宗，以徽宗元子，[1]漸染聖藝，亦精繪事，居東宫日，嘗畫《唐十八學士圖》[2]以賜官僚張叔夜[3]，豫章[4]、天台[5]皆有刻本。

〔1〕宋欽宗，名趙桓（1100—1156），原名趙亶，又名趙煊。是北宋末代皇帝，宋徽宗趙佶長子。

〔2〕唐太宗時建文學館，收聘賢才，以杜如晦、房玄齡、于志寧、蘇世長、姚思廉、薛收、褚亮、陸德明、孔穎達、李玄道、李守素、虞世南、蔡允恭、顔相時、許敬宗、薛元敬、盖文達、蘇勖十八人并爲學士。後薛收死，召劉孝孫補之。歷代以十八學士爲國之棟梁的榜樣并作圖以贊。

〔3〕張叔夜（1065—1127），北宋末抗金將領。字嵇仲，永豐（今江西廣豐）人，張耆曾孫。

〔4〕豫章，古郡名，今在江西。

〔5〕天台，今在浙江。

仁懷皇后朱氏，欽宗后也，學米元暉[1]著色山水，甚精妙，畫上有印曰“朱氏道人”。

〔1〕米元暉，即米友仁，字元暉，米芾之子。見《圖繪寶鑑》卷四。

趙令晙，字景升，封嘉國公，師李伯時，善畫馬。[1]

〔1〕《式古堂書畫彙考》著録他的畫作有《康莊試馬圖》《奚官調馬圖》。

高彦寔[1]，開封人，畫佛像，學吴道子。

〔1〕寔，一作“實”。

錢昆，字裕之，吴越王俶[1]之子，歸朝仕至秘書監，自畫《寒蘆沙鳥》於紈扇，人競藏之。

〔1〕吴越王錢俶（929—988），初名弘俶，小字虎子，改字文德，錢鏐孫，錢元瓘第九子，是五代十國時期吴越的最後一位國王（948—978年在位）。宋太祖平定江南，他出兵策應有功，授天下兵馬大元帥。後入宋朝，仍爲吴越國王。太平興國三年（978），獻所據兩浙十三州之地歸宋。

錢仁熙，武肅[1]諸孫。頗讀書，善丹青，尤工水牛，多寫於紈扇之上，人争傳之。歸朝，歷信、泰、光三州倅。

〔1〕武肅王錢鏐（852—932），是五代十國時期吴越國的創立人。

錢易，字希白，廢王第十二子，歸朝仕翰林，儤直而卒。自畫《十六羅漢》，極古怪。

錢鏵，字輔軒，武肅第五子。善丹青。[1]

〔1〕錢鏵封楚國公，精通音律。見《宋史·吴越世家》。

徐兢，字明叔，歷陽[1]人。以蔭補官，善山水、人物，宣和中使高麗[2]，撰《圖經》四十卷行於世[3]。

〔1〕歷陽，今安徽和縣。

〔2〕宣和六年（1124）奉命出使高麗。

〔3〕《圖經》全稱《宣和奉使高麗圖經》，凡四十卷。宋徽宗宣和六年（1124），徐兢奉命出使高麗，在國都開城逗留一個多月，回到中原後，把所見所聞撰寫此書，以進獻皇帝。書中記載了高麗朝的歷史、政治、社會等方面的情況，是研究當時朝鮮半島史的重要典籍。

黄伯思〔1〕，字長睿，閩人。政和間終秘書郎。嘗模顧愷之《桓温像》、閻立本《文會圖》，惟不出己意。

〔1〕黄伯思（1079—1118），北宋晚期重要的文字學家、書法家、書學理論家。字長睿，别字霄賓，號雲林子，黄履孫，邵武（今屬福建）人。元符二年（1099）進士，曾任河南府户曹參軍，政和間在秘書郎任内去世。善於古器物考證，著有《東觀餘論》（見《宋史·黄伯思傳》）。

鄭天民，字先覺，宣和中爲郎官。山水師巨然。

趙廉，東都人。工山水，宣和末〔1〕甚得幸。

〔1〕借緑草堂本、神本作“宣和年”。

胡錫，錢唐人。熙、豐以道釋像得名。

王廷嗣，國初工鬼神。

申屠亨，畫山水，宗黄筌。〔1〕

〔1〕黄筌爲五代西蜀畫家，以花鳥著稱，其傳人也多以花鳥聞名。此處申屠亨學黄筌山水，因其作品不傳於世，未知其特點。

江惟清[1]，工佛道、人馬。

〔1〕江惟清籍貫家世不詳，是南宋人物畫家劉興祖之師。

李象坤，工佛道、人馬、鬼神。

譚宏，成都人。工花果。

曹訪，畫柳塘、家鵝，學徐熙。

陳文頊[1]，泉州仙游人。頗知書，亦工畫。

〔1〕陳文頊，泉州仙游（今福建仙游）人。任登州刺史，有文學修養（見《宋史·漳泉陳氏世家》）。

高述，丹陽人。學東坡書及竹石皆逼真。

秦湛，字處度，少游[1]子。善著色山水。[2]

〔1〕秦觀（1049—1100），字少游，一字太虛，號淮海居士，別號邗溝居士。"蘇門四學士"之一。揚州高郵（今屬江蘇）人。北宋詞人。

〔2〕秦湛，揚州高郵人，秦少游之子，蘇東坡的外甥。

李咸熙、王崇，國初同時工人物。

道士楊世昌，字子京，武都山人。[1]與東坡游，善山水。[2]

〔1〕《圖繪寶鑑》言籍貫用政區名，某府某縣之類，或稱居於某地、某山之類，故此處"武都山人"應爲楊世昌之號。

〔2〕道士楊世昌，四川綿竹道士。他與蘇東坡是好友，曾同游赤壁，蘇軾《赤壁賦》中所説的吹洞簫的道士，據考證就是楊世昌。

邢敦，字君雅，隱居雍丘[1]。真宗詔爲許州助教，辭。工畫。

〔1〕雍丘，今河南杞縣。

王述，善羅漢，學盧楞伽。

宋純，花果染色極似趙昌。

靳青，號野處，絳之驛卒也，遇異人得道，畫猫能逼鼠。

曾達臣，號歸愚居士，江西人。工草蟲。

任撫幹，不知何如人。工山水。

譚季蕭，畫水墨梅竹，絶清潤，坡石亦佳。

道士朱大洞，錢唐人。山水、人物宗蕭照[1]。

〔1〕蕭照，南宋畫家，見《圖繪寶鑑》卷四。

王鼎，北人。善人物仕女，山水宗徽廟[1]，頗粗俗。

〔1〕徽廟，宋徽宗趙佶，見《圖繪寶鑑》卷三。

王珏，北人。善花竹翎毛，學馬賁。

張萬成，花鳥宗林椿。

周吉言，仕女宗李嵩。

徐改之，山水學李唐。[1]

〔1〕其子徐明亦善畫，似其父。

李次山，工山林、人物。

白思恭，工畫神佛。

時叔遠，道像人物亦可取。

劉古心，工梅竹鳥雀。

寇[1]君玉，工蟹。

〔1〕和本作“冠君玉”，誤，應爲“寇君玉”。

張師錫，工花竹禽鳥。

徐臯，乃白[1]之族。工魚。

〔1〕徐白，善畫魚。

任生，建康人。工仕女。

吴隱之，工仕女。

胡良史，工山水。

宋京，工山水。

戚化元，毗陵人。家世畫水，化元兼工魚龍。

董常，嘉興人。工道釋像，筆力細而勁拔。

馬隱，東都[1]人。畫花師刁光胤[2]，工而不化。

〔1〕東都，指浙江杭州。

〔2〕刁光胤，五代人，見《圖繪寶鑑》卷三。

龍升，善小景，花竹山水學夏圭、馬遠。

張敏叔，工花木。

盧象先，工道釋人物。

李鬱，平陽[1]人。人物精贍。

〔1〕平陽，今屬浙江。

許中正，蜀人。工鬼神及龍。

郭煥，邠州人。善榻[1]寫。[2]

〔1〕榻，當爲“搨”。

〔2〕郭煥，邠州（今陝西彬縣）人。據《丹淵集》記載，文同曾請他拓寫王維的《捕魚圖》。

劉漢卿，工山水。

張德新，善花鳥。

謝大昌，嘉興人。工平畫。

白昌，華亭人。工平畫。

李友直，工山水。

李益，渭州人。工畫。

彩郎中，河南人。工畫。

劉允文[1]，廣漢人。工佛像。

〔1〕劉允文，廣漢（今四川廣漢）人。據《丹淵集》記載，他曾受惟中和尚委托在成都楞嚴院畫六祖像。

陳揚、吴真、孫玠，并工雜迹。

曹虛白、張咸熙、皮簡，并工畫。

賀六，待詔，海州朐山[1]人。家世專畫觀音，至其身，於藝尤工，忽觀音化爲乞者求畫，遂得真相，其名益彰。

〔1〕海州朐山，在今江蘇連雲港西南，錦屏山側。

范道人[1]，不知其名，住麻姑山[2]，蓋有道者。工畫魚。

〔1〕至正本原作“危道人”，宸翰樓影刻誤作“范道人”。
〔2〕麻姑山，在今江西南城縣西。

周弼，字伯弼，汶陽[1]詩人。善墨竹。
〔1〕汶陽，今山東汶上。

邵斌，工江潮。[1]
〔1〕畫本作“工江湖”。

寒溝漁人，工畫。

僧敏行，彭州人。工佛像。

僧修範，潤州人。工湖石。

僧志堅，蜀人。工山水。

僧彥深，工佛像。尤精觀音。

僧明川，工山水。

遼

義宗，諱倍，小字圖欲，太祖長子。幼聰敏好學，善畫本國人物，如射騎、雪獵、千鹿圖，皆入宋秘府。[1]

〔1〕遼義宗，耶律倍即東丹王，投奔後唐，明宗賜名李贊華。此條重出，見《圖繪寶鑑》卷二。

耶律題子，字勝隱。官至西南面招討都監，嘗從北院樞密侵宋，宋將有因傷而仆，題子繪其狀以示宋，咸嗟神妙。

耶律褭[1]，字德鄰，官至太子太師，風神秀爽。工於畫。[2]

〔1〕古同“裊”，以絲帶繫馬之義。當作“耶律褭履”，脱“履”字。

〔2〕見《遼史·耶律褭履傳》。

陳升，聖宗朝翰林待詔。嘗奉詔寫《南征得勝圖》。[1]

〔1〕《遼史·聖宗紀》載，開泰七年（1018）“詔翰林待詔陳升寫《南征得勝圖》於上京五鸞殿”。

元

李希閔，字克孝，薊丘[1]人。畫山水、竹石。

〔1〕薊丘，今屬北京。

趙彦正，仲穆[1]侄。工畫人馬。

〔1〕趙雍，字仲穆，趙孟頫次子，見《圖繪寶鑑》卷五。

僧維翰，字古清，江右人。畫龍學所翁[3]。

〔1〕所翁，即南宋畫家陳容，擅長畫龍，見《圖繪寶鑑》卷四。

補遺終

至正丙午[1]新刊

〔1〕至正丙午，即至正二十六年（1366）。

續補

錢俀，吴越文穆王傳瓘[1]之養子，官至秀州刺史。精於畫藝。（五代）

〔1〕吴越文穆王傳瓘（887—941），名錢元瓘，字明寶。初名傳瓘，即位後改名，杭州臨安（今屬浙江）人，吴越武肅王錢鏐第五子。五代時吴越國國王。

李交，汀州[1]人。工畫猫。（五代）

〔1〕汀州，今福建長汀。

任源，字道源，宣和間架閣，紹興中復舊官。善人物、山水、枯木、怪石，又作小景，高宗愛之，御題其上。號真常子，第三卷内已載，恐即此人。[1]（宋）

〔1〕宋代的任源有兩個，一爲漢州人任源；二爲號真常子的任源，他在政和、宣和年間爲宦官，死於紹興間。《圖繪寶鑑》卷三所記與此應爲同一人。

處士朱象先[1]，嘉泰間人，號西湖隱士。作人物山水，横塘野景。[2]以畫易酒，日在醉鄉。

〔1〕朱象先，據《圖繪寶鑑》記載："朱象先，字景初，松陵人，馳

名元符間，善畫。”應與此爲同一人。

〔2〕《春渚紀聞》記載朱象先畫山水的技法：“一日於鵝溪絹上作小山，覺不如意，急湔雲放塵，再三揮染即有悟見。自後作畫多再滌去，或以細石磨絹，要令墨色著入絹縷。”

蘇晋卿，漢臣子。工佛像。疑蘇焯字也。(宋)[1]

〔1〕《圖繪寶鑑》卷四“蘇漢臣”條：“其子焯，能世其學。”

徐明，乃改之之子。畫山水似其父。(宋)

楊邦基，字德茂，號息軒，大定中進士。[1]畫人物兼馬，尤善山水，師李成。[1]官至秘書監禮部尚書。(金)

〔1〕楊邦基（？—1181），字德茂，號息軒，華陰（今屬陝西）人。大定中（1161—1189年）進士。

〔2〕楊邦基傳世作品有《聘金圖》（絹本水墨，美國大都會博物館藏，見《中國繪畫總合圖録》一），此作接近宋代李成山水，其內容突出金的優勢地位。其作研究可見劉晞儀《傳楊邦基〈聘金圖〉的創作背景和辱宋寓意》。

圖繪寶鑑續編

明正德本

〔明〕韓　昂　撰録

《圖繪寶鑑續编》滕霄序

繪畫之事，其來尚矣，曰《寶鑑》者，則元夏文彦氏所著也。蓋畫始盛於唐，大盛於宋，雖胡元之世，亦多有其人焉。其在唐時，則有若張彦遠氏著《歷代名畫記》，自軒轅至會昌凡三百七十餘人；其在宋時，則有若郭若虚著《圖畫見聞志》，自會昌至熙寧凡二百七十四人[1]；有若鄧椿著《畫繼》，則自熙寧至乾道凡百一十九人[2]；有若陳德輝著《續畫記》[3]，則有高宗訖宋終凡百五十一人；其在勝國時，有若湯垕之《畫鑑》[4]，而實大備於《寶鑑》，蓋裒集諸志，記見聞而成編，故自軒轅以至宋，又自宋以至元，凡一千五百餘人。嗚呼，可謂勤矣。然夷攷[5]文彦則博雅多識，精於畫藝，又世藏名迹，玩索有得，非徒知而好之者也。

國朝承平百五十年，才藝之士，四方輩出，顧未有嗣志記以追配古作者，豈非遺乎？錦衣苗公益之，嗜古好文，富藏名迹，慨《寶鑑》之舛[6]落，痛今賢之亡傳，乃取自國初以至今日，能畫者若干人，彙爲一卷，以續夏氏之編。爰命工重刊，總爲六卷，嗚呼！甚盛心哉！編既成，乃假予叙之。余鄙陋，非知畫者，竊好焉，間求所謂《寶鑑》攷之，則皆漫滅不可讀，恨矣！乃今獲覩[7]巽齋公盛舉，豈非一大快哉！舉殘隊、躋時哲，尚友論世，於斯在矣，可以一藝之小耶？苗公名增，字益之，泌陽縣人，今官錦衣衛都指揮，巽齋其别號云。賜進士出身奉直大夫[8]司經局。

太子洗馬兼翰林院編修，經筵講官同修國史，建安滕霄書。

〔1〕郭若虛，生卒年不詳。太原（今山西太原）人。宋真宗郭皇后之侄孫，曾以賀正旦副使之職出使遼。家富收藏，酷愛書畫。所著《圖畫見聞志》是續唐代張彦遠《歷代名畫記》繪畫史，記載了唐會昌元年（841）至北宋熙寧七年（1074）之間之畫史著作。全書六卷，卷一收録作者有關繪畫論文十六篇，反映了作者的藝術思想和見解；卷二至卷四是唐末至宋代中期二百七十四位畫家的小傳，記述各位畫家生平、師承、藝術思想和繪畫成就；卷五和卷六是唐至五代時期畫家的傳説故事，也有一部分是作者本人對當時畫壇耳聞目睹的事件記録。

〔2〕鄧椿，生卒年不詳。字公壽。四川成都雙流人。《畫繼》一書記述了北宋熙寧七年（1074）至南宋乾道三年（1167）間的有關繪畫見聞，是繼《圖畫見聞志》之後的又一重要繪畫史著作。全書共分十卷。一至七卷輯録了二百一十九位畫家的傳記材料，按畫家身份地位先後分類排列。卷八爲“銘心絶品”，著録了作者目睹過的私家收藏繪畫精品的目録；卷九爲“雜説論遠”，卷十爲“雜説論近”，以雜記體裁，記述了唐、五代至北宋中期的畫壇傳説見聞。

〔3〕《續畫記》一書已失傳。《圖繪寶鑑》卷四保存了其中一部分資料。

〔4〕一名《古今畫鑑》。一卷。其論述分爲吴畫、晋畫、六朝畫、唐畫、五代畫、宋畫、金畫、元畫等，評論各家畫迹，有獨特見解。後附《雜論》一卷，略述鑒賞收藏等問題。

〔5〕夷攷：考察之義。《孟子·盡心》：“夷攷其行，而不掩焉者也。”

〔6〕舛，錯誤。

〔7〕同“睹”。

〔8〕奉直大夫，明代文官，爲四十二階之第二十六階，從五品。

玉泉韓昂孟頫續纂
賓山吴麒子仁謹録

皇明

宣廟[1]御筆，有山水，有人物，有花果、翎毛，有草蟲。上有年月及賜臣名，寶用不一，有“廣運之寶”“武英殿寶”等寶，“雍熙世人”等圖書。[2]臣仰惟宣廟臨御，當重熙累洽，四海無虞，萬幾之暇，留神詞翰，於圖畫之作，隨意所至，尤極精妙，蓋聖能天縱，一出自然，若化工之於萬物，因物賦形，不待矯揉，而各遂生成也。臣謹識。

〔1〕明宣宗朱瞻基（1398—1435），明朝皇帝，1426—1435 年在位，年號“宣德”。

〔2〕明宣宗傳世之作有《戲猿圖》（紙本水墨，“臺北故宫博物院”藏，見《中國繪畫全集》明一），此作款署“宣德丁未御筆戲寫”，下鈐“廣運之寶”“御府圖書”；《鼠石圖》（紙本水墨，北京故宫博物院藏，見《中國繪畫全集》明一），款署“宣德丁未御筆戲寫”，下鈐“廣運之寶”。

憲廟[1]、孝廟[2]御筆，皆神像，上識以年月及寶。

〔1〕明憲宗朱見深（1447—1487），1465—1487 年在位，年號“成化”。

〔2〕明孝宗朱祐樘（1470—1505），1488—1505 年在位，年號“弘治”。

宗室[1]中善寫神像及金瓶、金盤、牡丹、蘭菊梅竹之類，舊家多有珍藏者。[2]

〔1〕此條爲明宗室繪畫綜述。

〔2〕神本後增“潞藩、魯藩、肅藩”三條，後印本削去藩號。

郭文通[1]，永嘉人。善山水，布置茂密，長陵[2]最愛之，[3]有言馬遠、夏珪者，輒斥之曰：“是殘山剩水，宋僻安之物也。”文通之遭際，竹軒徐以道先生嘗言之，《水東日記》亦載之。

〔1〕郭純（1370—1444），初名文通，明成祖朱棣賜其名“純”，遂以文通爲字。永嘉（今浙江温州）人。永樂年間，因精於繪事，供奉内廷。郭文通作畫嚴謹，曾自言“苦畫、樂畫，寧死不肯草草”。

〔2〕長陵爲明成祖朱棣之陵，這裏指明成祖。

〔3〕郭文通傳世唯一作品是《赤壁圖》（絹本設色，中國文物流通協調中心藏，見《中國繪畫全集》明一），此圖宗法元代畫家盛懋，不失院體法度，設色濃郁，筆法精微嚴謹。

商喜[1]，字惟吉。善山水人物[2]，超出衆類，際遇累朝，士林多重之。[3]今孫祚，字天爵，能世其學。

〔1〕商喜，字惟吉。生卒年不詳。濮陽（今河南濮陽）人，一作會稽（今浙江紹興）人。宣宗朝授錦衣衛指揮，供奉内廷。

〔2〕神本後增補：“花木翎毛，全摹宋人筆意，無不臻妙，超出衆類。故明初士林之所首重也。其孫祚，字天爵，能世其業。”

〔3〕商喜善畫山水、人物，學南宋院體，筆法遒勁。傳世代表作品有《關羽擒將圖》（絹本設色，北京故宫博物院藏，見《中國繪畫全集》明

一），畫法工筆重彩，綫條抑揚頓挫，設色艷麗，對比强烈，有民間年畫的特點。

韓秀實[1]，涿州人。與商惟吉同被寵渥，人物亦佳，尤善畫馬。

〔1〕四庫本作“韓秀寔”。

張靖，山東人。道釋人物得吴道子之奥，尤善寫照。孫玘，字廷；曾孫錦，字大紳，俱能山水人物，寫照有其祖之妙。[1]

〔1〕此條爲張靖及其孫張玘、曾孫張錦祖孫三人合傳。

殷善[1]，字從善，金陵人。花果翎毛極清緻[2]。子偕，字汝同，專其業。

〔1〕殷善，生卒年不詳。字從善，金陵（今江蘇南京）人。

〔2〕借緑草堂本改作“極精緻”。殷善傳世作品不多見，1982 年淮安明代王鎮墓出土《鍾馗圖》（紙本水墨，淮安市博物館藏，見《中國美術全集》明代繪畫上），人物形象生動，畫面山石、流水、樹木，略帶南宋院體。

邊景昭，隴西人[1]。及子楚祥。花果翎毛，工緻過殷氏。[2]

〔1〕邊景昭，生卒年不詳。隴西（今甘肅）人。永樂時（1403—1424）任武英殿待詔，至宣德時（1426—1435）仍供奉内廷。後爲翰林待詔，常陪宣宗朱瞻基作畫。他爲人曠達灑落，且博學能詩。他繼承南宋院體工筆重彩的傳統，其作品工整清麗，筆法細謹，賦色濃艷，高雅富貴。其傳世代表作有《雙鶴圖軸》（絹本設色，北京故宫博物院藏，見《中國美術全集》明代繪畫上），《三友百禽圖》（絹本設色，“臺北故宫博物院”藏，見《中國繪畫全集》明一）。

〔2〕神本在此以下增補作：“善翎毛花果，花之嬌笑，鳥之飛鳴，葉之正反，色之蘊藉，不但鈎勒有筆，其用墨無不合宜。宋元之後，殆其人矣。迄今人争購之。”

謝庭循，永嘉人。山水爲同事所宗。東里楊少師[1]稱其“清謹有文，尤精繪事，是以獨見重於宣廟，非臣所及。”

〔1〕東里楊少師，指楊士奇，號東里草堂，官少師。

周文靖[1]，莆田人。山水堪配庭循。

〔1〕周文靖，莆田（今福建莆田）人，一作閩縣（今福建福州）人。宣德間召直仁直殿。御試“枯木寒鴉”第一。傳世代表作有《歲朝圖》（絹本設色，上海博物館藏，見《中國繪畫全集》明一），此圖在構圖上與“臺北故宫博物院”藏馬遠《華燈侍宴圖》接近，但宋畫粗獷宏壯，後者細膩入微，這是明代宫廷繪畫和南宋繪畫的本質區别。

王紱，字孟端，號友石生，又號九龍山人[1]。毗陵[2]人。高介絶俗。[3]書法詩文皆出群[4]。任中書舍人，有《王舍人詩集》行於世。畫竹石絶倫，名馳天下，[5]不輕與人，故人不可苟得也。[6]

〔1〕王紱，曾隱居九龍山（今無錫惠山），自號九龍山人。

〔2〕毗陵，今江蘇常州。據明章昞如記載，王紱世居常州無錫縣。（見章昞如《故中書舍人孟端王公行狀》）

〔3〕王紱的高介絶俗可見《明史·王紱夏㫤傳》。

〔4〕一本作“書法詩文皆出群類”。

〔5〕其傳世之作以竹石題材居多，代表作有《喬柯竹石圖》（紙本水墨，北京故宫博物院藏，見《中國美術全集》明代繪畫上），《偃竹圖》（紙本水墨，上海博物館藏，見《中國美術全集》明代繪畫上）。其竹石，繼承文同、柯九思、倪瓚以來的傳統，注重表達蕭散清逸的意藴。

〔6〕明王洪《王孟端小傳》："然不可意者雖豪貴不肯與，就之至閉門不納。人問之，曰：'丈夫在所處，輕者苟且如此，重者得何以處？'士益以此高之。"

莊瑾，字公瑾，號采芝，龍江人。爲人雅淡高致，能詩，善草書，尤長於畫。師法夏珪、馬遠，蓋張可觀[1]以後一人而已。

〔1〕張觀，字可觀。元代畫家，學馬遠。見《圖繪寶鑑》卷五"張觀"條。

僧温日觀，妙於葡萄，無不知其名者。[1]

〔1〕《圖繪寶鑑》卷四作僧子温，號日觀。此爲重出，見《圖繪寶鑑》卷四。

胡大年、僧曉庵，皆工葡萄。

李在，字以政，莆田人。遷雲南，行取來京。[1]山水細潤者[2]宗郭熙，豪放者[3]宗夏圭、馬遠。其人物，評者謂"八面生動"[4]，故四方重之。

〔1〕李在（？—1431），字以政，號一齋，莆田（今屬福建）人。遷雲南，後召入京。宣德（1426—1435）時與戴進、謝環、石鋭、周文靖同爲待詔入直仁智殿，爲金門畫史。是宣德時期宫廷畫院杰出的畫家之一。《畫史會要》謂："自戴文進以下，一人而已。"

〔2〕李在山水細潤者可見其《山村圖》（絹本水墨，北京故宫博物院藏，見《中國繪畫全集》明一），《闊渚晴峰圖》（絹本水墨，北京故宫博物院藏，見《中國美術全集》明代繪畫上）。

〔3〕李在山水豪放者可見《歸去來兮》圖卷（紙本設色，遼寧省博物館藏，見《中國繪畫全集》明一）。

〔4〕李在人物繪畫代表作有《琴高乘鯉魚圖》（絹本設色，上海博物館藏，見《中國美術全集》明代繪畫上）。人物情態生動，用綫勾勒，挺拔流暢。

戴進〔1〕，字文進，號静庵，又號玉泉山人。錢塘人。山水得諸家之妙〔2〕，神像人物，走獸、花果、翎毛極其精緻〔3〕，喜作葡萄，配以鈎勒竹、蟹爪草，奇甚，真畫流第一人也。子泉，字宗淵，山水得家傳，但用墨太重耳。

〔1〕戴進（1388—1462），錢塘（今浙江杭州）人。少時爲銀匠，所作釵花精巧絶倫，後改學畫。

〔2〕戴進山水得諸家之妙，宗李唐、馬遠。行筆頓挫多變，設色沉重莊嚴。其代表作有《春山積翠圖》（紙本水墨，上海博物館藏，見《中國繪畫全集》明一），此畫作於正統十四年（1449），當時戴進六十二歲，布局采用南宋院體程式，用對角綫構圖，表現近、中、遠三個層次，中景和遠景、近景形成 s 形曲綫。松樹畫法帶有“拖枝馬遠”的味道。皴法輕快疏放，已從馬、夏風格中脱出。

〔3〕戴進工於人物、花鳥，花鳥傳世代表作有《蜀葵蛺蝶圖》（紙本設色，北京故宫博物院藏，見《中國繪畫全集》明一），此作古樸天真，色調匀净秀雅，既有宋人工緻，又有元人秀雅風格。

夏芷〔1〕，字廷芳，錢塘人。從游戴静庵，克勤於學，筆力逼其師，不幸蚤〔2〕卒。弟葵，字廷暉，山水人物皆工緻。

〔1〕夏芷，錢塘人（今浙江杭州）人。生卒年不詳。傳世之作有《歸去來兮》（紙本水墨，遼寧省博物院藏，見《中國繪畫全集》明一），這是夏芷與李在、馬軾合作的連環式作品。

〔2〕“蚤”，同“早”。

華樸中，浙中詩僧，師戴静庵，作畫得名。[1]

〔1〕《明畫録》卷五："釋樸中，俗姓華，浙人。能詩。畫山水師戴進，亦有可觀。"

上官伯達，譙川人。神佛人物，傅色既精，神采亦備，能使人起敬。

夏㫤[1]，字仲昭，初姓朱，登第後始改正。爲夏東吴人，自中書舍人累進太常寺卿直内閣。[2]詩文書法皆妙，喜作竹石，[3]求者無虚日，一一應之，得之者寶藏。

〔1〕一本作夏昶，但㫤本有來歷，不必作昶。《無聲詩史》卷一："夏㫤初姓朱，名昶，舉進士，爲翰林庶吉士。太宗（當作"成祖"）嘗召見之，謂之曰：'太陽麗天，日宜加於永上，昶字宜作㫤字。'書有㫤字始此。"

〔2〕夏㫤（1388—1470），年幼家貧，繼舅父改姓朱，江蘇昆山人。永樂十三年（1415）舉進士，正統中官至太常寺卿。爲官四十餘年，天順元年（1457）去職還鄉，以書畫自娱，終老山林。

〔3〕夏㫤擅長墨竹，師承王紱而稍作變化，善於表現竹的各種姿態，時推畫竹第一而名馳域外，有"夏卿一個竹，西凉十錠金"之譽。傳世代表作有《瀟湘風雨圖》（紙本水墨，上海博物館藏，見《中國繪畫全集》明一），《淇澳清風圖》（紙本水墨，天津藝術博物館藏，見《中國繪畫全集》明一）。

張益，字士謙，與仲昭同郡，同登第，官至學士。寫竹亦妙。

陳嗣初[1]，東吴人。以文章擅名翰林，任檢討。寫竹尤奇。仲昭、士謙皆師事之。

〔1〕據《明畫録》及《明史》等，陳繼，字嗣初，號怡庵。工詩文，著有《怡庵集》。蒙楊士奇舉薦，被召爲國子博士。後改翰林五經博士，直弘文閣，遷檢討。

謝宇，字伯寬，號容庵，湖廣衡陽人。[1]幼聰穎，宣德中欽選司禮監，與同中貴讀書，以中書舍人直内閣，累進工部左侍郎，掌通政司事。山水法諸大家，花木鳥獸，無不能者，皆到妙處。仲子[2]中書舍人汝明，字晦卿，號東巖，亦善山水。

〔1〕神本作："謝宇，伯寬其字也，又號容庵。"

〔2〕仲子，第二個兒子。

任道遜，字克誠，瑞安人。詞翰皆佳。官至太僕寺卿，直文華殿。善寫梅。夫人孫氏亦能。夫人之父任太守，寫梅得名，人以"孫梅花"稱之。

夏衡，字以平，松江人。工書法，篆隸高古。自中書舍人進太常寺卿。作畫有黄子久之妙。

金文鼎[1]，鶴城人。工書法。詩文流麗。畫得黄子久筆意。子鈍，自汝厲；鋭字汝潛，并有父風致。[2]

〔1〕借緑草堂本作："金文鼎，宣城人。"

〔2〕此處不通。神本作："子鈍，字汝厲；次子鋭，字汝潛，并有父風致。"

金湜[1]，字本清，號朽木居士，四明人。善書法。任中書舍人。寫竹石佳甚，其鈎勒竹尤妙。[2]官至太僕。

〔1〕金湜，生卒年不詳。四明（今浙江寧波）人。正統六年（1441）

舉人。

〔2〕金湜傳世之作有《雙鈎竹圖》（絹本設色，北京故宫博物院藏，見《中國繪畫全集》明二），此作以雙鈎作竹，用筆凝重，設色清麗。

陳謙，字士謙，號訥庵逸人。書畫皆學趙松雪，自誇體貼，評者亦許其有六七分妙云。

丁文暹[1]，號竹坡。善山水翎毛，筆力清勁。[2]

〔1〕丁文暹，生卒年不詳。活動於宣德、正統年間。瑞金（今屬江西）人。

〔2〕丁文暹傳世之作不多見，1982年淮安明代王鎮墓出土其《秋樹雙雀圖》册頁（紙本水墨，淮安市博物館藏，見《中國美術全集》明代繪畫上），此圖筆墨簡略，頗爲精緻。

陳叔謙，武林[1]。玩古器，識名畫，其價直[2]纖毫不爽。作畫學倪雲林，亦妙。嘗書一聯於庭以自況："博古圖搜周漢制，無聲詩寫晋唐題。"

〔1〕正德本脱"人"字。

〔2〕"直"，同"值"。

王尚賢，梅溪人。善墨戲人物，年至九十，下筆益妙。

姚綬[1]，字公綬，號雲東逸史，浙人。由進士仕至監察御史，有晋人風致。早年掛冠[2]，優游泉石。畫法吴仲圭，三絶之亞擘。[3]成圖或售於人，遂厚價返收之，其自重如此。

〔1〕姚綬（1422—1495），字公綬，號雲東逸史，浙（今浙江嘉興）人。天順八年（1464）舉進士。

〔2〕掛冠，辭官。

〔3〕姚綬繪畫師法元代吴鎮、趙孟頫、王蒙，得其神妙。傳世代表作有《秋江漁隱圖》（紙本設色，北京故宫博物院藏，見《中國繪畫全集》明二），《三絶圖》（紙本設色，上海博物館藏，見《中國繪畫全集》明二）。

孫隆，號都痴，毗陵人。[1]開國忠愍侯孫[2]。生而穎敏，有仙人風度。寫翎毛草蟲，自成一家，號“没骨圖”。[3]

〔1〕孫隆，生卒年不詳。毗陵（今江蘇常州）人。宣德（1426—1435）間入值内廷，曾爲“金門侍御”（翰林待詔）。後知新安府，畫梅甚工，時人稱“孫梅花”。

〔2〕開國忠愍侯孫興祖（1335—1370），字世安，濠州（今安徽鳳陽）人，明朝早期軍事將領。早年跟隨朱元璋渡江，累功至都先鋒，後升任統軍元帥。

〔3〕孫隆工畫花鳥，得徐熙、趙昌“没骨圖法”，所繪禽魚草蟲不先勾勒定形而直接以色彩點染物象，此一畫技可謂另辟蹊徑，自成一家，豐富了花鳥畫傳統技法，對後世潑彩寫意影響深遠。傳世代表作有《芙蓉白鵝圖》（絹本設色，北京故宫博物院藏，見《中國繪畫全集》明一），《雪禽梅竹圖》（絹本設色，北京故宫博物院藏，見《中國繪畫全集》明一）。

張祐，字天吉，鳳陽人。爵襲隆平侯。爲人和易如儒者，作梅花清氣逼人。其從弟禄，字天爵，亦世其爵。梅花有其兄之妙。

王謙[1]，字牧之，號冰壺道人。以儒士隆平侯聘爲西席。善書，作爲梅花，清奇可愛，[2]實天吉之師也。子應奇，作梅得家傳。

〔1〕王謙，生卒年不詳。約活躍在明正統年間。錢塘（今浙江杭州）人。

〔2〕〕王謙善畫梅，傳世代表作有《冰魂冷蕊圖》（絹本設色，天津市藝術博物館藏，見《中國繪畫全集》明一），《梅花圖》（絹本設色，北京故宫博物院藏，見《中國繪畫全集》明一）。王謙梅花繼承王冕“繁花”傳統，筆法蒼古，幽韵動人。

陳憲章[1]，號如隱居士，會稽人。詩、畫梅與牧之齊名。[2]評者以二家雖格意不同，憲章筆力實過牧之。子英，作梅。

〔1〕陳録，生卒年不詳。約活躍在明正統年間。字憲章，後以字行。會稽（今浙江紹興）人。

〔2〕陳憲章善畫墨梅，傳世之作有《孤山烟雨圖》（絹本水墨，北京故宫博物院藏，見《中國繪畫全集》明一），《梅花圖》（紙本水墨，天津藝術博物館藏，見《中國繪畫全集》明一）。陳憲章作梅用筆從容瀟灑，墨色清潤淡雅。

張緒，字廷端，海虞人；屈處誠，東吴人。右二人與仲昭[1]同時，工竹石，亞於仲昭。

〔1〕夏昶，字仲昭，見《圖繪寶鑑》本卷。

毛良，字舜臣，號雨山居士，爵襄南寧伯，北平人。寫山水師米元章，雲霞出没，有天然之妙，真賞鑒家。尤工詩，著《無聲詩》，曲盡畫法之奥，與詩集并行於世。

太監陳喜，字仲樂，韃靼[1]人。工人物、鳥獸，下筆無痕，爲一代之妙。

〔1〕韃靼（dádá），中國古代北方游牧民族名稱。

石鋭[1]，字以明，錢塘人。畫得鄭子昭[2]金碧山水、界畫樓臺及人物，皆傅色鮮明溫潤，名著於時。[3]

〔1〕石鋭，生卒年不詳。錢塘（今浙江杭州）人。約活動於明宣德（1426—1435）至景泰（1450—1456）間，宣德間待詔仁智殿。

〔2〕神本作“盛子昭”，當是。

〔3〕石鋭工金碧山水、界畫樓臺，師元人盛懋（子昭）。傳世代表作《山店春晴圖》（絹本設色，北京故宫博物院藏，見《中國繪畫全集》明一），《軒轅問道圖》（絹本設色，“臺北故宫博物院”藏，見《中國繪畫全集》明一）。石鋭所作設色鮮明，絢爛奪目。

丁玉川，江右人。工人物、山水。

林良[1]，字以善，廣東人。歷陞錦衣指揮。著色花果翎毛極精巧。[2]其放筆作水墨禽鳥樹木，皆遒勁如草書，人皆不及。[3]

〔1〕林良（1415—1480），廣州人。供奉内廷，歷升錦衣指揮。

〔2〕林良傳世作品中，以水墨寫意居多，工筆設色較少。其設色花果，設色簡淡。工寫結合的有《松鶴圖》（絹本設色，廣東省博物館藏，見《中國繪畫全集》明二），畫中兩隻丹頂鶴設色明艷，用筆精緻。

〔3〕林良傳世作品之中，大都爲水墨之作。代表作品有《蘆雁圖》（絹本水墨，北京故宫博物院藏，見《中國繪畫全集》明二），圖中大雁以工細筆勾勒，葦叢以草書筆意寫之，波紋信筆揮灑。

顧宗，字學淵，五羊人。任中書舍人。[1]畫學黄子久。[2]

〔1〕正德本作“顧宗”，誤。各本作“顔宗”。顔宗，生於洪武二十六年（1393），約卒於天順三年（1459），字學淵，廣東南海人。明永樂二十一年（1423）舉人，天順三年（1459）署兵部員外郎。林良之師。

〔2〕顔宗善畫山水，初學黄公望，後師李成、郭熙等人。傳世唯一作品《湖山平遠圖》（絹本設色，廣東省博物館藏，見《中國繪畫全集》明

二），融北方山水與南畫風格於一體，有瀟灑清曠之致，蒼渾健勁，獨具一體。

姜立綱，字廷憲，號東谿，永嘉人。能文善書，字畫楷正，人得片紙，爭以爲法。[1] 畫學黄子久，亦訬[2]。

〔1〕其楷書亦有傳世，《楷書東銘》（北京故宫博物院藏，見《中國古代書畫圖目》二十）。

〔2〕同“妙”。

黄璨，字蘊龢[1]；柳楷，字文範，號萬竹山人，俱永嘉人。與廷憲官直内閣，詩文書畫，并皆佳妙。

〔1〕借緑草堂本作“蘊和”。

范暹，字起東，號葦齋，東吴人。蔣廷暉先生之壻。工書法，設帳授徒，多所造就。工於花竹、翎毛，人多尚之。葉文莊公嘗謂“起東善花鳥，有談論，館閣名公多重之，老於京師，人稱范葦齋先生”云。

陳復，字啓陽，號坦坦居士，燕山人。幼同弟後[1]從伯父任南京通政司右通政，因與詩人文士交稔，是以才思充溢，詩文清奇。尤長作畫，山水、松竹，皆有矩度，亦精寫昭[2]。由儒士任鴻臚序班，理禮部鑄印局事，用薦改國子典籍[3]。

〔1〕陳復之弟陳後。

〔2〕昭，同“照”。

〔3〕借緑草堂本作“國子監典籍”。

陳後，字啓先，號寓齋，復弟也。詩文書畫，與兄齊名，尤精堪輿[ ]之學，用薦任欽天監博士。子漢，繼其業焉。

〔1〕指風水。《淮南子》："堪，天道也；輿，地道也。"

劉志壽，字伯齡，密縣人。聰穎能詩，以世業任南京欽天監五官靈臺郎。善寫翎毛，尤長蝦蠏[1]，落筆消洒[2]，活動可愛。

〔1〕蠏，同"蟹"。

〔2〕同"瀟灑"。

李汞，字光遠，號柯耕，衢之西安人，工楷書，授禮部司務。善寫松竹，有過庭章、張廷端之筆意。

杜堇，字懼男，有樫居古狂、青霞亭之號，鎮江丹徒縣人。[1]有籍於京師。勤學經史及諸子集録，雖稗官小説[2]，罔不涉獵。舉進士不第，遂絶意進取。爲文奇古，詩精確，通六書[3]，善繪事。其山水、人物、草木、鳥獸，無不臻妙，由其胸中高古，自然神采活動，宜乎宗之者衆。[4]

〔1〕《畫史會要》和《無聲詩史》説杜堇原來姓陸，此説是有根據的。杜堇在《九歌圖》卷尾自題："明癸巳中秋念有一日，隗臺陸堇寫於婁文昌雲泉山房。"鈐"古狂"印。在沈周的《婁江雪棹圖》上也留有杜堇的唱和詩："已富三冬學，青衫稱少年。遠尋東老寓，獨羡外甥賢。雪變寒江雨，鐘鳴野寺天。又驅羸馬去，離思繞長川。"在詩後同樣落款："燕山陸堇。"沈周也曾稱杜堇爲"古狂陸君"。所以，可以肯定杜堇曾經姓陸，但爲什麽要改姓杜，王世貞解釋爲"陸堇爲杜，蓋表出姓"，是否與其娘家有什麽關係就不得而知了。

〔2〕《漢書·藝文志》："小説家者流，蓋出於稗官，街談巷語，道聽途説者之所造也。"顔師古注："稗官，小官。"後因以"稗官小説"爲野史小説之稱。

〔3〕許慎《說文解字敘》把六書之名定爲：指事、象形、形聲、會意、轉注、假借。一般都認爲，六書中象形、指事、會意、形聲屬於造字之法，即漢字結構的條例；轉注、假借則屬於用字之法。此處"通六書"泛指文字之學。

〔4〕杜菫工山水、人物。其山水取法南宋李唐、劉松年，造型嚴謹，用筆遒勁。尤其擅長人物、侍女，其傳世代表作有《九歌圖》（紙本水墨，北京故宫博物院藏，見《中國繪畫全集》明二），《題竹圖軸》（紙本水墨，北京故宫博物院藏，見《中國繪畫全集》明二），《梅下横琴圖》（紙本水墨，北京故宫博物院藏，見《中國繪畫全集》明二）。

沈周，字啟南，號石田，姑蘇人。[1]博學有奇思，爲詩清新，皆不經人道語。字亦古拙[2]。學黄大痴[3]，法其善處，略其不善處，遂自名家。[4]因求畫者衆，一手不能盡答，令子第模寫以塞之，是以真筆少焉。

〔1〕沈周（1427—1509），姑蘇（今江蘇蘇州）人。不應科舉。爲吴門畫派宗師，與唐寅、文徵明、仇英合稱"明四家"。

〔2〕沈周書學黄山谷，即黄庭堅，北宋書法家、文學家。黄山谷大字行書凝練有力，結構奇特，幾乎每一字都有一些夸張的長畫，并盡力送出，形成中宫緊收、四緣發散的結字方法，對後世産生很大影響。

〔3〕當爲"畫學黄大痴"，此處脱"畫"字。黄大痴即黄公望，見《圖繪寶鑑》卷五。

〔4〕沈周山水初師家法，兼師杜瓊，取法董源、李成。中年以黄公望爲宗，晚年醉心吴鎮，於廣收博取中自拓新意。其傳世代表作有《廬山高圖》（紙本設色，"臺北故宫博物院"藏，見《中國繪畫全集》明二），《虎丘送客圖》（紙本設色，天津市藝術博物館藏，見《中國繪畫全集》明二）。

陶成，字孟學，號雲湖仙人[1]，寶應人。[2]以宦家子中應天府鄉試，[3]以試[4]以事不果會試。天性落魄，然多才藝，書工篆、隸、真、草，詩文奇古。畫山水多用青緑，尤善鉤勒竹兔與鶴鹿，皆妙，由其胸中灑然也。[5]

〔1〕借緑草堂本作“雲湖山人”。《明畫録》卷三：“陶成，字孟學，號雲湖山人。”

〔2〕陶成，生卒年不詳。寶應（今屬江蘇）人。約活動於明成化、弘治年間。

〔3〕成化七年（1471）舉人。

〔4〕“以試”二字爲衍文，當删。

〔5〕陶成的傳世代表作有《雲中送別圖卷》（紙本設色，北京故宫博物院藏，見《中國繪畫史圖録》下），人物形神兼備，衣紋綫條流暢，款曰“成化二十二年丙午夏五月望後四日也”。陶成亦長於畫猫，“臺北故宫博物院”藏有《貍奴芳草圖》（紙本設色，“臺北故宫博物院”藏，見《故宫書畫圖録》十八）。

蔣子成，江東人。工道釋神像。[1]

〔1〕《明畫録》記載，蔣子成早年畫山水，後改畫人物，而仙佛像最爲精彩，被稱爲“有明第一手”。

阮福，海北[1]人。道釋神像，亞於子成。

〔1〕四庫本作：“阮福，北海人。”

趙丹林，善作龍角、鳳尾、金錯刀竹。[1]

〔1〕趙元，一作原，字善長，號丹林。由元入明，見《圖繪寶鑑》卷五“趙元”條，可互爲補充。其傳世之作《陸羽烹茶圖》（紙本水墨，“臺北故宫博物院”藏，見《中國繪畫史圖録》上），爲水墨山水，左下款

署“趙丹林”，用印有“趙善長”。

過庭章，無錫人。妙於寫松。

林廣，廣陵人。山[1]、人物，學李在，得瀟灑活動之趣。[2]

〔1〕正德本此處脱一“水”字。

〔2〕傳世之作有《迴溪游展圖》（天津市文物公司藏，見《中國古代書畫圖目》八）。

楊塤，字景和。善以彩色漆作屏風器物，極其精巧，皆以泥金[1]書題於上，由其能書畫也。

〔1〕正德本此處脱“金”字。

沈政，字以政，閩人。官至順天府丞，直仁智殿。工花竹、翎毛。

徐柱，字夢節[1]，東吴人。善寫葡萄。[2]

〔1〕借緑草堂本作“字孟鄉”。

〔2〕其葡萄不見傳於世，傳世之作有《南山樵隱圖》（安徽省博物館藏，見《中國古代書畫圖目》十二）。

伍槼，字廷節，臨川人。工書[1]，寄禄中書科。善花竹、翎毛。

〔1〕借緑草堂本、神本作“畫”。

倪端[1]，工山水、人物。

〔1〕倪端，生卒年不詳。字仲正，杭州人。宣德中入畫院，與謝環、

李在、石鋭同被寵用。傳世代表作有《捕魚圖》（絹本設色，"臺北故宫博物院"藏，見《中國繪畫全集》明一），其山水學院體，略近李唐、劉松年一路，筆致嚴謹。

李福智，釋道人物可繼上官伯達。

周全，工畫馬。

朱應祥，字岐鳳，號玉華外史，松江人。鄉貢進士。其志高尚，草書與東海、南山，并爲時重。寫竹尤奇。

俞泰，字國昌，號正齋，無錫人。弘治壬戌[1]仕户科都給事中。寫山水絶類黄子久、王叔明[2]。爲人温雅，詩文書畫皆似之。

〔1〕公元1502年。

〔2〕王叔明的傳世之作有《瀟湘暮雨圖》（紙本水墨，遼寧省博物館藏，見《中國古代書畫圖目》十五）。

王田，字舜耕，山東濟南人。以縣佐請老歸田。材敏，喜爲樂府詞[1]，膾炙人口，遠近傳播。山水學高房山，不失矩度與[2]。

〔1〕《無聲詩史》："以縣佐請老歸田。性敏，喜爲樂府詞。"

〔2〕與，借緑草堂本作"焉"。

何澄[1]，號竹鶴老人，毗陵人。善山水，官至太守。[2]

〔1〕何澄，生卒年不詳。明永樂、正統間人。江蘇江陰人。

〔2〕明永樂元年（1403）舉於鄉。作品傳世極少，1982年淮安明代王鎮墓出土其山水畫《雲山墨戲圖》册頁（紙本水墨，淮安市博物館藏，見《中國美術全集》明代繪畫上），其畫仿米家山水，烟雲滿紙，用墨亦

佳。

道士彭玄中、沈明遠、張復陽，浙人。畫法俱相似。

張翬，太倉人。工山水。

汪質，字孟文，金陵人。[1]工山水。[2]

〔1〕《金陵瑣事》記載，汪質爲浙江新昌人，流寓南京。

〔2〕汪質山水師戴進，在風格上屬浙派。

許尚文，金陵人。工山水。[1]

〔1〕《金陵瑣事》卷二："許縉，字尚文，金陵人，工山水。"或與此同爲一人。

盛行之，江東人。善畫梅花[1]，筆力蒼老，萱葵竹菊，形類草書。

〔1〕四庫本作"善畫梅"。

史廷直[1]，號痴翁，復姓名爲徐端本，江東名士。性犖犖不羈，以詩酒爲樂。畫山水得行雲流水之趣。[2]

〔1〕史忠（1437—1519），本姓徐，名端本，字本正。後改名史忠，字廷直。金陵（今江蘇南京）人。史忠十七歲方能講話，但外鈍而内秀，人以"癡"呼之。

〔2〕史忠學畫不計家數，沈周曾題其像："玩世滑稽，風顛月痴。灑筆淋灕，水走山飛。"傳世代表作有《仿黄公望山水圖》（絹本設色，"臺北故宫博物院"藏，見《中國繪畫全集》明三），《雜畫册》（紙本水墨，上海博物館藏，見《中國繪畫全集》明三）。其作品不拘形似，筆墨酣暢

淋灕。藝術格調狂而不俗，野不傷雅。

陳大章，字明之，號月隴，鳳陽盱眙人。由進士官至太僕少卿。菊花有雲湖之妙。有詩名，尤工行草。

吴偉〔1〕，字士英，更字次翁，號小仙，江夏人。行取來京，授錦衣百户。性自是，不受羈絆，放歸。作山水落筆健壯，白描尤佳，觀者自然起興，同藝不及。〔2〕

〔1〕吴偉（1459—1508），字士英（一作世英），更字次翁，號魯夫，又號小仙，江夏（今湖北武漢）人。

〔2〕吴偉善於以簡練的筆法賦予物象，以嚴謹的造型，以草書般飛動的筆墨造成奪人氣勢，反映當時市民階層的審美情趣，從而創造出有别於"院體"和"浙派"的"江夏派"。其傳世代表作有《漁樂圖》（紙本設色，北京故宫博物院藏，見《中國繪畫全集》明三），《雪江捕魚圖》（絹本設色，湖北省博物館藏，見《中國繪畫全集》明三）。

吕紀〔1〕，字廷振，四明人。爲人謹厚，山水人物俱工，獨以翎毛得名。〔2〕其設色鮮麗，生意藹然，爲畫流所宗。〔3〕官至錦衣指揮。〔4〕

〔1〕吕紀（1477—?），字廷振，四明（今浙江寧波）人。

〔2〕吕紀善畫花鳥，近學邊景昭，遠宗南宋院體，多以鳴禽爲題材，設色艷麗，具有生氣。亦作水墨，與林良齊名。傳世代表作有《桂菊山禽圖》（絹本設色，北京故宫博物院藏，見《中國繪畫全集》明三），花與葉用勾勒添彩法，用筆工整，設色明麗；其湖石、樹幹用水墨法。

〔3〕借緑草堂本此句後增改作："前與宋元并肩，後無復能繼踵。大小屏幅，悉皆留心工緻，能爲後人所宗也。"

〔4〕弘治年間被徵入畫院，供事仁智殿，官至錦衣衛指揮。

鍾欽禮，號南越山人，又號“一塵不到處”。善畫山水。

劉俊[1]，字廷偉。山水、人物俱能。[2]

〔1〕劉俊，生卒年不詳。官錦衣衛指揮，約活動於十五世紀。

〔2〕劉俊傳世之作有《雪夜訪普圖》（絹本設色，北京故宫博物院藏，見《中國繪畫全集》明一），《劉海戲蟾圖》（絹本設色，河北石家莊文物管理所藏，見《中國繪畫全集》明一）。劉俊筆下人物刻畫細膩、生動，構圖莊重概括，爲典型明代宫廷畫風。

袁璘，字廷器。山水、人物俱善。

張倫，字秉彝，人物專科，尤善寫鬼判。

虞公諱謙，號玉雪齋，京口人。永樂中官居都憲。詩文政事爲群公推讓。公餘寫金錯刀竹，多自題詩於上。同里王性善精醫，與公交厚，善寫山水。同時有郭將軍，能詩工畫。公贈詩有“詩律清新畫入神”之句，其重之如此。

楊瑗，當塗人，爲儒學教諭[1]。善畫菜，有生意。

〔1〕元、明、清各縣儒學置教諭，掌教誨縣學生員。

程南雲，號清軒，大儒[1]之後。字備篆、隸、草、楷[2]，詩文奇古，官至太常寺卿。喜作雪梅、雪竹，極妙。

〔1〕大儒指宋儒程頤、程顥兄弟。

〔2〕其傳世之作有《行書千字文》（遼寧省博物館藏，見《中國古代書畫圖目》十五）。

朱孔易，華亭人。與清軒同官，寫《東里少師歸田圖》，評者謂其作家、士氣皆具，亦今之罕有者也。[1]

〔1〕北京故宫博物院藏朱孔陽《湘江烟雨圖》（紙本水墨，見《中國繪畫全集》明一），圖繪墨竹數株，畫中款署"湘江烟雨，雪庭老人爲均德賢友寫"，下鈐"孔易""禁直餘閑"二印。據彭飛《朱孔暘生平及其〈湘江烟雨圖〉考釋》，朱孔陽與朱孔易爲同一人。主要是由於"陽"的寫法不同而導致訛誤，正確的寫法應爲"朱孔暘"。

黄蒙，字養正，永嘉人。官至禮部郎中。及其子采，相繼以書法直内閣，俱擅詩文。山水得黄子久佳處。[1]

〔1〕借緑草堂本作："其畫山水得黄子久佳處。"

蘇致中，西蜀人。由科第官署。□[1]水師郭熙，而清雅高出畫流。

〔1〕此處作墨丁，當爲"山"。

葉澄，字原静[1]，其先吴人。[2]作畫學戴文進，得其妙。[3]

〔1〕《無聲詩史》作："字元静。"

〔2〕《明畫録》作："其先吴人，寓京師，遂占籍焉。"

〔3〕傳世之作有《雁蕩山圖》（紙本水墨，北京故宫博物院藏，見《中國古代書畫圖目》二十）。

周臣，字舜臣[1]，東吴人。[2]山水、人物俱清致，能詩。[3]

〔1〕《無聲詩史》《明畫録》俱作："字舜卿，號東村。"

〔2〕周臣，生卒年不詳。約生活在公元十五世紀末至十六世紀初。東吴（今江蘇蘇州）人。

〔3〕周臣畫法嚴整工細，被稱爲非院派的民間“院派”畫家。傳世代表作有《春山游騎圖》（絹本淺設色，北京故宫博物院藏，見《中國繪畫全集》明二），此作山石用小斧劈皴，人物用細綫淺色，别有新意。

唐寅，字子畏，東吴人。[1]中應天府鄉試第一。才藝宏博，作畫有古人之妙，人罕及之。[2]圖書“南京解元”。[3]

〔1〕唐寅（1470—1523），字伯虎，一字子畏，東吴（今江蘇蘇州）人。

〔2〕《圖繪寶鑑續纂》説他的繪畫：“至於繪事，山水人物，無不臻妙。雖得劉松年、李晞古之皴法，其筆資秀雅，青於藍也。”唐寅山水學李唐、劉松年及宋元諸家，融會運用，或細潤秀雅，或蒼勁活潑。唐寅山水畫代表作有《山路松聲圖》（絹本設色，“臺北故宫博物院”藏，見《故宫藏畫選》）。兼工人物，善於表現婀娜仕女，靈活干净，爲明代“院體派”及“吴派”健將。代表作品有《孟蜀宫妓圖》（絹本設色，北京故宫博物院藏，見《中國美術全集》明代繪畫中）。

〔3〕弘治十一年（1498）中應天府鄉試第一，會試時因科場舞弊案被牽連而革黜。

文徵明，姑蘇人。[1]寫竹得夏昶之妙，山水出沈周之右。[2]工詩文，精書法，吴越間稱之。

〔1〕文徵明（1470—1559），初名璧，以字行，更字仲徵，號衡山，姑蘇（今江蘇蘇州）人。爲吴門派重要畫家。

〔2〕《圖繪寶鑑續編》之後，《吴郡丹青志》《無聲詩史》《明畫録》等亦有關於文徵明繪畫淵源的記載，文本距離文徵明的時代越遠，文獻記載中文徵明所師法的對象就越古老、越權威，不再是同時代的沈周、夏昶等人了。文徵明繪畫初師沈周，後從宋元諸家中吸收營養。山水近趙孟頫，兼得王蒙神韵、董源筆意，多寫江南湖山庭院和文人生活，構圖平穩

嚴密，筆意工整秀雅，書卷氣很重。山水代表作有《品茶圖》軸（紙本墨筆，北京故宫博物院藏，見《中國美術全集》明代繪畫中），人物代表作有《湘君湘夫人圖》軸（紙本設色，北京故宫博物院藏，見《中國美術全集》明代繪畫中）。

王彦，字存拙，沔陽人。善作梅花。

孔福禧，先聖之後裔。工山水。

張天祐[1]，安國公之孫。翎毛、蘭竹，清致可愛。

〔1〕神本作“孫天祐”，《明畫録》《無聲詩史》亦作“孫天祐”。

張欽，字士敬，祥符人，號震齋。善山水、花竹[1]，得古人之風。官至都閫。寧陽恭靖王懋之長子。

〔1〕借緑草堂本作“花卉”，《無聲詩史》《明畫録》作“花竹”。

姜濟，浮梁[1]人，寓蜀。寫山水無墨痕，有雲烟[2]出没之奇。

〔1〕位於江西，景德鎮隸屬於浮梁。

〔2〕借緑草堂本、四庫本作“烟雲”。

僧照庵[1]，浙人。竹石學倪雲林。

〔1〕借緑草堂本作“煦”，《明畫録》有釋昇，號照庵，當與此爲同一人。

僧曉庵[1]，東吴人。善畫葡萄。

〔1〕《圖繪寶鑑》本卷有與胡大年合傳之“僧曉庵”，二者爲同一人，重出。

僧日章，蜀成都人。[1]山水學唐子華。[2]

〔1〕《明畫録》卷五作："僧日章，號錦峰。"

〔2〕《休寧縣誌》載，唐子華，丹青擅其妙。

僧草庵，住嘉禾[1]三塔寺。工詩畫。

〔1〕借緑草堂本作"嘉興"，四庫本誤作"嘉樂"。

王世昌，號歷山[1]，山東人。工山水人物。

〔1〕《明畫録》作："歷城人。"

王孟仁[1]，以字行，金陵人。小景山水人物。[2]

〔1〕《金陵瑣事》有："王孟仁，字元甫。"

〔2〕此文似有缺漏。

朱銓，字文衡，號樗仙，長沙人。[1]工山水、人物，鈎勒竹及菊兔。亦能詩。

〔1〕《金陵瑣事》："朱銓，字士選，乃孔陽弟也。"與此恐非一人。

朱鑑，字文藻，號墨壺[1]，樗仙之弟也。山水、人物清奇。

〔1〕借緑草堂本作："號墨湖。"

姜隱，字周佐，山東黄縣人。善人物、士女、花果，細潤工緻，得古人之妙。[1]

〔1〕姜隱，生卒年不詳。其傳世之作有《芭蕉美人圖》（絹本設色，美國加州大學美術館藏，見《海外藏中國古代繪畫圖録》五），此作有南宋仕女畫遺韵，人物優雅生動。

杜君澤，號小痴，姑蘇人。善楷書，工山水。嗜酒，流寓高郵，落魄不羈，以酒卒。

馬稷，字舜舉，號醉狂，江東人。善山水、人物、花木、竹石。

李著，字潛夫，金陵人。[1]工山水、人物、花木、翎毛。[2]

〔1〕《金陵瑣事》卷二：“李著，字潜夫，號墨湖，童年學畫於沈啟南之門。”

〔2〕李著的傳世之作有《漁樂圖》（紙本水墨，日本橋本末吉藏，見《海外藏中國古代繪畫圖録》五），此作可以看出李著與戴進、吴偉的傳承關係。

蔣三松，金陵人。[1]善畫山水。[2]

〔1〕《金陵瑣事》卷二：“蔣嵩，號三松。善山水人物，多以焦墨爲之，最入時人之眼。”

〔2〕蔣嵩善畫山水，爲“浙派”後期名家。傳世代表作有《漁舟讀書圖》（絹本淺設色，北京故宫博物院藏，見《中國繪畫全集》明三），筆墨粗獷、厚潤，遠近、濃淡、疏密表現得恰到好處。

朱端，字克正，欽賜“一樵圖書”。[1]人物、山水學盛子昭，墨竹師夏杲，善花木、翎毛。[2]

〔1〕朱端，生卒年不詳。字克正，號一樵。海鹽（今浙江海鹽）人。少時家貧，以漁樵爲業，正德間以畫藝進入仁智殿，授錦衣衛指揮，欽賜“一樵圖書”印，故號“一樵”。

〔2〕朱端山水宗郭熙、馬遠，人物學盛懋（字子昭），花鳥學吕紀，

墨竹師夏昶。傳世代表作有《猛虎渡河圖》（紙本水墨，北京故宫博物館藏，見《中國繪畫全集》明三），《竹石圖》（紙本水墨，北京故宫博物館藏，見《中國繪畫全集》明三）。

高松，字守之，號南崖子，又號我山，文安人。其人甘守家貧，有官不仕。愛攻詩畫，馳譽多能。善書大字，兼真、草、篆、隸，能繪小景，并梅、菊、蘭、松之如[1]，勾[2]勒竹、葡萄甚佳，更有灰堆山墨竹尤長也。

〔1〕“如”，四庫本作“類”。

〔2〕“勾”，四庫本作“鈎”。

張平山者，名路，字天馳，大梁人也。[1]以庠生游太學，然竟不仕，獨游情繪事，其人物似吴偉，而山水尤有戴文進風致，一時縉紳咸嘉尚之，得其真跡者，如珙璧[2]焉。[3]

〔1〕張路（1461—1537），字天馳，號平山。今河南開封人。

〔2〕珙璧，大璧。

〔3〕張路頹唐自放的性格和以畫爲業的生涯，與戴進、吴偉相似，其藝術風格也緊跟其後。傳世代表作有《風雨歸莊圖》（絹本設色，北京故宫博物院藏，見《中國繪畫全集》明三），《山雨欲來圖》（絹本設色，北京故宫博物院藏，見《中國繪畫全集》明三）。

賓山吴子仁手録時人能畫者十數，謁予告曰：“錦衣苗公巽齋雅好圖書，以元人夏士良《圖繪寶鑑》考其收積者之真贋，厭其舊本模糊，命麒繕寫重刊，及纂當代名士以繼夏氏之編。奈麒因京闈考士，召書試録所占，望先生代麒彙次以爲續纂。”予一時應之，深愧素無賞鑒，恐負賓山之托，遂以平日所聞所見及家藏之圖，摭拾以應。復謀諸社友錦衣王春泉，益其知者統書之，皆馳聲於士林者。不敢妄分優劣，以爲取捨，恐得[1]於世。大抵書之者，略能記其出處姓名。至若有號有字，而不詳其出處姓名者，如雪谷及東川居士之竹，西園逸士之草蟲，松雪之人物，岩東之魚，東山一庵之山水，雖皆清麗，出人意表，不敢列於集中。又若朽庵與賓山皆有水墨山水小景，予皆收之，其筆力之佳，由其善書故也。噫！國家重熙累洽，於兹百五十年餘矣，公卿名士，山林道釋，所作之畫，名當時而傳後世者，不知幾多，予之膚見，不過如此，尚賴後之君子，幸爲正其叙列，增其遺略，以成巽齋之美焉。

正德己卯[2]中秋日，欽天監副玉泉韓昂識。

〔1〕“得”，疑作“礙”。

〔2〕正德己卯爲1519年。

題重刊《圖繪寶鑑》跋

乾坤奠位，聖人應世而興；爻象分輝，龍馬負圖而出。清濁既舍畫意，淡濃自顯文章。古往紛然，今來亦爾。粵吾觀吴興文彦甫氏《圖繪寶鑑》之所萃者，多方秀氣，歷代清才，或御筆以通神，或仙機而運化。但取雲林雪景，豈拘緇服黄冠。或稱山水人物之奇，或著花竹禽魚之美，或遣詩壇之逸興，或摴[1]官舍之閑情，文武兼收，君臣并列。初題前序，妍媸已别其區；續綴跋遺，搜選未臻其極。

今我朝大錦衣苗公增，字益之，號巽齋者，貴膺金玉，雅愛丹青，積集宋唐，辨明真贋。惜兹殘偏[3]敗缺，嘗懷三豕之疑[3]；想彼舊版湮微，永寢諸坊之售。由是樂捐常俸，禮致能書，考正魯魚[4]，刻添麟鳳，倘經一覽，實勝千聞。與夏氏共播芳聲，資士林誰云小補。

正德己卯季夏望日。

賜宗師沙門虎林宗林志。

〔1〕摴即舒、抒，“摴官舍之閑情”，抒發之意。

〔2〕“偏”，應爲“編”。

〔3〕比喻文字傳寫或刊印訛誤。三豕典故出自《吕氏春秋·察傳》：“子夏之晋，過衛，有讀史記者曰：‘晋師三豕涉河。’子夏曰：‘非也，是己亥也。夫己與三相近，豕與亥相似。’至於晋而問之，則曰晋師己亥涉河也。”

〔4〕魯、魚古字形相近，容易相混，比喻抄寫刊刻中的文字訛誤。南朝陳徐陵《〈玉臺新咏〉序》：“高樓紅粉，仍定魯魚之文；辟惡生香，聊防羽陵之蠹。”

圖繪寶鑑續纂

清借緑草堂本

〔清〕藍　瑛　謝　彬　撰録

卷六

山陰馮仙湜沚鑑鑒閱

武林毛大倫善叔增補

新安程鵠昭黄　華亭吴賓魯公　蕭山張振岳崧高　廣陵陳申蠖庵校訂

明

宣廟御筆，有山水，有人物，有花果、翎毛，有草蟲。上有年月及賜臣名，寶用不一，有“廣運之寶”“武英殿寶”等寶，“雍熙世人”等圖書。惟宣廟臨御，當重熙累洽，四海無虞，萬幾之暇，留神詞翰，於圖畫之作，隨意所至，尤極精妙，蓋聖能天縱，一出自然，若化工之於萬物，因物賦形，不待矯揉，而合[1]遂生成也。[2]

〔1〕正德本作“各”。

〔2〕見韓昂《圖繪寶鑑續纂》。借緑草堂本去掉“臣謹識”等字。

憲廟、孝廟御筆，皆神像，上識以年月及寶。[1]

〔1〕見韓昂《圖繪寶鑑續纂》，此條重出。

宗室中善寫神像及金瓶、金盤、牡丹、蘭菊梅竹之類，舊家多有珍藏者。[1]

〔1〕見韓昂《圖繪寶鑑續纂》，此條重出。

潞藩，善畫竹石。彈琴寫字，無不精妙。爲人謹厚，皆以稱之。[1]

〔1〕後削去藩號，借綠草堂本於藩號處作空格。《明史》載："朱常淓爲潞簡王翊鏐世子，明萬曆四十六年嗣位，清順治二年降清。"

魯藩，善畫蘭竹，花葉縱横。□□□□氣味，非僅僅與筆墨者也。[1]

〔1〕魯藩朱觀熰，後削去藩號，借綠草堂本於藩號處作空格。魯藩始封於明太祖第十子朱檀，朱觀熰爲太祖五世孫。《藩獻記》卷二載："觀熰字中立，爲鎮國中尉，被服儒素，雅好著述。嘗繪《太平圖》一卷上獻，世宗皇帝嘉獎之，賜承訓書院名額，并五經諸書，所著《濟美堂稿》《畫法權輿》若干卷。"

肅藩，善花鳥蘭石。[1]

〔1〕肅藩朱壽鏞，後削去藩號，借綠草堂本於藩號處作空格。肅藩始封於太祖十四子朱楧，相繼爲王者九世，各書未見其中有善畫者。《中國美術家人名辭典》有："朱壽鏞，封肅王，太祖七世孫，恭王子，善花鳥及蘭石。"

郭文通，永嘉人。善山水，布置茂密，長陵最愛之，有言馬遠、夏珪者，輒斥之曰："是殘山剩水，宋僻安之物也。"[1]文通之遭際，竹軒徐以道先生嘗言之，《水東日記》亦載之。

〔1〕見韓昂《圖繪寶鑑續纂》，此條重出。

商喜，字惟吉，善山水、人物、花木、翎毛，全摹宋人筆意，無不臻妙。超出衆類，際遇累朝，士林之首重也。其孫祚，字天爵，能世其學。[1]

〔1〕見韓昂《圖繪寶鑑續纂》，此條文本略有不同，可互參。

韓秀實，涿州人。與商惟吉同被寵渥。人物亦佳，尤善畫馬。[1]

〔1〕見韓昂《圖繪寶鑑續纂》，此條重出。

張靖，山東人。道釋人物得吴道子之奥，尤善寫照。[1]孫玘，字廷；曾孫錦，字大紳，俱能山水、人物，寫照有乃祖之妙。[2]

〔1〕見韓昂《圖繪寶鑑續纂》，此條重出。

〔2〕見韓昂《圖繪寶鑑續纂》，此本將“其”改爲“乃”。

殷善，字從善，金陵人。花果翎毛極精致。子偕，字汝同，專其業。[1]

〔1〕見韓昂《圖繪寶鑑續纂》，此條重出。

邊景昭，隴西人。善翎毛花果，花之嬌笑，鳥之飛鳴，葉之正反，色之蘊籍，不但鈎勒有筆，其用墨，無不合宜。宋元之後，殆其人矣。迄今人争購之。[1]其子楚祥，雖不及父，工緻猶過殷氏。[2]

〔1〕此本在《圖繪寶鑑續纂》的基礎上，增補“花之嬌笑，鳥之飛鳴，葉之正反，色之蘊籍，不但鈎勒有筆，其用墨，無不合宜。宋元之後，殆其人矣。迄今人争購之”。

〔2〕增補“雖不及父”。

謝庭循，永嘉人。山水爲同事所宗。東里楊少師稱其“清謹有文，尤精繪事。是以獨見重於宣廟”。[1]

〔1〕後句略有不同。見韓昂《圖繪寶鑑續纂》，此條重出。

周文靖，莆田人。山水堪配庭循。[1]

〔1〕見韓昂《圖繪寶鑑續纂》，此條重出。

王紱，字孟端，號友石生，又號九龍山人。毗陵人。高介絶俗，書法詩文皆出群類[1]。任中書舍人。有《王舍人詩集》行於世。畫竹石絶倫，名馳天下，不輕與人，故人不可苟得也。[2]

〔1〕正德本作“皆出群”。

〔2〕見韓昂《圖繪寶鑑續纂》，此條重出。

莊瑾，字公瑾，號采芝，龍江人。爲人雅淡高致，能詩，善草書，尤長於畫。師法夏珪、馬遠，蓋張可觀以後一人而已。[1]

〔1〕見韓昂《圖繪寶鑑續纂》，此條重出。

僧温日觀，妙於葡萄，無不知其名者。[1]

〔1〕見韓昂《圖繪寶鑑續纂》，此條重出。

胡大年、僧曉庵，[1]皆工葡萄。

〔1〕見韓昂《圖繪寶鑑續纂》，此條重出。

李在，字以政，莆田人。遷雲南，行取來京。山水細潤者宗郭熙，豪放者宗馬、夏[1]。其人物，評者謂“八面生動”，故四方重之。[2]

〔1〕正德本作“夏圭、馬遠”。

〔2〕見韓昂《圖繪寶鑑續纂》。

戴進，字文進，號静庵，又號玉泉山人，錢塘人。山水得諸家之妙，大率搴擬李唐、馬遠俱多。神像人物，走獸、花菓、翎毛極其精緻。而神象之威儀，鬼怪之勇猛，衣紋設色，重輕純熟，亦不下於唐宋先賢也。至於臨仿舊人而無款者，法眼觀之，莫辨真僞。此能品也。子泉，字宗淵，山水得家傳，但用墨太重耳。[1]

〔1〕見韓昂《圖繪寶鑑續纂》，文本不同，可互參。

夏芷，字廷芳，錢塘人。從游戴静庵，克勤於學，筆力逼其師，不幸早卒。弟葵，字廷暉，山水人物皆工緻。[1]

〔1〕見韓昂《圖繪寶鑑續纂》。

華朴[1]乃浙中詩僧，師戴静庵，作畫得名。[2]

〔1〕正德本作“樸”。

〔2〕見韓昂《圖繪寶鑑續纂》。

上官伯達，譙川人。神佛人物，傅色既精，神采亦備，能使人起敬。[1]

〔1〕見韓昂《圖繪寶鑑續纂》，此條重出。

夏昶，字仲昭，初姓朱，登第後始改爲夏，東吴人，自中書舍人累進太常寺卿直内閣。詩文書法皆妙。喜作竹石，求者無虚日，一一應之，得知者寶藏。[1]

〔1〕見韓昂《圖繪寶鑑續纂》，此條重出。

張益，字士謙，與仲昭同郡，同登第，官至學士。寫竹亦妙。[1]

〔1〕見韓昂《圖繪寶鑑續纂》，此條重出。

陳嗣初，東吴人。以文章擅名翰林，任檢討。寫竹尤奇，仲昭、士謙，皆師事之。[1]

〔1〕見韓昂《圖繪寶鑑續纂》，此條重出。

謝宇，伯寛其字也，又號容庵，湖廣衡陽人。幼聰穎。宣德中欽選司禮監，與同中貴讀書，以中書舍人直内閣，累進工部左侍郎，掌通政司事。山水法諸大家，花木鳥獸，無不能者，皆到妙處。仲子中書舍人汝明，字晦卿，號東巖，亦善山水。[1]

〔1〕見韓昂《圖繪寶鑑續纂》，此條重出。

任道遜，字克誠，瑞安人。詞翰皆佳，官至太僕寺卿，直文華殿。善寫梅。夫人孫氏亦能，其父任太守，寫梅，人以“孫梅花”稱之。[1]

〔1〕見韓昂《圖繪寶鑑續纂》，此條重出。

夏衡，字以平，松江人。工書法，篆隸高古。自中書舍人進太常少卿。作畫有黄子久之妙。[1]

〔1〕見韓昂《圖繪寶鑑續纂》，此條重出。

金文鼎，宣城人。工書法，詩文流麗，畫得黄子久筆意。子鈍，字汝厲；次子鋭，字汝潛，并有父風。[1]

〔1〕見韓昂《圖繪寶鑑續纂》，此條重出。

金湜，字本清，號朽木居士，四明人。善書法。任中書舍人。寫竹石佳甚，其鈎勒竹尤妙。官至太僕。[1]

〔1〕見韓昂《圖繪寶鑑續纂》，此條重出。

陳謙，字士謙，號衲庵逸人。書畫皆學趙松雪，自夸貼體，評者亦許其六七分妙云。[1]

〔1〕見韓昂《圖繪寶鑑續纂》，此條重出。

丁文暹，號竹坡。善山水、翎毛，筆力清勁。[1]

〔1〕見韓昂《圖繪寶鑑續纂》，此條重出。

陳叔謙，武林人。玩古器，識名畫，其價值纖毫不爽。作畫學倪雲林，亦妙。嘗書一聯于庭以自況，云："博古圖蒐周漢制，無聲詩寫晋唐題。"[1]

〔1〕見韓昂《圖繪寶鑑續纂》，此條重出。

王尚賢，梅溪人。善戲墨人物，年至九十，下筆益妙。[1]

〔1〕見韓昂《圖繪寶鑑續纂》，此條重出。

姚綬，字公綬，號雲東逸史，浙人。由進士仕至監察御史。有晋人風致，早年掛冠，優游泉石。畫法吴仲圭，三絶之亞擘。成圖或售於人，遂厚價返收之，其自重如此。[1]

〔1〕見韓昂《圖繪寶鑑續纂》，此條重出。

孫隆，號都痴，毗陵人。開國忠愍侯孫，生而穎敏，有仙人風度。寫翎毛草蟲，自成一家，號"没骨圖"。[1]

〔1〕見韓昂《圖繪寶鑑續纂》，此條重出。

張祐，字天吉，鳳陽人。爵襄隆平侯。爲人和易如儒者，作梅花清氣逼人。其從弟禄，字天爵，亦世其爵。梅花有其兄之妙。[1]

〔1〕見韓昂《圖繪寶鑑續纂》，此條重出。

王謙，字牧之，號冰壺道人。以儒士隆平侯聘爲西席。善書，作爲梅花，清奇可愛，實天吉之師也。子應奇，作梅得家傳。[1]

〔1〕見韓昂《圖繪寶鑑續纂》，此條重出。

陳憲章，號如隱居士，會稽人。詩畫梅，與牧之齊名。評者以二家雖格意不同，憲章筆力，實過牧之。子英，亦善寫梅。[1]

〔1〕見韓昂《圖繪寶鑑續纂》，此條重出。

張緒，字廷端，海虞人；屈處誠，東吴人。右二人與仲昭同時，工竹石，亞於仲昭。

毛良，字舜臣，號雨山居士，爵襲南寧伯，北平人。寫山水師米元章，雲霞出没，有天然之妙，真賞鑒家。尤工詩，著《無聲詩》，曲盡畫法之奥，與詩集并行於世。[1]

〔1〕見韓昂《圖繪寶鑑續纂》，此條重出。

太監陳喜，字仲樂，韃靼人。工人物、鳥獸，下筆無痕，爲一代之妙。[1]

〔1〕見韓昂《圖繪寶鑑續纂》，此條重出。

石鋭，字以明，錢塘人。畫得盛子昭金碧山水，界畫樓臺及人物皆傅色鮮明温潤，名著于時。[1]

〔1〕見韓昂《圖繪寶鑑續纂》，此條重出。

丁玉川，江右人。工人物、山水。[1]

〔1〕見韓昂《圖繪寶鑑續纂》，此條重出。

林良，字以善，廣東人。歷陞錦衣指揮。着色花果翎毛極精巧。其放筆作水墨禽鳥、樹木，皆遒勁如草書，雖人所不及[1]，亦覺潦草欠工耳。[2]

〔1〕此句爲借緑草堂本所加。

〔2〕見韓昂《圖繪寶鑑續纂》，此條重出。

顧宗，字學淵，五羊人。任中書舍人。畫學黄子久。[1]

〔1〕見韓昂《圖繪寶鑑續纂》，此條重出。

姜立綱，字廷憲，號東溪[1]，永嘉人。能文善書，字楷正[2]，人得片紙，争以爲法。畫學黄子久。[3]

〔1〕正德本作“東谿”。

〔2〕正德本作“字畫楷正”。

〔3〕見《圖繪寶鑑續纂》，文本大致相同。

黄璨，字藴和；柳楷，字文範，號萬竹山人，俱永嘉人。與廷憲官直内閣，詩文書畫，并皆佳妙。[1]

〔1〕見韓昂《圖繪寶鑑續纂》，此條重出。

范暹，字起東，號葦齋，東吴人。蔣廷暉先生之壻。工書法，設帳授徒，多所造就。工於花竹翎毛，人多尚之。葉文莊公嘗謂“起東善鳥，有談論，館閣名公多重之，老於京師，人稱范葦齋先生”云。[1]

〔1〕見韓昂《圖繪寶鑑續纂》，此條重出。

陳復，字啓陽，號坦坦居士，燕山人。幼同弟後從伯父任南京通政司右通政，因與詩人文士交稔，是以才思充溢，詩文清奇。尤長於畫，山水松竹，皆有矩度，亦精寫照。由儒士任鴻臚序班，理禮部鑄印局事，用薦改國子典籍。[1]

〔1〕見韓昂《圖繪寶鑑續纂》，此條重出。

陳後，字啓先，號寓齋，復之弟也。詩文書畫，與兄齊名，尤精堪輿之學。用薦任欽天監博士。子漢，繼其業焉。[1]

〔1〕見韓昂《圖繪寶鑑續纂》，此條重出。

劉志壽，字伯齡，密縣人。聰穎能詩，以世業任南京欽天監五官靈臺郎。善寫翎毛，尤長蝦蟹，落筆瀟灑，活動可愛。[1]

〔1〕見韓昂《圖繪寶鑑續纂》，此條重出。

李彔，字光遠，號柯耕，衢之西安人。工楷書，授禮部司務。善寫松竹，有過庭章、張廷端之筆意。[1]

〔1〕見韓昂《圖繪寶鑑續纂》，此條重出。

杜堇，字懼男，有檉居、古狂、青霞亭之號，鎮江府丹徒縣人。有籍於京師。勤學經史及諸子集録，雖稗官小説，罔不涉獵。舉進士不第，遂絶意取。爲文奇古，詩精確。通六書，善繪事，其山水、人物、草木、鳥獸，無不臻妙。由其胸中高古，自然神采活動，宜乎宗之者衆。[1]

〔1〕見韓昂《圖繪寶鑑續纂》，此條重出。

沈周，字啟南，號石田，長洲人。博學有奇思，作詩清新，皆不經人道語。字學黄山谷，雖放縱而古拙也。畫學黄子久，法其善處，遂自名家。其仿宋人筆意，無論山水、翎毛，以及花果，咄咄逼真。屏幛巨幅，氣勢巍然。即寫意一二筆，尤極神妙，人莫敢犯。畫中之有力量者，無出其右矣。〔1〕

〔1〕見《圖繪寶鑑續纂》，此文與韓昂所撰不同，正德本作："字亦古拙。學黄大痴，法其善處，遂自名家。因求畫者衆，一手不能盡答，令子弟模寫以塞之，是以真筆少焉。"

陶成，字孟學，號雲湖山人，寶應人。以宦家子，中應天府鄉試，以事不果會試。天性落魄，然多才藝，書工篆、隸、真、草，詩文奇古。畫山水多用青緑，尤善鈎勒竹、兔與鶴、鹿皆妙。由其胸中灑然也。

蔣子成，江東人。工畫道釋神像。〔1〕

〔1〕見韓昂《圖繪寶鑑續纂》，此條重出。

趙丹林，善作龍角、鳳尾、金錯刀竹。〔1〕

〔1〕見韓昂《圖繪寶鑑續纂》，此條重出。

阮福，北海人。畫道釋神像，亞於子成。〔1〕

〔1〕見韓昂《圖繪寶鑑續纂》，此條重出。

過庭章，無錫人。妙於寫松。〔1〕

〔1〕見韓昂《圖繪寶鑑續纂》，此條重出。

林廣，廣陵人。山水、人物學李在〔1〕，得瀟灑活動之氣。〔2〕

〔1〕借緑草堂本作"左"，誤。

〔2〕見韓昂《圖繪寶鑑續纂》，此條重出。

楊塤，字景和。善以彩色漆作屏風器物，極其精巧，皆以泥金書題於上，尤其能畫也。[1]

〔1〕見韓昂《圖繪寶鑑續纂》，此條重出。

沈政，字以政，閩人。官至順天府丞，直仁智殿。工花竹、翎毛。[1]

〔1〕見韓昂《圖繪寶鑑續纂》，此條重出。

徐柱，字孟鄉，東吴人。善畫葡萄。[1]

〔1〕見韓昂《圖繪寶鑑續纂》，此條重出。

伍槩，字廷節，臨川人。工畫，寄禄中書科。善花竹、翎毛。[1]

〔1〕見韓昂《圖繪寶鑑續纂》，此條重出。

倪端，善工山水、人物。[1]

〔1〕見韓昂《圖繪寶鑑續纂》，此條重出。

李福智，釋道人物可繼上官伯達。[1]

〔1〕見韓昂《圖繪寶鑑續纂》，此條重出。

周全，工畫馬。[1]

〔1〕見韓昂《圖繪寶鑑續纂》，此條重出。

朱應祥，字岐鳳，號玉華外史，松江人。鄉貢進士，其志高尚。草書與東海、南山，并爲時重，寫竹尤奇。[1]

〔1〕見韓昂《圖繪寶鑑續纂》，此條重出。

俞泰，字國昌，號正齋，無錫人。弘治壬戌，任户科都給事中。寫山水絶類黄子久、王叔明，爲人温雅，詩文書畫皆似之。[1]

〔1〕見韓昂《圖繪寶鑑續纂》，此條重出。

王田，字舜耕，山東濟南人。以縣佐請老歸田。才敏，喜爲樂府詞，膾炙人口，遠近傳播。山水學高房山，不失矩度焉[1]。[2]

〔1〕“焉”，正德本作“與”。

〔2〕見韓昂《圖繪寶鑑續纂》，此條重出。

何澄，號竹寉老人，毘陵人。善山水，官至太守。[1]

〔1〕見韓昂《圖繪寶鑑續纂》，此條重出。

道士彭玄中、沈明遠、張復陽，浙人。畫法俱相似。[1]

〔1〕見韓昂《圖繪寶鑑續纂》，此條重出。

張翬，太蒼人。工山水。[1]

〔1〕見韓昂《圖繪寶鑑續纂》，此條重出。

王質，字孟文，金陵人。工山水。[1]

〔1〕王質，應爲“汪質”。此本誤。見韓昂《圖繪寶鑑續纂》，此條重出。

許尚文，[1]金陵人。工山水。[2]

〔1〕《金陵瑣事》卷二：“許縉，字尚文，工山水。”與此或爲同一

人。

〔2〕見韓昂《圖繪寶鑑續纂》，此條重出。

盛行之，江東人。善畫梅花，筆力蒼老，萱葵竹菊，形類草書。[1]

〔1〕見韓昂《圖繪寶鑑續纂》，此條重出。

史廷直，號痴翁，復姓名爲徐端本，江東名士。性卓不羈，以詩酒爲樂，畫山水得行雲流水之趣。[1]

〔1〕見韓昂《圖繪寶鑑續纂》，此條重出。

陳大章，字明之，號月龍，鳳陽盱眙人。由進士官至太僕少卿。菊花有雲湖之妙，有詩名，尤工行、草兩書[1]。[2]

〔1〕正德本無“兩書”二字。

〔2〕見韓昂《圖繪寶鑑續纂》，此條重出。

吴偉，字士英，更字次翁，號小仙，江夏人。行取來京，授錦衣百户。性自是，不受羈絆，放歸。作山水，落筆健壯，白描尤佳。觀者自然起興，同藝不及。[1]

〔1〕見韓昂《圖繪寶鑑續纂》，此條重出。

吕紀，字廷振，四明人。爲人謹厚。山水、人物皆工，獨以翎毛得名。其設色鮮麗，生意藹然。前與宋元并肩，後無復能繼踵。大小屏幅，悉皆留心工緻，故爲後人所宗也。官至錦衣指揮。[1]

〔1〕見韓昂《圖繪寶鑑續纂》此條校注，“藹然”之後，多出“前與宋元并肩，後無復能繼踵。大小屏幅，悉皆留心工緻”。

鍾欽禮，號南越山人，又號“一塵不到處”。善畫山水。[1]

〔1〕見韓昂《圖繪寶鑑續纂》，此條重出。

劉俊，字廷偉，山水人物俱能。[1]

〔1〕見韓昂《圖繪寶鑑續纂》，此條重出。

袁璘，字廷器，山水、人物俱能。[1]

〔1〕見韓昂《圖繪寶鑑續纂》，此條重出。

張倫，字秉彝。專門人物，尤善鬼判。[1]

〔1〕見韓昂《圖繪寶鑑續纂》此條，“人物專科”改爲“專門人物”。

虞公諱謙，號玉雪齋，京口人。永樂中，官居都憲，詩文政事，爲群公推讓。公餘，寫金錯刀竹，多自題于上。同里王性善精醫，與公交厚，善寫山水。同時有郭將軍，能詩、工畫。公贈詩有“詩律清新畫入神”之句，其重之如此。[1]

〔1〕見韓昂《圖繪寶鑑續纂》，此條重出。

楊瑗，當塗人。爲儒學教諭，畫菜有生意。[1]

〔1〕見韓昂《圖繪寶鑑續纂》，此條重出。

程南雲，號清軒。大儒之後，字備篆、隸、楷、草，詩文奇古。官至太常寺卿。喜作雪梅、雪竹，極妙。[1]

〔1〕見韓昂《圖繪寶鑑續纂》，此條重出。

朱孔陽，華亭人。與清軒同官，爲《東里少師歸田園圖》，評者謂其作家、士氣皆具，今之罕有者也。[1]

〔1〕見韓昂《圖繪寶鑑續纂》，此條重出。

黄蒙，字養正，永嘉人。官至禮部郎中。及其子采，相繼以“法書”直内閣。俱擅詩文，山水傳黄子久佳處。[1]

〔1〕見韓昂《圖繪寶鑑續纂》，此條重出。

唐寅，字子畏，號六如。中應天鄉試第一，才藝宏博，風流倜儻。至於繪事，山水、人物，無不臻妙。雖得劉松年、李希古之皴法，其筆資秀雅，青於藍也。吴門僞筆最多，鑒者自能别焉。[1]

〔1〕見韓昂《圖繪寶鑑續纂》此條。

文徵明，初名璧，尋以字行，更字徵仲，號衡山。書師李應祈而兼備諸體，畫師沈石田又自立門庭。山水、花鳥，一一臻妙，尤善夏㫤之竹，故徵入爲翰林待詔。凡有故人子屬，方外貧窶者，索之竟日，未嘗云倦，藩邸中貴，絶不往還，其他可知矣。生平自勵如此，片紙隻字，人争重之。壽至九十，猶矍鑠焉。[1]

〔1〕見韓昂《圖繪寶鑑續纂》此條。正德本與此本不同，作：“文徵明，姑蘇人。寫竹得夏㫤之妙，山水出沈石田之右。工詩文，精書法，吴越間稱之。”

周臣，字舜臣，東吴人。山水人物，俱清致。能詩。[1]

〔1〕見韓昂《圖繪寶鑑續纂》，此條重出。

陳淳，字道復，又字復甫，號白陽，姑蘇人。文衡山之門人也。[1]善花卉，乘興醉筆，點綴脂粉，花之鮮妍笑媚。葉之正反飛舞，人所莫及。山水亦淋漓疏爽，不落蹊徑。真乃文人之筆，自是不同。書法行草，放縱妙絶。[2]

〔1〕陳淳（1483—1544），字道復，後以字行，更字復甫，號白陽，又號白陽山人，姑蘇（今江蘇蘇州）人。

〔2〕陳淳與徐渭齊名，并稱“青藤白陽”。爲明代文人畫寫意花鳥派的代表人物，其寫意花鳥代表之作有《梅花水仙圖》（紙本水墨，北京故宫博物院藏，見《中國美術全集》明代繪畫中），此作用筆放逸，梅花與水仙神態畢現，風姿瀟灑。

王問，字子裕，號仲山，無錫人。[1]戊戌進士，官至兵部郎[2]。善畫山水、人物、花卉，不用棚架。每登眺，乘興據案，運筆如飛，又極精妙。[3]其畫得於山水間，人求之者多不可得。

〔1〕王問（1497—1576），字子裕，學者稱爲仲山先生，無錫（今江蘇無錫）人。

〔2〕嘉靖十七年（1538）進士。四庫本作：“戊戌進士，初授户部主事，改南京兵部職方主事，升車駕司郎中。”

〔3〕王問之畫盡掃纖弱之習，風格蒼老，有“格近南宋，不入吴派”之説。傳世代表作有《溪亭觀泉圖》（絹本水墨，山東省博物館藏，見《中國美術全集》明代繪畫中）。

蔣三松，善畫山水、人物。金陵人。[1]

〔1〕見韓昂《圖繪寶鑑續纂》，此條重出。

徐霖[1]，字子仁，號髯仙，金陵人。善書畫，得之者莫不愛之。[2]

〔1〕徐霖，生卒年不詳。字子仁，金陵（今江蘇蘇州）人。活動於成化至嘉靖年間。

〔2〕徐霖善書畫，傳世之作有《菊石野兔圖》（絹本設色，北京故宫博物院藏，見《中國美術全集》明代繪畫中），此作用筆蒼勁，形態生動。

上自書詩一首，有宋元大家之意。

李著，字潛夫，號墨湖，金陵人。善畫山水、人物、花木、翎毛。[1]

〔1〕見韓昂《圖繪寶鑑續纂》，此條重出。

姚沾，字惟恩，號墨仙，錦衣千户，餘姚人。能詩，精妙蘭石，游吴門與諸名士友善，戲寫竹木、古樹，意頗清遠。

蔣貴，號青山，儀真人。宗吴小仙，人物逼真，山水近似。

張靈[1]，字夢晋，吴人。畫竹石花鳥，清氣逼人可愛。[2]

〔1〕張靈，生卒年不詳。字夢晋，吴（今江蘇蘇州）人。與唐寅爲鄰，志氣雅合。

〔2〕張靈工畫人物，傳世代表作有《招仙圖》（紙本水墨，北京故宫博物院藏，見《中國美術全集》明代繪畫中），人物用白描勾勒，衣紋細勁飄逸，姿容静穆秀美。文獻中言其畫竹石花鳥，見於畫中點景。

顧正誼[1]，字仲方，别號亭林，松江華亭人。任中書舍人[2]，人品高潔。居常好讀書，詩宗初唐。有《蘭雪齋稿》刻行于世。精於繪事，學王叔明、吴仲圭、倪雲林，各得神解，用墨布景，力追大雅。其摹黄子久者尤妙。[3]

〔1〕顧正誼，字仲方，别號亭林，松江華亭（今上海松江）人。

〔2〕萬曆年間以太學生官中書舍人。

〔3〕顧正誼傳世代表作有《山水圖》（紙本水墨，上海博物館藏，見《中國美術全集》明代繪畫下），望而可知學倪瓚、黄公望一路。

王一鵬[1]，號西園，松江華亭人。官至學博。爲人天性灑落，不拘繩墨。[2]書法學黄山谷，晚年自成一家，遒勁可愛。工於繪事，山水學董北苑，皴法稍長。亦善畫黄大痴、吴仲圭，有天然之趣，[3]先輩文待詔[4]諸公咸稱許焉。

〔1〕王一鵬，生卒年不詳。字九萬，號西園野夫，松江華亭（今屬上海）人。

〔2〕弘治十一年（1498）以明經授泰順訓導，次年便告歸。

〔3〕王一鵬傳世代表作有《溪山會友圖》軸（紙本水墨，北京故宫博物院藏，見《中國美術全集》明代繪畫中），此作筆墨遒勁，畫風古樸，山石質感畢露。

〔4〕指文徵明，曾徵入爲翰林待詔，見《圖繪寶鑑》本卷。

文彭[1]，字壽承，號三橋，長洲人。徵明之伯子也，任南京國子博士。善詩文。字宗懷素，最得其精，尤善隸、篆，自成一家。亦善畫花果。[2]所刻圖章爲古今冠絶。[3]

〔1〕文彭（1498—1573），字壽承，號三橋，别號漁陽子，長洲（今江蘇蘇州）人。

〔2〕文彭以書法著名於世，畫甚少傳世。傳世繪畫作品有《蘭花圖》（紙本水墨，北京故宫博物院藏，見《中國美術全集》明代繪畫中），《墨竹圖》（紙本水墨，廣東省博物館藏，見《中國美術全集》明代繪畫中）。

〔3〕文彭首采用燈光石製印，燈光石因此被篆刻家廣泛采用。爲文人篆刻流派的先導。

沈碩[1]，字宜謙，號龍江，長洲人。善畫山水、人物，有吴鎮之風，常臨模諸大家，與合作者絶佳。尤喜畫白梅、翎翅，生生之意自若，活潑之形儼然，當時聞其名者，無不珍藏之。[2]

〔1〕沈碩，生卒年不詳。長洲（今江蘇蘇州）人，流寓金陵（今江

蘇南京）。

〔2〕沈碩工於臨摹，傳世山水之作有《携琴觀瀑圖》（絹本設色，北京故宫博物院藏，見《中國繪畫全集》明六），畫風學南宋院體及唐寅、仇英之長又有元人秀潤的特點。其所作白梅不見傳於世。其傳世花鳥有《雙鈎蘭竹圖》扇面（金箋水墨，北京故宫博物院藏，見《中國繪畫全集》明六），以頓挫的中鋒綫條雙勾蘭花，筆法圓潤細勁。

文伯仁[1]，字德承，號五峰，長洲人。善畫山水、人物，每效王叔明筆法，得儼然之意。[2]

〔1〕文伯仁（1502—1575），字德承，號五峰，長洲（今江蘇蘇州）人。文徵明侄。

〔2〕文伯仁山水宗王蒙，兼學三趙（趙令穰、趙伯駒、趙孟頫），又不失其家傳。傳世之作有《青山白雲圖》（紙本水墨，北京故宫博物院藏，見《中國美術全集》明代繪畫中），此作遒勁渾然，嚴謹細密。

陸治[1]，字叔平，號包山，東吴人。善畫山水，得荆、關遺意。所著青緑重色，更爲得法。花卉設色亦重，而不下於宋之徐、黄也。書寫小楷，詩清人厚，名故愈重。[2]

〔1〕陸治（1496—1576），字叔平，居太湖包山，東吴（今江蘇蘇州）人。有《包山遺稿》傳世。

〔2〕陸治曾從祝允明、文徵明學，擅長山水、花鳥，其青緑山水作品有《竹泉試茗圖》（紙本設色，吉林省博物館藏，見《中國美術全集》明代繪畫中），此作設色精研，得設色之妙。

仇英，號十洲，[1]東吴人。善畫，其山水雖傚宋人，自成一種，頗得青緑重色之法。[2]人物仕女，悉皆宫妝，富貴體態。樓臺、界畫、車馬、舟楫，俱精細入神。[3]間有摹臨北宋，寸人豆馬，鬚眉畢具。布置設色，深淺得宜。册頁手卷，愈小愈佳。前可追并古人，後無能繼踵。有孫，聾子，亦畫，人罕知其名爾。

〔1〕仇英（約1482—約1559），字實父，號十洲，江蘇太倉人，寓居蘇州。工匠出身，曾從周臣學畫，晚年客於項元汴處，縱觀歷代名迹。爲“吴門四家”之一。

〔2〕仇英山水多學趙伯駒、劉松年，筆法細潤多變，傳世代表作有《桃源仙境圖》（絹本設色，天津市藝術博物館藏，見《中國美術全集》明代繪畫上），此作屬南宋院體一路，筆墨精麗艷逸，骨力峭勁，風格秀細。

〔3〕仇英仕女多吸收唐宋仕女畫特點，傳世作品有《修竹仕女圖》（絹本設色，上海博物館藏，見《中國美術全集》明代繪畫上）。

王穀祥〔1〕，號西室。以甲科拜吏部郎。清節居家，博習書畫，而花卉極佳，吴下無不因其人而并重之。〔2〕

〔1〕王穀祥（1501—1568），號酉室，江蘇蘇州人。

〔2〕王穀祥品格極高，剛直廉潔，不圖名利，其畫學文徵明，以花卉擅名。傳世之作有《花卉圖》册頁（紙本水墨，北京故宫博物院藏，《中國美術全集》明代繪畫中），《花卉卷》（紙本設色，廣州美術館藏，見《中國美術全集》明代繪畫中）。

文嘉〔1〕，字休承，號文水，長洲人。徵明仲子也。字宗二王，畫精山水。〔2〕

〔1〕文嘉（1501—1583），字休承，號文水，長洲（今江蘇蘇州）人，文徵明次子。

〔2〕文嘉工小楷，繼承家學。山水筆法得倪瓚清脱之意，秀潤可愛。傳世之作有《石湖小景圖》（紙本設色，北京故宫博物院藏，見《中國美術全集》明代繪畫中）。

陳括[1]，號沱江，東吴人。道復之子。[2]善花卉。[3]曾被雷震後端坐，人見地横一梅，大書“沱江”二字，遂以雷神代筆有仙風也，名遂大振。

〔1〕陳括，《無聲詩史》《丹青録》作陳栝。

〔2〕陳括，生卒年不詳。字子正，號沱江，東吴（今江蘇蘇州）人，陳淳（道復）子。

〔3〕陳括善畫花卉，筆類其父。傳世代表作有《花石圖》（絹本設色，上海博物館藏，見《中國美術全集》明代繪畫中）。

沈仕[1]，號青門。善花卉，筆意大都與白陽相同。字亦然。[2]

〔1〕沈仕（1488—1565），字亦然，號青門山人。浙江杭州人。

〔2〕沈仕雅好翰墨，多蓄法書名畫，久之有所得。所作花卉有陳淳（白陽）之意，傳世之作有《花卉卷》（絹本設色，浙江省博物館藏，見《中國美術全集》明代繪畫中）。

錢穀[1]，字叔寶，號罄石[2]，東吴人。善畫山水人物，筆意不俗，故尚士筆者多重之。[3]

〔1〕錢穀（1508—1578），東吴（今江蘇蘇州）人。

〔2〕神本作“號盤石”。《無聲詩史》《明畫録》二書俱載：“錢穀從文徵明游，因其家貧而好客，文徵明題其室曰‘懸罄’，言其治學業不治家業，室如懸罄也。錢穀喜其知己，因以爲號。”

〔3〕錢穀傳世之作有《虎丘前山圖》（紙本設色，北京故宫博物院藏，見《中國美術全集》明代繪畫中），此作筆墨疏朗穩健，不落俗套。

魯治[1]，號岐雲，東吴人。善畫着色花草。[2]

〔1〕魯治，生卒年不詳，東吴（今江蘇蘇州）人。

〔2〕魯治傳世代表作有《百花圖》（絹本設色，北京故宫博物院藏，見《中國美術全集》明代繪畫中），其花卉筆墨瀟灑，設色天然，饒有風韵。

謝時臣[1]，號樗仙，吴人。善畫山水。得沈石田之意而稍變焉。筆勢縱横，設色淺淡，人物點綴極其瀟灑。尤善於水，江潮湖海，種種皆妙。名重一時，亦不誣也。[2]

〔1〕謝時臣（1487—1567後），字思忠，號樗仙，東吴（今江蘇蘇州）人。

〔2〕謝時臣山水法沈周，得其意而稍變，筆勢豪放。其傳世代表作有《策杖尋幽圖》（紙本水墨，北京故宫博物院藏，見《中國美術全集》明代繪畫中）。謝時臣人物近學吴偉，遠宗李公麟，綫條細勁瀟灑，長於點景人物。

陳芹，字子埜，號横厓，秣陵[1]人。中鄉進士，任縣尹。能詩文，畫精蘭竹[2]，字仿鍾繇。

〔1〕秣陵，南京故稱。

〔2〕傳世之作有《修篁文竹圖》（紙本水墨，南京博物院藏，見《中國古代書畫圖目》七）。

宋臣，字子忠，號二水，秣陵人。善畫山水、人物，遠宗馬遠、李唐，近效戴進、吴偉，極妙臨模，宋元名筆，皆能亂真，入細筆，尤爲足玩。

朱銓，字文衡，號樗仙。長沙人。工山水、人物、鈎勒竹及菊兔，亦能詩。[1]

〔1〕見韓昂《圖繪寶鑑續纂》，此條重出。

朱鑒，字文藻，號墨湖，㮊仙之弟也。工山水、人物清奇。[1]

〔1〕見韓昂《圖繪寶鑑續纂》，此條重出。

姜隱，字周佐，山東黄縣人。善人物、士女、花果，細潤工緻，得古人之妙。[1]

〔1〕見韓昂《圖繪寶鑑續纂》，此條重出。

杜君澤，號小痴，姑蘇人。善楷書，工大山水，性嗜酒。流寓高郵，落魄不羈，終以酒卒。[1]

〔1〕見韓昂《圖繪寶鑑續纂》，此條重出。

馬稷，字舜舉，號醉狂，江東人。善山水、人物、花木、竹石。[1]

〔1〕見韓昂《圖繪寶鑑續纂》，此條重出。

蘇致中，西蜀人，由科第官署。山水師郭熙，而清雅高出流輩。[1]

〔1〕見韓昂《圖繪寶鑑續纂》，此條重出。

朱端，字克正，欽賜“一樵圖書”。人物山水學盛子昭，墨竹師夏昶，善花木、翎毛。[1]

〔1〕見韓昂《圖繪寶鑑續纂》，此條重出。

高松，字守之，號南崖子，又號我山，文安人。其人甘守家貧，有官不仕。愛工詩畫，馳譽多能。善書大字，兼真、草、篆、隸，能繪小景，并梅、菊、蘭、松，如鈎勒竹、葡萄甚佳，更有灰堆山墨竹尤長也。[1]

〔1〕見韓昂《圖繪寶鑑續纂》，此條重出。

張平山者，名路，字天馳，大梁人也。以庠生游太學，然竟不仕，獨游情繪事。其人物似吴偉，而山水尤有戴文進風致，一時縉紳咸嘉尚之，得其真跡者，如獲拱璧焉。[1]

〔1〕見韓昂《圖繪寶鑑續纂》，此條重出。

闞九思，一名思，字仲通，號虚白，浙江烏程人。能書，善畫山水，仿摹唐宋皆佳，其擬元之王叔明、倪雲林更妙。初年蹊徑水口，尤多重迭。至于晚年，山頭石面，粗踈數筆，微微皴染，林樹離披，略加墨葉，人物之飄然，舟室之古雅，令人閱之，眼界肅清矣。性愛丹砂，故其筆亦虚靈也。

宋旭，字石門[1]，湖州人。[2]學畫於沈石田，山頭樹木，蒼勁古拙，巨幅大幛，頗有氣勢，信乎强將之下也。[3]

〔1〕《明畫録》卷四作："宋旭，字初暘，崇德人，家石門。"

〔2〕宋旭（1525—1606後），字初暘，號石門，湖州（一説浙江嘉興）人。

〔3〕宋旭善畫巨帷大幛山水，傳世代表作有《萬山秋色圖》（紙本設色，北京故宫博物院藏，見《中國美術全集》明代繪畫下），此畫作高遠與深遠相結合的構圖，畫法董源，山峰相接，墨色秀潤。

董其昌[1]，字玄宰，號思白，華亭人。萬曆己丑進士[2]，官任禮部尚書。十七歲學字，紙費盈屋，遂成名於海宇。後學畫，先摹黄子久，再仿董北苑。[3]如聞元之黄、王、倪、吴、二米真迹，以重價購之，元人畫貴，乃其作始。賞鑒法書名畫，可稱法眼。字畫俱佳，名垂千古。[4]

〔1〕董其昌（1555—1636），字玄宰，號思白、香光居士，華亭（今上海松江）人。

〔2〕萬曆十七年（1589）進士。

〔3〕董其昌書畫兼善，山水源自董源、巨然及二米，以黄公望、倪瓚爲宗，不重寫實，講究筆致墨韵。其傳世繪畫作品很多，代表作有《林和靖詩意圖》（絹本設色，北京故宫博物院藏，見《中國美術全集》明代繪畫下），此圖出入元四家而風格獨具特色。

〔4〕董其昌的藝術主張，清初四王傳其脉絡，四王影響畫壇三百年，可以説令董其昌名垂千古。

周天球[1]，字公瑕，號幼[2]海，吴人。博學多識，書法妙絶，凡書畫得其題咏數字者，人輒以爲寶，而不辯其真贋矣。亦善畫蘭，乃文人餘事耳！[3]

〔1〕周天球（1514—1595），字公瑕，號幻海，吴（今江蘇蘇州）人。

〔2〕諸本作“幻”。

〔3〕周天球曾從文徵明學習書法，以詩文書法名世，善畫蘭草，喜用淡墨，得鄭思肖之意。傳世代表作有《叢蘭竹石圖》（紙本水墨，北京故宫博物院藏，見《中國美術全集》明代繪畫中）。

刑侗，號子愿，臨清[1]人，由進士官至開府。能書晋唐諸家之字，又善作荆草拳石，筆之古秀烟潤，庸史孰能及焉。[2]

〔1〕《無聲詩史》《明畫録》俱作“臨邑人”。

〔2〕傳世之作有《拳石圖》（紙本水墨，中國歷史博物館藏，見《中國古代書畫圖目》一）。

趙左[1]，字文度，華亭人。善山水，筆墨秀雅，烟雲生動，烘染得法，設色韵致，雖自成一家，間有臨仿宋元家法者，亦用焦墨枯筆爲之。[2]吴下蘇松一派，乃其首創門庭也。[3]

〔1〕趙左（16—17世紀），字文度，華亭（今上海松江）人。宋旭弟子。《無聲詩史》作“雲間人”。

〔2〕趙左善用乾筆焦墨，長於烘染，曾爲董其昌代筆。傳世之作有《仿王蒙山水圖》（紙本設色，北京故宫博物院藏，見中國美術全集》明代繪畫下），《華山圖》（絹本設色，遼寧省博物館藏，見《中國繪畫全集》明七）。

〔3〕趙左與弟子沈士充、朱軒、葉有年、陳廉、李肇亨等構成的藝術群體，被人們稱爲“蘇松派”。

僧珂雪，善山水，師趙文度，丘壑雖淺，其一樹一石俱有别致。惜乎壽夭，遺筆甚少。

楊文驄[1]，字龍友，貴州人。官至兵部郎。能書善畫，博學好古，其文玩無不精美。善畫山水，一種士氣，人莫能到。[2]

〔1〕楊文驄（1597—1646），字龍友，貴州人，流寓金陵（今江蘇南京）。萬曆四十七年（1619）舉人。

〔2〕楊文驄傳世作品有《仿吴鎮山水圖》（紙本水墨，上海博物館藏，見中國美術全集》明代繪畫下），此圖山色荒寒，樹木蕭疏，氣韵超脱。

張翀[1]，號圖南，江南人。善人物，筆墨豪邁，着色古雅，得人物之正傳而又不俗，時人故争重之。山水亦佳。[2]

〔1〕張翀，生卒年不詳。號圖南，今江蘇南京人。

〔2〕張翀傳世之作有《雪山行旅圖》扇面（金箋設色，北京故宫博

物院藏，見《中國繪畫全集》明八)，《斗酒聽鸝圖》軸（絹本設色，南京博物院藏，見《中國繪畫全集》明八)，此二作，設色古雅，人物不俗，與記載一致。

孫克弘〔1〕，號雪居，華亭人。任漢陽太守，休致于家。構結園亭，搜覓古玩，而于書畫尤最。博覽既多，收藏亦妙，豪放結諾，有晋人之風。天資高敏，下筆蒼古。所畫牡丹、玉蘭等圖，石之玲瓏，樹之老幹，花之飛舞絢麗，葉之反正攲斜，即從來作手，亦當退舍也。〔2〕

〔1〕孫克弘（1532—1610)，字允執（據《無聲詩史》《明畫録》)，華亭（今上海松江）人。

〔2〕孫克弘擅長花鳥畫，傳世代表作有《玉堂芝蘭圖》（紙本設色，北京故宫博物院藏，見《中國美術全集》明代繪畫中)，以雙勾填色法畫玉蘭，筆致清秀，色澤淡雅。

丁雲鵬〔1〕，字南羽，休寧人。善白描人物，山水、佛像無不精妙。初見其筆，似乎過拙，展轉玩味，知其學問幽邃，用筆古俊，皆有所本，非庸流自創取奇也。〔2〕現有《程君房墨譜》行世，後世倫以爲範。〔3〕

〔1〕丁雲鵬（1547—1628)，字南羽，號聖華居士，休寧（今安徽休寧）人。

〔2〕丁雲鵬善畫人物、佛像，用筆古拙，傳世代表作有《觀音圖》（紙本設色，遼寧省博物館藏，見《中國美術全集》明代繪畫下)。

〔3〕丁雲鵬曾爲名墨工程君房、方于魯畫墨模，《程氏墨苑》《方氏墨譜》中的圖繪，大半出其手筆。

吴彬〔1〕，字文中，莆田人。善人物，奇形怪狀，迴别舊人，自立門户，其白描鬼怪尤佳，筆端秀雅，果有異人之處。[2]神宗[3]故稱賞之，御府有藏，外傳甚少。

〔1〕吴彬，生卒年不詳。字文中，又字文仲，自稱“枝隱庵僧”，莆田（今福建莆田）人。

〔2〕吴彬善佛像人物畫，傳世之作有《達摩像圖》（紙本設色，北京故宫博物院藏，見《中國美術全集》明代繪畫下），人物風格特征與此文描述相似。

〔3〕明神宗朱翊鈞，即萬曆皇帝，明朝的第十三代皇帝。

鄭重[1]，字千里，歙縣人，流寓金陵。精潔過人，好樓居，日事香茗。善寫佛像，必齋沐而後舉筆，亦畫山水小景。[2]

〔1〕鄭重，生卒年不詳。字千里，歙縣（今安徽歙縣）人，流寓金陵（今江蘇南京）。

〔2〕鄭重所作佛像不多見，傳世之作《品古圖》扇面（金箋設色，北京故宫博物院藏，見《中國繪畫全集》明八），此圖有人物、有點景，人物雖多，但刻畫細緻有神；點景有湖石、柏樹，皆刻意求工。

魏之璜[1]，字考叔，畫山水；魏之克[2]，字和叔，畫花卉，金陵人。俱名重一時也。[3]

〔1〕魏之璜（1568—1647），金陵（今江蘇南京）人。其山水傳世之作有《千岩競秀圖》（紙本設色，上海博物館藏，見《中國美術全集》明代繪畫下）。

〔2〕《明畫録》作“上元人”。

〔3〕魏之克，字和叔，後更名“克”，之璜弟，金陵（今江蘇南京）人。善畫花卉，傳世之作有《水仙圖》（紙本水墨，上海博物館藏，見《中國美術全集》明代繪畫下），筆法秀美，姿顔軟媚，有羅綺之態。

朱實[1]，字肖海，嘉興人。摹臨元人舊本，精妙入神。惜乎不能顯巳[2]之長耳。

〔1〕朱實，今浙江嘉興人。

〔2〕應作“己”。

韓旭[1]，浙人。善草蟲。其翎毛深學林良[2]。

〔1〕韓旭，浙江人。

〔2〕林良，廣東人。見韓昂《圖繪寶鑑續纂》。

李麟[1]，字次公，四明人。善佛像，下筆如蓴葉，用墨焦而不覺其枯，眉目粗而不覺其重，似乎舉筆成章，不假思索也者，然而筆之熟處如生，生處又熟，至今無有繼者。[2]尤長寫貌，亦以焦墨粗鈎爲之。其子仲芳，能紹父藝。

〔1〕李麟（1558—1636後），四明（今浙江寧波）人。

〔2〕李麟作畫多以道釋人物爲題材，師丁雲鵬，善用重筆焦墨，傳世作品有《文殊像》（紙本水墨，上海博物館藏，見《中國美術全集》明代繪畫下），此作人物衣紋，如行雲流水。

周之冕[1]，字少谷，吴人。善花鳥，自成一家。[2]後人師之者多，僞者亦廣，是以難見其妙。

〔1〕周之冕，生卒年不詳。字服卿（據《明畫録》），號少谷，長洲（今江蘇蘇州）人。活躍於萬曆年間。

〔2〕周之冕善花鳥，兼用設色、水墨兩種方法，兼工帶寫，傳世作品有《竹石家鷄圖》（紙本水墨，故宫博物院藏，見《中國美術全集》明代繪畫下），此圖筆法灑脱勁健，極具神韵。《畫史會要》稱：“國朝花鳥家，唯陸叔平與服卿洗浄院體俗氣，但叔平明秀，服卿遒勁，斯用筆少异耳。”

項元汴[1]，字子京，嘉興人，號墨林。善畫。其收藏書畫古玩，皆極神妙，可稱海内大賞鑒家。[2]興到寫山水數筆，得古人之意。[3]

〔1〕項元汴（1525—1590），字子京，號墨林，浙江嘉興人。

〔2〕家資富饒，廣收法書名畫，所藏法書、名畫以及鼎彝玉石，儲藏之豐，甲於海内，"極一時之盛"。項元汴曾獲一古琴，上刻"天籟"兩字，故將其儲藏之所取名"天籟閣"，并鎸有"天籟閣""項墨林""項元汴印""子京""檇李項氏世家珍玩""神品"等印，經其所藏歷代書畫珍品，往往滿紙滿幅。後清兵至嘉興，項氏累歲之藏，盡爲千夫長汪六水所掠。

〔3〕項元汴傳世作品有《雙樹樓圖》（紙本水墨，上海博物館藏，見《中國美術全集》明代繪畫下），此圖層次深遠，筆墨華滋，具有空靈浩曠的格局。

俞臣，字臣哉，杭州人，寓維揚[1]。善蘭竹，葉葉縱横，花花飛舞。長條大幅，亦多丘壑，真得趙松雪[2]正派，非時俗所尚柔花軟葉也者。

〔1〕維揚，今江蘇揚州。

〔2〕趙松雪，指元代趙孟頫。

趙備[1]，字湘南，江南人。善畫墨竹，雨露者居多，烘染最爲得法。[2]

〔1〕趙備，生卒年不詳。號湘南，一作湘蘭，浙江寧波人。萬曆末官中書舍人。

〔2〕趙備墨竹不傳於世，傳世之作有《四季花卉圖》卷（紙本設色，首都博物館藏，見《中國繪畫全集》明六），畫用寫意法，筆酣墨暢，色彩艶而不俗。未見其使用烘染之法。

曾鯨[1]，號波臣，閩人。善寫貌，大小影像，無不儼然如生。兼得筆墨之靈，衣紋配合，各得其當。雖一幅而有數十人者，行坐顧盼，皆相浹洽也。開闢門庭，前無古人也。[2]

〔1〕曾鯨（1564—1647），字波臣，福建莆田人，流寓南京。

〔2〕曾鯨善畫人物，注重墨骨，烘染數十層，然後著色，與全用粉彩渲染不同。受西洋畫影響，人物神情逼真，有鏡中取影的效果。其畫法風行一時，弟子甚衆，時稱“波臣派”。傳世之作有《葛一龍像圖》（紙本設色，北京故宫博物院藏，見《中國美術全集》明代繪畫下），《張卿子像圖》（絹本設色，浙江省博物館藏，見《中國美術全集》明代繪畫下）。

張堯恩，字孺承，杭州人。世家之後。善山水，筆意與文氏相似，大約摹仿吴仲圭一派者爲佳。[1]其子錫蘭，亦能紹藝。

〔1〕傳世之作有《山水》（紙本水墨，四川省博物館藏，見《中國古代書畫圖目》十七）。

莫是龍[1]，號秋水，松江人。善山水。[2]學黄大痴筆意，另得蹊徑之趣，其一種秀雅處，人所莫及。楷書亦佳。

〔1〕莫是龍（1537—1587），明代文學家、書畫家。得米芾石刻“雲卿”二字，因以爲字，後以字行，更字廷韓，號秋水，又號後明，南直隸松江府華亭（今上海松江）人，莫如忠長子。八歲讀書，十歲屬文，十四歲補郡諸生，人稱“神童”。皇甫汸、王世貞輩亟稱之。不喜科舉業而攻古文辭及書法、繪畫，以貢生終。著有詩集《石秀齋集》十卷，《畫塵》一卷及《畫説》一卷（一説爲董其昌所作），輯有《崇蘭堂續帖》等。

〔2〕莫是龍山水宗黄公望，傳世之作有《山水圖》軸（紙本設色，北京故宫博物院藏，見《中國繪畫全集》明六），全圖用筆蒼中寓秀、剛中有柔，氣韵頗佳。

姚允在[1]，字簡叔，會稽人。善山水，學荆關家數。筆墨遒勁，思致不凡，小者愈佳。[2]且爲人肝膽俠氣，當世孰能效焉？其畫金陵多收藏之。

〔1〕姚允在，明人。會稽（今浙江紹興）人。

〔2〕但自矜其畫，不多爲人作。嘗有人持多金至越購之，竟不能得其一水一石。周亮工從友人處得其小册十二幅，皆自江南入北地，紀所見名勝。王士貞最愛其秦淮一幀。爲一時名流推重。所畫屋宇位置得宜，會心獨遠，與俗手之點綴屋宇，全無向背照應之法者迥然不同。人物亦精工秀麗，在能妙之間，擺脱浙習，另敞門庭。《南宗名畫苑》載有其萬曆三十一年（1603）作《嬌紅弱柳圖》。北京故宫博物院藏有其崇禎十四年（1641）作《山水扇》。天津藝術博物館藏有其《仙山樓閣圖》，筆墨遒勁，意境古雅悠閑。

盛茂燁[1]，號念庵。善山水。樹木槎枒，山頭高聳。雖無宋元遺意，較後吴下之派，又過善矣。子年，字大有，亦善畫。

〔1〕盛茂燁，一作“燁”，或作“煜”，義俱同。號念庵，于安瀾編《畫史叢書》作“硯庵”。生卒年不詳，明代畫家。長洲（今江蘇蘇州）人。

馮起震[1]，號青方，青州人。善畫竹，狂放不羈，自成一格。[2]

〔1〕馮起震（1153—1638後），字青方，又字省予，號稷下門生，青州（今山東益都）人。

〔2〕馮起震擅長墨竹，傳世作品有《竹石圖》（絹本水墨，浙江省博物館藏，見《中國美術全集》明代繪畫下），此圖墨竹向背有別，濃淡得宜。

吴振[1]，號竹嶼，松江人。善山水，筆端穎異，秀媚可愛，其仿宋元者更佳。[2]子昌，字振之，號昌伯，能世其業。

〔1〕吴振，生卒年不詳，字振之。《無聲詩史》作字符振。《畫髓元詮》作竹里，又號雪鴻，今上海松江人。

〔2〕吴振山水秀潤，法黄公望，爲董其昌所賞識。其畫能接雲間正派，每繪一圖，不愜意輒投之水火。傳世代表作有《湖山晚晴圖》卷（絹本水墨，首都博物館藏，見《中國繪畫全集》明七），圖繪長松大嶺間村居數處，傍泉臨水，遠隔塵囂，有湖山清曠之趣。用墨清雅，用筆内斂但不拘謹，有巨然遺意。

王履[1]，字安道，崑山人。畫師夏圭。[2]

〔1〕王履（1332—1383後），字安道，號奇翁，江蘇昆山人。博通群集，教授鄉里，精於醫，能詩文，工繪事。

〔2〕王履傳世代表作品有《華山圖》册頁（紙本設色，北京博物館藏，見《中國繪畫全集》明一），《華山圖》雖圖不盈尺，却表現出華山深邃宏遠的氣勢，吸收了馬遠、夏圭山水“以小見大”的構圖及筆墨特點。

張愷，吴人。工山水。

杜瓊[1]，字用嘉。畫效北苑。[2]

〔1〕杜瓊（1396—1474），字用嘉，世稱東原先生，又稱鹿冠道人。家吴城（今江蘇蘇州）樂圃里。明經博學，旁及翰墨，書畫皆精，爲沈周之師。著《東原集》《耕餘雜録》。

〔2〕其山水宗董源，層巒秀拔。傳世代表作品有《山水圖》（紙本設色，北京故宫博物院藏，見《中國繪畫全集》明二），構圖繁複，但繁而

不亂、密而不窒，筆法圓潤渾厚，山石多用披麻皴。

張櫰[1]，字士美。工花鳥。

〔1〕張櫰，字士美，江蘇昆山人。工花鳥、山水。崇禎（1628—1644）末與潘澄等十三人結詩畫社，題曰“玉山高隱”。

沈貞[1]、恒[2]，字貞吉、恒吉，石田伯、父。二處士，善畫。恒吉師杜徵君。

〔1〕沈貞（1400—1482後），又名貞吉，號南齋，又號陶然道人，長洲（今江蘇蘇州）人。成化十八年（1482）年八十三，題沈周《秋林曳杖圖》，載《南畫大成》。傳世作品有《竹爐山房圖》（紙本設色，遼寧省博物館藏，見《中國美術全集》明代繪畫上），此圖筆墨工整縝密，設色鮮雅。

〔2〕沈恒（1409—1477），即沈恒吉，字同齋（《式古堂書畫彙考》誤作一字“公濟”，又號臞樵老人，非是），長洲（今江蘇蘇州）人。遇子，貞吉弟。山水師杜瓊，虛和瀟灑。

吴麒[1]，字子仁，賓山人。善水墨山水。手録《圖繪寶鑑》。

〔1〕吴麒，字子仁，賓山（今屬上海）人。

吕棠，字小村；李宸[1]，字奎南，俱四明[2]人。皆工翎毛。[3]

〔1〕《明畫録》又作李辰。

〔2〕四明，今浙江寧波。

〔3〕傳世之作有《花石鴛鴦圖》（北京故宫博物院藏，見《中國古代書畫圖目》二十）。

周官[1]，吴人，作人物無俗韵。[2]與唐寅同時。又有朱生[3]，畫樹石不減伯虎。

〔1〕周官，生卒年不詳。字懋夫，吴（今江蘇蘇州）人。與唐寅、張靈同時。

〔2〕畫人物精於白描。師法北宋李公麟，頗有格調。傳世作品有《携琴訪友圖》（紙本水墨，南京博物院藏，見《中國繪畫全集》明四），此圖人物爲白描畫法，畫兩士人與一抱琴童子，漫步於清幽的柳下溪旁，意態閑雅，神情從容。配景樹石盧潤水墨并用，可見其山水畫的功底。

〔3〕朱生，明代畫家，與張靈同時，生卒年不詳。

葉雙石[1]，得舅氏吕廷震[2]傳，喜畫水。[3]

〔1〕葉雙石，明代畫家，生卒年不詳。鄞（今浙江寧波）人。

〔2〕吕廷震，即吕紀，一作廷振。見韓昂《圖繪寶鑑續纂》。

〔3〕傳世之作有《松梅雙鶴圖》（廣東省博物館藏，見《中國古代書畫圖目》十三）。

沈襄[1]，字小霞。忤嚴黨沈練[2]之子。寫梅竹稱絶藝。

〔1〕沈襄，又字叔成，號小霞，山陰（今浙江紹興）人。少好學劍，縱横擊刺得其法。見窗下老梅，日模之，後訪劉世儒於萬玉樓，師之旬日，盡得其意，因悟其縱横之妙，與劍法同，遂以寫梅、竹稱絶藝。尤善墨梅，枯潤有天趣。姜二酉謂其“霜枝雪幹，風骨峻嶒，自是清華之筆”，天啓七年（1627）嘗爲胡正言《十竹齋梅譜》作《冰妃寫照臨水梅圖》。卒年約七十。著《小霞梅譜》，有自題梅花詩一百九十首。

〔2〕沈練（1507—1557），以劾嚴嵩謫戍，繼又論死，其子襄亦瀕危。及嵩敗（1562），襄以蔭補官，仕至姚安太守。

鄭顛仙[1]，閩人；袁尚統[2]，字叔明，吴人。畫人物俱野放。

〔1〕鄭文林，號顛仙（傳世作品均署“滇仙”，《圖繪寶鑑續纂》當

誤)，生卒年不詳，閩（今福建）人。與汪肇、張路等人同爲浙派後期名家。傳世代表作有《群仙圖》(絹本設色，廣州美術館藏，見《中國繪畫全集》明代繪畫上)，此圖多用焦墨枯筆，點染粗毫。

〔2〕袁尚統（1570—1666後)，吴（今江蘇蘇州）人。山水渾厚，人物野放，多畫民間風俗，頗得宋人筆意。傳世之作有《迎春圖》(紙本設色，蘇州博物館藏，見《中國美術全集》明代繪畫下)，筆墨質樸，有濃厚的生活氣息。

張瀚〔1〕，號玄洲。官尚書。〔2〕山水絶似仲圭〔3〕。

〔1〕張瀚，生卒年不詳。字子文，别號元洲，仁和（今浙江杭州）人。謚恭懿。工詩文，書法王獻之、智永，最喜爲人書。

〔2〕嘉靖十四年（1535）進士，官至吏部尚書。

〔3〕吴鎮，字仲圭，見《圖繪寶鑑》卷四。

陳裸〔1〕，雲間人。王聲〔2〕，字適駿。俱工人物、山水。〔3〕

〔1〕陳裸（1563—約1639)，初名瓚，字叔裸，後以字行，去“叔”字，更字誠將，號道樗，一號白室，吴縣（今江蘇蘇州）人，一作雲間(今上海松江）人。

〔2〕王聲，明人，生卒年不詳，字適駿，吴（今江蘇蘇州）人。

〔3〕陳裸善山水，宗趙伯駒、趙孟頫諸家，傳世作品《畫王維詩意圖》(紙本設色，上海博物館藏，見《中國美術全集》明代繪畫中)，此作筆調舒緩沉穩，墨色枯潤相間。

唐志契〔1〕，字敷五，海陵人。潑墨有逸致。〔2〕著《繪事微言》〔3〕。

〔1〕唐志契（1579—1651)，字玄生，海陵（今山東泰州）人，一説江蘇揚州人。

〔2〕唐志契擅長山水，傳世之作有《山水圖》（絹本水墨，鎮江市博物館藏，見《中國美術全集》明代繪畫下），筆墨清逸，有元人之風。未見其潑墨之作。

〔3〕《繪事微言》，共四卷，卷一論述山水畫理，獨抒己見，頗有發明。卷二至卷四，對前代繪畫著述加以整理。此書一度流傳很廣，頗爲藝林所重。

張龍章[1]，吴人。善人物及馬。[2]

〔1〕張龍章，明人，生卒年不詳，字伯雲，號古塘，吴（今江蘇蘇州）人。

〔2〕張龍章的人物及馬不下趙孟頫。萬曆二十二年（1594）作《瀟湘八景圖》卷，萬曆二十六年（1598）作《愛荆圖》卷。

楊治卿，工翎毛。[1]

〔1〕傳世之作有《花鳥》（紙本設色，杭州市文物考古所藏，見《中國古代書畫圖目》十一）。

張彦[1]，字伯美，吴人。工山水。[2]

〔1〕張彦，生卒年不詳。字伯美，號無證道人，吴（今江蘇蘇州）人，一作嘉定（今上海）人。

〔2〕張彦亦工花鳥、人物，傳世之作有《雪景梅花圖》（紙本設色，蘇州博物館藏，見《中國美術全集》明代繪畫下）。

陳國楨[1]，善翎毛。

〔1〕陳國楨，明人，生卒年不詳。疑即明人陳言。陳言，字國楨，江蘇無錫人。工書、畫，畫山水法趙伯駒，書仿《曹娥碑》。惟畫筆不類，俟考。

倪元璐[1]，字鴻寶，紹興人，官尚書。[2]書畫兼美。[3]殉節。[4]

〔1〕倪元璐（1593—1644），字汝玉，一作玉汝，號鴻寶、園客，浙江紹興上虞人。著《倪文貞集》。

〔2〕明天啓二年（1622）進士，歷官至户、禮兩部尚書。

〔3〕倪元璐善畫山水，傳世之作有《山水圖》（金箋水墨，上海博物館藏，見《中國美術全集》明代繪畫下），此作是講究筆墨情趣的文人墨戲作品，似雜亂，但别具格調。

〔4〕李自成入京，自縊而死。福王賜謚“文正”。

程嘉穟[1]，字孟陽[2]。寫山水，有天趣。[3]

〔1〕《無聲詩史》《明畫録》俱作“燧”。

〔2〕程嘉穟（1565—1643），字孟陽，號松圓老人、偈庵，晚年皈依佛教，釋名海能。其先休寧（今屬安徽）人，後僑居嘉定（今屬上海），晚居虞山（今江蘇常熟）之拂水莊，題其室曰“耦耕”，與李流芳等人爲詩畫友。

〔3〕程嘉穟山水學倪瓚、黄公望，筆墨細净而恬淡。傳世代表作有《孤松高士圖》（紙本設色，北京故宫博物院藏，見《中國美術全集》明代繪畫下）。

陳子奇，善花鳥。

陳紹英[1]，號瓠庵，仁和人。官副憲[2]。書畫悉臻逸品。[3]子龍運，字階尺，並[4]嗣其妙。

〔1〕陳紹英，明人，生卒年不詳。字生甫，仁和（今浙江杭州）人。

〔2〕官名。明始置。爲都察院左右都御史的副職，分左右，正三品。

〔3〕其山水宗吴鎮。萬曆二十一年（1593）嘗作山水圖。

〔4〕借緑草堂本作“並”，誤。應作“亦”。

錢旭，字東白，杭人。[1]工山水人物。

〔1〕錢旭，明人，生卒年不詳。杭（今浙江杭州）人。

李日華，字九疑，嘉興人，任太僕寺卿。[1]能書善畫，兼有文集行世。[2]

〔1〕李日華（1565—1635），字君實，號九疑，嘉興（今浙江嘉興）人。萬曆二十年（1592）進士，官至太僕寺少卿。

〔2〕尤工山水、墨竹，用筆矜貴，格韵兼勝，時與董其昌方駕，且善鑒賞。著有《書畫想象録》《六研齋筆記》《竹嬾畫媵》《紫桃軒雜綴》《昧水軒日記》。

徐渭[1]，字文長，號天池，山陰人。天資聰穎，立就千言；詩書歌曲，下筆成章。[2]能書小楷，行草亦不下於祝枝山之奇奇怪怪也。又能畫山水人物以及花果魚蟹。雖點鈎三二筆，自與凡俗不同。[3]其文集海内未有不閱者。

〔1〕徐渭（1521—1593），初字文清，更字文長，號天池、天池山人、青藤老人等，山陰（今浙江紹興）人。

〔2〕徐渭天才超軼，詩文絶出倫輩。十餘歲便仿揚雄《解嘲》作《釋毀》。有戲曲論著《南詞敘録》，雜劇《四聲猿》，詩文《徐文長全集》等傳世。

〔3〕徐渭擅長花鳥，作畫時情感傾注，水墨淋灕，傳世代表作有《蕉石牡丹圖》（紙本水墨，上海博物館藏，見《中國美術全集》明代繪畫中），此圖芭蕉、牡丹、湖石均以粗筆潑墨出之，不做細緻刻畫，全以意匠成之。水氣滃鬱，墨韵曼妙，不覺粗疏簡陋；《墨葡萄圖》（紙本水墨，北京故宫博物院藏，見《中國美術全集》明代繪畫中），代表徐渭大寫意花卉風格，也是明代寫意花卉的杰作。

卞文瑜[1]，號浮白，蘇州人。善山水，小景頗佳，大者罕見。[2]

〔1〕卞文瑜，生卒年不詳。字潤甫，號浮白，今江蘇蘇州人。活動於十七世紀。

〔2〕卞文瑜擅畫山水，樹石鈎剔，甚有筆意，嘗從董其昌講求筆法，故筆墨亦相近。傳世作品有《一梧軒圖》軸（紙本設色，北京故宫博物院藏，見《中國美術全集》明代繪畫下），畫法工緻典雅。其傳世之作中，多見小景册頁，如《祝王時敏六十壽山水圖》（紙本水墨，北京故宫博物院藏，見《中國繪畫全集》明八），《山水册》（紙本水墨或設色，南京博物院藏，見《中國繪畫全集》明八），筆墨靈秀，無過於其大幅之作。

陳嘉言[1]，字孔彰，嘉興人。善寫意花卉，鬆秀可佳。[2]

〔1〕陳嘉言（1539—?），今浙江嘉興人。

〔2〕陳嘉言善寫意花卉，代表作有《寒梅野禽圖》（紙本水墨，南京博物院藏，見《中國繪畫全集》明八）。

陳煥[1]，字堯峰，蘇州人。善山水，稍似石田之意。[2]

〔1〕陳煥，生卒年不詳。字子文（據《明畫録》），號堯峰，吴縣（今江蘇蘇州）人。

〔2〕陳煥山水取法沈周（號石田），用筆蒼老，勢極空遠。傳世之作有《重岩飛瀑圖》（紙本水墨，蘇州博物館藏，見《中國美術全集》明代繪畫下）。

王醴[1]，字三泉，嘉興人。善花鳥[2]，學周少谷[3]筆意。

〔1〕王醴，字三泉，嘉興（今浙江嘉興）人。

〔2〕王醴善花鳥，傳世之作有《雪梅鴛鴦圖》（紙本設色，北京故宫

博物院藏，見《中國美術全集》明代繪畫下），用墨焦重，梅花清新淡雅。

〔3〕周少谷即周之冕，見《圖繪寶鑑》本卷。

陳繼儒[1]，字仲醇，别號眉公，華亭人。宏才博學。古作詩文，無不精妙，海内求之者衆，悉皆一一應酬而不苟且。[2]别業於泖間之佘山，屢徵不仕，故有“山中宰相”之名。[3]注述頗多，廣行於世。又善寫水墨梅花，即其製創，無不堪垂後世也。[4]

〔1〕陳繼儒（1558—1639），字仲醇，號眉公、糜公，華亭（今上海松江）人。爲雲間派畫家。

〔2〕陳繼儒工於詩文，雖短翰小詞皆極風致。著有《眉公全集》《書畫史》《書畫金湯》《泥古録》等。

〔3〕陳繼儒年二十九，取儒衣冠焚棄之，結茅昆山之陽，後居東佘山。善山水，傳世作品有《雲山幽趣圖》（絹本設色，遼寧省博物館藏，見《中國美術全集》明代繪畫下），此圖畫雲鎖山巒，茅結林間，似爲作者隱居之所。

〔4〕陳繼儒善畫水墨梅花，傳世之作有《墨梅圖》册頁（紙本水墨，遼寧省博物館藏，見《中國美術全集》明代繪畫下），點染精妙，率意而爲。

米萬鐘[1]，字仲詔，號友石，順天人。由進士官至參議。[2]有南宫之癖[3]，構房叠石，植木穿池，甚得山水意趣。况其書法更佳，越大越妙，復善作畫，[4]信乎能書自能畫爾。長安紙貴，乃其時也。

〔1〕米萬鐘（1570—1628），關中（今陝西）人，居順天（北京地區），《明畫録》記載其祖先陝西安化人，米芾後裔。

〔2〕萬曆二十三年（1595）進士，仕至太僕少卿。

〔3〕性好石，人謂無南宫（米芾）之顛而有其癖。

〔4〕行草得米芾家法，與董其昌齊名，時有"南董北米"之譽。尤善署書，擅名四十年，書迹遍天下。著《篆隸考僞》。山水得倪瓚法，花卉似陳淳。又善畫石，間亦潑墨，仿米法作巨幅，氣勢浩瀚，烟雲滃鬱，令人嘆絶。傳世作品有《竹石菊花圖》（紙本水墨，北京故宫博物院藏，見《中國美術全集》明代繪畫下），圖作竹石、菊花，翠竹用筆挺勁，菊花墨色温潤富於變化，風格近陳淳寫意一派。

王思任[1]，字季重，號遂東，浙之山陰人。萬曆乙未[2]科進士，歷任禮部右侍郎。有才名，《文飯集》行世。工行書，間作畫，仿米家數點，雲林一抹，饒有雅致。[3]

〔1〕王思任（1576—1646），浙江山陰（今浙江紹興）人。甲申後，與劉宗周、祁彪佳先後絶粒死。

〔2〕乙未，即萬曆二十三年（1595）。

〔3〕其詩歌、書法，與董其昌、陳繼儒相伯仲。山水淡遠空潤，林木森秀。其鈎皴山石，格高韵逸，能以少許勝人多許。傳世之作有《深山古寺圖》（紙本水墨，北京故宫博物院藏，見《中國古代書畫圖目》二十一）。

李流芳[1]，字長蘅，常熟人[2]。善山水，筆墨淋灕，殊快人目。[3]

〔1〕李流芳（1575—1629），字長蘅，又字茂宰，號檀園、香海、泡庵，晚稱慎娱居士，本歙縣（今安徽歙縣）人，僑居嘉定（今屬上海）。

〔2〕《無聲詩史》作"嘉定人"。

〔3〕擅山水，師吴鎮。其寫生亦有别趣，出入宋、元，逸氣飛動。傳世代表作有《吴中十景圖》册頁（金箋設色，上海博物館藏，見《中國美術全集》明代繪畫下），此册取景完美，主次分明，設色簡淡，是李流芳的名作。

曹羲[1]，字羅浮，吳下人。善人物、山水，似乎周東村一派。雖乏古舊之意，然筆致秀雅可佳也。[2]

〔1〕曹羲，生卒年不詳。《明畫録》《無聲詩史》名作"曦"，一説號羅浮，長洲（今江蘇蘇州）人，寓武林（今浙江杭州）。

〔2〕其人物山水筆墨秀潔，能以氣韵擅勝；仿宋、元種種逼真，但未脱院體。萬曆二十八年（1600）作《洗馬扇》，北京故宫博物院藏有其崇禎四年（1631）所作《秋山行旅扇》、崇禎八年（1635）作《山水扇》。

汪肇，號海雲，休寧人。[1]畫山水、人物。[2]其翎毛花卉，自成一家。

〔1〕汪肇，生卒年不詳。字德初，安徽休寧人。尤長於翎毛，豪放不羈，自謂其筆意飄若雲海，因自號"海雲"。

〔2〕其山水人物出入於戴進、吳偉，但多草率之筆。傳世代表作有《起蛟圖》（絹本水墨，北京故宫博物院藏，見《中國美術全集》明代繪畫上），此圖樹石用筆簡率，豪放不羈，整幅畫面營造驚心動魄的緊張氣氛。作品個性鮮明，符合其"飄若雲海"的特征，但也難免爲人詬病用筆草率，可謂劍之雙刃。

韓芳[1]，字中直，號鶴山。歸德衛指揮。寫墨竹草蟲。

〔1〕韓芳，生卒年不詳。四庫本作"方"。字"中直"，四庫本作"號鶴仙"。

劉傳[1]，字良集，號月川，含山人。國子生[2]。工雲山，出入高房山、何澄之間。筆勢遒勁，意慮深遠，時出己意。詩文書法不爲近習。

〔1〕劉傳，生卒年不詳。含山（今安徽含山）人。四庫本作字"良習"。

〔2〕國子生，又稱“國學生”，指在國子監肄業的學生，一般爲官員子弟。

張秋，江浙人。寫芙蓉花卉。

孔福禧，先聖之裔。[1]工山水。

〔1〕孔福禧，生卒年不詳。山東曲阜人，孔子後裔。

葉澄[1]，字原静，其先吴[2]人。作畫學戴文進，深得其妙。[3]

〔1〕葉澄，生卒年不詳。《無聲詩史》作字元静，《明畫録》遂以葉澄爲葉元静，疑誤。

〔2〕吴，今江蘇蘇州。

〔3〕擅畫山水，仿宋代著名畫家董源，師戴進而得其神。一説爲戴進之師。傳世作品有《雁蕩山圖》卷（綾本設色，北京故宫博物院藏），此圖山勢連綿起伏，林木葱蘢，氣象萬千，令人目不暇接。全畫用筆纖細秀勁，但細而不弱、勁而不霸。布局嚴謹，設色清麗雅致。

王彦，字存拙，沔陽人。善作梅花。[1]

〔1〕見韓昂《圖繪寶鑑續纂》，此條重出。

劉士儒[1]，號雪湖，越人。工雪梅。[2]

〔1〕劉士儒，即劉世儒，字繼相，號雪湖。《明畫録》作名繼相。《歷代畫史匯傳》誤爲二人：一劉世儒，字繼相；一劉士儒，號雪湖，山陰（今浙江紹興）人。

〔2〕少時見王冕畫梅而悦之，至廢寢食，學成。傳世之作有《梅花圖》軸（絹本水墨，北京故宫博物院藏，見《中國繪畫全集》明四），用筆蒼勁秀潤，畫風學王冕而又自創新格。

陳嗣，畫竹，師仲昭。[1]

〔1〕畫史各書均無“陳嗣”。陳嗣初“寫竹尤奇，仲昭、士謙皆師事之”。此條或因“陳嗣初”條訛變而成，當删。

侯懋功[1]，字夷門，吴縣人。善山水。[2]

〔1〕侯懋功，明人，生卒年不詳。字延賞，號夷門，吴縣（今江蘇蘇州）人。大致活動在嘉靖、萬曆（1522—1620）年間。

〔2〕山水師錢穀，受法於文徵明，後宗王蒙、黄公望，入元人之格，爲世所珍。傳世之作有《溪山深秀圖》（紙本水墨，北京故宫博物院藏，見《中國古代書畫圖目》二十一）。

朱貞孚[1]，字宏信，長洲人。師舅氏謝樗仙[2]。山水精妙。仲子竺，能世其業。

〔1〕朱貞孚，明人，生卒年不詳。一説字弘信，號少崖，長洲（今江蘇蘇州）人。爲景寧教諭，謝時臣甥，與文徵明同時。博學能文，好詩，能書。

〔2〕謝樗仙，即謝時臣。

夏厚[1]，號烟林，泰州人。工山水。[2]

〔1〕夏厚，明人，生卒年不詳。泰州（今江蘇泰州）人。

〔2〕夏厚山水作品不多見，傳世作品有《摹宋人紡織圖》卷（絹本設色，山東省博物館藏，見《中國繪畫全集》明六），此圖是夏厚臨摹宋人作品，湖石、蕉、柳的畫法頗見精研，從中可以窺見其山水畫的功力。

汪浩[1]，號小邨，揚州人。工山水、人物。

〔1〕汪浩，明人，生卒年不詳。《無聲詩史》作“字小村”，江蘇揚

州人。

馬青丘[1]，秣陵人。善山水。[2]

〔1〕馬青丘，生卒年不詳。一作名一卿，字青丘，秣陵（今江蘇南京）人。

〔2〕其畫山水有空濛之致，能於淡中取韵。

劉敔，武英殿[1]千户。善人物。

〔1〕武英殿是君臣討論政事之所，也是朝廷儲藏書畫之處，還負責製作御用禮儀物品。依此職能，供奉此殿者多爲畫士。孫承澤《春明夢餘録》卷十一記述："文華殿有直殿中書，擇能書者居之；武英殿有待詔，擇能畫者居之，如宋之書畫學是也。"可知明代的文華殿和武英殿相當於宋代的翰林書畫院。

范叔成[1]，字元白，杭人。以左臂丹青得名。[2]工花鳥山水。

〔1〕范叔成，明人，生卒年不詳。《無聲詩史》作"字允叔，號元白"，錢塘（今浙江杭州）人。

〔2〕專事左臂山水，宗董源、黄公望，更工花鳥及蘭竹。

錢貢[1]，號滄洲，吴人。善山水人物、漁翁野景。[2]

〔1〕錢貢，生卒年不詳。字禹方（據《無聲詩史》），號滄洲，吴縣（今江蘇蘇州）人。

〔2〕其山水不甚高雅，而位置可觀。善人物，間仿文、唐兩家，却能逼真。傳世代表作有《歲寒圖》（紙本設色，上海博物館藏，見《中國美術全集》明代繪畫中），以平遠構圖，集景物於一體，前後呼應。

蘇祥[1]，號小泉，揚州人。工山水。

〔1〕蘇祥，明人，生卒年不詳。今江蘇揚州人。

蔣乾，字虹橋，長洲人。[1]工山水。[2]

〔1〕蔣乾（1525—1604），字子健，號虹橋居士，江蘇南京人，隱居蘇州虹橋。蔣崧之子。

〔2〕蔣乾善山水，傳世代表作有《雪江歸棹圖》（紙本設色，北京故宫博物院藏，見《中國美術全集》明代繪畫中），其作清拔古雅，過於乃父。

江士怡[1]，字友于，仁和人。汝成先生從子。中副車。璫網告密，隱居西湖。天才秀發，著有《筆花集》。偶寫山水，峰巒巑岏，草木雲烟之狀，景會意先，筆游象外，尺幅淋灕。尤工書法。惜早歿。其孫梓，亦善繪事。

〔1〕江士怡，明人，生卒年不詳。仁和（今浙江杭州）人。

顧炳[1]，字黯然，以畫名。[2]徵召授中秘。輯《顧氏畫譜》行世。[3]

〔1〕顧炳，明人，生卒年不詳。字黯然，號懷泉，錢塘（今浙江杭州）人。

〔2〕花鳥宗周之冕。傳世之作有《芙蓉翠鳥圖》（紙本設色，北京故宫博物院藏，見《中國古代書畫圖目》二十一）。

〔3〕就所見繪爲畫譜，又稱《歷代名公畫譜》，書成於萬曆三十一年（1603）。傳摹晋唐，存其梗概。

張瑞圖[1]，字二水，閩人。内閣削籍。[2]善書畫。山水法大癡。[3]

〔1〕張瑞圖（1570—1644），字長公，一字果亭，號二水、白毫庵主，

福建晋江人。

〔2〕張瑞圖萬曆三十五年（1607）進士，天啓七年（1627）召入内閣，爲魏忠賢所賞，仕至武英殿大學士，故其柄政多迎合忠賢。崇禎元年（1628），爲忠賢撰生祠碑，士林耻之。

〔3〕其山水法黄公望，蒼勁有骨，點染清逸。傳世之作有《書畫合璧圖》册頁（紙本水墨，北京故宫博物院藏，見《中國美術全集》明代繪畫下），共十一頁，所畫皆山水，用筆秀逸，各有意境，頗得生機。

陳湘，杭州人。以左臂畫山水人物得名。〔1〕

〔1〕傳世之作有《海山臺閣圖》（首都博物館藏，見《中國古代書畫圖目》一）。

王維新，字仲鼎，吴人。工花鳥。〔1〕

〔1〕傳世之作有《花鳥》（廣東省博物館藏，見《中國古代書畫圖目》十三）。

張譽〔1〕，號峨石，廣東人。工山水。

〔1〕張譽，明人，生卒年不詳。一説字仲實，號峨石，廣東南海人。曲江文獻公之裔。能詩，善書真草隸篆，工畫山水人物，花鳥草蟲，白描出李龍眠之右。筆法精妙，種種過人，人皆重之。

馬璧，字文璧。工山水、人物。

杜山狂，吴人。草蟲妙。

孫天祐，安國公之孫。翎毛、蘭竹，清致可愛。〔1〕

〔1〕見韓昂《圖繪寶鑑續纂》，此條重出。

張欽，字士敬，祥符人，號震齋。善山水、花卉，得古人之風，官至都閫。寧陽恭靖王懋之長子。[1]

〔1〕見韓昂《圖繪寶鑑續纂》，此條重出。

姜濟，浮梁人。寓蜀。寫山水無墨痕，有烟雲出没之奇。[1]

〔1〕見韓昂《圖繪寶鑑續纂》，此條重出。

僧煦庵，浙人。竹石學倪雲林。[1]

〔1〕見韓昂《圖繪寶鑑續纂》，此條重出。

僧曉庵，東吴人。善畫葡萄。[1]

〔1〕見韓昂《圖繪寶鑑續纂》，此條重出。

僧日章，蜀成都人。山水學唐子華。[1]

〔1〕見韓昂《圖繪寶鑑續纂》，此條重出。

僧草庵，住嘉興三塔寺。工詩畫。[1]

〔1〕見韓昂《圖繪寶鑑續纂》，此條重出。

王世昌，號歷山，山東人。工山水人物。[1]

〔1〕見韓昂《圖繪寶鑑續纂》，此條重出。

黄道周，號石齋，進士，福建人。山水人物俱臻其妙，凡繪古人清士，皆有題跋，縉紳無不重之。

張譽，字仲實，號峨石，廣東南海人。曲江文獻公之裔。能詩，善書真、草、隸、篆，工畫山水、人物、花鳥、草蟲，白描出李龍眠之右，筆法精妙，種種過人，人皆重之。[1]

〔1〕此條重出，見《圖繪寶鑑》卷六，此詳彼略，可合觀。

雷鯉，字惟化，號半窗，建寧府庠生。善畫山水、人物，書法得朱子體，篆隸遒勁。恬退不仕，詩酒自娱，四子肖之。人云有米家風味。

王人佐，字良才，號梅泉，福建將樂人。家傳寫梅[1]，隨題其上，名盛海内，片紙如珍。諸紳贈刻以《橐[2]中詩集》。

〔1〕四庫本作“家傳善寫梅”。

〔2〕橐（tuó），一種無底的口袋。

張鵬[1]，字應秋，號雲程，福建甌寧人。發身儒林，游心藝圃。畫集百家之長，書臻[2]四體之妙。尤工山水烟霧、花草翎毛，[3]特其餘事耳。[4]

〔1〕張鵬，生卒年不詳，福建甌寧（今屬福建南平）人。

〔2〕“臻”，四庫本作“精”。

〔3〕張鵬傳世之作有《陶淵明醉歸圖》（紙本設色，廣東省博物館藏，見《中國美術全集》明代繪畫中），人物神情飄逸，略帶感傷，人物衣紋痛快流暢。

〔4〕四庫本此句後有“海内縉紳多珍重之”。

卷七

山陰馮仙湜沚鑑鑒閱
錢塘藍瑛田叔、武林謝彬文侯纂輯
仁和戴有書年校訂

皇清

世祖章皇帝[1]，聰明天縱，於萬歲之暇，出其緒餘，平章翰墨，名畫法書，無不批閱。書善鍾、王，畫則觀象察物，造精入妙，實由天授云。時賜近侍大臣，多珍爲希覯[2]焉小臣黄應諶拜識。

〔1〕清世祖福臨（1638—1661），年號順治，習稱順治帝。1644—1661年在位。

〔2〕覯（gòu），本義指遇見、看見。

國則[1]王公，號霓庵，乃太宗第五子。[2]博雅好古，書畫、詩詞，以及奕琴、圖篆，無一不善。所寫山水，法雲林、子久，秀潤天鍾，無一點塵市氣。

〔1〕國則，法定、世襲之意。

〔2〕據《清史稿》，清太宗第五子爲碩塞，封承澤裕親王。

孟永光，字月心，會稽人。孫雪居[1]徒也。後游遼左，從龍入燕。[2]性高曠不仕，時稱曰“狂士”，寫照作畫不落故套。世祖最愛重之。月賜廩内侍張篤行，其弟子也。

〔1〕孫雪居，即明代孫克弘，見《圖繪寶鑑》卷六。

〔2〕《越畫見聞》卷中作“從龍入關”，均謂跟隨清帝入關。

王國材，號崐山，大興人。善畫仙釋人物，曾寫世祖御容。

黄應諶，字敬一，號創庵。世居京邸，官上元二尹。人物鬼判，嬰孩傅染，一遵古法。世祖見其畫，召見供事。今上亦召見，命刱[1]《閲武圖稿》，賜官中書，養老榮之。

〔1〕同“創”。

劉源，字伴阮，河南人。善人物、山水、寫意花鳥，書工行篆，尤精龍水。[1]今上召入内府供事，官至部郎。

〔1〕傳世之作有《騎驢過橋圖》（陝西省西安市文物研究中心藏，見《中國古代書畫圖目》十八）。

劉九德，字陽升，順天[1]人。人物仕女，無不精妙，尤工寫貌。今上召寫御容稱旨，賜官中書。[2]凡公侯大像所寫俱多，無不儼然。

〔1〕順天，今北京。

〔2〕康熙（1662—1722年在位）時詔寫康熙帝像，稱旨。

王鼎，字贊元，順天人。善山水，尤工臨摹，所寫董、巨一派，精妙亂真，人争購之。[1]

〔1〕傳世作品有《水閣雲峰圖》（紙本水墨，浙江省博物館藏，見《中國古代書畫圖目》十一），與文獻記載類似。

藍瑛[1]，號田叔，浙江錢塘人。書寫八分，畫從黄子久入門而悍悟焉。自晋唐兩宋，無不精妙，臨仿元人諸家，悉可亂真。中年自立門庭，分别宋元家數，某人皴染法脉，某人蹊徑勾點，毫不差謬，迄今後學，咸沾其惠。[2]性耽山水，游閩粤荆襄，歷燕秦晋洛，涉獵既多，眼界弘遠，故落筆縱横，墨汁淋漓，山石巍峨，樹木奇古，練瀑如飛，溪泉若響。[3]至於宫妝仕女，乃少年之游藝，竹石梅蘭，尤爲冠絶，寫意花鳥，俱餘伎耳。[4]博古品題，可稱法眼。壽至八十，居於山莊。

〔1〕藍瑛（1585—1666後），字田叔，號蝶叟，晚號石頭陀，又號東郭老農，所居榜額曰“城曲茅堂”。錢塘（今浙江杭州）人。

〔2〕藍瑛繪畫對明末清初影響很大，被後人稱爲“武林派”。他的傳派，直接繼承衣鉢的有藍氏一家子孫，如藍孟、藍深、藍濤等，弟子劉度、王奂等都各有成就。明末同時和稍後的如陳洪綬以及金陵八家等著名畫家，也都受他的影響。

〔3〕藍瑛以山水見長，傳世之作頗多，有代表性的如《溪橋話舊圖》（絹本設色，北京故宫博物院藏，見《中國繪畫全集》明八），此作用筆工細，蒼中帶秀，構圖高遠，深遠兼用，設色高雅。

〔4〕藍瑛寫意花鳥糅合山水的用筆，具蒼勁渾古之氣。代表作有《秋色梧桐圖》（紙本設色，北京宫博物院藏，見《中國繪畫全集》明八）。

陳洪綬[1]，字章侯，諸暨人。明經不仕，天資穎異，博學好飲，豪邁不羈，大有晋人風味。能書善畫，花鳥、人物，無不精妙。中年遂成一家，奇思巧構，變幻合宜，人所不能到也。[2]詩文醉後立成，書畫興到急就，名盛一時，學者頗衆，迄今得其稿，紛紛混世，彼藝之妙，蓋可知矣。

〔1〕陳洪綬（1598—1652），字章侯，諸暨（今浙江諸暨）人。清兵

入關後，自號悔遲，亦稱老遲。

〔2〕陳洪綬工花鳥人物，早年曾隨藍瑛學畫，但不專山水而轉重人物，取法高古，師北宋李公麟，花鳥追溯兩宋，頗有奇趣。傳世人物畫有《吟梅圖》（絹本設色，南京博物院藏，見《中國繪畫全集》明九），傳世花鳥畫有《荷花鴛鴦圖》（絹本設色，北京故宫博物院藏，見《中國繪畫全集》明九）。

曹振，初名玉，字二白，杭州人。穎悟非常，無師能畫，摹古落筆，好參玄詙，因而山水[1]、人物、侍女[2]、花鳥，無不精到，第[3]筆端似覺過拙耳。壯游京邸，名公巨卿，咸皆珍賞。生平愛絲竹，好豪飲，最後撾[4]漁陽之鼓，風流謔笑，非僅僅於畫道中也。

〔1〕傳世之作有《松閣聽泉圖》（紙本水墨，廣州市美術館藏，見《中國古代書畫圖目》十四）。

〔2〕當爲“仕女”。

〔3〕第，但是。

〔4〕“撾”，古同“抓”，敲打。

孫杕，字子周，號竹癡，錢塘人。能書善畫，爲人清癖而風雅，即其衣冠，亦不與時同也。書寫行草八分，畫作花卉竹石，筆墨遒勁，設色濃艷，得古人之正派，非媚時之輕描淡染也者，其鈎勒及飛白竹更佳。[1]有子名淵，字曰明，能紹父藝，以壽夭，人莫之知。

〔1〕傳世之作有《竹石圖》（紙本水墨，浙江省博物館藏，見《中國古代書畫圖目》十一）。

趙龍，號雲門，江南人。湘南之子。善畫墨竹，竿枝俏勁，葉葉飄舉，雨晴風月，從不移彼作此，反正攲斜，各有態度，其一種修媚處，人莫能及。[1]壽逾六十，回首於武林僧舍，披衣端坐而逝，大根器人也。

〔1〕傳世之作有《丹竹碧石圖》（紙本水墨，南京博物院藏，見《中國古代書畫圖目》七）。

張宏[1]，字君度，吴縣人。善畫山水，筆墨蒼古，丘壑靈異，層巒叠嶂，得元人法，石面連皴帶染，樹木有學堂氣。寫意人物，神情浹洽，散聚得宜。[2]所寫《吴郡歲朝圖》，咄咄逼真，無出其右。[3]

〔1〕張宏（1577—1668後），字君度，號鶴澗。吴縣（今江蘇蘇州）人。

〔2〕張宏作山水筆意古樸，前人評其“師沈周而未能超脱”。傳世之作有《溪亭秋意圖》（紙本水墨，北京故宫博物院藏，見《中國繪畫全集》明八）、《蘭亭圖》（絹本設色，首都博物館藏，見《中國繪畫全集》明八）。

〔3〕張宏山水之中有一類是寫生之作，美國學者高居翰對明代後期畫家對山水實景寫生有深入研究，詳見《氣勢撼人：17世紀中國繪畫的自然與風格》。

沈士充[1]，號子居，華亭人。趙文度門弟也。善山水，用墨流動，筆法鬆秀，皴染得淹潤[2]之竅，山頭少兀突之勢。[3]其仿大痴者，工緻而有痕迹，大約册頁小景爲佳。

〔1〕沈士充，生卒年不詳。號子居，一説字子居，華亭（今上海松江）人，趙左弟子。

〔2〕淹潤，柔和、圓潤之意。

〔3〕沈士充的畫有時極像董其昌，幾可亂真。傳世之作有《山居圖》（紙本設色，上海博物館藏，見《中國繪畫全集》明七），此作用筆較繁而

又清晰，意境高致。

程正揆[1]，字端伯，號青溪，湖廣人。擢進士。[2]博學好畫，仿大痴者爲冠，丘壑曠埜[3]，筆墨枯勁，但樹木似乎太減耳。[4]爲人專尚風雅，冠裳中不可多得。官至宮傅。[5]

〔1〕程正揆（1604—1676），初名葵，字端伯，號青溪道人，湖廣（今湖北孝感）人。

〔2〕程正揆爲明崇禎四年（1631）進士。

〔3〕同“野”。

〔4〕程正揆善畫山水，善仿黄公望之法，畫風初學董其昌，後來自成一家。多用秃筆，枯勁簡老。傳世山水有《江山卧游圖》卷（紙本設色，北京故宫博物院藏，見《中國美術全集》清代繪畫上）等。

〔5〕入清後官至工部侍郎。

鄒之麟[1]，字臣虎，武進人。擢進士，不仕。[2]得園亭之樂，蒐[3]奇博古，善摹子久筆法，用筆圓秀，只如初學，深得熟後求生之法。[4]

〔1〕鄒之麟，生卒年不詳。字臣虎，號衣白，自號逸老，又號味庵，武進（今江蘇武進）人。大約活動在明末清初。

〔2〕明萬曆三十八年（1610）進士。

〔3〕同“搜”。

〔4〕鄒之麟工書法繪畫，山水學元代黄公望和王蒙，筆法圓勁古秀。傳世之作有《山水圖》（紙本設色，上海博物館藏，見《中國美術全集》清代繪畫上），此作寫於崇禎十五年（1642），構圖上有黄公望之神韵，用筆圓秀，有熟後求生之意，與文獻記載相似。

邵彌[1]，字僧彌，吴縣人。善畫山水，筆墨雅秀。[2]

〔1〕邵彌（1592—1642），原名高，字僧彌，吴縣（今江蘇蘇州）人。邵高在崇禎後改名邵彌，其署名邵彌者，可知畫爲崇禎以後之筆。邵彌以“畫中九友”著稱畫史，邵高之名湮没無聞。

〔2〕邵彌雖爲蘇州人，但并未承襲“吴門”畫風。其性迂癖，不諧俗，善畫山水，繪畫自成風格，一如其人。傳世之作有《風林月上圖》（絹本水墨，上海博物館藏，見《中國繪畫全集》明八）。

丁元公，字原躬，嘉興人。性孤潔寡交。能書善畫，山水、佛像，悉皆精妙。[1]詩有奇思，字有别致，畫又高古不群，至於鎸篆，尤其加意。後髡[2]髮爲名僧焉。

〔1〕傳世之作有《山水》《佛像》（紙本水墨，北京故宫博物館藏，見《中國古代書畫圖目》二十二）。

〔2〕髡（kūn），剃髮之意。

吴彦國，字長文，徽州人。善畫山水，尤精堪輿之學，故其足跡半天下，名山勝境，莫不入其阿堵[1]中。況披閲宋元墨跡更多，既豐於胸，又富於目。落筆靈妙，置佈得宜，名重當時，其實可副。且品行長厚，聞者多興起云。

〔1〕《世説新語》：“傳神寫照，正在阿堵中。”“阿堵”，本六朝和唐時的常用語，相當於現代漢語的“這個”。此處用顧愷之“傳神阿堵”的典故，指眼睛。

程鵠，字昭黄，徽州人。初年家裕，酷愛筆墨，凡遇一技一能之士，無不延攬[1]。既壯，遍游襄楚，復及晋燕。所摹宋人諸家，匪止山水絶倫，即人物、花鳥悉俱精妙。[2]丁未[3]歲，今上召入南薰殿，揮染稱旨，賜以金帛，不時宣召焉。

〔1〕延攬，邀請、招致之意。

〔2〕傳世之作有《雪景山水》（歙縣博物館藏，見《中國古代書畫目》十二)。

〔3〕丁未，康熙六年（1667)。

沈澍玉，號蘧夫，杭州人。善花鳥，鈎勒極細軟，設色極鮮麗，翎毛不獨得飛翔之態，而且曲盡飲啄神情。是以今上於丁未歲，召入南薰殿，寫鵓鴿百隻，宛然如生。御賜徒三人習其藝。

曹岳，字次岳，泰興人。善山水，筆墨遒勁，丘壑冷然，其一種秀致，人莫能到。[1]名盛都門，紳士争重。品格豪邁，凡遇同道及遠客，無不薦引吹噓。非僅僅自顧也者。

〔1〕傳世之作有《松澗聽泉圖》（紙本水墨，上海博物館藏，見《中國古代書畫圖目》四)。

戚著，號白雲，畫山水學惲道生[1]，書法亦妙。

〔1〕明畫家惲向，字道生，原名本初。見本卷“惲本初”條。

劉度[1]，字叔憲，錢塘人。山水摹北宋，得法於李營丘居多。水澤山村，平林險谷，危棧飛泉，斷橋絶壑，至於風雨晦明，烟霞霽雪[2]，種種難寫之狀，彼於手腕得之，見者莫不斂衽。仕女春宫，俱悉仿舊，臨摹往蹟，大可亂真。尺幅寸綃，最小者妙。十洲[3]之後，迨其人歟。

〔1〕劉度，生卒年不詳。字叔憲，一作叔獻，錢塘（今浙江杭州）人。藍瑛弟子。約活動於明末清初。

〔2〕劉度善畫山水，深得畫理。所畫樓臺人物，細如毛髮，丘壑泉石，布置細密。傳世之作有《山水樓閣圖》（紙本設色，遼寧省博物館藏，見《中國美術全集》清代繪畫上)。

〔3〕十洲，指仇英。

王時敏[1]，號烟客，太倉人。官至璽卿。[2]家蓄古玩名繪，刻意翰墨。善仿黄大癡畫法，用筆古秀，布置深遠，兼有一種逸致，人莫能到。[3]

〔1〕王時敏（1592—1680），字遜之，號烟客，又號西盧老人，太倉（今江蘇太倉）人。

〔2〕王時敏爲明代首輔王錫爵孫，翰林王衡獨子，崇禎初以蔭官太常寺卿。

〔3〕王時敏善畫山水，以黄公望、倪瓚爲宗，其畫作受復古畫風影響較深，偏重摹古，傳世代表作有《仿北苑山水圖》（紙本水墨，上海博物館藏，見《中國美術全集》清代繪畫中），構圖疏密相間，筆墨渾厚酣暢，董其昌爲其題跋，贊賞此作堪與宋四家媲美。

李岸，字新之，雲間人。善花卉、人物，尤工寫照。

張純修[1]，字子敏，號見陽。古滙陽人。豫大中丞元翁長公子也。筮仕邑令。性温厚典雅，畫得北苑、南宫之沉鬱，兼雲林之逸致，尤妙臨摹。蓋其收藏頗多，故能得前人筆意耳。書法晋唐，更善圖章八法。

〔1〕張純修，字子敏，號見陽，又號敬齋，祖籍河北豐潤，出生於奉天遼陽，隸滿洲正白旗，爲内務府包衣。後以進士第授江華縣令，官至廬州知府。曾與納蘭性德交往，結爲异姓兄弟。納蘭性德去世後，張純修爲其輯刻《飲水詩詞集》并作序。

李玉品，湖廣江夏諸生，工墨竹，生動有致。

趙徵，字徵遠，畫佛像，師贛州劉幔亭。善八分，工鐵筆。

陳岷，字山民，常熟人。畫師程孟陽，蕭蕭數筆，有林下風味。每喜作寫意人物，不施眉目而意態天然。琴得虞山正派，名噪江浙。間爲小詩，亦有别趣。但賦性孤潔，人少有當其意者，故其畫亦少見於世耳。

羅履泰，衡州人。畫備諸家，雖油素千尺，峰巒變换不一。且爲人恢諧，常獲千金，一日散去，即草履赤足，不介意也。

僧智得，住南岳。畫山水，層巒叠嶂，皆得古法。

馮俞昌，字曰俞，湖廣漢陽人。孝廉，官縣令。畫山水。

高層雲，字謖園，華亭人。丙辰進士。畫山水，倣文敏。[1]

〔1〕傳世之作有《江村草堂圖》（紙本水墨，北京故宫博物院藏，見《中國古代書畫圖目》二十二）。

申奇猷，字秩公，三韓人。官縣令。善山水，書法米南宫。

卞三畏，字仲華，蓋州人。孝廉。宦轍所至，兩袖清風。政事暇，怡情翰墨。詩文、書法，兼擅其美，寫山水得湍瀨潺湲、烟霞縹緲之致，超然楮墨。纔一展玩，便令人有濠濮間想。至其立朝大節，備載國史云。[1]

〔1〕《八旗畫録》亦有載。

周世沛，字九侯，宜興人。進士。善山水，師藍田叔。

周荃，字静香，姑蘇人。官青州道，山水法惲向[1]。尤精墨點花果。[2]

〔1〕惲向（1568—1655），明代畫家，原名本初，字道生、曙臣，號香山，武進（今屬江蘇）人。擅長山水。見本卷“惲本初”條。

〔2〕傳世之作有《瓜果圖》（天津市藝術博物館藏，見《中國古代書畫圖目》九）。

俞衷一，字雪朗，四明人。善山水。[1]

〔1〕傳世之作有《松風翠濤圖》（天津市藝術博物館藏，見《中國古代書畫圖目》九）。

莫可儔，字雲玉，武林人。善墨竹。[1]

〔1〕傳世之作有《蘭竹石圖》（浙江省博物館藏，見《中國古代書畫圖目》十一）。

施餘澤，字溥霖，順天人。善山水，秀遠多致，兼善仕女。

羅履泰，衡山人。畫山水，峰巒變换。爲人恢諧不羈。

滕芳，字公遠，武林人。善山水，師劉叔憲。

李庚，字長白，福建侯官[1]人。善山水、草蟲。

〔1〕侯官縣本作“候官”，清以後通作“侯官”。

高礎一，名雲臺，字碧霄，順天人。善人物、山水。

吴孟琦，字伯蘊，山陰人。武孝廉[1]，善墨竹。

〔1〕武孝廉，武舉人。因古代孝廉是推舉的，後引申爲舉人。

姚霶，字雨若。善花鳥、寫照，霽之弟也。

莊冋生，號澹庵，武進人。擢進士。善畫山水小景，乃文章餘事，故筆墨多學堂氣，庸史自不能及。[1]

〔1〕傳世之作有《岩壑結屋圖》（紙本水墨，山東省博物館藏，見《中國古代書畫圖目》十六）。

萬祚亨，字雪城，嘉興庠生。性耽六法，收覓小玩，啜茗焚香之餘，寫山水數筆，饒有味致。

王鑒[1]，字圓照，太倉人。善畫山水，運筆中鋒，用墨濃潤，樹木葰鬱而不繁，丘壑深邃而不碎，氣運得烘染之法，皴擦無自撰之筆，模仿董、巨者居多，匪特名享於時，擬必争重於後。[2]曾爲郡守，今不仕焉。[3]

〔1〕王鑒（1598—1677），字圓照，號湘碧，又號染香庵主，太倉（今江蘇太倉）人。王世貞孫。

〔2〕王鑒善山水，善摹古，傳世之作有《仿黄子久山水圖軸》（絹本設色，遼寧省博物館藏，見《中國美術全集》清代繪畫中），構圖繁而不塞，設色清淡古雅。

〔3〕王鑒爲崇禎六年（1633）舉人，曾爲廉州太守。

彭鯤躍，字南冥[1]，濟南人。善畫蘆雁，歿[2]骨點出，復加開染，翔舉鳴宿，聚散皆得其宜。

〔1〕神本作“字南溟”。

〔2〕神本作“没”。

馮源濟，字胎仙，涿州人。乙未進士。好書畫，善山水，閒淡簡遠，如騷人之登高臨賦，藴雅非常。[1]

〔1〕傳世之作有《遥峰飛瀑圖》（紙本水墨，河北省博物館藏，見《中國古代書畫圖目》八）。

（缺姓名字號）[1]，姑蘇人。善山水，取法乎酈道生。

〔1〕原削去五字，應爲姓名、字號。

成衮，號魯公，大名人。鄉貢參軍。游藝翰墨，山水、花鳥，無所不能，乃天雄之首望也。[1]

〔1〕傳世之作有《仿黄子久山水》（紙本水墨，天津市藝術博物館藏，見《中國古代書畫圖目》十）。

米漢雯，號紫來，順天進士。所寫山水，行筆簡易，殊有逸致，書畫并法南宫，聲譽争重都下。[1]

〔1〕傳世之作有《水閣依山圖》（紙本水墨，温州市博物館藏，見《中國古代書畫圖目》十一）。

顧大申，號見山，華亭人。擢進士。善山水，筆力蒼勁，用墨淋灕，蹊徑大雅，氣韵濃厚，所摹宋之董、巨，元之黄、王，直入堂奥，其融會通化處，超脱今古。[1]

〔1〕傳世之作有《溪山亭子圖》（紙本水墨，廣東省博物館藏，見《中國古代書畫圖目》十三）。

顧天植，字東盧，松江庠生。學乃叔寄園之山水，而蒼勁可嘉，子（□□），善人物。

謝模，字弘微[1]，華亭人。善山水，筆墨大雅，得子久之神。與兄楨（號褆玄）齊名。以詩文字學重於世。

〔1〕神本作“字弘徵”，誤。

惲本初[1]，字道生，毗陵人。出身鄉貢，善畫山水，多仿董、巨一派，懸筆中鋒而有力，用筆濃濕而不濁，但覺近於奇癖耳，然學問淵源，款題有本，未可輕議也。[2]

〔1〕惲向（1586—1655），原名本初，字道生，號香山，毗陵（今江蘇常州）人。清初名畫家惲壽平即是其侄。著有《畫旨》等。

〔2〕惲本初善畫山水，其山水骨力圓勁，水墨淋灕，兼具雄渾之氣。其傳世之作有《董巨遺意圖》（紙本水墨，常州市博物館藏，見《中國繪畫全集》明八）。

徐晋，字斐成，紹興人。少年舉孝廉，風流倜儻，詩賦頗多，畫山水落筆瀟灑，致趣自是不同。

孫逸[1]，字無逸，徽州海陽人。流寓蕪湖，與蕭尺木[2]齊名。山水盡得子久衣鉢，閒雅軒暢，蔚然天成。[3]且性情恬淡，識與不識，咸稱長者云。

〔1〕孫逸，生年不詳，約卒於順治初年。字無逸，號疏林，徽州海陽（今安徽休寧）人，一作安徽歙縣人。

〔2〕蕭雲從，字尺木。見《圖繪寶鑑》本卷。

〔3〕孫逸山水畫法黄公望，傳世之作有《岡陵圖》卷（紙本水墨，上海博物館藏，見《中國美術全集》清代繪畫上），此作爲衆人合作，孫

逸作第四段。其畫法得之於黄公望，然自出新意，墨色變化富有層次。

方亨咸[1]，字邵邨，桐城人。擢進士。[2]善山水，仿子久意。[3]

〔1〕方亨咸，生年不詳，約卒於康熙中期。桐城（今安徽桐城）人。

〔2〕方亨咸爲順治四年（1647）進士，官至御史。

〔3〕方亨咸山水仿黄公望，博大沉雄，力追古雅。傳世作品有《山水圖》册頁（紙本水墨，南京博物館藏，見《中國美術全集》清代繪畫上），此作筆墨融化，境界清新。

倪含，字幼含，嘉善人。善山水。

羅牧[1]，字飯牛，虔州人。善山水，筆墨空靈，饒有士氣。[2]

〔1〕羅牧，生於1623年，康熙四十六年（1707）時年八十五歲尚在，卒年不詳，大約與八大山人同時。虔州（今屬江西）人。

〔2〕羅牧山水筆意在董源、黄公望之間，多水墨，很少著色，林壑森秀，墨氣滃然，山水自成一家，史稱江西派。傳世之作有《山水圖》軸（紙本水墨，沈陽故宫博物院藏，見《中國美術全集》清代繪畫上）。

汪冥，不知其號，善界劃，然不多見。

楊芝茂，字子瑞，順天人。善人物，能仿小李將軍，寸人豆馬，設色絢麗。今上召寫御體，取像最工，無出其右。

童塏，字西爽，華亭人。善花卉、翎毛，鉤勒着色，俱從宋人得來，花朵欹斜反側，枝葉飄曳波俏，人莫能及。其子日銘，尤精草蟲。其侄日鑒，并紹其藝。

王琦，字魏公，杭州人。善人物、花鳥，工緻、寫意無不入神；草蟲諸卉，悉取真者對臨，無不酷肖。且落筆快爽，如有神力。[1]性格豪邁，不以貧富介胸中也。

〔1〕傳世之作有《雜畫》（朵雲軒藏，見《中國古代書畫圖目》十二）。

梅清[1]，字遠公，鋗之兄也，宣城人。舉孝廉。[2]畫山水有別趣。[3]弟庚[4]，善白描人物，與兄齊名。

〔1〕梅清（1623—1697），原名士羲，字遠公（印章作“淵公”），號瞿山，宣城（今安徽宣城）人。

〔2〕順治十一年（1654）舉人。

〔3〕梅清與石濤交往友善，相互切磋畫藝。石濤早期的山水，受到他的影響，而他晚年畫黄山，又受石濤的影響。所以石濤與梅清，皆有“黄山派”巨子的稱譽。梅清以畫黄山著名，“得黄山之真情”，與石濤、弘仁成爲“黄山畫派”的代表人物。現代畫家賀天健在《黄山派和黄山》中評道：“石濤得黄山之靈，梅瞿山得黄山之影，漸江（弘仁）得黄山之質。”傳世代表作有《黄山十九景圖》册頁（紙本設色或水墨，上海博物館藏，見《中國美術全集》清代繪畫上）。

〔4〕梅庚（1640—約1722），字子長，號雪坪，康熙二十年（1681）舉人，官泰順知縣。善篆、隸，畫山水、花卉，脱略凡格，不宗一家，偶爾落筆，韵致翩然。兼工白描人物。傳世山水有《秋林書屋圖》（紙本水墨，上海博物館藏，見《中國美術全集》清代繪畫上）。

孫道標，字茂叔，順天人。善山水。

黄衍相，字六治，福建人。寄籍永平。官内閣典籍，家蓄書畫古玩，善寫墨蘭。

楊啓運，字□□[1]，湖廣人。善山水。

〔1〕借緑草堂本作墨丁二字。

柴蓁，字子宜，山陰人。善山水。

丁□□[1]，字叙之，山陰人。善人物、花鳥。

〔1〕借緑草堂本作墨丁二字。《越畫見聞》卷中："丁克揆，字叙之，蕭山人。"與此當爲同一人。

惲壽平[1]，字正叔，道生之裔。善花卉翎毛。[2]

〔1〕惲壽平（1633—1690），初名格，字壽平，改字正叔，後以字行。號南田、雲溪外史，武進（今江蘇常州）人。道生（惲向字道生，見《圖繪寶鑑》本卷）之侄。

〔2〕惲壽平工山水，亦長於花鳥，傳世代表作有《錦石秋花圖》軸（紙本設色，南京博物院藏，見《中國美術全集》清代繪畫中）。

顧驄，號雲章，南通州人，寫墨竹仿蘇長公[1]一派，風致可佳。

〔1〕蘇長公即蘇軾。

陳嵩，字卓公，臨川人。善畫山水數筆，其花鳥亦生動有致。

徐枋[1]，字昭法，吴縣人。孝廉不仕[2]，癖居山谷。善法董、巨山水，與品藻並傳也。[3]

〔1〕徐枋（1622—1694），字昭法，號俟齋，又號秦餘山人，吴縣（今江蘇蘇州）人。

〔2〕徐枋爲明崇禎十五年（1642）舉人，明亡後不仕。

〔3〕徐枋傳世之作有《蒼山晚靄圖》（紙本水墨，山東省博物館藏，見《中國古代書畫圖目》十六）。

王武[1]，字勤中，吴縣人。善畫花卉，得動植之生意，根蒂五參[2]，精神設色亦極精巧。[3]

〔1〕王武（1632—1690），字勤中，晚號忘庵，吴縣（今江蘇蘇州）人。明代畫家王鏊六世孫。

〔2〕五參，當作“互參”。

〔3〕王武善畫花鳥，風格工整秀麗，爲清初院畫的名家。傳世之作有《松竹白頭圖》（紙本設色，北京故宫博物院藏，見《中國美術全集》清代繪畫中），此作用色淡雅，用筆細勁清秀，有清雅之趣。

姜師周，字周臣，錢塘人。善畫山水，學宋石門，得石田之遺意。下筆老健，陰晴濃淡，烟雲縹緲，亦云得法。又善牡丹，鉤勒設色俱佳。

朱韶，字仲韶，南昌人。善山水。

盛丹，字伯含，江南人。善山水，其筆墨蓋得法於黄子久。[1]岩隈林麓，頗及深遠，柯枝點葉，亦極老幹，差覺欠舒暢耳。

〔1〕傳世之作有《仿黄公望江亭秋色圖》（紙本水墨，北京故宫博物院藏，見《中國古代書畫圖目》二十一）。

王奐，號伯倫，山陰人。善畫。其摹擬宋人山水及青緑者佳甚，即佛像人物之衣紋設色，俱極精妙。曾以《巫山偶社》十二頁受梓，想頭[1]意思，以及鉤法最佳，惜乎失其板矣。

〔1〕想頭，指文藝作品的立意。

葉有年，字君山，松江人。善山水。學沈子居[1]，峰巒秀發，雲烟出没，筆底老壯，分布得宜，非止近日之有烘染而無筆墨者。[2]其時有趙廷壁，字連城；子諱伊，字有莘，俱係子居傳派。

〔1〕沈子居，即沈士充，見《圖繪寶鑑》本卷“沈士充”條。

〔2〕傳世之作有《花苑春雲圖》（北京故宫博物院藏，見《中國古代書畫圖目》二十一）。

戴明説[1]，號巖犖，滄州人。甲戌進士[2]。善畫墨竹，飛舞生動，其飄舉之筆，大得吴仲圭法，[3]故世祖最賞識之，賜以圖書，每畫上多用焉。[4]官至尚書[5]。

〔1〕戴明説，生卒年不詳。字道默，號巖犖，滄州（今河北滄州）人。

〔2〕崇禎七年（1634）進士。

〔3〕戴明説善畫墨竹，得元代吴鎮之法，傳世之作有《墨竹圖》（綾本水墨，北京故宫博物院藏，見《中國美術全集》清代繪畫中），此作構圖奇特，不落俗套，翠竹從左側伸出，一直上伸。

〔4〕傳世之作不多，此説待考。

〔5〕順治十三年（1656），擢户部尚書，順治十七年（1660）去官。

周季畹，號文夏，宜興人。擢進士，官御史。善畫山水，筆墨柔弱，近乎蘇江法派。

姜廷榦[1]，字綺季，浙之餘姚人，翩翩佳公子也。詼諧謔笑，飲酒賦詩，游覽博雅，更復善畫花鳥，則其思致奇妙。下筆不耑[2]取形似，而動植生生之趣、淺深映發之巧，蓋可知矣。

〔1〕神本作“姜廷榦”。

〔2〕“耑”，同“專”。

王應華，字園長，廣東人。勝國時擢進士。善畫蘭花、竹、石。[1]

〔1〕傳世之作有《蘭花》（廣州市美術館藏，見《中國古代書畫圖目》十四）。

僧雪個[1]，南昌人。善寫意花卉，奇奇怪怪。巨幅不過朵花片葉，善能用墨點綴。[2]

〔1〕朱耷（1626—1705），明朝宗室。號八大山人，又號雪個、個山、人屋、驢屋等，入清後改名道朗，字良月，號破雲樵者，南昌（今江西南昌）人。

〔2〕雪個工詩文、書法，山水學黄公望、董其昌，花鳥出自陳淳、徐渭，其花鳥畫極有個性，如文中所説。傳世花鳥之作有《河上花圖》卷（紙本水墨，天津市藝術博物館藏，見《中國美術全集》清代繪畫上），《荷花水禽圖》（紙本水墨，旅順博物館藏，見《中國美術全集》清代繪畫上）。

盛年，字大有，吴縣人。硯庵之子。善山水、梅、竹，人有癡癖，不受拘縶。棋稱國手，故無暇事於畫也。

沈嵓，字（缺字），嘉興人。善寫人物兼山水，氣槩大雅而有力，似乎石田風味，醉里重之[1]。

〔1〕神本作“鄉里重之”，當是。

楊鉉，字鼎玉，順天人。善畫山水及人物。[1]

〔1〕傳世之作有《山口待渡圖》（紙本水墨，北京故宫博物院藏，見《中國古代書畫圖目》二十二）。

朱國盛，字雲來，華亭人。畫雲山，得高彦敬[1]三昧。

〔1〕元人高克恭，見《圖繪寶鑑》卷五“高克恭”條。

梁鋐，號子遠，三原人。擢進士，官尚書。遇興畫山水，筆墨蒼古，雖一丘一壑，思致高妙，推重於時。

張滑，字子晋，松江人。畫宗董文敏，具體而微，單瓢陋巷，技以人傳者也。子孝昌，善文能畫。

周度，字思王，仁和人。善畫花卉、翎毛，或點或鈎，悉俱純熟老幹，但乏逸趣。[1]

〔1〕傳世之作有《雪梅鴛鴦圖》（湖北省博物館藏，見《中國古代書畫圖目》十八）。

周復，字吉生，即度之弟也。善畫山水[1]、人物，運筆設色，秀麗而雅，其春宫不落窠臼，另立新意，妙甚。

〔1〕傳世之作有《深山高遠圖》（南京博物院藏，見《中國古代書畫圖目》七）。

朱軒，字雪田，華亭人。乃雲來先生次子。初師董玄宰，家多收藏，宋元諸作，莫不私淑。松江謂其有石田之筆力、董玄宰之名貴、趙文度之天趣。[1]然以鐵門限[2]之煩，率多應酬，有窺見其富美者，方知雪田畫爲士大夫冠冕。

〔1〕傳世之作有《松層遥岑圖》（紙本水墨，南京博物院藏，見《中

國古代書畫圖目》七)。

〔2〕用鐵皮包裹着的門檻，形容來往的人很多。

金章，字仲玉，淮陰人。善花鳥，跗萼、枝幹，與夫飛鳴態度，率有生意，設色最鮮麗。

何遠，字履方，華亭人。善臨摹山水、人物，即自運之筆亦蒼古。〔1〕

〔1〕傳世之作有《洞庭龍渚圖》(南京博物院藏，見《中國古代書畫圖目》七)。

方百里，善人物寫照。

許纓，字曼若，别號安弦，華亭人。畫學倪雲林，詩宗陸放翁，與兄令則諱經〔1〕者，詩文俱爲一時冠。

〔1〕神本作"名經"，當是。

王無忝，字夙夜，孟津人。善山水，〔1〕官金華太守。

〔1〕傳世之作有《山水》(紙本水墨，北京故宫博物院藏，見《中國古代書畫圖目》七)。

高瑞卿，紹興人，流寓京師。善山水。

齊鑒，字鑒巳〔1〕，南昌人。善山水，下筆文秀而有别致。

〔1〕畫本作"鑒己"，當是。

翟善，字從之，徽州人。善山水，仿宋人筆法，柯枝夾葉，山頭皴染，各得其當。

萬壽祺[1]，字年少，徐州人。一榜不仕，高潔自持。[2]詩文名世。[3]字學顔魯公而少異之。畫寫白描人物，惜不多見。[4]

〔1〕萬壽祺（1603—1652），字年少，一字介若，入清後更名壽，字内景。徐州（今江蘇徐州）人。

〔2〕入清後不求仕進，僧衣僧帽，往來吴、楚間，世稱萬道人，自署“沙門慧壽”。

〔3〕著有《隰西草堂集》。

〔4〕萬壽祺善山水，亦善白描人物，傳世人物有《午爇神女圖》（紙本白描，北京榮寶齋藏，見《中國美術全集》清代繪畫中），作一女柳眉細目，手握蟾蜍，作細觀狀。

嚴沆，字灝亭。乙未進士，由翰林歷掌科，至太僕。詩文爲“西泠十子”之一，復有《八詩人集》行世。善書畫，書近米而在倪、黄[1]間，瀟灑有致，風標映帶一時。

〔1〕明末之後，并稱“倪、黄”的書家指倪元璐、黄道周，皆以行草見長。

周裕度，號公遠，松江人。畫花卉，水墨點染，如瑶島嬋娟，離塵絶俗。書學顔真卿，有子名玟[1]，字紫瑶，亦善書畫。

〔1〕畫本作“有子名玫”。

法若真[1]，字黄石，膠州人。擢進士，官方伯。善山水，人争重之。[2]

〔1〕法若真（1613—1696），字漢儒，號黄石，又號黄山，膠州（今山東膠州）人。順治三年（1646）進士，曾任福建、浙江、安徽等地方長

官。

〔2〕法若真精書法，工山水，偶然涉筆，便瀟灑拔俗，筆墨浮動，自成一格。傳世之作有《層巒迭嶂圖》（紙本水墨，山東省博物館藏，見《中國美術全集》清代繪畫上），全幅以水墨作層巒叠嶂，頗有氣勢。

嚴弘，字公偉，官大總戎[1]。善山水，近董文敏一派，字學尤妙，雖封疆重任，而緩帶輕裘，清標卓絶，不失爲吴郡常熟人也。

〔1〕總兵的别稱。

康泓，字澹澄。松江人。善蘆雁，兼以品行，世重其筆。

朱蔚，字文豹，華亭人。官偏將軍。畫蘭花。[1]

〔1〕傳世之作有《蘭石圖》（紙本水墨，北京故宫博物院藏，見《中國古代書畫圖目》二十一）。

吴倬，字啓明，華亭人。工人物。

僧深度，廣東人。住於佛山。善山水，粤中首望。

趙冏，字洞如，松江人。趙文度弟子，所畫山水，秀色絶倫。

程宗，號伯甫，華亭人。畫山水花卉。

夏時行，不知其籍貫。善蘭竹，草書更佳。

陳楝，善蘭竹。

吕焕成[1]，字吉文，餘姚人。善人物、花卉。[2]

〔1〕吕焕成（1630—1705 後），字吉文，餘姚（今浙江餘姚）人。

〔2〕吕焕成善花卉、山水、人物，好作斧劈皴，風格近似明代畫家戴進。所作佛道神像，筆法工整，設色古雅，傳世代表作有《西溪圖》卷（絹本設色，上海博物館藏，見《中國美術全集》清代繪畫中），此作工整細緻，界畫嚴整，山石、樹木以水墨爲主，略施淡彩，主次分明。

保時，南通州人。善山水。

趙嗣美，字□□[1]，澤州人，丙戌進士。善山水，筆墨淋灕，士夫逸致。

〔1〕借緑草堂本作墨丁二字。

吴訥，字仲言，杭州人。善山水，學藍派[1]，花卉學孫竹癡[2]。

〔1〕指藍瑛山水一派。

〔2〕孫竹癡，號竹癡。見本卷孫木大。

顧懿德，字原之，華亭人。仕光禄。畫山水，工秀絶倫，欲奪王叔[1]之席。常寫大士像，流布人間。[2]

〔1〕神本作“王叔明”，當是，指元代畫家王蒙。

〔2〕傳世之作有《西園雅集圖》（北京故宫博物院藏，見《中國古代書畫圖目》二十一）。

葉榮，字澹生，號樗叟。徽之祁門人。好游山水，能琴能詩。自言於匡廬得畫法，故其峰巒石骨頗肖之，晚歲漸造平淡。紀伯紫[1]謂其畫高澹絶塵，矜貴處幾不欲落筆，真逸品也。

〔1〕紀映鍾（1609—1681?），明末清初詩人，字伯紫，又作伯子、蘗子，號戇叟，自稱鍾山逸老，江南上元（今江蘇南京）人，崇禎朝諸生。崇禎時，曾主金陵復社事。明亡後，棄諸生，躬耕養母。

崔子忠[1]，號青蚓，順天人。善人物，面目奇古，衣紋鐵線，非唐非宋，自成其格。[2]今人摹效，毫無影響。

〔1〕崔子忠（1574—1644），初名丹，字開予。號北海，又號青蚓，改名子忠。山東萊陽人，居北京。明順天府生員。

〔2〕崔子忠師五代周文矩，衣紋曲折，畫風清麗靈秀，自出新意，傳世代表作有《藏雲圖》（絹本設色，北京故宫博物院藏，見《中國繪畫全集》明九）。

吴賓，字魯公，華亭人。性格超邁，不衫不履，落落自適。即與軒冕，亦復爾爾。劇談冷趣，見其人，如對修篁萬竿也。畫山水初宗董玄宰，復以宋元諸家合而參之，遂自成一局。其極細者界劃樓閣，内具寸人，髮鬚畢具。其縱筆者，荒山窮谷，蕭索之狀，寒氣襲人。又善人物、花鳥及寫照，無一不佳。

張振岳，字崧高，蕭山人。詩宗李杜，書法二王，尤工小楷，雅善鼓琴。性剛介，毫莫能屈。畫山水，晴嵐絶澗，深谷危岩，葦村桃洞，柳岸漁溪，皆詞人難狀之景，不惟得之手腕，而氣運生動，超軼往昔，非學古何能至此？

陳申，號蠖庵，泰興人。博覽多才，故藝無不精妙。畫山水，筆法古秀，蹊徑不凡，蓋從悟處取法，兼以慘淡經營而成。或因覽物得意，或因寫意創物，運思高妙，乃能如此。至於人、馬、竹、石，皆餘技耳。

顧銘[1]，字仲書，嘉興人。能詩善畫，瀟灑不羈，尤精小影。辛亥[2]春，今上召寫御容，不惟堯眉舜目之狀，神龍瑞鳳之儀，而一種太平天子，萬國來朝氣象，俱從筆腕描出，真可謂敻絶千古也。復寫諸王大臣，無不曲盡貴戚丰度。[3]

〔1〕顧銘，生卒年不詳。顧銘爲曾鯨再傳弟子。清初學者朱彝尊對顧銘畫藝極爲推崇，認爲他的畫藝可與曾鯨相比。朱彝尊在《贈顧銘序》中説：“兼師乎謝氏、沈氏。”謝、沈即謝彬和沈韶，皆爲曾鯨弟子，以善肖像聞名。

〔2〕辛亥，即康熙十年（1671）。據學者聶崇正考證，顧銘曾作《允禧訓經圖》，允禧得年四十八，如顧銘在1671年爲康熙畫像，則爲允禧畫像時已過百歲，大概畫史記載有誤，當爲康熙四十年（1701）前後。見聶崇正：《記顧銘的〈允禧訓經圖〉軸》。

〔3〕顧銘傳世之作有《允禧訓經圖》（絹本設色，北京故宫博物院藏，見《文物》一九八四年第七期），此作勾勒細膩，寫人物面部輪廓，以色彩渲染，表現出凹凸轉折的結構。

程邃[1]，字穆倩，新安人。爲人高古，學博思奇，詩文書法，絶不蹈襲前人一句一字。[2]鎸篆圖章[3]，尤稱絶藝，薦紳[4]無不争購之。又好珍蓄玩好，故寫山水，蒼勁有本。[5]

〔1〕程邃（1607—1692），字穆倩，號清溪，安徽歙縣人。

〔2〕程邃和淮安的萬壽祺，同師事陳徵君，詩文、書畫、金石，無不精究，爲明末書法家黄道周所器重。他的詩文，信筆寫就，若不經意，幽澀奥折，自成一體，著有《蕭然吟》詩集等。

〔3〕程邃精篆刻，其篆刻效法秦漢，首創朱文仿秦小印，又博采何震（皖派）、文彭（吴派）諸家之長，融會貫通，自成一派，人稱“歙派”。

〔4〕又作“搢紳”，原意是插笏（古代朝會時官宦所執的手板，有事

就寫在上面，以備遺忘）於帶，舊時官宦的裝束，轉用爲官宦的代稱。

〔5〕程邃善鑒别，家藏名畫、古器甚多。畫學黄子久，中年後自成一格，純用枯筆，干皴中含蒼潤。傳世之作有《群峰圖》（紙本水墨，上海博物館藏，見《中國美術全集》清代繪畫上），《千岩競秀圖》（紙本水墨，浙江省博物館藏，見《中國美術全集》清代繪畫上）。

王崇節，字玉�，順天人。曾爲明威將軍。性躭筆墨，山水、人物，悉能寫製。[1]其畫花鳥，細鈎重染，不拘時月，而後成之。丁未冬，今上召寫《杏花鸚鵡圖》，爲内庫所藏，都門士夫咸争重之[2]。

〔1〕傳世作品有《臨李成寒林圖》（河北省博物館藏，見《中國古代書畫圖目》八）。

〔2〕梁清標見其幅，稱爲絶藝，遂著名。

朱瑛，字君求，嘉興人。肖海之子。[1]善山水，蒼古有本，佈置[2]殊失自然之意，臨摹元人諸家，可稱巨手。[3]

〔1〕朱瑛，生卒年不詳。字君求，嘉興（今屬浙江）人。其父朱賓（見《圖繪寶鑑續纂》明代）。

〔2〕一本作“位置”。

〔3〕朱瑛善摹元人之作，傳世之作有《陂塘晚坐圖》（紙本設色，北京故宫博物院藏，見《中國繪畫全集》明八）。

葉欣[1]，字榮木，華亭人。山水學趙令穰，復以姚簡叔參之。[2]其爲周櫟園[3]畫《陶詩百頁》，堪爲世珍。[4]

〔1〕葉欣，生卒年不詳。字榮木，華亭（今上海松江）人，流寓江蘇金陵（今江蘇南京）。後世所稱的“金陵八大家”之一。

〔2〕葉欣學宋趙令穰法，復師明姚允在之意，能獨抒性靈。

〔3〕周亮工（1612—1672），字元亮，號櫟園。明末清初書畫家。

〔4〕葉欣嘗爲周亮工摘陶潛詩作小景百幅，用筆楚楚，爲世所珍，周亮工爲此作百陶舫於閩署藏之。葉欣善山水，以“工細幽淡”而著稱，傳世作品有《山水圖》册頁（紙本設色，上海博物館藏，見《中國美術全集》清代繪畫上）等。

樊沂，字浴沂，金陵人。山水、花卉、人物，悉皆精妙。其弟名圻，字會公。[1]人物、花卉并善，山水師劉松年。[2]

〔1〕樊圻（1618—1711後），字會公，更字洽公，江寧（今江蘇南京）人。後世所稱的“金陵八大家”之一。

〔2〕樊圻畫山水、人物、花卉無不精妙，傳世作品有《山水圖》册頁（絹本設色，上海博物館藏，見《中國美術全集》清代繪畫上），此作穆然恬静，神韵俱佳。

吴宏[1]，字遠度，江西金谿人，家於金陵。山水合宋元之筆，參以己意，故墨汁淋灕，氣運娟秀，樹木槎枒，丘壑動盪。[2]其畫墨竹，飛舞絶俗，且古貌古心，詩字皆極精妙。

〔1〕吴宏，生卒年不詳。宏一作弘，字遠度，今江西金谿人，移居金陵。

〔2〕吴宏善畫山水，其畫縱横放逸，水墨淋灕，能博采衆長而自辟蹊徑。傳世作品有《柘溪草堂圖》（絹本設色，南京博物院藏）等。

駱翔，字漢飛，杭州人。善人物。

□□□□□[1]。善花卉小意。

〔1〕此處缺五字，應爲姓名字號。

張修，號損之，長洲人。善山水、花草，尤精芙蕖，生動妙極。[1]

〔1〕傳世之作有《荷花圖》（首都博物館藏，見《中國古代書畫圖目》一）。

高岑，字蔚生，金陵人。[1]善山水及水墨花卉，寫意入神。[2]有侄名遇，字雨吉，山水能繼家學。

〔1〕高岑，生年不詳，約卒於康熙中期。字蔚生，金陵（今江蘇南京）人。爲“金陵八大家”之一。

〔2〕高岑幼年學朱翰之山水，晚歲自成一家。傳世作品有《秋山萬木圖》（絹本設色，南京博物院藏，見《中國美術全集》清代繪畫上），此作畫山用細密的“雨點皴”，落墨雄健，墨色潤澤。

王槩[1]，字安節，嘉興人，生於白下。山水、人物皆妙。[2]

〔1〕王槩（1654—約1710），名匄，一作改，亦名丐，字東郭，又字安節，後改今名，秀水（今浙江嘉興）人，生於白下（今江蘇南京）。世傳《芥子園畫傳》山水是其手筆。

〔2〕王槩善畫山水、人物和花鳥，王槩山水畫學龔賢，用墨濃重，善作大幅及松石等。傳世之作有《秋帆曠攬圖》卷（絹本設色，上海博物館藏，見《中國美術全集》清代繪畫上）。

夏森，字茂林。善山水、人物、花卉。[1]

〔1〕傳世之作有《水閣遠山圖》（山東省博物館藏，見《中國古代書畫圖目》十六）。

何亢宗，字聿修，金陵人。高蔚生[1]弟子，善山水。

〔1〕高岑，字蔚生。見本卷“高岑”條。

胡慥[1]，字石公，金陵人。善山水，人物，至於菊花，能畫百種，且極神妙。[2]

〔1〕胡慥，字石公，金陵（今江蘇南京）人。後世所稱的“金陵八大家”之一。

〔2〕胡慥善花鳥、山水，尤工菊花，傳世作品有《山水圖》扇面（金箋水墨，南京博物院藏，見《中國美術全集》清代繪畫上）。

施霖，字雨咸[1]。山水師大癡、北苑之間，人品高古。

〔1〕《中國美術家人名辭典》“施霖”條稱，清順治朝，施霖仍在世。

陳卓[1]，字中立，北京人。善山水、花草、人物。[2]久家金陵。

〔1〕陳卓，生於1634年，卒年不詳，康熙四十八年（1709）仍在。字中立，晚號純痴老人，北京人，久居金陵（今江蘇南京）。

〔2〕陳卓善山水，喜作青緑山水，兼工花鳥、人物。其山水千岩萬壑，具有宋人之精密；花鳥精緻，設色艷麗，畫風屬金陵畫派。傳世作品有《水村圖》（絹本設色，南京市博物館藏，見《中國美術全集》清代繪畫上）

鄭淮，字桐源，金陵人。善山水、[1]花艸、人物，師樊浴沂[2]。

〔1〕傳世之作有《山水》（紙本水墨，上海博物館藏，見《中國古代書畫圖目》四）。

〔2〕樊沂，字浴沂。見本卷“樊沂”條。

胡玉昆，字符潤，金陵人。善山水，又能詩[1]。有弟士昆，字元清，善蘭花。

〔1〕胡玉昆傳世之作有《山水》（紙本水墨，北京故宫博物院藏，見

《中國古代書畫圖目》二十三)。

柳堉，字公韓，金陵文學[1]。畫山水有士氣，又善詩文。[2]

〔1〕漢代置州郡、王國，學校校長稱“文學掾”“文學吏”。漢武帝設“賢良文學”，被舉薦者稱“賢良文學”。唐代在州縣置“博士”，德宗時改稱“文學”，太子及諸王以下亦置“文學”，明清廢。此處沿用古稱。

〔2〕傳世之作有《雲外高峰圖》（紙本水墨，安徽省博物館藏，見《中國古代書畫圖目》十二)。

黄鑰，字北門，金陵人。畫山水師李繩之。

周鼒，號公調，金陵人。畫山水師李營丘，蘭竹猶妙。[1]

〔1〕傳世之作有《溪橋策杖圖》（紙本水墨，榮寶齋藏，見《中國古代書畫圖目》一)。

郭鼎京，號去問，福清人。山水師子久，設色花草尤佳。

趙珣，字枝斯，號十五，莆田人。山水、花鳥傳世。[1]

〔1〕傳世之作有《烟壑亂湫圖》（紙本水墨，福建省博物館藏，見《中國古代書畫圖目》十四)。

郭鞏，號無疆，莆田人。善山水、人物及寫像。[1]

〔1〕傳世之作有《雪巔飛泉圖》（紙本水墨，天津市藝術博物館藏，見《中國古代書畫圖目》九)。

楊津，號巨源，莆田人。善山水、人物、花鳥。

黄卷，號聖謨，莆田人。善山水、美人。[1]

〔1〕傳世之作有《嬉春圖》（紙本設色，上海博物館藏，見《中國古代書畫圖目》四）。

陳僧權，號石人，莆田人。善蘭竹儒筆。

劉祥開，字瑞生，汀洲人。善寫小像，得曾波臣[1]之傳。

〔1〕曾鯨，字波臣，明代人物肖像畫家，後世稱其傳派爲“波臣派”。

胡貞開，字循蜚，湖州孤林人。孝廉，官司理。書參蘇、米，性嗜畫石，得南宫[1]之法，故款題有本。家構“米山堂”，丘壑乃其自佈，頗妙。

〔1〕米芾，人稱“米南宫”。北宋書法家。見《圖繪寶鑑》卷三。

牛樞暐，字孝標，順天人。性嗜書畫，尤善岐黄。山水師董、巨，用墨運筆，最爲得法。且品行高潔，肝胆過人，當世不多見也。

僧七處、僧未然、僧山語、僧掃葉[1]，俱金陵人。善山水精妙。

〔1〕龔賢嘗自寫小照作掃葉僧，故疑此人爲附會，實無其人也。

僧參石，金陵人。善[1]水仙最精。

〔1〕“善”當衍。

僧雪笠，金陵人。善蘭竹，又能詩。

僧豁堂，名正嵒，號茱庵，本姓郭。武林人。詩畫俱優，尤善師仿元四大家山水。住西湖净慈寺。

蔡元友，蕭山庠生，號石舟。性格矯矯，能詩書，善山水。

陳衡，字璇玉，杭州人。及門於藍先生，善山水，仿摹宋元俱妙。[1]品行敦篤，與畫并重。

〔1〕傳世之作有《仿王蒙山水》（紙本水墨，上海博物館藏，見《中國古代書畫圖目》四）。

桑豸，字楚執，揚州人[1]。善山水，見之者寡。惟與程穆倩共刻《畫法年紀》。想定醉心六法也。

〔1〕生卒年不詳，康熙二十五年（1686）貢生。

吴歷，字虞山，吴人。[1]善山水。[2]

〔1〕吴歷（1632—1718），字虞山（一作漁山），號桃溪居士、墨井道士，吴（今江蘇常熟）人。曾入天主教，清初六大家之一。

〔2〕吴歷善山水，傳世代表作有《湖天春色圖》（紙本設色，上海博物館藏，見《中國美術全集》清代繪畫中），此作題爲臨宋趙大年，描繪的都是江南寫生之景。

顧隺[1]，字符放，吴人。善山水。

〔1〕神本作“顧鶴”。“隺”，爲“鶴”之俗字。

蔡佩，字子佩，山陰人。善山水。

徐言，字以時，杭州人。善山水，筆墨丘壑，可稱逸品。[1]

〔1〕傳世之作有《山水竹石圖》（紙本水墨，廣東省深圳市博物館藏，見《中國古代書畫圖目》十四）。

張學曾[1]，字爾唯，會稽人。由中書出仕吴郡太守。[2]自幼好書畫，重交游。凡有技能者，莫不友善。書學蘇長公，畫仿元人筆。[3]

〔1〕張學曾，生卒年不詳，順治十四年（1657）仍在。字爾唯，號約庵，會稽（今浙江紹興）人。

〔2〕張學曾爲崇禎六年（1633）副貢，官至吴興太守。

〔3〕張學曾書法學蘇軾，山水宗董源，尤善仿元人筆，蒼秀疏簡，枯而不澀。傳世作品有《仿巨然山水圖》（紙本設色，上海博物館藏，見《中國美術全集》清代繪畫上）。

季寓庸，號因是，泰興人。由進士官銓部[1]。好書畫古玩，海内名器，多以重價購之，收蓄既多，識見自别。畫山水頗得古人筆意，然有興會始揮毫，故不多見。

〔1〕吏部專司銓選，故稱爲銓部。

鍾諤，字一士，邑都人。擢進士，官觀察。書宗《座位帖》[1]，畫仿王右丞。丘壑嚴整，佈置得宜。且品行清介，宦槖蕭然，近世不可多得。

〔1〕顔真卿行書名帖《争座位帖》簡稱《座位帖》，原作已佚，刻石今存陝西西安碑林。

僧半山，宣城人。遨游名勝，筆墨娱情。善寫山水，運筆圓勁，佈置空闊，出自天資，與作手[1]迥别。

〔1〕作手，從事書畫創作的寫手、畫工。

王鐸[1]，字覺斯，孟津人。擢進士。[2]書法二王行草爲最，種種法帖鳴世。又畫山水巨石，饒有别致。[3]

〔1〕王鐸（1592—1652），字覺斯，號十樵，又號痴仙道人，孟津（今屬河南）人。

〔2〕王鐸明天啓二年（1622）進士，入清官至禮部尚書。

〔3〕王鐸善書法，善畫山水，别具一格。傳世作品有《叢山蘭若圖》（綾本水墨，首都博物館藏，見《中國美術全集》清代繪畫上)。

郁倩，字儀臣，華亭人。善花卉。

楊補，吴縣人。善山水。[1]

〔1〕傳世之作有《梅石圖》(紙本水墨，北京故宫博物院藏，見《中國古代書畫圖目》二十二)。

王崇簡，字敬哉，順天人。擢進士，官大宗伯[1]。晚年游情翰墨，畫山水，追踪米南宫者俱多，命筆立意，不落窠臼。真右丞逸致衣鉢。[2]

〔1〕周代職官名，其職責爲祭祀鬼神，其職務爲後世禮部之責，故稱禮部尚書爲大宗伯。

〔2〕傳世之作有《寒雅雪石圖》(紙本水墨，重慶博物館藏，見《中國古代書畫圖目》十七)。

錢士璋，字章玉，山陰人。仁和諸生，有經濟[1]才，隨父宦於京，公卿争薦引，會□鼎革，遂隱西湖赤霞山，屢徵不起。每放舟孤山，琴一曲，笛三弄，酣飲後吟詩數章，走筆作雲林畫，見者目爲神仙中人。年八十，尚作蠅頭書，詩畫款多署“赤霞子”云。

〔1〕即經國濟民之意。

毛際可，字會侯，號鶴舫，浙江遂安人。戊戌進士。以製蓺[1]名。宦秦、豫，薦舉卓異。復以鴻詞[2]見徵，工詩古，學大家而得其神。旁精繪事，潑墨烟潤，有米襄陽風。

〔1〕蓺，古同“藝”。

〔2〕即博學宏詞科，或作宏辭、弘詞，清乾隆時改作“鴻”。

佟毓秀，字鍾山，襄平人，皖撫吉臣公子也，隨父任浙，游錢松崖[1]之門，得其畫法，名噪一時。官維揚別駕，得吳下名人舊畫，山水有摩詰神情，竹石有與可[2]遺意，而氣韵過之。

〔1〕錢封，號松崖，見《圖繪寶鑑》本卷。

〔2〕文同，字與可，北宋畫家，善畫竹。

邵錫榮，字景桓，仁和戒三學士[1]公仲子。性任達自喜，絶不爲貴介容。於書無所不窺，工詩古詞賦，著《二峰全集》《草堂傳奇》諸種，悉臻訬境。隨父宦游，遍閱名山大川，見即有紀，紀即有圖，靡不窮其勝槩，點染蒼雅，有天然之趣。精書法，其畫品與文、董兩太史不相上下。宦寧、晋，以循良[2]著，不獨以畫名也。

〔1〕邵遠平，號戒三，浙江仁和人。康熙三年（1664）進士，歷升光禄寺少卿。

〔2〕循吏和良吏，奉公守法、廉潔純良之官。

王岱，字山長，一字九青石史，號了庵，湖廣湘潭人。茂齡即舉孝廉，交游遍天下，所知者皆一時名彦。著《客篧山書詩》三卷，《了庵文集》幾九卷，俱自出手眼，無一語寄人籬下，律有唐風，古追漢魏。至於畫不一法，山水奇變，人物、花草，悉得前人意。[1]而書法亦備各體，然俱自矜惜，如俗富貴人，雖千金不易寸楮，遇野客名流，則傾篋以質，人故重之。

〔1〕傳世之作有《松竹梅三友圖》（紙本水墨，山西省博物院藏，見《中國古代書畫圖目》八）。

僧石溪，湖廣武陵人。[1]爲堂頭[2]，住牛首。[3]稱文字，善知識，書奇創，字有綿裏鐵意。律詩清古，古詩逼唐，俱無烟火氣。性嚴刻，不近俗人，得其書畫者甚少。[4]

〔1〕髡殘（1612—約1692），字石溪，號白秃，又號殘道人、電住道人。俗姓劉，武陵（今湖南常德）人。

〔2〕堂頭，寺廟住持。

〔3〕石溪四十三歲時定居南京大報恩寺，後遷居牛首山幽栖寺，爲堂頭，度過後半生。

〔4〕石溪善畫山水，師法王蒙，用乾筆皴擦，淡墨渲染，間以淡赭，蒼渾茂密，意境幽深。與石濤合稱“二石”，又與朱耷、弘仁、石濤合稱“清初四畫僧”。精山水，特點是章法穩妥，繁複嚴密，景色不以新奇取勝，作品以真實山水爲底本。傳世之作有《蒼翠凌天圖》（紙本設色，南京博物院藏，見《中國美術全集》清代繪畫上），此作用濃墨描寫，乾墨皴擦，又以赭色勾染，焦墨點苔。

黄甲雲，字唱韓，河南襄城人。由明經爲安樂令，以畫《丈田圖》去官，行李蕭然[1]。日以筆墨遣興，所畫皆自立匠心。其人物細小僅寸，尺幅中集人數百，眉目衣冠，精彩生動，真不亞唐宋作手也。[2]

〔1〕凄凉冷落，形容空虛。

〔2〕傳世之作有《汝水虹橋圖》（紙本水墨，廣東省博物館藏，見《中國古代書畫圖目》十三）。

僧無可，江南桐城人，吉州青原山堂頭，付嘯峰[1]法。俗姓方，字密之，諱以智，庚辰前進士、翰林。[2]博奥淹雅，著《通雅》《庖莊》，經世出世皆備。[3]字作張草，二王亦工[4]，畫極文秀逼古。[5]

〔1〕倪樸，因工部案受牽累入獄，日夜頂禮大士，獄中現蓮花滿墻，不久被釋。出家主持青原寺，號嘯峰。

〔2〕方以智（1611—1671），字密之，號曼公，又號鹿起、龍眠愚者等，安徽桐城人。崇禎十三年（1640）進士，官檢討。明亡後，在廣西梧州出家爲僧，名弘智，字無可。晚年定居江西廬陵青原山，爲僧寺主持。

〔3〕方以智在學術上的家學淵源，博采衆長，主張中西合璧，儒、釋、道三教歸一。一生著述四百餘萬言，多有散佚，存世作品僅數十種，内容廣博，文、史、哲、地、醫藥、物理，無所不包。代表作有《通雅》等。《庖莊》已散佚。

〔4〕畫本作“亦工二王”。

〔5〕方以智善山水，得元人之法，淡烟輕嵐，多用秃筆點染。傳世作品有《樹下騎驢圖》（紙本水墨，北京故宫博物院藏，見《中國美術全集》清代繪畫上）。

張文達，字蜚聞，蕭山人，武進士，未授職。六藝俱精，畫學董文敏，書宗《座位帖》[1]，善武能文，爲不爽云。

〔1〕唐代顔真卿《争座位帖》。

俞時篤，字企延，錢塘庠生。字近蘇、米兩家，畫學石田餘意。[1]

〔1〕傳世之作有《山水》（紙本水墨，廣西壯族自治區博物館藏，見《中國古代書畫圖目》十四）。

汪喬，字宗晋，吴門洞庭人。善人物，所畫慈悲者，流水行雲，寂密枯槁[1]；而威嚴者，雄傑奇偉，激昂頓挫，見者莫不駭慄，可爲技進乎道[2]。又善寫意花卉。[3]

〔1〕即“枯槁”。

〔2〕應作“可謂技進乎道”。

〔3〕傳世之作有《擊缶催詩圖》（紙本水墨，北京故宫博物館藏，見《中國古代書畫圖目》二十二）。

伊天麐，字魯庵，杭州人。善花卉、草蟲，惟蝴蝶爲最。[1]

〔1〕傳世之作有《緑萼梅》（紙本設色，天津市文物公司藏，見《中國古代書畫圖目》八）。

戴大有，字書年，杭人。善人物、花鳥，仕女得豐肥之態，花卉善雅淡之姿，蘭竹尤佳。

許容，字默公，如皋人。若魯公侄也。深究六書，熟寫小篆，鎸勒圖章，不讓秦漢，尤善寫意山水及着色芭蕉，諱而不作，知者甚少，蓋謂[1]篆所掩故。

〔1〕“謂”當作“爲”。

僧弘瑜，號月章，會稽人。原姓王，名作霖，爲明季中書[1]，後有出世之想，皈雪嶠和尚而髡髮焉。書法王、歐、懷素，畫仿子久山水，尤善仙佛諸像。

〔1〕明初以中書省統六部，由中書省左右宰相掌政，閣中置中書科舍人二十人，負責繕寫文告、命令。

郜璉，號方壺，如皋人。山水師北苑、雲林，游宦三十年，俱任山水之邦，故筆意清勁。晚年事佛，庭植芭蕉百樹，敷坐其下，自曰“緑天主人”“淮陽郜蕉”之諺。年近八旬，未嘗一日輟筆也。[1]

〔1〕傳世之作有《蕉石圖》（紙本水墨，南通博物苑藏，見《中國古代書畫圖目》六）。

吴期遠，字子遠，丹陽人。善山水，仿子久者爲最，運筆中鋒，蹊徑深邃，故題款多自讃云。[1]

〔1〕傳世之作有《林亭山色圖》（廣西壯族自治區博物館藏，見《中國古代書畫圖目》十四）。

金章，字浩然，浙江人。善墨竹，其或俊筆，不在姚公綬之下。

□□□□□，會稽人，由中書任郡丞。山水數筆，逸致不凡。

僧戒開，字解三，松江瀩涇[1]人。客都閱藏[2]二次，胸中自是不凡。詩文短札，精倩[3]入神。又畫元人山水，筆墨沉厚，不亞於惲本初，其款托名曰“姜睿”。

〔1〕瀩涇，應作“楓涇”。宋代陳舜俞隱居松江白牛市，世仰其清風，因名其地清風涇，又作風涇，後改作楓涇，故此作“沨涇”爲誤。

〔2〕佛教有經、律、論三藏，閱藏不僅要通讀這些著作，還要進行梳理，發明本義，形成自己的見解。

〔3〕神本改“倩”爲“妙”。

陸二龍，字伯驤，平湖人。畫山水，意在筆墨之外。[1]

〔1〕傳世之作有《崇山幽澗圖》（紙本水墨，天津市藝術博物館藏，見《中國古代書畫圖目》十）。

僧自扃，號道開。結廬於吴門山塘，詩字并佳，又善山水，得意外之趣。

查士標[1]，字二瞻，新安海陽人。博雅好古，書法初宗董文敏，晚乃變爲米襄陽。其畫以天真幽淡爲宗，無一毫縱横習氣。[2]

〔1〕查士標（1615—1698），字二瞻，號梅壑，又號梅壑散人，新安海陽（今安徽休寧）人，後寓居揚州。明末生員，家富收藏，精於鑒别。

〔2〕查士標善畫山水，師法倪瓚，用筆不多，惜墨如金。其代表作有《執杖探幽圖》（紙本水墨，南京市博物館藏，見《中國美術全集》清代繪畫上），此作用筆簡淡，氣韵荒寒，明顯受倪瓚、董其昌諸家影響。

祝昌[1]，字山朝，廬州舒城人，久居新安，晚客漢上。於元季諸名家真跡，無不臨仿，故畫多逸致。其性多孤介，苟遇之不以禮，復以金帛求之，終不應也。

〔1〕祝昌，生卒年不詳，約活動在順治至康熙年間。字山嘲，安徽廣德人，一作安徽舒城人，居新安（今安徽歙縣），又客漢上。山水學漸江，後學元季諸家，畫多逸致。傳世代表作有《水閣深秋圖》（紙本水墨，上海博物館藏，見《中國美術全集》清代繪畫上），此作用筆瘦勁，皴法簡淡，給人以明净空靈之感。

張適，字寉[1]民，吴縣人。孝行著名於里，當事無不旌奬[2]。詩字俱佳，又畫梅花山水，琴乃世傳，尤爲藝冠。

〔1〕神本作"鶴"。

〔2〕神本作"當時無不嘉奬"。

錢其恒，字子方，山陰人。家藏書畫玩好，且精品鑒，愛仿大痴山水，筆墨超脱凡軌。

陸灝，字平遠，華亭人。與見山[1]先生交善，畫山水摹元人諸家，不特淹潤有致，而一種生秀之趣，快人心目。[2]顧、陸[3]并馳，今復有焉。

〔1〕顧見山，原名鏞，字震雉，後改名大申，號見山，華亭人。

〔2〕傳世之作有《山水》（紙本水墨，中國文物商店總店藏，見《中國古代書畫圖目》一）。

〔3〕顧愷之、陸探微爲魏晋大家，類比陸灝與顧見山。

章谷，字言在，仁和人。善畫山水，[1]無師之學，非宋非元，自成一格。長子諱采，字子真，雖紹父藝，别具體肥[2]。次子名聲，字子鶴，善花卉，鈎染得法，設色鮮美，山水亦工細。父子俱名噪西泠焉。

〔1〕傳世之作有《山水》（紙本水墨，北京故宫博物院藏，見《中國古代書畫圖目》一）。

〔2〕神本"體肥"改爲"體格"。

鍾期，字解伯，松江人。喜畫烟雲動盪、水月空濛之趣。[1]

〔1〕傳世之作有《山水》（北京故宫博物館藏，見《中國古代書畫圖目》二十一）。

黄埜[1]，字日林，松江人。性情狂怪。凡見禽蟲草木，描寫逼真，又善畫馬。

〔1〕埜，同"野"。

吴昕，字仲徵，徽州人。世居於杭，山水學松江一派，淹潤最好。[1]

〔1〕傳世之作有《溪山秋色圖》（天津市藝術博物館藏，見《中國古代書畫圖目》十）。

嚴延，字子敬，吴郡人。善畫人物、仕女，品行高淡，以適意爲得意，紳士延之，非所願也。

劉渡，字前度，漳州人。善宋元山水，尤精寫景，爲人風流長厚，彈栞[1]飲酒，無日不自悦也。

〔1〕同"琴"。

董孝初，字仁常，華亭人。畫山水，無法家蹊徑而筆墨雙絶，人争重之。書行草亦奇。子諱鴻先，善花卉。

周世沛，字胤侯，宜興人。科第而世家者。善仿子久山水。[1]

〔1〕此條重出。

施溥，字子博，錢塘人。善山水，摹仲圭、雲林居多。[1]

〔1〕傳世之作有《寒樹山烟圖》（紙本水墨，天津市藝術博物館藏，見《中國古代書畫圖目》九）。

張風[1]，字大風，江南人。善山水，無丘壑而有别致，自適己意而已。[2]字亦飛舞。

〔1〕張風（？—1662），字大風，號升州道士，江南（今江蘇南京）人。款署"真香佛空""真香佛空四海"，自稱上元老人。

〔2〕張風的畫以恬静閑適、神韵悠然而獨具一格。傳世之作有《吟梅圖》（紙本水墨，上海博物館藏，見《中國美術全集》清代繪畫上），此作畫一儒生正向老梅作揖以索佳句。整個畫面恬淡疏朗，有一種飄飄欲仙的氣韵，是“無丘壑而有别致”的最好脚注。張庚亦稱張風爲“筆墨中之散仙”。

張維，字四之，順天人。其先人好書畫，收藏甚富，於郭河陽〔1〕有得，樹石丘壑多似之。〔2〕

〔1〕北京郭熙爲河陽温縣人，世稱郭河陽。見《圖繪寶鑑》卷三。

〔2〕傳世之作有《山水》（紙本水墨，天津市文物公司藏，見《中國古代書畫圖目》八）。

僧止中，字杳雪，華亭人。山水學珂雪一派，筆墨秀潤，丘壑冷落，如騷人賦詩，吟咏性情而已。

楊亭，字玄草，丹徒人。畫山水，筆少温潤，然挺峙巉巗，亦是一家也。

張坦，號青蘿。善山水。

黄經，字維之，如皋人。善山水，清藴師大癡。博通六書，字學尤著。

沈韶，字爾調，華亭人。善畫人物、仕女，秀媚絶俗。〔1〕又善寫貌，儼然如生。

〔1〕傳世之作有《鍾馗》（嘉興市博物館藏，見《中國古代書畫圖目》十一）。

夏大貞，字吉庵，嘉興人。善寫翎毛花卉，巨幅屏幛，不假籌思，信手縱横，可稱能品。

毛奇齡[1]，字大可，蕭山世族。於書無所不窺，下筆千言立就。擅不世之名，經史諸大文外，旁及禮樂、經曲、鐘吕、書畫，悉臻其奥。康熙己未試制科，授翰林院檢討，充史館纂修官，請沐在籍。卜居西湖側，著《西河集》行世。工書法，尤善畫，妙得天趣，意到筆隨。[2]但稍自矜惜，不多作。得者争寶之，即此一端，灑灑在物表矣。詎獨繪事足以盡先生哉？

〔1〕毛奇齡（1623—1716），一名甡，字大可，又字僧開、僧彌、齋於，號秋晴，又署初晴、晚晴及河右僧，學者稱西河先生，浙江蕭山人。萬齡弟。康熙十八年（1679）制科授翰林院檢討，充史館纂修。善書，工詩詞古文。畫梅及麻姑得天趣，工山水，王宸稱其"意到筆隨"。

〔2〕傳世之作有《荷花圖》（北京故宫博物院藏，見《中國古代書畫圖目》二十二）。

沈宗敬[1]，字南季，雲間繹堂學士公子也。擢進士，官太史。生平恬淡可親，座客常滿。才藝宏博，詩文書法，各詣妙境。偶寫山水，思致高遠，妙絶谿逕，超然楮墨，綽有古人之風，人罕及之。

〔1〕沈宗敬（1669—1735），江蘇松江（今屬上海）人，字恪庭，又字南季，號獅峰。翰林侍讀學士沈荃之子。康熙二十七年（1688）進士，官至太僕卿。性情瀟灑，好文藝，工詩詞，通音律。畫山水，能綜合董源、巨然、倪瓚、黄公望諸家之長，筆力古健，善於運用水墨，有時也用青緑重色，小幅卷册更爲精工。秦祖永以爲"布置山巒樹石，均極謹嚴，無一毫浮躁氣"，又説"妍而不甜，縱而有法"。這和他叔父沈白的畫法相

似，乃淵源有自。

龔培雍，字灡臣，杭人。庠生。工詩文書法，善人物山水。

吕學[1]，字時敏，苕溪人。善寫炤，見之儼然，生氣欲動。[2]更精人物山水，遇興濡毫，度越流品，名噪一時。[3]

〔1〕吕學，生卒年不詳。字時敏，一作時毓，號海岳（《烏程志》作海山），烏程（今浙江湖州）人。

〔2〕吕學善寫照，傳世之作有《郎廷極行樂圖》（絹本設色，青島市博物館藏，見《中國美術全集》清代繪畫中），畫中主人公郎廷極閑雅舒適地坐在溪水邊平石上，面目清俊。

〔3〕吕學工人物、佛像及駝馬，兼善山水。傳世之作有《桃源圖》（絹本設色，浙江省博物館藏，見《中國美術全集》清代繪畫中），樹木、屋舍、溪橋等皆用筆細膩，人物雖小，但刻畫秀潤清新。

祝新[1]，字儀文，海昌人。隱西湖，善寫照，舉腕間即曲盡其姿態。徘徊瞻顧，體度如生，熟翫[2]之，不啻相與言笑者。雜工山水諸品，動筆新奇，名下固無虚士。

〔1〕祝新，海昌（今浙江海寧）人，隱杭州西湖。工寫照，善山水，動筆新奇。

〔2〕同“玩”。

王逵，字景伯，杭人。琦子，工寫照、山水諸藝，綽有父風。

僧覺徵[1]，字省也，號白漢，嘉興人。居西湖之南高峰，能書善畫，所作山水，細皴重染，雖一樹一石，過於重巒疊嶂之妙。

〔1〕覺徵，浙江嘉興僧，居杭州西湖南高峰。字省也，號白漢，别號

眉道人。能書，善畫。張庚之曾祖荆石先生松泉獨坐小照卷，由虞昌畫像，張氏稱覺徵所補景物，“森蔚之致，足以移情”。

曹有光[1]，字子夜，吴縣人。善書能畫，筆墨秀雅，丘壑淡宕。又花卉草蟲，傳染恬潔，字亦如之。

〔1〕曹有光，安徽績溪人，客居杭州，字子夜，又字西畸，康熙三年（1664）進士。善書，能畫山水，筆墨秀雅，丘壑深遠。傳世之作有《蜀道圖》（紙本水墨，南京博物院藏，見《中國古代書畫圖目》七）。

李開生，字天中，泰興人。擢進士。家藏宋元名蹟，少年輒時臨仿。因弟蘭溪令尹，得游富春嚴灘之勝，故丘壑深邃，山頭峻拔，大得子久三昧。

潘澄，字弱水，蘇州人。山水學沈石田，氣勢雄偉。

劉體仁[1]，字公勈[2]，潁州人。擢進士，官銓部。性嗜六法，蕭疎曠遠，思運高妙，乘興寓意，亦自天然。[3]

〔1〕劉體仁，字公勈，號蒲庵，安徽潁州（今安徽阜陽）人。順治十二年（1655）進士，官吏部主事。工詩文，善山水，蕭疏曠遠，寄興天真。家常蓄畫師，代爲捉刀，人故每索畫輒柬之，勿煩真作，并戲比其畫爲兔毛褐。蓋真不如假。嗜古，精鑒賞，著有《識小録》《七頌堂集》《蒲庵集》。

〔2〕“勈”同“勇”。

〔3〕傳世之作有《水閣遠眺圖》（天津市藝術博物館藏，見《中國古代書畫圖目》十）。

張昉，字叔昭，錢塘人。孫竹癡門弟也。善鈎勒花卉，反側飛動，含噴有情，更得内史爲之傅襯。[1]

〔1〕傳世之作有《海棠圖》（中國歷史博物館藏，見《中國古代書畫圖目》一）。

諸昇，字日如，仁和人。[1]善蘭花竹石，得舊人之正傳，下筆瀟灑不繁，橫斜曲直、背向各分。至於山石水口，布列縱橫，雨壓風欹，不獨肖其形似爾。[2]

〔1〕諸昇（1617—?），康熙三十年（1691）尚在，字日如，號曦庵，仁和（今浙江杭州）人。

〔2〕諸昇擅長山水、蘭花竹石，傳世作品有《墨竹圖》（絹本水墨，泰州市博物館藏，見《中國美術全集》清代繪畫上），用筆平實而勁力，工整而有變化。

蕭雲從[1]，字尺木，當涂人。明經不仕，筆墨娱情。[2]不宋不元，自成其格，有《太平三山圖》刻本於世。[3]

〔1〕蕭雲從（1596—1673），字尺木，號無悶道人，晚號鐘山老人，當涂（今安徽蕪湖）人。

〔2〕明崇禎十二年（1639）副貢，明亡，以畫自隱。

〔3〕蕭雲從擅長畫山水、人物，出入宋元，筆意清快，自成一格。畫《太平三山圖》四十餘幅，影響遠及日本。傳世山水畫作有《百尺明霞圖》（紙本水墨，上海博物館藏，見《中國美術全集》清代繪畫上），山石皴筆，人物樹木筆筆精到，一絲不苟。

錢封，字軼秦，號松崖。杭郡庠生，封儒林郎，博學能文，磊落有大志。隱西湖，游情翰墨，與藍田叔、丁药園諸公倡詩畫會，遂以詩畫名。兼工楷隸、篆刻，興至寫山水，得烟雲出没、峰巒隱見之態。老年尤寄趣平淡，落筆高古，品格絶塵，墨妙所到，靡非佳境，一時名人多從游焉。[1]子彦雋，孫彔，亦能得其家法。

〔1〕傳世之作有《溪山高隱圖》（紙本水墨，浙江省博物館藏，見《中國古代書畫圖目》十一）。

張渭，字且湜，錢塘人。游錢松崖之門，遂得其畫法。筆意不减田叔[1]，更饒神致。花卉人物俱妙。

〔1〕田叔，藍瑛。

張璠，字魯毓。仁和諸生，詩文清雋。得舅氏錢松崖六法真諦，興酣潑墨，烟雲變幻，仲圭[1]後身也。

〔1〕元四家之吴鎮，字仲圭。

□□□□□□[1]孝廉，居仁和。精山水樹石，景得山之神氣，意趣高古。

〔1〕原削六字，缺姓名、字號。

毛遠公，字驥聯，蕭山人，孝廉。下筆清新俊逸，著有《菽畹集》。喜繪設色及水墨牡丹，一花半葉，淡墨欹豪，而疎斜歷亂，偏其反而，[1]咄咄逼真。

〔1〕出自《詩經》："唐棣之華，偏其反而。"花葉摇動貌。

翁嵩年[1]，字康貽，武林人。進士。博學好古，寫山水，超軼冲淡，瀟灑秀潤，時露筆端。[2]

〔1〕翁嵩年（1647—1728），字康貽，號蘿軒，錢塘（今浙江杭州）人。康熙二十七年（1688）進士，仕爲廣東提學。著《天香書屋稿》《白雲山房集》《友石居集》。

〔2〕傳世之作有《山迴水抱圖》（紙本水墨，上海博物館藏，見《中

國古代書畫圖目》五)。

趙所，字申錫，杭人。善山水，筆意秀勁，蕭散清雅。

查繼佐[1]，字伊璜，海寧人。舉孝廉，不仕，詩賦傳奇種種行世，又能摹大癡山水，但皴法太減耳。

〔1〕查繼佐（1601—1676），初名祐，更名省，字伊璜，一字敬修，號興齋，一作與齋，又號東山，晚號釣叟，浙江海寧人。崇禎六年（1633）舉人，甲申（1644）後書“查”作“樝”，或隱姓名稱左尹。

張一鵠，字友鴻，松江人。擢進士，善寫意山水，石田詩云：“樹如飛白石如籀[1]。”似爲先生詠。[2]

〔1〕“籀”，當爲“籒”，篆書之意。石田，爲明代沈周。

〔2〕張一鵠，號忍齋，别號釣灘逸人。順治十五年（1658）進士，官雲南推官。工詩文。善畫寫意山水，得元人筆意。明末曾與黄道周等組織半山會詩社於南京，畫《半山圖》，當時同社名流，紛紛題詩稱贊。

道士施政，字正之，嘉興人。初畫竹蘭，後摹黄一峰、吴仲圭兩家。

藍孟[1]，字次公，錢塘庠生。善畫山水，摹仿宋元，無不精妙。運筆雖不遒勁，而丘壑鬆脆，如氷[2]梨雪藕，見之唇吻俱爽，故學雲林家數，更云入室。[3]

〔1〕藍孟，生卒年不詳，約活動在順治至康熙年間。字次公，錢塘（今浙江杭州）人，著名畫家藍瑛之子。

〔2〕同“冰”。

〔3〕藍孟善畫山水，師法宋、元諸家，筆法疏秀，能傳家法。傳世作

品有《梅花書屋圖》（絹本設色，浙江省博物館藏，見《中國美術全集》清代繪畫上）。

許眉，字友介，福建人。孝廉不仕，才思過人，詩文立就。又畫墨竹，枝葉不多，殊有逸致。

張弢，字亦寓，山陰人。善蘭花、竹石，筆法縱横。

何其仁〔1〕，字元長，海鹽人。由明經就廣文〔2〕。善蘭花。

〔1〕何其仁，字符長，號槮庵，浙江海鹽人。嘉慶（1796—1820年）時官崖州知府，善墨蘭，兼善墨竹，亦精篆刻。

〔2〕廣文，明清對儒學教官之别稱。

顧鼎銓，字逢伯，杭州人。孝廉，縣令封太史。博學，工詩古〔1〕，寫山水結構在六法之中，點染游三昧之外，寄趣瀟灑，落筆高遠，氣韵生動，自不可及。〔2〕

〔1〕神本作“工詩古文”。

〔2〕傳世之作有《溪山縱棹圖》（紙本水墨，南京博物院藏，見《中國古代書畫圖目》七）。

魯得之〔1〕，字孔孫，杭州人，流寓秀水。善墨竹，運筆圓活，〔2〕詩字俱佳。人争重之。

〔1〕魯得之（1585—?），浙江錢塘（今浙江杭州）人，客居嘉興。初名參，字魯山，後以字行，改字孔孫，號千岩。明代遺民。李日華高足，善書，學顔真卿而參以歐陽詢筆意。擅長畫墨竹，筆力勁健，落墨迅捷。張庚稱贊云：“發竿爽勁，掃葉清利，直由仲圭（吴鎮）而追踪文（同）蘇（軾）矣。”晚年右臂病痹，用左手畫“風竹”，更爲精妙。又善

畫蘭，縱筆自如，也十分瀟灑。秦祖永以爲“當時第一，非諸昇輩所可及”。著有《竹史》。

〔2〕傳世之作有《墨竹圖》（紙本水墨，上海博物館藏，見《中國古代書畫圖目》四）。

徐易[1]，字象九，杭州人。善山水花卉，筆墨古秀，傅色雅淡。至於傳寫大像，尤爲藝冠，衣紋身法，大雅不群也。[2]子炎，字公燦，能紹之。

〔1〕徐易，字象九，一字象先，山陰（今浙江紹興）人。山水、花卉，超逸古秀，賦色沉静，寫人物衣紋位置，大雅不群。爲傳神妙手曾鯨弟子。

〔2〕傳世之作有《授經圖》（温州博物館藏，見《中國古代書畫圖目》十一），此作與陳洪綬合作完成。

杜亮采，號嚴六，松江人。善山水，喜臨舊跡，故氣運濃厚，意致斐然，文度風流，於玆再見。[1]

〔1〕杜亮采，字嚴六，華亭（今上海松江）人。仕爲垣曲知縣。工詩，山水有董其昌、趙左二家法，冲和潤澤，爲時所稱。

顧胤光[1]，字闇生，號寄園，松江人。一榜官至郡丞，畫法合大癡、雲林，而參以營丘之蒼勁、巨然之細潤。其字學倪迂，而處境亦相似焉。

〔1〕顧胤光，江蘇常熟人，字闇生，號寄園，顧正誼之侄。萬曆時舉人。工詩，畫山水得家傳技法，更長於模擬倪瓚筆意，蕭疏秀逸，極有氣韵。傳世之作有《仿倪瓚古木頑壁圖》（天津市藝術博物館藏，見《中國古代書畫圖目》九）。

僧照遠，字可一。住會稽之頭陀庵，參宗受戒。文、字悉佳，又畫元人山水，筆意差乏流動之趣。

魯益，字鶴岡，山陰人。善梅花，爲人古道，壽近百齡。

朱虛[1]，字介庵，曹州人。擢進士，官參政。善山水，落筆瀟疎，脱略蹊徑，生平延覽山人、墨士。半世宦囊，惟書畫一肩，冰清玉潔，葢可知矣。

〔1〕朱虛，字介庵，曹州（今山東菏澤）人。順治四年（1647）進士。

楊遠，字仲聲，錢塘人。善仿北宋人，山水最妙，其如蚤瞽[1]，世不多有。

〔1〕“其如蚤瞽”，神本作“病瞽”，畫本作“早瞽”。

僧漸江[1]，徽州人，善畫山水，俗姓江，名韜，字六奇。初師宋人，及爲僧[2]，其畫悉變爲元人一派，於倪黄兩家尤其擅場也。[3]

〔1〕弘仁（1610—1664），號漸江，别號梅花古衲，俗名江韜，字六奇，安徽歙縣人，爲明諸生。

〔2〕弘仁三十六歲時去福建武夷，從古航爲僧。

〔3〕弘仁工詩畫，出家後山水學倪雲林、黄公望，境界開闊，筆墨凝重，意境清遠，以畫黄山著稱，爲新安派莫基人。傳世作品有《松壑清泉圖》（紙本水墨，廣東省博物館藏，見《中國美術全集》清代繪畫上），《疏泉洗研圖》（紙本設色，上海博物館藏，見《中國美術全集》清代繪畫上）。浙江之畫往往以乾筆淡墨勾勒，綫條爽利，轉折處或漏棱角，少皴擦而有山石方硬的形體。

蘇遯[1]，字遺民，松江人，畫仙佛，衣紋設色，古淡中之鮮麗。兼以品行狷潔，故其筆墨逾重。[2]

〔1〕遯（dùn），同“遁”。

〔2〕蘇遯，初名霖，字遺民，號澤民，華亭（今上海松江）人。性迂僻，不婚不宦，崇禎初寄食西林寺。善畫道釋佛像，得吴道子、丁雲鵬筆意。間寫山水，成即毀棄之，人莫測其意。吴騏題其畫曰：“其人必傳，其藝必傳。”

姜泓[1]，字在湄，杭州人，善花卉。筆墨靈異，出諸天生，非僅僅傅襯匀調，開染鮮艷，以致浥露迎風，欹斜含吐之妙也。[2]

〔1〕姜泓（泓一作浤），字在湄，號巢雲，杭州人。工花鳥，筆致生動，賦色鮮妍。

〔2〕傳世之作有《水仙茶梅圖》（南京博物院藏，見《中國古代書畫圖目》七）。

祁豸佳[1]，字止祥，山陰世家。由孝廉仕吏部。[2]諸藝無不精妙，而書畫尤冠，字學董文敏，畫仿元人，真士人逸致，非時手等觀也。[3]

〔1〕祁豸佳（1594—1683後），字止祥，號雪瓢，山陰（今浙江紹興）人。

〔2〕明天啓七年（1627）舉人，仕吏部司務。明崇禎甲申之變（1644年）後，隱梅市賣畫代耕。

〔3〕祁豸佳工書善畫，書法學董其昌，山水宗董源、惠崇、沈周等，善仿諸家山水。傳世之作有《秋山策杖圖》（紙本水墨，上海博物館藏，見《中國美術全集》清代繪畫上），筆墨蒼潤，雲烟飄忽。

葉舟[1]，字飄仙，松江人。善花卉，晚年惟畫佛像，籃中折枝尤妙。

〔1〕葉舟，生卒年不詳。江蘇松江（今屬上海）人，字飄仙，號雪漁，明代遺民。早年畫勾勒花卉，筆力和設色逼近黄筌。明亡後學佛，祇畫佛像，點綴花卉，更爲精妙。

田賦，字公甫，山陰人。善山水，師闞九思，筆力蒼古而有致，丘壑深遠而不繁。

謝彬，字文侯，上虞人，久居錢塘。[1]善寫小像，一經彼筆，世無俗面。至於數人合幅，或舉家全慶，神情浹洽，眉目照映，海内稱首望也。[2]

〔1〕謝彬（1602—?），康熙十九年（1680）時年九十七歲還在人世，卒年不詳。字文侯，浙江上虞人，家錢塘（今浙江杭州）。

〔2〕謝彬善畫人物和寫真，爲曾鯨弟子。亦善山水，仿吴鎮。傳世之作有《漁家圖》（紙本設色，上海博物館藏，見《中國美術全集》清代繪畫上），其中繪畫漁夫漁婦，雖人物極小，却面目生動，富有生活氣息。

僧元逸，字秋遠，嘉興祥符寺[1]，後結茆[2]西郊而住静焉。博雅好古，植木栽花，書學二王之小楷，畫學子久之高曠。

〔1〕似不完整，借緑草堂本即如此。

〔2〕畫本作“結茅”。

史顔節，字睿子，紹興人。道德風流，善畫墨竹。古之所謂風晴雨露，無一不妙。尤好作萬竿叢細，山頭水口，烟雲烘鎖，[1]國人争購。子諱喻義，字子曉，紹其藝。

〔1〕史顔節（1596—?），字睿容，一字睿子，山陰（今浙江紹興）

人。康熙十三年（1674）作《墨竹圖》，時年七十九。傳世之作有《好竹連山圖》（紙本水墨，南京博物院蔵，見《中國古代書畫圖目》七）。

顧見龍，字雲臣，太倉人，今居虎丘。善山水花鳥。至於婦女，纖姿弱質，意穠態遠。臨摹往跡。雖個中目之，一時難別真僞也。固非虎頭〔1〕再世，堪與十洲〔2〕割席。〔3〕

〔1〕虎頭，指東晋顧愷之。

〔2〕十洲，指明代仇英。

〔3〕傳世人物畫作有《文會圖》（廣州市美術館藏，見《中國古代書畫圖目》十四）。

曹垣，字星子，仁和人。善人物、山水、花鳥。素性嗜酒，每欲舉筆，輒酣飲，腕指有意外之想。變態縱横，與造物相上下。悟於性理，非積習能致。〔1〕有徒張城，字大宗，肄業，亦妙。

〔1〕傳世之作有《石屋觀泉圖》（南京博物院藏，見《中國古代書畫圖目》七）。

許儀，字子韶，無錫人。曾爲明季中書。山水、人物、界劃、花卉，無一不善。其没骨點竄〔1〕，杏花紫燕，脂粉鮮艷，開染嬌媚，頗得徐熙之法。亦寫照。〔2〕

〔1〕當爲“點寫”。

〔2〕傳世之作有《梅花白鴿圖》（安徽省博物館藏，見《中國古代書畫圖目》十二）。

趙尹，字莘子，徽州人。劉叔憲〔1〕首弟也。善畫北宋人山水，筆墨遒勁，蹊徑縝密，有出藍之譽。且風雅好古，他技亦無不能。

〔1〕劉度，字叔憲，見《圖繪寶鑑》本卷。

陳鵠，字菊常，南通州人。善人物、花卉，設色絢麗，鈎勒者亦工。

吴球，字禹錫，秀水人。畫師於藍田叔先生，摹子久小景，頗云入室。

龔賢[1]，字半千，江南人。善詩，著有《草香堂集》。畫山水，初從北苑築基，一變古法，沉鬱深厚，自成一家。[2]

〔1〕龔賢（1618—1689），又名豈賢，字半千，號半畝，江蘇昆山人，流寓金陵。後世稱爲“金陵八大家”之首。

〔2〕龔賢畫山水，筆法從董源（北苑）、巨然中變出，後形成其“積墨法”，層層皴染，顯得沉鬱深厚。代表作有《溪山無盡圖》卷（紙本水墨，北京故宫博物院藏，見《中國美術全集》清代繪畫上），此作筆墨成熟，皴染渾厚，層次分明。

顧企，字宗漢，松江無懷之子。善仕女、山水，尤工寫照，受業於曾波臣[1]。

〔1〕曾鯨，字波臣。明代人物畫家，擅長人物寫真。

王子寧，河内人。善山水。

胡崇道，字仲醇，金溪人。舉孝廉，官令尹，風雅越俗而無貴度。飲酒作畫，花鳥雖於周少谷[1]入門，其飛舞飄颻之致，出諸錦心繡腕也。

〔1〕周之冕，字少谷，明代畫家，見《圖繪寶鑑》卷六。

嚴湛，字水子，山陰人。善人物、花鳥。及門於陳章侯[1]，性情高曠，不讓於師，藝亦似之。

〔1〕陳洪綬，字章侯，號老蓮，明代人物畫家。

顧星，字子粲，仁和人。久游天台，領略石梁、雁岩[1]之勝[2]。峰巒林麓，柯木松石，叠瀑飛流，雲烟出没，盡得於心而形於腕焉。

〔1〕借緑草堂作“岩”，疑爲“宕”。“雁宕”即“雁蕩”。雁蕩山有石梁洞。

〔2〕《天台縣志》載“天台十景”，包括“石梁瀑布”“寒岩夕照”，借緑草堂本作“雁岩”，疑誤，應爲“寒岩”。

陳字[1]，字無名，諸暨章侯先生之子。能書善畫，才情有晋人風味，筆墨脱作家氣習。人物、花鳥，迥别尋常。[2]

〔1〕陳字（1634—約1713），初名儒禎，字無名，號小蓮，諸暨（今浙江諸暨）人，陳洪綬幼子。

〔2〕陳字善畫人物、花卉，繼承家學。傳世作品有《桃花蛺蝶圖》（絹本設色，上海博物館藏，見《中國美術全集》清代繪畫上），此作以工筆勾勒爲主，運筆古拙，顯示其深厚的傳統功力和寫生技巧。

張南垣，嘉興人。佈置園亭，能分宋元家數。半畆之地，經其點竄，猶居深谷，海内爲首推焉。善畫山水及供石[1]，妙可知矣。

〔1〕供石，陳列案頭或室内之奇石。

陸鴻，字叔遠，吴縣人。善畫山水。同邑王子元，字台字[1]，善花卉。[2]

〔1〕畫本作“字臺字”。

〔2〕傳世之作有《支硎春曉圖》（天津市藝術博物館藏，見《中國古代書畫圖目》十）。

李穎，字箕山，揚州人。善山水，墨焦筆健，氣勢大雅。

葉大年，字壽卿，杭州人。善墨竹、小鳥。[1]

〔1〕傳世之作有《竹雀圖》（浙江省博物館藏，見《中國古代書畫圖目》十一）。

陸源，字伯原，華亭人。畫山水、人物學小李將軍。雖近文弱，不落甜俗，爲可喜。

楊昌文，廣東人。善蘭花竹石。[1]

〔1〕傳世之作有《蘭竹石圖》（廣東省博物館藏，見《中國古代書畫圖目》十三）。

張鴻，字鶴澗，吴門人。善山水。

李藩，字价人[1]，華亭人。善山水、人物。

〔1〕晝本作"字價人"。

包壯行，字穉脩，南通州人。擢進士。善畫鈎勒梅花、水墨、竹石。至今行世"包燈"，乃其創始。

申苕清，字自然，松江人。仿大癡山水，樹木踈秀，丘壑亦深，但覺碎小而無大概。

李曄，字白臣，湖州人。畫山水師關九思，筆墨古雅，差少靈秀。

□□□□□□[1]州人。善佛像人物，所畫道釋諸天，不由底本，皆以意造。大小聚散，咸得其宜。有侄璞，畫龍獅、人物、山水，皆精妙。

〔1〕原空出六字，缺姓名、字號。

沈陛，字左臣，杭人。青門六世孫，茂才舞襄子，幼孤，能文。愛寫墨竹，意在筆先。偃直濃疏，動合矩度，得文、蘇遺意，而清標似過之，或與蘭合圖，參差可愛。若眺青臚於緑玉之叢，挹其佩紉而芬風習習者。諸昇[1]見而異之，曰："陛少年若此，後名必踞吾右。"因羅致門下，以爲幸焉。别號小休，取樂志林泉，不求聞達之意。人謂本休文之裔而名歟，不知小休者矣。

〔1〕諸昇，明末清初畫家，善畫墨竹，見《圖繪寶鑑》本卷。

徐邦，字彦膺，杭人。書法宗顔、米，花鳥摹吕、黄。所居硯廬，有薜蘿亭，名花滿砌，故寫生益工，士夫争重之，願從游焉。老年目力如童，筆法更佳。[1]子琰，工花鳥。

〔1〕傳世之作有《竹雀圖》（浙江省博物館藏，見《中國古代書畫圖目》十一）。

張御乘，字駕六，烏程人。博學有經濟才。工寫意花鳥，世謂林良復出。至都，作《河清海宴圖》，名重京師。會徵召，公卿欲薦舉。辭歸，隱苕之青塘門，號青塘老農。

吴安，字定山，雲間人。應試被放，隱泖濱，號泖湖釣者。嘯傲名山勝境間，賦詩鼓琴，寫山水，氣韵娟秀，咸稱爲摩詰後身。雖環堵蕭然，晏如也。著有《自陶集》。

江在峽，字友三，杭人。善屬文，寫山水。位置簡雅，林石秀潤之氣溢於楮帛。蓋因用墨處得意外之法耳。

徐邦，字彦膺，杭人。畫法宗顔米，花鳥摹吕黄，所居硯廬。有薜蘿亭，名花滿砌，故寫生益工，士夫争重之，願從游焉。老年目力如童，筆法更佳。子琰，工花鳥，人物自有别致。[1]

〔1〕此條重出。

俞齡，字大年，杭人。善畫馬，得曹將軍[1]、韓幹之心傳。至於圖寫凡獸，精神骨相無不各盡其妙。更有傳神阿堵，不異虎頭。而天機所到，泉石峰巒，摩詰之後，亦不多覯也。[2]

〔1〕唐代畫馬名家曹霸。

〔2〕傳世之作有《桃花源圖》（遼寧省博物館藏，見《中國古代書畫圖目》十五）。

陸謙，字與讓，號益庵，仁和人。善人物仕女，工寫照。曾畫《列朝功臣像》及《水滸全圖》，深得李龍眠衣鉢。中年别設藩籬，有雲騫水飛之致。著《鴻序堂》及《竹猗緑蓑》等詩集。

李嶧，字孔巖，山陰人。工畫蘭竹，巨幅小景，瀟灑生動，直駕何元長、魯孔孫而上之。兼善花鳥、山水，筆意高妙，深得宋元諸名家神境。其爲人尤渾厚恬雅，絶無游士習氣，四方賢士大夫多推重焉。

俞□泰[1]，字開文，號牧雲，武林人。善蘭竹。

〔1〕俞、泰間缺一字。

童原，字原山，西爽之長子。[1]善花鳥草蟲，筆法雅秀，學力淵深，不獨近代無匹，真能度越前人。[2]天性温厚，平生無疾言遽色，才德兼優士也。仲弟銓，字枚吉，善人物。季弟錦，字天孫，善花卉。皆極蒼秀，吴下推重。

〔1〕本卷有童塏條：童塏字西爽，其子曰銘，與此條不合，故疑童原爲童銘之誤，或爲其後改之名。

〔2〕傳世之作有《花鳥》（上海博物館藏，見《中國古代書畫圖目》四）。

張瑞，字維四，長洲人。善花卉，其寫意更佳。曾作《百菓圖卷》傳世。

童基，字處方。善人物，兼山水，近代高手也。

沈賓，字永嘉，號雪齊，仁和人。書工行楷，得王、米之真傳。寫精蘭竹，闡倪、趙之秘旨。至於鐵筆諸技，尤爲奇妙。所居雖城市，而池塘竹樹，儼若山林。故賢士大夫與之交游者，咸稱淵明再世。人有勸其出仕，則笑而不答。其著作有《石刻幽英蘭譜》并《西湖十景詩帖》垂世。

李昌，字爾熾，别號謹庵，仁和人。庚午孝廉。善花鳥草蟲，寫來生生欲動。會試都門，王公大人奇其人品、文章而外，兼奇其筆墨。

沈瑞鳳，字鳴岐，號渭川，仁和人。善寫蘭竹、山水，兼工書法、圖章。

陳來，字宗來，江南人。善畫折枝花卉，悉俱鈎勒設色。而且自善栽植，故家中木本草卉，莫不種焉，擬爲寫照意耳。

錢□[1]，字禮齋，山陰人，流寓京師。善寫大像，欲得其畫者，雖公卿士夫，必抵其寓而就焉。技能伏人，一至於此。

〔1〕此處作墨丁一字。

許弘環，字眉叔，華亭人，別號我堂。畫山水，得士大夫一種趣味。

錢楡，字四維，杭州人。善畫翎毛花卉，設色絢麗，開染得法。

王含光[1]，字似鶴，山西人。擢進士，官銓部。善山水，脱略冠冕，寓興筆墨。

〔1〕王含光，字表樸，一字鶴山，號似鶴，自署鶴道人。崇禎四年（1631）進士。祖珍吾，父春楨，俱進士。順治（1644—1661年）中薦授員外，官河南按察使。山水筆墨簡渾，烟雲流潤。傳世之作有《雲山茅亭圖》（天津市藝術博物館藏，見《中國古代書畫圖目》九）。

程涝，號箕山，廣信人，順天籍。舉孝廉。畫雖無師之學，山水松石自有别致。[1]

〔1〕傳世之作有《叢林流水圖》（山西博物院藏，見《中國古代書畫圖目》八）。

王式，字無倪，太倉人。善畫宫妝美女，春宫尤妙。[1]

〔1〕傳世之作有《月下洗桐圖》（天津市藝術博物館藏，見《中國古代書畫圖目》九）。

藍深[1]，字謝青，錢塘庠生，爲人倜儻。時文宗匠，餘參六法，亦極精妙。雖得祖父之傳，至於錯綜變化，自得其巧。[2]有弟名濤，字雪萍，亦善細緻小景。

〔1〕藍深，字謝青，錢塘（今浙江杭州）人。藍瑛之孫，諸生。

〔2〕傳世之作有《觀海圖》（紙本水墨，浙江省博物館藏，見《中國古代書畫圖目》十一）。

王質，字文藴，海寧人。善花卉、草虫，常於悠閑之地或園林間，看玩蜂蝶態度，以之資於筆端也。[1]

〔1〕傳世之作有《杏林春燕圖》（浙江省博物館藏，見《中國古代書畫圖目》十一）。

蔣勛，字奇武，吴縣人。世客都門[1]。善山水，仿宋人，筆墨沉著。

〔1〕指京城。

余新民，字四維，徽州人。肝腸似雪，品藻獨持。藝無不能，篆刻乃其世學，爲最著也，善畫山水，意在筆外。

僧焉文，山陰人。出家於徑山。書善小楷，畫仿大癡。

陸柴，字山子，山陰人。善人物、花鳥，不越章侯[1]故轍。

〔1〕陳洪侯，字章侯。

陸曾熙，字雍之，會稽人。字畫俱有怪意。

錢朝鼎，字黍谷，常熟人。擢進士，官正卿。善畫蘭花竹石，得法於孫克弘。

陳元素[1]，字古白，長洲縣人。善蘭花[2]。子邁，字孝觀，亦紹之。

〔1〕陳元素，字古白，長洲（今江蘇蘇州）人。私謚貞文先生。萬曆三十四年（1606）應鄉試不第。早負才名，工詩文，楷法歐陽，草入二王。工山水，尤善寫蘭。蘭葉偃仰，墨花橫溢，超然出塵，得文徵明之秀媚，而更氣厚力沉，爲王酉室（穀祥）、周公瑕（天球）所不及。

〔2〕陳元素蘭花代表作有《蘭花圖》（紙本水墨，上海博物館藏，見《中國古代書畫圖目》三）。

張瑞圖，字長公。□□人，學黄大痴數筆。[1]

〔1〕見《圖繪寶鑑續纂》卷六，此條重出。

金俊明[1]，字孝章，吴縣人。善梅花。[2]

〔1〕金俊明（1602—1675），初名衮，字九章，更字孝章，號耿庵，自稱不寐道人。吴縣（今江蘇蘇州）人。

〔2〕金俊明善書畫，尤工梅。傳世之作有《梅花册》册頁（紙本水

墨，上海博物館藏，見《中國美術全集》清代繪畫上），用筆粗細隨類，墨色濃淡相宜。

陸翰，字少微；傅壽；王逸民；皆杭人。畫大判及野仙，俱甜邪入俗之筆也。

陸坦[1]，字周行；韓曠，字埜株；朱琛，字雲璧；沈玄渚；俱松江人。善山水。

〔1〕傳世之作有《仿巨然山水》（紙本水墨，重慶市博物館藏，見《中國古代書畫圖目》十七）。

張經，字我絲，當塗人也。留心理學及古文辭，弱冠即走京師，問業翁叔元學士，嘗同馮過登游，故其山水多得元人遺意。間寫壽星、花鳥。[1]

〔1〕傳世之作有《乘舟訪友圖》（紙本水墨，遼寧省博物館藏，見《中國古代書畫圖目》十五）。

周愷，字晋卿；劉元稷，字子穀；俱吴縣人。善山水。

王嘉，字逸上，華亭人。畫宗董文敏，人敦古道，有羲皇之風。

包爾庶，字虞尹，善花卉。

王徐錫，字孝伯，王季重孫也。落筆天趣盎然。

程勝，字六無，休寧人。善畫蕉石、蘭花。[1]

〔1〕傳世之作有《蕉石圖》（紙本水墨，武漢市文物商店藏，見《中國古代書畫圖目》十八）。

李良佐，字癡和，閩人。善寫真，又畫蘆雁。

項聖謨，字孔彰，嘉興墨林公之後。[1]舊蓄既多，見識益廣，況性嗜揮染。山水、花卉，悉皆精妙，雖自成一局，差近文氏意趣。其畫小頁，妙過於大。[2]

〔1〕項聖謨（1597—1658），字孔彰。浙江嘉興人。墨林公（項元汴）之孫，畫史稱其開“嘉興畫派”。

〔2〕項聖謨及其“嘉興畫派”的藝術特色在於，其作品既有濃郁的筆墨趣味，也有嚴謹的寫實功力，更有强烈的家國之痛。代表作有《楚澤流芳圖》（紙本水墨，北京故宫博物院藏，見《中國繪畫全集》明九）。

顧知，字爾昭，號野漁，杭州人。性格牢騷，故畫狂放不矩，多於僫紙[1]作之。

〔1〕僫，本爲困乏之意。僫紙應爲劣粗之紙。

沈灝[1]，字郎倩，蘇州人。善山水，筆墨秀雅，丘壑奇怪。晚年忽略，止可以筆墨之外求之。[2]

〔1〕沈顥（1586—?），一作灝，字郎倩，號石天，吴縣（今江蘇蘇州）人。補博士弟子員。性豪放好奇。工詩文。真、草、隸、篆，無所不能。山水近沈周，晚年筆意挺秀，點色清妍，深於畫理，著有《畫麈》及《枕瓢》《焚硯》諸集。

〔2〕沈顥傳世之作頗多，代表作有《楊湖八景圖》（上海博物館藏，見《中國古代書畫圖目》四）。

吴廷[1]，字左千，徽州人。善山水，世不多見。

〔1〕吴廷羽，一作吴廷，字左千，安徽休寧人。佛像精雅，師丁雲鵬，山水法李唐，製墨與方于魯并駕。俞安期有《吴左千畫佛歌》。

吴玄，字羽仙，杭州人。善人物、鬼判。爲人放浪不羈，好飲於茅棚草舍間，醉則揮毫素壁，頗得戴進三昧。

司馬喬[1]，字子羽，紹興人。善白描人物。

〔1〕司馬喬，一作司馬霱，字子羽，浙江餘姚人，一作紹興人。善白描人物，嘗仿李龍眠筆，鑒别之家幾不能辨。

李棟[1]，字吉四，號松嵐，江南興化人。文定公孫，補博士弟子員，淹通今古。精繪事，尤工小李[2]，聲譽震江淮間。有《黄山圖刻》。

〔1〕李棟，字吉士，一作吉四，一字松嵐，江蘇興化人，一作高郵人。康熙四十一年（1702）中順天鄉榜，授内閣中書。工詩文，善篆隸，兼畫山水。著《自怡堂稿》《楚游雜記》。

〔2〕唐之青緑山水有大、小李將軍，小李將軍指李思訓之子李昭道。

顧符稹[1]，字瑟如，號小痴，江南興化人，幼從父令江華。多才思，能詩。善楷書。後以父入覲，卒於京，家遂落，因究心畫法，工細無敵，得顧虎頭、小李將軍不傳之秘。[2]爲人具傲骨，洵時流所僅見者。

〔1〕顧符稹生於1635年，卒年不可考，康熙五十五年（1716年，八十三歲）尚在。一作符禎，字瑟如，一字松巢，號小痴，江南興化（今江蘇興化）人。

〔2〕人物、山水學李昭道，工細入毫髮。貧困時賣畫自給，故臨摹托

古者頗多。傳世之作有《論松圖》軸（絹本設色，揚州市博物館藏，見《中國美術全集》清代繪畫中），此作小青緑山水，筆力工細嚴整。

吴肅雲，字竹蓀，號盟鷗，江南徽州人。工山水，能篆刻，爲人磊落不羈。隨父淮陰，家焉。

魯鼐，字式和，山陰人。工花卉草蟲，有宋人之風。

翁陵[1]，字壽如，自號磊石山樵，福建建安人。善畫山水、人物，[2]尤善篆、隸、小楷。

〔1〕翁陵，字壽如，號磊石山樵，福建建安（今福建建甌）人。工詩，篆、隸、小楷、刻印，皆有意致。飲稱大户，滿面酒痕。畫山水、人物，初多滯氣。後游秣陵（今江蘇南京），與程正揆游，乃一變。已而又從萬壽祺（1603—1652）游，又一變，於是臻化境。

〔2〕傳世之作有《梅花書屋圖》（紙本水墨，北京故宫博物院藏，見《中國古代書畫圖目》二十三）。

金章，字仲玉，江南江寧人。工翎毛、花卉，素性高曠樸誠。

楊霖，字雨升，江南如臯人。少游泮宫[1]，讀書之餘，潛心繪事，善人物、山水。

〔1〕古代的學校。

蕭晨[1]，字靈曦，江南揚州人。善詩賦，精繪事，山水、人物，師法唐宋，名重江淮。[2]

〔1〕蕭晨（1656—?），字靈曦，號中素。江南揚州（今江蘇揚州）人。

〔2〕蕭晨善畫山水、人物，師法唐宋傳統畫法，細秀淡雅，設色妍麗，衣紋清勁流暢，功力極深。傳世之作有《踏雪尋梅圖》（紙本設色，青島市博物館藏，見《中國美術全集》清代繪畫中）。

張弨[1]，字力臣，號亟齋，江南山陽人。少有才望，高潔不仕。以賣書畫爲生，山水花鳥，真草隸篆，入妙品。有天池、白陽風。與玉峰顧林亭[2]先生交好，同著《廣韵》《音學五書》傳世。

〔1〕張弨，生於1634年，一説1635年，字力臣，號亟齋，江蘇山陽（今江蘇淮安）人。棄諸生，以賣書畫爲生，真、草、隸、篆皆佳。貧而嗜古，顧炎武《音學五書》皆其手寫付梓，尤究心於金石，後以聾廢，而考證彌勤。

〔2〕當作顧亭林，即明末清初的學者顧炎武，著有《日知録》《音學五書》等。

謝國章，字雲倬，號西村，江南山陽人。少有文名，由太學授州丞。爲人高潔，終日彈琴放歌。善小楷，精繪事，山水蟲魚，各極風致。門無雜賓，時人重之。

禹之鼎[1]，字尚吉，號慎齋，江南揚州人。幼師藍氏筆墨，後出入宋元諸家，凡臨摹舊本，無不亂真。[2]又善寫照，一時稱絶。[3]家貧而性迂，客長安，公卿貴人争購之，然猝不易致也。兼工漢隸，官典客。有《王會圖》一卷傳世。

〔1〕禹之鼎（1647—1716），字尚（上）吉，一字尚其，號慎齋，江南揚州人。康熙間内廷供奉。

〔2〕禹之鼎早年師法藍瑛，後出入宋元。傳世之作有《江鄉清曉圖》軸（絹本設色，旅順博物館藏，見《中國美術全集》清代繪畫中），畫題仿趙大年之作，所作筆墨工秀，設色妍麗，刻畫精細。

〔3〕禹之鼎善畫小像，其寫真多白描，秀媚古雅，一時名人小像，多出其手。傳世之作有《喬介夫先生小像》（紙本設色，揚州市博物館藏，見《中國美術全集》清代繪畫中）。

童昌齡[1]，字鹿游，江南如皋人。藉甚成均[2]。嘗作古木竹石，風味淡遠。尤精篆籀，復善漢隸，名滿都下。著有《印史》[3]一册，公卿咸寶之。

〔1〕童昌齡，生年約1650年，卒年在1708年之后。

〔2〕成均，泛指官辦學校；藉甚成均，名揚學校之意。

〔3〕清康熙十四年（1675）成書。冒襄題其所著《印史》云："知君絶藝能千古，一册能昭歷代人。"《廣印人傳》有載。

華鯤，字子千，江南無錫人。由太學授州佐。精山水，饒有黄鶴、雲林之意。且工於詩。一時長安公卿咸推重焉。

章時顯，字子揚，會稽人。善人物、花卉，兼工小楷。

洪都，字客玄，錢塘人。善山水。[1]

〔1〕傳世之作有《雲山秋色圖》（紙本設色，天津市藝術博物館藏，見《中國古代書畫圖目》十）。

姚年，號雨侯，杭人。善人物、花鳥及寫照。

曾岳，字文伯，閩人，住順天。善人物、花鳥。

蔣煃，字子蘊，山陰人。善山水、人物。

王堅，字又直。善佛像，李次公徒也。

相□楷[1]，字允模，杭人。善蘭竹，兼山水、人物。

〔1〕相楷（中間缺一字）。神本、畫本改作“相楷”，不空格。

俞俊，字秀登，杭人。善墨竹，初師諸日如[1]，後摹趙雲門。

〔1〕諸昇，字日如，見《圖繪寶鑑》本卷。

阮年，字遐生，杭人。善墨竹，師諸昇。

戴蒼，字葭湄，武林人。善寫照，得謝文侯[1]三昧。[2]

〔1〕謝彬，字文侯，見《圖繪寶鑑》本卷。

〔2〕傳世之作有《北山像》（山東省博物館藏，見《中國古代書畫圖目》十六）。

戴蒨，字梅崖，蒼之弟也。善寫照。

魯介，字南宫，金陵人。善寫意山水、墨竹。

陶祖德，字愼先，會稽人。善寫照。

吴旭，字子升，徽州人。善山水、人物、寫照。

丁樞，字辰所，山陰人。善寫照。

韓旻，字克章，武林人。善花鳥，後寫照亦佳，惜早世[1]。

〔1〕“世”，當作“逝”。

張烺，字日生，仁和人。善蘭竹、花卉。

姚霽，字旦青。嘉興人。善人物、花鳥，兼寫照。

黄松，字天其，號黄石，太平人。善花鳥，師周少谷[1]，臨摹舊迹，無不精妙，字、篆亦佳。

〔1〕明畫家周之冕，字服卿，號少谷。

王基永，字濟美，山陰人。善山水，兼工書。

王崿，字山眉，山陰諸生。善蘭竹，兼工書。

金史，字古良，山陰人。善人物，師陳章侯[1]。

〔1〕陳洪綬（1598—1652），字章侯，號老蓮。

董良檽，字克封，山陰人。武進士，官參戎，善山水，兼工小楷。

徐蘭，字篤培，衢州人。居順天，善山水、判子[1]。

〔1〕鍾馗畫像，用以驅鬼避邪。

經綸，字嵓叔，姚江人。人物美女，殊有奇致，性狂好飲，酒酣揮染。

來吕禧，字西老，蕭山人。善花鳥，師陳洪綬。

吴舫，字方舟，維揚人。善白描人物并寫照。

姚珩，字白庵，吴人。善點綴花鳥、蔬果。

賈洙，字石浮，武林人。善山水。

魯唯，字悟先，武林人。善畫鹿。

姜兆熊，字起渭，武林人。善花鳥。

馮耀，字士弘，杭人。善山水、美人。

馮檀，字戴煌，山陰人。善山水，并寫小像。

賈銓，字玉萬，别號可齋，晋臨汾人。美丰儀，善談論，能詩，出入掖垣[1]，清厲有聲。暇則招客開樽，竟日不倦。精蘭竹，風晴雨露，無不各肖。兼善荷花，名噪都下，識者以“黄筌”目之。

〔1〕掖垣，唐代稱門下、中書兩省，後世用以稱類似的中央部門。

沈益，字友三，湖苕溪人[1]。性滑稽，所向傾倒。工人物、山水，運筆如風，人皆曰“小石田”也。

〔1〕神本作“湖州苕溪人”。

鄭嵩，字天峻，别號穎溪，天都人。倜儻不羈，有俠氣。精花鳥，善傳神，片紙尺幅，人争寶之。

顧維，字師王，苕溪人。傳神獨絶，大者益訬，不愧“虎頭”之後。

姚節，字竹友，嘉興人。工詩文，爲人脱略，性嗜酒，醉後作小竹、泉石有逸致，雖酒醒時不及也。

孫獻，字郁林，雄縣人。深心六法，山水得郭熙三昧，人物追踪李唐、馬遠。至於取物傳形、翎毛鵝鴨、草卉虫蝶等，莫不酷似。且美書室而陳列古玩，俱有致焉。

周眉，字白公，吴門人。久寓浙杭，西湖名勝，莫不探討，所以精於山水者〔1〕。筆端俊逸，雖蹊徑蕭疏，畫中多有詩意。

〔1〕“者”爲衍文。

程雲，字玉林，湖廣黄州人。遭闖逆之厄，全生鋒鏑〔1〕，隱居江右百丈〔2〕之下，以筆墨謀生，專志大家。披麻、劈斧〔3〕，是其所長，虬松怪石，尤稱逸品。

〔1〕鏑（dí），箭頭。

〔2〕百丈即百丈峰。

〔3〕山水畫中的皴法，有披麻皴、斧劈皴之説。

李瑴〔1〕，字古璞，初以張珏著名，江右新吴人〔2〕。少具游萬里志，平生受寄托，擲千金而不惜。出入於二氏，學幾三十年，乃返而歸之六經，著有《悟後日記》《隨心談》《讀史吟》。至都遇馮沚鑑□畫□浮白叫絶，喜吾道人才之有屬也。與方舟〔3〕善。古璞之畫，别一生面〔4〕，經年或作一幅。

〔1〕瑴（jué），玉名。

〔2〕神本作“江右新安人”，當是。

〔3〕方舟，字百川，方苞之兄。著有《方百川稿》。

〔4〕畫本作“别開生面”。

黄璧，字白元，江西人。山水、人物、翎毛無不精妙，唯寫照絶倫。〔1〕

〔1〕傳世之作有《四季山水》（紙本水墨，湖南省博物館藏，見《中國古代書畫圖目》十八）。

高儼〔1〕，字望公，廣東人。詩文筆墨，甲於嶺南。〔2〕（後缺）〔3〕

〔1〕高儼（1616—1687 後），字望公，廣東（今廣東新會）人。

〔2〕高儼博學多藝，工詩書畫，被稱爲三絶，有名於嶺南。傳世代表作有《春山秀色圖》（絹本設色，廣東省美術館藏，見《中國美術全集》清代繪畫上），圖中所繪廣東新會六湖峰實景，用筆沉着，墨色富有層次，全圖渾厚森秀。

〔3〕此句以下原削去二十餘字，神本亦無，畫本補作：“暮年能於月下作畫。尚藩屢辟不就，人稱‘高士望’，年七十二。”

張穆〔1〕，字穆之，東筦〔2〕人，别號鐵橋道人，有文集行世，即名《鐵橋集》。長於鶖馬。〔3〕

〔1〕張穆（1607—1687 後），字穆之，號雨啓、鐵橋道人，東莞（今廣東東莞）人。其傳世文集爲《鐵橋山人稿》。

〔2〕“筦”當作“莞”。

〔3〕“鶖馬”應作“鷹馬”。張穆善山水、竹木、鷹馬，傳世之作有《枯竹寒雀圖》（紙本水墨，北京故宫博物院藏，見《中國美術全集》清代繪畫上），畫一寒雀栖息在枯樹枝上，用筆簡練，巧妙利用畫面的大幅

空白，突出主題。

王毓賢[1]，字星聚，三韓[2]人，官三楚臬憲。自公之餘，雅耽圖畫，落筆蒼雅，超越凡品，著《繪事備考》行世。

〔1〕活動於明崇禎至清康熙之間，生卒年不詳。

〔2〕今内蒙古自治區喀喇沁旗。

傅山[1]，字青主，太原明經。天資穎異，過目成誦，博奥搜奇，廣多著述。且徵召不仕，甘居林下。[2]日事筆墨，書法數種，尤妙八分。畫出意緒之外，丘壑迥别於人。[3]其才品，海内無出其右，不能盡載也。

〔1〕傅山（1607—1684），字青主，别字公它，太原（今山西太原）人。

〔2〕明亡後出家爲道，道號“真山”，以避剃髮令。搬家到太原陽曲縣東黄水鎮，和母親、兒子一起，過着砍樵采藥的生活。外出時，他總是身穿朱紅色的外衣，以示不忘朱明之意。

〔3〕傅山工詩文篆刻、書法，善畫山水，傳世之作有《靈芝蘭石圖》（紙本水墨，南京博物院藏，見《中國美術全集》清代繪畫上），蘭草以草書之法寫之，用筆生拙老辣。

曹鈖，字賓及，豊[1]潤人。冠五先生[2]次公子也。諸生時，輒好書畫，興到寫梅花道人[3]，頗得淋灕淡宕之趣。官中翰。

〔1〕“豊”當作“豐”。

〔2〕曹鼎望，字冠五，順治進士。

〔3〕元吴鎮，字仲圭，自號“梅花道人”，善山水、墨竹。

干溥[1]，字澤遠，天津人。國學生。與馮過登日夕盤桓，輒能效法山水，亹亹不倦。

〔1〕神本作“于溥”。

蘇誼，字仲瞻，杭人。善山水，摹藍氏一派。

余鉉，字子慎，會稽世族。善山水小景，詩、字并佳。

項悰，字屺雲，徽州人，流寓嘉定。山水仿董思白、李長衡[1]兩家，互參入室，筆墨淋灕，自成一種。且爲人肝膽，非時輩可及。[2]子名松，字林士，亦善山水，人以“小米”目之。

〔1〕“衡”，畫本作“蘅”，當是。此二人即董其昌、李流芳。

〔2〕傳世之作有《江渚雲帆圖》（紙本水墨，廣州市美術館藏，見《中國古代書畫圖目》十四）。

費而奇，字葛坡，杭人。善花鳥，師法徐熙，山水并佳，博雅好古玩，尤精小楷。

謝天游，字芳仲，閩人。足跡半天下，下筆奇古，不同流俗。

戴梓，字文開，蒼之子。寫照得父傳，兼工山水。

吴良，字熙臣，淮安人。善人物。

吴旭，字皋若，吴人。善山水、人物、寫照。[1]

〔1〕其人物肖像傳世作有《黄宗羲像》（上海博物館藏，見《中國古代書畫圖目》五）。

朱杰，字宸章，山陰人。善寫照。

王宏，字振遠，順天人。善人物、寫照。

黄簡，字惟文，姑蘇人。善寫照。

周道，字履坦，吴人。善寫照，[1]有歌訣傳送[2]。

〔1〕傳世之作有《溪山話别圖》（紙本水墨，天津市藝術博物館藏，見《中國古代書畫圖目》十）。

〔2〕當作“有歌訣傳世”。

陶詩，字晋公，登州人。年十二歲，善山水，頗佳。

裘毬□，字既方；葉鼎奇，字奇胥，俱杭人。善花卉。

葉翥，字雲將；俞亮，字起星，俱杭人。善山水。

金璐，字公在，杭人。善花卉。

高岑，字善長；干旌，字文昭，俱杭人。善山水。

陳崎，字友山，杭人；吴達，字行先，紹興人。俱善山水。

馮越，字世奕，杭人。善人物并寫照。

董維，字四明，號遯庵，黄山人，隱居江都，一廛[1]寄跡。以書畫、博古自娱，難以富貴移易其心者。書宗思白，畫法宋元，敏捷雄渾，時所莫及。有《非鳴集》傳世。

〔1〕城市中可供平民居住的宅第。

夏雯，字治徵，又號南屏山樵，錢唐人。善山水、人物。少好音律，萃精疲神，中年得耳疾，復於筆墨間變出新製，以縑絹作山水、人物、花鳥、蟲魚，應手飛動，名爲挐畫，盡工緻之巧，尤爲時重。〔1〕

〔1〕夏雯與人合作之圖傳於世，有《看竹圖并題跋》（紙本水墨，上海博物館藏，見《中國古代書畫圖目》四）。

馮檀，字載煌，沚澗侄。寫照法曾波臣，得"阿堵"〔1〕之傳，名重京師。山水喜古大家筆，無時尚習氣。

〔1〕阿堵本爲魏晋時語助詞，後衍爲眼睛之意。

僧兆光，字郎如，號虚亭，隱西湖。寫山水，初宗北苑，變出己意，好峰巒深邃，幽遠多姿，更善鎸章、隸書。

□□□□□〔1〕，杭人。善人物、花鳥，尤工畫馬，骨肉無偏。

〔1〕空出五字，缺姓名、字號。

楊謙，字六生，山陰人。善白描人物，仿李龍眠筆法，并寫花鳥，偏反〔1〕有致。

〔1〕"偏其反而"之省文，謂花葉翩翩。

鄭嵩，字息中，新安人。善花鳥、草蟲，寫生尤精。

朱佳會，字曰可，海寧人。善山水，有别致。[1]

〔1〕傳世之作有《山水》（紙本水墨，安徽省博物館藏，見《中國古代書畫圖目》十二）。

沈聖昭，字弘宣，仁和人。善山水，寫意數筆，矗落不群。

朱臣，字晋三，海寧人。善山水、人物。

吴白，字晢侯，錢唐人。善花卉，師張昉。

顧彝，字名六，仁和人。善水墨蘭菊，寫意生動，得天然之趣，其詩、詞、小篆，尤爲佳絶。

胡蕃，字熙人，吴人。山水、人物，無不精妙。[1]品行尤爲人重。

〔1〕傳世之作有《山閣納凉圖》（無錫市博物館藏，見《中國古代書畫圖目》六）。

祝筠，字松如，海昌人。善寫照，得謝彬三昧。

王遐，字公遠，吴人，流寓金陵。字、畫俱學陳青溪。

汪智，字睿生，古歙人也。寡嗜欲，恒居西湖，嘗候[1]雲氣出没，故其筆墨秀潤，自成一家，俊雅儼如天授，世不多遘云。[2]

〔1〕“嘗候”當作“常候”。

〔2〕汪智山水傳世之作有《溪橋策杖圖》（紙本水墨，安徽省博物館藏，見《中國古代書畫圖目》十二）。

李寅[1]，字白也。江都人。畫法唐宋，幾無别焉。[2]

〔1〕李寅，生卒年不詳，字白也，號東柯，江都（今江蘇揚州）人。順治、康熙年間在揚州賣畫爲生。

〔2〕李寅山水學宋人筆法，往往可以亂真，用筆工細，設色妍麗。傳世之作有《山水圖》扇面（界畫，紙本設色，浙江省博物館藏，見《中國美術全集》清代繪畫中），此作意境開闊，筆法勁秀，有北宋界畫之風。

方乾，字又乾，天都人。山水、花鳥，超妙入神，與宋人并轡。

徐泰，字階平，號枳園。人物、山水皆宗戴静庵，寫照得之世授，故尤神妙[1]。其子大珩，字聲昭，爲錢塘諸生，筆墨亦能肖之。

〔1〕徐泰與藍瑛合作有《邵彌像》（北京故宫博物院藏，見《中國古代書畫圖目》二十二），與文獻記載一致。

倪鼎，字丹成，號竹村，嘉興人。父端，字文初，工寫生，善山水，鼎盡得其傳而姿學過之。弱冠游京師，名動公卿，争欲薦舉，不願也。其鈎襯衣摺變化於古，獨出心裁，烏程吕學[1]見之，推爲國朝服飾第一。

〔1〕吕學，字時敏，作有《郎廷極行樂圖》。見本卷“吕學”條。

洪曜，字燦如，新安人。因祖宦游，遂居西泠。善人物山水，世皆推重。其父挺庵，亦精筆墨，迥别時流。

李紹，字承芳，華亭人。其畫仿大癡者，眉公贈云：“詩在大癡畫中，畫在大癡詩外。却好二百年來，翻身出世作怪。”字學右軍。

錢芬，字仲芳，嘉興人。善畫山水，摹擬子久最爲得手，但設色殊少渾然耳。

張麟，字天機，吴門人。畫蘭花、菊石等，偶有逸筆，最妙。

藍洞，字青文，錢塘人。畫山水，師田叔先生晚年之筆。

張琦，字玉可，嘉興人。善寫貌，檇里推爲獨立。[1]

〔1〕張琦人物傳世之作有《琵琶行圖》（天津市文化局文化處藏，見《中國古代書畫圖目》八）。

陸定，字文祥，華亭人。善山水，不越松江丘壑，喜着青緑重色。長齋事佛，壽至八十，尤能燈下捉筆。

茅鴻儒，字子鴻，杭州人。善山水、花鳥，落筆士氣爲妙。

仰止，字二水，杭州人。善仿二米山水，性嗜酒，而音律尤佳。

王有年，字硯田，江西金谿人。擢進士，官司理。風雅不凡，醉心六法，輒能究論。善山水，一二筆饒有味致。

蔡驥德，字隺舫[1]，楚黄人。工詩賦，白描大家美人甚文致，獨性嚴冷，與世少合，畫故不甚與人。

〔1〕神本、畫本作“字鶴舫”。

王翬[1]，字石谷，常熟人。畫山水學王圓照，筆墨古雅，蹊徑深遠，臨摹往迹尤爲入室。[2]吴下推重。[3]

〔1〕王翬（1632—1717），字石谷，號烏目山人、清暉老人、耕烟散人等，常熟（今江蘇常熟）人。

〔2〕王翬爲王時敏、王鑒（字圓照）弟子，善畫山水，長於摹古，傳世代表作有《小中見大册》（共八册，上海博物館藏，見《中國美術全集》明代繪畫中）。此册仿宋元大家之作，筆墨秾纖、淡遠各極其致，體現其深厚功力，爲王翬中年精心之作。

〔3〕王翬曾奉召主持繪製《南巡圖》，受到康熙皇帝的賞識。王翬弟子衆多，世稱“虞山派”，爲“清初六大家”之一。

鄒喆[1]，字方魯，滿字之子也。山水能品，水墨花卉有父風。其大松，人争寶之。[2]子壽坤，字子貞，山水能繼家傳。

〔1〕鄒喆，生卒年不詳。清代畫家。字方魯，江蘇吴縣人。自幼隨父親客游金陵，“金陵八大家”之一。

〔2〕鄒喆畫宗其父（鄒滿字），山水工穩而有古氣，富簡淡清逸的情趣。兼長水墨花卉，勾勒敷彩渲染有元人王淵的體格。傳世作品有《江南山水》册頁（絹本設色，南京博物院藏，見《中國美術全集》清代繪畫上）。

謝成，字仲美，吴門人，家金陵。山水、花艸[1]，無不精妙，尤善小影。有子靖孫，字大令，能紹父學。

〔1〕謝成山水傳世之作有《雪景山村圖》（紙本水墨，鎮江市博物館藏，見《中國古代書畫圖目》六）。

僧居易，漢口人。工山水，而水墨花卉、雙鈎并工。詩亦成家。

方啓蒙，字凡庵，徽州人。工墨蘭，每幅千本，淋灕可觀。

王戩，字孟穀，漢陽人。爲諸生，年甚少，工詩能畫，又舉業名家。

汪桂，字仙友，湖廣崇陽人。前制科，畫倪、王〔1〕清遠，一時宗匠。〔2〕

〔1〕指元四家之倪瓚、王蒙。

〔2〕傳世之作有《山水》（紙本水墨，廣州市美術館藏，見《中國古代書畫圖目》十四）。

僧智力，粤東人。付曹洞〔1〕法，畫梅石高古絶俗。

〔1〕佛教禪宗南宗五家之一，因在曹山傳禪，後世稱曹洞宗。

張恂，字穉恭，秦中人。庚辰進士〔1〕，善山水，用枯筆皴。〔2〕初師程穆倩〔3〕，後自成一家，脱盡谿徑〔4〕，書法學米。

〔1〕明崇禎十六年（1643）進士。

〔2〕其山水傳世之作有《仿王蒙山水》（紙本水墨，遼寧省博物館藏，見《中國古代書畫圖目》十五）。

〔3〕程邃（1605—1691），字穆倩，號青溪。書畫家、篆刻家。

〔4〕應爲“蹊徑”。

沈廣濡，字仁周，湖州籍，生於都門。品行端方，可托可寄，雖陋巷簞瓢，毫不介意。畫學董、巨兩家，但過於刻意，差不得意者即焚之。

吴晋，字平子，莆田人。善墨蘭，尤精鐵筆[1]，晶玉銅章，史爲冠絶。名盛都門，無暇復及繪事，故其筆墨罕見。

〔1〕鐵筆，刻印刀之别稱。

王撰[1]，字異公，太倉人。畫仿大癡，筆法古秀，丘壑深層，而饒士氣。[2]

〔1〕王撰（1623—1709），字異公，號隨庵，太倉（今江蘇太倉）人。王時敏第三子。

〔2〕王撰山水繼承家法，善於仿古，傳世之作有《層巒烟靄圖》（紙本淺設色，烟臺市博物館藏，見《中國美術全集》清代繪畫中），此作用元代高克恭之法，筆墨超逸。

陸之驥，字仲文，杭州人。詩逼晚唐，尤長辭賦。字學王覺斯[1]，畫仿元人筆意，每以舊詩爲題而作。

〔1〕王鐸，字覺斯，明末清初書畫家。

張伯龍，字慈長，福建永定人。天性醇厚，生平樂善，與人解紛排難，宇内稱俠士也。善山水、人物，筆下超群。兼工詩學，尤精寫生，無不得神，士大夫皆有詩歌爲贈。晚年攜次子士英游京師，歲癸巳，值皇上萬壽，伯龍作《九如詩畫》獻上。御覽嘉賞，語宰相以有宋元遺法，召父子賜茶飯，賚以白金，圖藏秘府。[1]子士英，太學生，善書法，能紹父業云。

〔1〕傳世之作有《紀恩圖》（遼寧省博物館藏，見《中國古代書畫圖目》十五）。

陳惟邦，字子慶，號雲莊山人，閩漳州人。事母至孝。家居四壁[1]，詩畫自怡，善人物、花鳥，尤工寫照。其子少逸，字少和，亦能詩畫，書宗松雪，篆法三橋[2]，每於醉中作指頭山水。

〔1〕家居四壁，家徒四壁之意，指家貧，僅有四壁，别無他物。

〔2〕文彭（1498—1573），字壽承，號三橋，别號漁陽子、三橋居士，長洲（今江蘇蘇州）人。文徵明長子。工書畫，尤精篆刻。

卷八

山陰馮仙湜沚鑑鑒閲

女史

楊妹子[1]，不知其名，按諸畫籍中，都不載。有客自南，携來屬鑒，乃楊妹子款，寫《趙清獻公[2]琴鶴圖》，不特琴聲入耳，而鶴舞之態，得傳清獻公之孤高，真在九皋[3]上也。時余不忍去手，兼慨古來缺略，不知幾許人，或曰是清獻之妹，或曰公之女也，或又曰清獻公媳也，總不可考，以俟博者。

〔1〕楊妹子，活動於南宋寧宗、理宗時期，博通經史，工詩詞，擅詩畫。據啓功先生考證，當時一些宫廷書畫題字中的"楊妹子"即楊皇后本人。馬遠的畫中常有楊妹子的題字，如《倚雲仙杏圖》（現藏"臺北故宫博物院"）中楊皇后的題字："迎風呈巧媚，浥露逞紅妍。"

〔2〕趙清獻公指趙抃，字閲道，卒後謚清獻，蘇軾曾爲之作《清獻公神道碑》。宋衢州（今浙江衢州）人。景祐元年（1034）進士，任殿中侍御史，彈劾不避權勢，時稱"鐵面御史"。《宋史·趙抃傳》載："帝曰：聞卿匹馬入蜀，以一琴一鶴自隨；爲政簡易，亦稱是乎。"

〔3〕"鶴鳴於九皋，聲聞於野。"《毛傳》："皋，澤也。言身隱而名著也。"九皋指曲折深遠的沼澤，後世多用以稱美隱士賢者。

徐眉，字横波，金陵人。合肥龔尚書芝麓[1]夫人。長齋事佛，畫蘭石、山水，天然秀絶，氣韵在筆墨之外。又善詩詞小令，有唐宋風味。

〔1〕龔鼎孳，字孝升，號芝麓，合肥（今安徽合肥）人。明崇禎七年（1634）進士，官兵科給事中。李自成入京，授直指使。入清，仕至刑部尚書。爲人曠放，時人頗譏。博學多聞，詩文俱工，與吴偉業、錢謙益并稱爲"江左三大家"。著有《定山堂集》。

黄媛介，字皆令，嘉興楊世功之配。[1]善古文詩詞，著作甚富。楷書摹《黄庭經》十三行，畫山水小景，有元人筆致。長齋事佛，有賢行，京室閨彦多師事之。客都良久，老返吴下。

〔1〕明末清初吴偉業《梅村詩話》中記載，黄媛介嫁給同邑失意文人楊元勛（世功）爲妻，以出售詩、書、畫來維持一家人的生活。

徐燦，吴縣人。海寧陳中堂素庵[1]夫人。長齋繡佛，善寫大士像及宫粧美人。筆法古秀，衣紋如蓴葉，設色雅淡，大得北宋人傅染意。

〔1〕陳之遴，字彦昇，别號素庵。浙江海寧人，崇禎年間榜眼。入清後遷至禮部尚書，後被謫，康熙五年（1666）卒於盛京。著有《命理約言》。

李因，字是庵，杭州人。海寧葛御史無奇夫人。善水墨花鳥，鴛鴦尤稱得法，游翔舉集，均得其當，枝葉蕊朵，亦俱生動。[1]

〔1〕李日華《六硯齋三筆》載："葛無奇家姬李因，妙於寫生。無奇以牡丹折枝貽余，余酬一絶云：'珠箔銀鈎獨坐春，抛將綉譜領花神。脂輕粉薄重重暈，恰似崔徽自寫真。'"

吴綃，字冰仙，吴門人。觀察許瑶夫人。書工小楷，詩有刻稿，復善花卉，鈎染設色俱佳。

張氏女子，吴縣張方岳之未字[1]幼妹也。曾於扇頭上寫一鴛鳥，乍展之輒欲飛去。此種皆夙世通靈，恐是箑[2]必爲六丁[3]追奪，亦無法以鎮之者。噫！平生得見，愈信“虎頭”。[4]

〔1〕未字，舊指女子尚未婚配。

〔2〕箑（shà），扇子。

〔3〕道教認爲六丁爲丁卯、丁巳、丁未、丁酉、丁亥、丁丑，此六丁爲陰神。

〔4〕顧愷之，小字虎頭。曾有“通神感應”之事。

郭玉英，字茱萸，曲中人。善花鳥，生動有致。

范珠，曲中人。善山水。

梁夫人，徐中山媳也。善山水寫意。

寇湄，字白門，金陵人。善蘭竹。

周禧，江陰人。自號江上女子，善花鳥，家畜文禽，每作畫時輒取而對之。

張蘋，字採蘋，吴縣人。□室也。善花鳥小景，設色雅淡，以趣勝。

張孫徹，紹興人，訓導孟稱舜[1]室。畫松題和："鬱鬱虬枝映碧空，青青翠柏與誰同。雖遇歲寒無改色，畫中畫出彷[2]真容。"

〔1〕孟稱舜，生卒年不詳。明末清初人。字子塞，又作子若或子適，號小蓬萊、卧雲子、花嶼仙史，會稽（今浙江紹興）人。崇禎時諸生，訓導。品方正孤介，不肯與俗伍，不肯以私阿，力以勵風俗、興教化爲己任。

〔2〕應爲"仿"。

吴來玉，字清映，常熟人，未詳所適。姿才穎敏，能詩畫，善音律。書小楷，其畫梅并題："一尺溪橋凍不開，朔風何處雪紛紛。江南春色枝頭見，不向邊城笛裏聞。"

葉小鸞[1]，字瓊章，又字瑶期，吴江人。昭齊之妹，性慧夙成，姿態絶世。琴奕書畫，無不精曉。許張氏，未姻而卒，年僅十七。據乩仙曰："小鸞，月府侍香女也，本名寒簧，法名智斷，字絶際。"此雖莫須有之説，但《返生香詩集》原序，稱其天性不喜拘簡，能飲酒，善言笑，未歸而逝，正乃芙蕖半吐，情緒綿綿。七才子之稱，瓊章實不愧云。録其《别蕙綢姊》一絶："枝頭餘葉墜聲乾，天外凄凄雁字寒。感别却憐雙鬢影，竹窗風雨一燈殘。"

〔1〕葉小鸞（1616—1632），明末才女。字瓊章，一字瑶期，吴江（今江蘇蘇州）人，文學家葉紹袁、沈宜修幼女。貌姣好，工詩，善圍棋及琴，又能畫，繪山水及落花飛蝶，皆有韵致。將嫁而卒。有集名《返生香》。

郭珸，字瑧汝，長洲人，適顧氏。畫學趙文淑花鳥，推逸品。書法二米。作詩立就，敻[1]出三唐，曾題扇有"葉落空山萬木齊"之句，清古秀潔，非閨閣所及，宜乎三吴之首推也。

〔1〕敻（xuàn），遠。

柴貞儀[1]，字如光，仁和人，茂才黄介眉室。點染花卉以及草蟲、翎毛，無不超神入室。詩亦蘇蕙之流。録其題畫云："剥啄[2]渾無韵，翱翔若有姿。依依碧叢裡，却傍繡窗窺。"

〔1〕柴貞儀，字如光，錢塘（今浙江杭州）人。世堯長女，黄介眉妻，與妹静儀并工詩，畫花鳥草蟲，無不超妙。代表作《杏花春燕圖》。

〔2〕剥啄爲象聲詞，鳥啄窗之聲。

陳結璘，字寶月，常熟人。孝廉瞿伯申配。蘭心蕙質，畫工山水。詩有少君風味，録其行世之《藕花莊集》内《咏冰花》："化工着意點衰叢，開落寒山萬木中。謝豹斷魂啼夜月，春駒無夢採深紅。玲瓏巧結愁朝旭，皓白輕粧簇曉風。未比隋宫勞剪刻，依稀幾朵玉池東。"

梁孟昭[1]，字夷素，錢塘人。狀元茅瓚[2]孫、文學九仍室。畫工花鳥，字精小楷，女士中之表表者。其長短詩歌，大小墨妙，雖作手亦當讓一頭地[3]。著《山水吟》等集。僅録其《題畫冬景》："登樓忽見山頭白，冰筋如鏤挂瑶碧。曉窗風急唤垂簾，鶴唳一聲天地窄。雪花騁艷鬬梅花，遜色輸香各自奢。終日費人評品事，腸枯頻唤煮濃茶。"

〔1〕梁孟昭，女畫家，生卒年不詳。錢塘（今浙江杭州）人。工詞翰，雅善山水，亦工花鳥。代表作《楊柳雙燕圖》，著《墨綉軒集》。

〔2〕茅瓚，字邦獻，號見滄，明嘉清十七年（1538）戊戌科狀元。

〔3〕地，疑爲"也"之誤。

茅玉媛，字小素，孟昭女，字廣文。許世翼題扇云："信筆閒將山水塗，流雲走墨任糢[1]糊。自然有個如他處，不必披圖問有無。”詩句香韻，則其畫之流動可知。

〔1〕“糢”，同“模”。

何氏，山陰人。有《溪屋》《步流》《村妝》《霧帳》四絶，僅録《溪屋》云：“四埜如軍閧，清流墮碧痕。溪響驚來客，誰至此孤村。”味其句，非能畫，安得此中受用。

王琰，字炳文，蘇州人。副榜蘇敏之室也。容色艷麗，性格温柔，才而且賢，能詩善畫。其題《片石孤松》曰：“凌寒松不改，終古石難摇。若識臨毫意，清風撲面飄。”

周慧貞，字挹芬，吴江人。適嘉興黄姓。病久經年，對鏡嘆云：“拂鏡拭新粧，無言暗自傷。但看花上露，愁斷九迴腸。”挹芬與孟畹、柔嘉，鼎足三分，爲一時之勝。善畫，工詩，風度洒然，惜年不永耳。

吴山[1]，字岩子，太平人。縣丞卞琳室也。詩文甚富，畫惟寫意山水，書工草楷。戊巳間曾寓西湖，諸名宿俱與之唱和。

〔1〕吴山爲太平縣丞卞琳妻。其夫明末殉難，清初輾轉流離。有二女，長女卞夢鈺，次女卞德基。

萬夫人，徐州范[1]年少之女。通文史，善書畫，乃華亭章給諫冢婦也。

〔1〕神本、畫本作“萬”，當是。

董觀觀，楚人。有殊色，工詩善畫，畫沈宛君曾見之。

瞿雯，字雲子，無錫人。《畫梅寄周寶鐙夫人》：“格比瑶臺貴，姿如緑萼華。年年并張碩，夜夜泛仙槎。”

陸氏，别號易遷、宫中仙史，上元人。指揮徐大年[1]室。生有容德，事翁姑稱孝，端肅聰慧，喜琴書并圖畫。著詩名曰《緑窗偶吟》，内題沈石田畫：“野閣亭雲秀，溪山盡日幽。於兹謀静業，隱矣不須求。”又題《漂母圖》：“古今多少明眼客，不及青山老婦心。一飯豈殊黄石履，淮陰衹解報千金。”

〔1〕徐尊生，字大年，淳安（今屬浙江）人。明初學者，曾參與編寫《元史》。

楊涓，字碧秋，會稽人。謝茂才[1]之室。不惟能詩善畫，其貞烈當炳照青史。畫冬景并題：“横斜梅影拂窗紗，雲去峰頭露月華。不是群真遥獻瑞，碧天豈肯散瓊花。”

〔1〕茂才，秀才之别稱。

郝湘娥，保定人。修眉秀髮，姿容娟麗。年十一，鬻於本地巨族竇眉生家。十六歲，能詩善奕，又工畫花草、人物。後竇被人扳入盗情，自縊於獄。湘娥亦於□日縊死於家。賦《絶命辭》四首，僅録其一：“一婦何曾事二夫，今朝端死赴黄泉。願爲厲鬼將冤報，豈向人間化杜鵑。”

丁二陳[1]，蕭山人，適文學來生。幼能詩畫，今則謝絶筆墨，端心内典，一切勿爲矣。

〔1〕丁二陳，浙江蕭山人。適文學來生。自幼善書、畫，能詩。《越中歷代畫人傳》亦有載。

顧長任[1]，字重楣，别號霞笈仙姝，仁和人。茂才林以畏室。幼時穎慧，觀讀書史，一過便了了。女紅之暇，涉音律，工染翰、奕碁[2]。蓋其滄江公以來，祖孫皆以詩學名世，故長任得以繼武也。著有《謝庭香咏》《梁案珠吟》。

〔1〕顧長任，字重楣，號霞仙，又號霞笈仙姝，林以畏妻。女紅之暇，點墨染翰，能詩，善書、畫，精音律、弈棋，着謝庭香咏、梁案珠吟。《硯田齋筆記》亦有載。

〔2〕碁，同“棋”。

吴宗愛[1]，字絳雪，金華人。庠生徐明英室。八齡輒能畫花卉、翎毛、人物，著色山水亦佳。書法小楷，詩亦幽雋。録其《春詩》一絶：“不畫雙眉向碧紗，隨從香渚補研華。層嵐無限雲容媚，争似春山髩有鴉。”

〔1〕吴宗愛，浙江永康人，教諭吴士麒女，諸生徐明英妻。貌美，工詩畫。康熙十三年（1674），耿精忠叛，部將徐尚朝寇浙東，稱獻絳雪則地方可無事。時明英已死，絳雪爲家鄉故，從賊行，至三十里坑，投崖死。有《徐烈婦詩鈔》。

林文貞[1]，宣城人，適王茂才諱期者。文貞《寄詩紈一握并秋蘭數筆於王玉映夫人》云：“川陸鬱以紆，山陰有名媛。門閥舊金張，流風存筆硯。鐵網下珊瑚，蘭心落釵鈿。詩畫咄驚人，衣香惹紈扇”。時見扇頭詩畫：“揮毫金石堅，染素烟嵐絢。彼哉冠蓋雄，三舍避時彦。閨閣能幾人，四海不相見。蹇儂生下里，雙鯉乘風便。遥夢戛琅玕，澄江一净練。”

〔1〕林文貞，安徽宣城人。秀才王期妻。工詩，善畫蘭。

呼祖[1]，字文如，江夏人。知詩詞，善琴，能書，工畫蘭，與其姊舉齊名，或訛爲胡姓。歸民部郎丘齊雲。著詩名《遥集編》。

〔1〕呼祖，或訛爲胡姓。字文如，萬曆（1573—1610年）間江夏（今湖北武昌）營妓。歸民部郎邱齊雲。能詩詞，善鼓琴，工畫蘭。與其姊舉齊名。著《遥集編》。《列朝詩集小傳》亦有載。

薛素素〔1〕，字素卿，蘇州人。寓南京。字寫《黄庭》小楷，工蘭竹，善音律，又喜馳馬挾彈。所著名《南游草》題畫云："少文能卧游，四壁置滄州。古寺山遥拱，平橋水亂流。人歸紅樹晚，鶴度白雲秋。滿目成真賞，蕭森象外游。"〔2〕

〔1〕薛素素，字素卿，又字潤卿，江蘇蘇州人，寓居南京。工小詩，能書，作《黄庭》小楷。尤工蘭竹，下筆迅捷，兼擅白描大士，花卉、草蟲，各具意態，工刺綉。又喜馳馬挾彈，百不失一，自稱女俠。後爲李征蠻所娶。所著詩集名《南游草》。

〔2〕薛素素傳世作品有《吹簫仕女圖》（絹本水墨，南京博物院藏，見《中國美術全集》明代繪畫下），人物用蘭葉描，筆墨清雅。

王月，字月生，南京人。工詩史，善畫。歸兵道蔡香君先生，後以城破，墜井而死。聞其人沉默寡言笑，風塵中何得有此？況臨難不苟，使須眉媿〔1〕殺。

〔1〕媿，同"愧"。

葉文〔1〕，字素南，松陵人。善畫蘭，亦工詩。丰姿綽約，如飛鳥依人。幼配嚴姓，困於貧，流落吴門，後歸武林張繡虎〔2〕爲副室。

〔1〕葉文，字素南，江蘇吴江人。初適嚴氏，困於貧落籍吴門（今江蘇蘇州），後歸武林張賁孫（綉虎）爲側室。善畫蘭竹。《清畫家詩史》有載。

〔2〕張賁，字祖明，號繡虎，清錢塘人，一名賁孫。明貢生。著有《白雲集》。

吴湘[1]，字若耶，江都人。工詩畫，善撫琴。困於貧，歸參軍范昆崙，客寓西湖。有《西泠咏》："不解嫺刀尺，隨時好看山。檐牙香篆字，湖面翠生班[2]。静亦琴中福，勞因詩未删。古人悲莫見，椎髻望躋攀。"今寓吴門偕老云。

〔1〕吴湘，字若耶。江蘇揚州人，居錢塘。適范昆崙，居湖上，善鼓琴，畫山水爲士林鑒賞。

〔2〕神本、畫本作"斑"。

柳聲，字紫畹，松江人。善歌，工詩畫。歸天長王野倩，不逾年而殞，時甚惜之。

余尊玉[1]，字其人。幼服男子衣冠，延師與姊珍玉讀書塾中，未幾能文，善詩畫。年十二，學益進，四方聲氣。賢士大夫皆與之定交，才名籍甚。欲出應試，或尼[2]之曰："黄崇嘏，雖作狀元何益？不如學班大家，擁百城書，使海内賢豪皆北面也。"遂止，許字崔氏，亦閩巨族，仍服男子衣冠，不復接見賓客焉。著有《綺囱迭韵》[3]行世。

〔1〕余尊玉，字其人。福建人。許字崔氏。善詩、畫。《福建畫人傳》有載。

〔2〕尼，阻止、阻攔之意。

〔3〕神本作《綺牕迭韵》，囱、牕、窗通。畫本作《綺窗叠韵》。

羽孺[1]，字静和，號素蘭。解音律，推律得羽聲，因自命爲羽氏。能書，善畫蘭，故以素蘭自爲號焉。歸於戚施，以所適非人，遂風流放誕，卒以殺身。著《漚子》十六篇以見志。

〔1〕羽孺，即翁孺安。

錢宛蘭，字卉玉，蘇州人。宛鸞胞妹，適文學貝生，今適翰林吴公弘安。能詩，工畫蘭，善音律。其《題羅巾》云：“宫門未入獨愁予，可嘆良緣尚子虚。堤上風光春又過，全憑雙鯉一封書。”

王賓儒[1]，字蕊梅，南京舊院[2]人。好文墨書史，吟咏詩畫，皆所究心。有志相如，終以不遇爲恨，究竟與委身蔓草者不同。觀其《梅花詩》寓意云：“虚名每被詩家賣，素艷嘗遭俗眼嗤。開向人間非得計，倩誰移上白蓮池。”

〔1〕王賓儒，一説字雪梅。江寧人。究心詩、畫，尤善畫梅。《無聲詩史》有載。

〔2〕明末金陵（今江蘇南京）妓院所在地。

馬守貞[1]，又名月嬌，字湘蘭，南京人。風流絶代，工詩書，善蘭竹。與王百穀友善，名擅一時，烟花非其志也。性好恬静，年五十七，沐浴禮佛，端坐而逝。遺詩二卷，其所著詞曲頗多行世。[2]

〔1〕馬守貞（1548—1604），號湘蘭，小字符兒，號月嬌。曾爲金陵秦淮歌妓，能詩善畫。

〔2〕馬守貞善畫蘭竹，畫風疏秀。畫蘭法趙子固，畫竹法管仲姬。傳世之作有《蘭石圖》（金箋水墨，北京故宫博物院藏，見《中國繪畫全集》明六）。

朱斗兒[1]，號素娥。畫山水小景，陳太史繼授以筆法。與陳聯詩云：“芙蓉明玉沼，楊柳暗金堤。”陳入史館，素娥聚平日往還手跡，封題還之。

〔1〕朱斗兒，號素娥，正德（1506—1521年）時金陵妓。畫山水小景，陳沂授以筆法。聞沂入翰林，盡以平日往來詩畫緘封寄與沂，上寫云："昨日個錦囊佳句明勾引，今日個玉堂人物難親近。"其風流儒雅如此。《列朝詩集小傳》《畫史會要》亦有載。

吴娟娟[1]，字眉仙，南直青溪人。與閩中林茂之厚。娟畫水仙，茂之爲作《水仙賦》，今爲石城陳宗來所藏。自號"群玉山人"。題自畫《水仙》云："綽約來姑射，凌波自絶塵。近從詞賦裏，描出洛川神。"

〔1〕吴娟娟，字眉仙（一作麋仙）。號群玉山人，南京青溪（今屬江蘇）人。與馬守貞（1548—1604）同時，爲南京秦淮名歌妓，居南京蔣園，生卒年不詳。與林茂之唱和相得，後遂委身焉，爲林茂之妾。

馬珪[1]，字文玉。善謳[2]，善琴，善畫。庚戌春泛西湖憶舊四章，名宿、詞客和者盈帙，皆莫能及。

〔1〕馬珪，字文玉。善歌、善琴、善畫。游杭州西湖作《憶舊詩》四章。武林詞客屬和盈帙。鄭士弘叙曰："弄墨則花踐染就，慣自描蘭；裁詩則竹簡題殘，曾無竄草。"《列朝詩集小傳》亦有載。

〔2〕謳，歌。

錢宛鸞，字翔青，蘇州人。工詩善畫。

寇文華，又曰寇生，字琰若，落籍[1]朱市。善書畫，吟咏不置，其才韵丰度，亦足驚四座也。

〔1〕落籍，原指除名，轉指妓女從良。

王蕊珠，或疑即賓儒，名姬雪梅之女。題畫扇送人云："閑年漫訝久無詩，獨立蕭條月上時。故把一尊相憶處，梅花爲放兩三枝。"〔1〕

〔1〕同上文"王寶儒"條，可互參。

頓繼芳，南京舊院名妓。畫蘭贈友："采采不盈掬，昔以紉君裳。君裳歷九秋，馥郁時在傍。相思即相見，從此罷新粧。"

林雪〔1〕，南京舊院人。畫蘭扇贈友："屢結騷人佩，時飄鄭國香。郎心能永念，幽谷自含芳。"

〔1〕姜紹書的《無聲詩史》載："林雪，字天素，西湖名妓。"《珊瑚網》："林雪，閩中妓，善繪事。"李光陽《西湖逸史》記載，董其昌（1555—1636）有詩贈之，曰："片雲占斷六橋春，畫手全輸妙與真。鑄得干將呈劍客，夢通巫峽待詞人。"

呼舉〔1〕，字文淑，湖廣人。以發榜日生，故名舉，又號素蟾。性情踈朗，容止冲澹。自文墨以至棋畫、雙陸〔2〕、打馬、呼盧〔3〕、蹴踘〔4〕無不精曉，刺繡女紅，其餘事耳。岣嶁主人王追美孝廉納之。

〔1〕呼舉，或訛爲胡姓，字文淑，號素蟾。萬曆間江夏營妓，歸孝莊王追美。性敏慧，自文墨以至弈棋、刺綉女紅無不精曉，畫蘭與其妹祖齊名。

〔2〕雙陸，古代一種棋盤游戲，棋子的移動以擲骰子的點數决定，最先把所有棋子移離棋盤者爲勝。

〔3〕古代的賭博游戲。共有五子，五子全黑的叫"盧"，得頭彩。擲子時，高聲喊叫，希望得全黑，所以叫"呼盧"。

〔4〕蹴踘（cù jū），"蹴"即用脚踢，"鞠"係皮製的球，"蹴鞠"就

是用脚踢球，它是中國古老的體育運動。

楊慧林，字雲友，號林下風，杭州人。工山水，諸墨妙。李漁[1]所編《意中緣傳奇》，蓋爲慧林而作也。

[1] 李漁（1611—1680），初名仙侣，後改名漁，字謫凡，號笠翁。浙江金華蘭溪人。明末清初文學家、戲曲家。十八歲補博士弟子員，在明代中過秀才，入清後無意仕進，從事著述和指導戲劇演出。後居南京，將居所命名爲“芥子園”，并開設書鋪，編刻圖籍，廣交達官貴人、文壇名流。

許静芬，字烟蕁，號攬愚道人，仁和人。庠生黄茂榛室。善書畫。

顧夫人，善畫。見《十五國風詩源》内。

阮月卿，善蘭竹。見《卧月軒集》内。

韋雪梅，荆溪女郎。善山水、竹石。

范元坤，會稽人。善畫。

王氏，紹興人。文學曾益室，善花卉、竹石。

吴小坤，紹興人。能文，琴棋書畫，無不精曉。兼善描鸞、刺綉諸技。

王莊淑[1]，紹興人。適張氏。能文，善琹，工畫。早歿。

〔1〕王莊淑，山陰（今浙江紹興）人。《越畫見聞》亦有載。

文淑[1]，吴縣人。高士趙凡夫之媳也。工花卉、草虫。

〔1〕文淑（1595—1634），本名文俶，字端容，長洲（今江蘇蘇州）人。明代女畫家，是文從簡的女兒，文徵明的玄孫女，趙靈均之妻。

周祐，江陰人。文學周榮起[1]之女。工花卉。

〔1〕周榮起（1600—1686），清初學者，藏書家。字研農，一作硯農，一字仲榮。江蘇江陰人，諸生。能詩文，工篆書。嘗爲常熟毛晋刊正古書。善畫山水，得米家山水畫意。

范隆坤，會稽人。善畫。

趙粹貞，山陰人。善蘆雁。

丁完淑，山陰人。龔參戎之室。工山水。

王智珪，字履端，紹興人。適陳氏，早寡，入空門。工山水。

倪素坤，紹興人。適鈕氏。工山水。

湯顧，字目雲，吉水人。乃鼎元劉公同升戚，後歸紹興進士沈。工蘭花。

王畹生，名妓玉烟之妹。工弈，善畫蘭。

章韵先，名妓。善雜曲，畫蘭。李今生有《贈别懶園》詩。

谷蘭芳，自淮陰徙休寧。行[1]三，小字笑兒。用吴音度曲，人以“姗姗”稱之。喜畫蘭，師丁南羽[2]，得管夫人筆法。酒態憨甚，惜早世[3]云。

〔1〕行，“排行”之意。

〔2〕丁南羽，即丁雲鵬，見《圖繪寶鑑》卷六。

〔3〕“世”，當作“逝”。

仲愛兒，維揚名妓。工蘭。

陳凌雲，字湘雲，嘉興人。工花卉、草蟲。

馬徵玉[1]，杭州人。工山水，諸墨妙。

〔1〕《玉臺畫史》作“馬玉徵”。全文：陳撰《春江聽雨録》：“馬玉徵，錢塘人。園前包氏女，適同里諸生馬道垣。山水學北宋人。夫婦皆七十餘，康熙某年歿。”

周素，杭州人，曹灝之婦。善翎毛、草蟲。

連璧，福建人。學博褚陸玫之室。善弈棋、鬪葉子，工蘭竹。

王琬，嘉興人。自署曰檇李[1]女子。工花卉、翎毛。

〔1〕檇李，水果名。李子的一個品種，果實皮鮮紅、汁多、味甜。

張素芷，杭州名姬也。今歸餘杭王子年爲側室。工山水，水墨者爲佳，又善蘭花。

馮静容，蘇州人。武進相國侍姬，今寓西湖。善演劇，畫工蘭竹。

李文静，工水墨人物。

馬閒卿[1]，字蕊居[2]，南京人。侍講陳沂[3]繼配。喜於吟咏，書法蘇長公，善山水，不以示人。有詩十四篇行世。

〔1〕畫本作“馬閑卿”，有《芝居集》。

〔2〕畫本作“芷居”，誤。

〔3〕陳沂（1469—1538），字魯南，號石亭。明正德十二年（1517）進士。據《玉臺書史》記載，馬閑卿爲陳翰林魯南之繼室，“魯南”當爲陳沂之字。

陳元淑，浙江山陰人。中翰胡公裔妻也。生有容德，聰慧絶人。琴書圖畫，無不精好。聞烈皇烈后升遐，慟哭之。七月朔日，攬鏡自寫其像，宛若平生，竟絶食，至九日乃卒。

宋婉，字玉馨，自號蘭齋女史，臨安人。太常謝騏妻也[1]。有姿色，工詩畫。題畫梅花云：“雪谷冰崖質自幽，不關漁笛亦生愁。春風何事先吹綻，消息何曾到隴頭。”

〔1〕清徐震撰《女才子書》，卷十二寫宋婉與謝騏私奔之事，歷經波折，終歸圓滿。

孟藴，字子温，諸暨人。許配侍御蔣文旭[1]，蔣死諫，孟以貞女矢志，居栢樓，壽至九十有三。明宣德朝旌表，立祠於亞聖廟側，每歲以大寒日致祭，表其歲寒不變之節云。所著《栢樓吟》内

《自題畫松》云："森森老干倚晴空，萬木參差誰與同。自惜棟梁人已去，謾垂彩筆寫遺容。"以此觀之，貞女能詩，宜享不朽之名也。

〔1〕蔣文旭，明代人，生卒年不詳。擢河南道監察御史。

曹妙清[1]，字比玉，自號雪齋，錢塘人。事母孝謹，善鼓琴，工詩，書畫兼優。三十不嫁，風尚可嘉。寄楊鐵崖[2]詩有云："美人絶似董嬌嬈，家住南山第一橋。不肯隨人過湖去，月明夜夜自吹簫。"女流能與鐵老唱和，才品蓋可知矣。

〔1〕曹妙清，生卒年不詳。與楊維楨唱和，應是元末明初時人。字比玉，自號雪齋，錢塘（今浙江杭州）人。著有《弦歌集》，楊維楨爲之作序，但不傳於世。

〔2〕楊鐵（銕）崖，即楊維楨（1296—1370），元末明初著名詩人、文學家、書畫家和戲曲家，字廉夫，號鐵崖、鐵笛道人，又號鐵心道人、鐵冠道人、鐵龍道人、梅花道人等。

康氏，武功人，狀元康公海[1]女。通文墨，精卜術。夫死後，絶翰墨，故未有傳。其夫姓氏亦未詳。

〔1〕康海（1475—1541），明孝宗弘治十五年（1502）狀元，授翰林院修撰。

邢靜慈，臨清人，太僕卿侗[1]公之妹，武定馬公極有室也。善畫白描大士，書法如兄而好道。其《靜坐》詩云："荆釵裙布念重違，掃室焚香自掩扉。莫向吹簫羡嬴女，多年已辨五銖衣。"

〔1〕邢侗（1551—1612），字子願，號來禽生，山東監邑（今山東臨清人）。明神宗萬曆二年（1574）進士。

沈宜修，字宛君，吴江人，工部郎中葉公紹袁[1]室。年十六歸，事姑以孝著。佐饋之餘，唯事楮墨。其畫扇山水并題："微茫遠秀色，橫碧鎖秋光。懸蘿亘古木，叠嶂摩青蒼。林鳥啼不聞，復徑自逶迤。氤氳草如霧，翠影浮參差。澗水何寂寂，松露凝香滴。長風澄天高，清暉映層壁。落葉墮盈壑，白雲閒悠悠。日晚無猿嘯，空山千古幽。似有桃源人，烟深久避秦。山花待春發，誰復問漁津。"

〔1〕"衮"，當作"袁"。葉紹袁（1589—1648），字仲韶。早負才名，明天啓五年（1625）進士，曾任工部主事。

王端淑，字玉映，號映然子。山陰王季重[1]先生季女，文學丁睿寧室。自幼博通經史。楷工二王，畫學倪、米。所著《吟紅集》《留篋集》《名媛詩緯》行世。

〔1〕王思任（1574—1646），字季重，號謔庵，又號遂東、稽山外史，山陰（今浙江紹興）人。明末文學家。萬曆年進士，曾知興平、當涂、青浦三縣，又任袁州推官、九江僉事。清兵破南京後，魯王監國，以思任爲禮部右侍郎，進尚書。順治三年（1646），紹興爲清兵所破，絶食而死。

吴祺，字蕊仙，善畫。有《女中七才子集》行世，祺其一也。蔡含師之。

蔡含，字女蘿，姑蘇蔡孟昭女。善山水、花鳥、人物，能於擘紙潑墨，喬松墨鳳尤奇。今爲冒辟疆[1]側室。長齋繡佛，并通經典。

〔1〕冒襄（1611—1693），字辟疆，號巢民，一號樸庵，又號樸巢，明末清初文學家，江蘇如皋人。冒襄一生著述頗豐，傳世的有《先世前征録》《樸巢詩文集》《水繪園詩文集》《影梅庵憶語》《寒碧孤吟》和《六十年師友詩文同人集》等。

杜陵女史，仇十洲女，畫人物艷逸有父風。[1]

〔1〕《丹青志》作："仇氏，英之女，號都靈内史。"

附録一

各家著録提要

1. 元　陶宗儀《南村輟耕録》

叙畫

余友人吴興夏文彦，字士良，號蘭渚生。其家世藏名迹，鮮有比者。朝夕玩索，心領神會；加以游於畫藝，悟入厥趣，是故鑒賞品藻，萬不失一。因取《名畫記》《圖畫見聞志》《畫繼》《續畫記》爲本，參以《宣和畫譜》《南渡七朝畫史》，齊、梁、魏、陳、唐、宋以來諸家畫録，及傳記、雜説、百氏之書，搜潛剔秘，網羅無遺。自軒轅時至宋幼主德祐乙亥，得能畫者一千二百八十餘人；又女真三十人；本朝自至元丙子至今九十餘年間，二百餘人，共一千五百餘人。其考覈（核）誠至矣，其用心良勤矣。所論“畫之三品”，蓋擴前人所未發。

2. 明　郎瑛《七修類稿》

醫畫不能補

《圖繪寶鑑》但記歷代善畫名人，及言平日一家之長，師某人已矣；予以爲再添言所以，方盡其意，如董源則曰“山是麻皮皴，水是鬪水，松是爪離”之類；言馬遠則曰“山是大斧劈，兼釘頭鼠尾，松是車輪蝴蝶，水是鬪水”，則二人之規矩已寓目前，而後之觀其畫者亦易矣。雖欲補之，必得自擅其術，記多識多方可也。予嘗以畫語姑蘇周臣、馮表，以醫語吾杭孫鈍吾侄，惜其相與嘆息而已。噫！

3. 明　王世貞《讀書後》

書陶九成書《草莽私乘》後

陶宗儀九成於書鮮所不讀，尤好纂集文獻掌故，如《輟耕録》《説郛》《書史會要》《圖繪寶鑑》之類，雖雅、鄭未分，而璞玉良辨矣。洪武初，宋學士景濂序其《書史》已推爲耆碩，中間有纂修之召，不就。余嘗見其《聽琴軒詩序》及《送行文》，或作古隸，或作小楷，蓋至洪武末猶存。而所謂《草莽私乘》者，皆忠臣孝子、義夫節婦之事，而元之末季諸公所撰著也。其能完身名於革故鼎新之際，晚節能以壽終，殆非偶矣。此書乃少年筆，楷法猶精謹可存。余既愛其人不忝乃祖靖節風，而惜其湮没也，特爲拈出之。

4. 清　錢曾《讀書敏求記》

夏文彦《圖繪寶鑑》五卷

文彦，字士良。吴興人。書成於至正乙巳，自吴晋至宋元，歷代畫家氏名，網羅搜討殆遍。序云："他無所好，獨於畫，遇所適，締玩輒忘寢食。"其留心畫史，蓋終身以之者矣。

5. 清　高士奇《江村消夏録》

元何秘監《歸去來兮圖》卷

何秘監澄，《圖繪寶鑑》不載其人，九靈山人戴良集中有《題何監丞山水歌》云："至正以來畫山水，秘監何侯擅專美。帝御宣文數召見，抽毫幾動天顔喜。"又云："海内畫工亦無數，才似何侯豈多遇。權門貴戚虛左迎，往往高堂起烟霧。"今以卷内諸君跋語證之，即其人也。《圖繪寶鑑》前後錯亂，遺失頗多，如朱晦翁集中有《題祝生畫長句》云：聞君何處得此奇，和璧隨珠未爲敵……致煩晦翁吟咏至再至三，則其畫必佳矣。考之《圖繪寶鑑》亦未之載，此書之不足據可知。因跋何秘監《歸莊圖》并記之。江村高士奇。

6．清　于敏中《欽定天禄琳琅書目》

《圖繪寶鑑》（一函四册）

元夏文彦著，五卷，補遺一卷。前元楊維楨序，文彦自序。

考栗祁《湖州志》云："夏文彦，吴興人，後居雲間，精圖畫，著有《圖繪寶鑑》五卷行世。"但稱五卷，不云其補遺一卷。今按文彦自序作於至正乙巳，自謂"彙而成編，分爲五卷"。其補遺後别行，又標"至正丙午新刊"，則補遺之作在文彦自序中且未之及。故栗祁作志亦從其略，不知乙巳、丙午僅越一年，自是一時并刊，非爲後出，栗志之疏，固不足辨。又按楊維楨序中稱"雲間義門夏氏士良"，又稱"士良名文彦"云云，栗志僅詳其名而不及其字，則未經深考可知也。士良本至明時已漫漶，正德中有錦衣衛都指揮苗增字益之，取家藏本繕寫重刊，又匯次當代善畫者，續編爲六卷，刻於正德己卯，司經局洗馬滕霄序。是本仍止五卷及補遺，并無重刊序跋，係欲僞充原槧者。然選紙堅緻，古香黟然，亦佳本也。楊維楨字廉夫，浙江會稽人，元泰定中進士。

7．清　紀昀等《四庫全書總目提要》子部藝術類一

《圖繪寶鑑》五卷，續編一卷，衍聖公孔昭焕家藏本。

元夏文彦撰。文彦字士良，其先吴興人，居於松江。陶宗儀《輟耕録》曰："友人吴興夏文彦，號蘭渚生。其家世藏名迹，鮮有

比者。朝夕玩索，心領神會；加以游於畫藝，悟入厥趣，是故鑒賞品藻，百不失一。因取《名畫記》《圖畫見聞志》《畫繼》《續畫記》爲本，加以《宣和畫譜》《南渡七朝畫史》，齊、梁、魏、陳、唐、宋以來諸家畫録，及傳記、雜説、百氏之書，搜潛剔秘，網羅無遺。自軒轅時至宋幼主德祐乙亥，得能畫者一千二百八十餘人；又金元三十人；本朝至元丙子至今九十餘年間，二百餘人，共一千五百餘人。其考覈誠至，其用心良勤。其論‘畫之三品’，蓋擴前人所未發”云云。即指此書也，中間如封膜之類，尚沿舊訛，未能糾正，又每代所列不以先後爲次，往往倒置，體例亦未爲盡善。然搜羅廣博，在畫史之中，最爲詳贍。郎瑛《七修類稿》嘗謂“《圖繪寶鑑》但紀歷代善畫人名，及所師某人而已，當添言所以，方盡其意。如董源則曰山是麻皮皴之類，馬遠則曰山是大斧劈，兼丁頭鼠尾之類，如是則二人之規矩已寓目前，而後之觀其畫者亦易”云云。然文彦所記，主於徵考家數源流，中間傳其名者多，見其迹者少，安能一一舉其形似！瑛所云云，蓋未知著書之難，不足據也。《續編》一卷，明欽天監副韓昂所纂，起明初迄正德一百五十年間，采輯得一百七人，而冠以宣宗、憲宗、孝宗三朝御筆，成於正德十四年，今核其書中如文彭、陸治、錢穀等以下，皆嘉靖時人，殆後來又有所增補，非昂之舊歟？

8. 清　孫星衍《平津館鑒藏記續編》

《圖繪寶鑑》五卷，補遺一卷

題吴興夏文彦士良纂。前有至正乙巳夏文彦序，據汲古閣刊本，尚有抱遺老人楊維楨序，此本失之。汲古閣本第一卷，謝赫訛爲謝恭；第二卷，李柷訛爲李枳；又補遺與明苗巽齋續補并爲一卷；又脱寒溝漁人一條；皆不及此本。黑口巾箱本，每頁廿二行，行廿字。收藏有“沈煉之印”，白文方印；“夢山”，朱文方印；“王履約”，白文方印。

9. 清 黄丕烈《蕘圃藏書題識》

《圖繪寶鑑》五卷（元至正刻本）

士良搜羅畫人姓氏，可謂極詳，然吾有疑焉：嘉熙時有宋伯仁《梅花喜神譜》二卷，潛溪先生詳畫梅之原，五代有滕勝華，宋有趙士雷、邱慶余、徐熙、仲仁師、揚補之。今《寶鑑》所列，一一不爽，獨遺伯仁一人，則士良之書，殆有未盡耶。聊記於此以備考。

10. 清 周中孚《鄭堂讀書記》

《圖繪寶鑑》五卷　續纂一卷（津逮秘書本）

元夏文彦撰。（文彦，字士良，號蘭渚生。其先吴興人，居松江。）《四庫全書》著録。倪氏、錢氏《補元志》俱載之，倪氏作彦文，字誤倒也。士良家藏法書名畫爲最多，朝批夕覽，有得於中，且精繪事，因裒集諸志記，刊其叢脞，補其闕略，匯而成編。卷一分論六法、三品、三病、六要、六長，及製作楷模、古今優劣、粉本賞鑒、裝褫書畫定式，凡九則；次叙歷代能畫人名，自軒轅迄唐代，凡一百九十五人，其迹罕傳於世，故不詳載。卷二以下，自孫吴迄元代，旁及外國，凡一千三百餘人，皆考論其世，與夫得失優劣之差。非其神識獨高，不能品藻深至。視郭、米諸家，恐未足多讓也。前有至正乙巳自序及楊鐵崖（維楨）序。

11. 清 楊守敬《日本訪書志》

《圖繪寶鑑》五卷（日本舊抄本）

元夏文彦撰。此書津逮所刻合明欽天監玉泉韓昂續纂者，并爲六卷。坊刻又分爲八卷。按：元刻五卷，每葉二十二行，行二十字，道光間藏海寧吴氏。此本每葉二十行，行十八字，係日本人重刻，無年月，字體頗古雅，當是源於元刻，雖易其行款，而仍爲五卷之舊。首楊維楨序，次自序，首行題：圖繪寶鑑卷第一。行下題：吴興夏文彦士良纂。補遺附於五卷之後，其邊縫仍題卷五。補遺之後又有續補一葉，凡七人。續補之後又有增補一葉，凡八人。按《拜經樓藏書》稱津逮本不可據，而所藏元刻本亦多漫漶。此本雖經重寫，而無竄亂混淆之失，則亦可貴也。

12. 清　李光廷《榕園叢書跋》

圖繪寶鑑跋

右元夏文彦《圖繪寶鑑》五卷，《四庫全書》著録在子部藝術書畫類中。按：畫始盛於唐，大盛於宋。自唐以來，遂有秉筆著録之家。唐張彦遠《歷代名畫記》自軒轅至會昌凡三百七十餘人；宋郭若虚《圖畫見聞志》自會昌至熙寧凡二百七十四人；鄧椿《畫繼》自熙寧至乾道凡一百一十九人；元陳德輝《續畫記》自高宗至宋終凡一百五十人。士良此書實集諸志記以成編，自軒轅至元共一千五百餘人，古來畫手略備於此編中。搜羅既富，於前人之説不無删節，要爲不失其真，蓋亦精於去取，非湯垕《畫鑑》比也。明韓昂又續一卷，自明初至正德得一百七十人。本朝毛大倫爲增補至明末，藍瑛更增以本朝諸人。山陰馮仙湜合諸人所作，仍其舊名，遂成八卷。然書畫不過知其源流足耳。時代既近，即多標榜，且其中抽换多人，并無所據，又没韓昂之名，不足傳信。此本出津逮秘書，猶爲原本，故鈔以備一種，明代以下不復録焉。

同治甲戌六月番禺李光廷識。

13．潘祖蔭《滂喜齋藏書志》

士良與陶南村友,《南村輟耕録》極稱其賞鑒之精。此書與《畫史會要》，亦各樹一幟也。

14．余紹宋《書畫書録解題》書評

此據津逮秘書本著録，原爲五卷，卷一俱論畫事，卷二記吴至五代畫人，卷三爲宋，卷四南宋及金，卷五元及外國。又附補遺、續補，黄蕘圃《藏書題跋記》、楊鄰蘇《日本訪書志》，於其卷數版本，俱有考核，不以津逮本爲然，惜原刊本未得見。此書向爲藝林珍重，明以後論畫之書，多喜徵引。今細核之，頗嫌蕪雜，即黄、楊兩公稱許之善本，亦不過卷數分合多寡之不同，其於内容，當無甚差异也。

第一卷六法三品、三病、製作楷模、古今優劣四條，剽自郭氏《圖畫見聞志》。陶南村《輟耕録》稱其論畫三品，蓋擴前人所未發，未免失考。粉本、賞鑒、裝褫書畫定式三條，則剽自湯君載《畫論》。六要、六長兩條，則剽自劉道醇《聖朝名畫評》，而去其“識畫之訣”四字，遂似言作畫之訣。又截爲兩則，致與原意不符。以上俱未注所出，獨《叙歷代能畫人名》一篇，注明出《歷代名畫記》，遂似前所列諸條，悉爲己説，故爲暴而出之。

卷二以下所載畫人，《輟耕録》謂其以《歷代名畫記》《圖畫見聞志》《畫繼》《續畫記》爲本，加以《宣和畫譜》《南渡七朝畫史》諸書，原不爲病，惜俱未逐條注明，而其最疏失者，即僅分朝代，而不按畫人時代，重爲編次。蓋先就一書所載，依次抄録，然後更及他書，其書體例如何，絶不顧慮，如《宣和畫譜》本以道釋、人物、宫室、番族等類分編，各類中仍按時代列入；鄧公壽

《畫繼》分類又不同，亦各按時代爲次，具有條理。此書則先取《宣和畫譜》，不問其分類如何，僅依朝代順次迻録。録畢復取《畫繼》依樣順次録之。其他各書，亦復如是。所録之書愈多，則其間分類愈雜；分種愈復，則時代錯雜愈甚。故編中每一朝代，道人、釋子、王侯、閨閣，紛雜其間，無復倫次。此但求省事，苟且成書之弊也。

《四庫提要》及高江村諸人，祇知其未按時代編比，而不知其致此之由，故不憚煩而爲發其覆。惟其僅按前人原書編列，故漏略遂不能免。高江村謂其不知何澄、祝次仲，黄蕘圃疑其未録宋伯仁，皆未搔着癢處之論。其後亟出補遺，殆亦自知闕失而補爲之者。要之此書既分朝代，而於一朝代内之人不次其先後，終無是處。則何如并朝代亦去之，專就所采之書順次注出，猶不失爲一家體例，亦足使後人得以校覈，窺知其裁剪之爲愈也。今取其所采原書對勘，多就原文删節，殆欲自成一家言者，然絶無訂補，亦不足取。蕘圃、鄰蘇諸公徒震其名，偶得舊本，便爾驚喜，而未究其内容，是則骨董積習，賢者猶不能免。即《四庫》經多人校覈，亦未能有所抉發，其後續補之數家，且欲附其驥尾，以傳其書，遂使數百年來，久享盛名，無人爲之論定，亦可异矣。前有楊維楨序并自序。

《圖繪寶鑑續編》一卷，明韓昂撰（按卷前有滕霄序，稱爲苗增所編……似此書非盡出於韓氏，今姑仍津逮秘書本）。是編首宣宗，迄朱端，凡一百十四人，與《四庫提要》所計百七十人未符。又《提要》云書成於正德十四年，其中有文彭、陸治、錢穀等以下皆嘉靖時人，殆後來有所增補。今按津逮秘書本并無文彭諸人，是較《四庫》著録本爲佳矣。其書體例與夏氏同，亦未詳其出處，前有滕霄序，後有自跋，似此書非出於一人。然何者爲苗氏原編，何者爲韓氏補輯，亦莫詳也。

增廣《圖繪寶鑑》（丁氏《八千卷樓目》有重編《圖繪寶鑑》八卷，清馮仙湜等撰者，當即此編。蓋因編首有馮仙湜鑒閲，遂誤以爲馮仙湜等撰也）八卷（前五卷爲夏文彦原編。王聞遠《孝慈堂書目》注云“馮仙湜等訂，二册”，疑當時亦有單行增廣本也），舊本題明毛大倫，清藍瑛、謝彬撰。是編前五卷及第八卷末所附補遺皆夏文彦原編，第六卷爲毛大倫增補，記有明一代畫家，始於宣廟，終於張鵬，凡得一百八十六人，叙述無法，皆可訾議。文辭尤拙劣，知其尚未得見韓昂補編，乃倉卒拉雜成之者。第七卷記清代畫家，題爲藍瑛、謝彬纂輯，而傳中却有田叔、文侯之傳，且稱許甚至。文侯生卒年分無可考，若田叔之卒，尚在明代，而傳中乃有康熙時人，其爲坊賈僞托欺人，絶無疑義。所録凡四百六十三人，半屬明季遺民，而雜厠於清人之間，淩亂無紀，尤甚於毛氏所編。八卷爲女史，僅題馮仙湜鑒閲，未詳何人所編，所記凡九十六人，首爲宋楊妹子，餘皆明清兩代人，亦任意掇録，無復倫次，知此三卷皆清初坊本，猶未脱明季舊習者也。其第七卷原當列入僞托，今以其非獨立爲書，不便割裂，故仍列於此。

15. 謝巍《中國畫學著作考録》

《圖繪寶鑑》五卷

【作者】元夏文彦，字士良，號蘭渚生，室名寶墨齋，先世吴興人，徙居華亭（今上海市松江），約皇慶（1312—1313）年間生，至正二十七年至洪武三年（1367—1370）間卒，年約五十多歲。父濬（1293—1355），家藏書籍及名畫甚多。文彦幼習儒業，曾領鄉薦，試進士不捷，釋褐補學官，歷鳳陽路儒學教授、餘姚州同知，不久即辭歸。其少便嗜圖畫，於家藏名迹，常朝批夕覽，心領神會，遂精繪事，閱歷既富，故鑒賞品藻萬不失一。著有《圖繪寶鑑》。

【版本】1．至正二十五年（1365）刊本（待訪）。按：此本爲五卷，無補遺，世稱乙巳本。楊守敬《日本訪書志》有記載。2．至正二十六年（1366）刊本（見存）（北圖、上圖、四川師大、山東博物館）。按：此本五卷，附補遺一卷。半頁十一行，行二十字，黑口，左右雙邊。四川師大本有清郭蘭枝跋，蔣組詒、吴湖帆跋。山博本有王獻唐批校。3．至正二十六年（1366）刊本（見存）。按：版本同乙巳本，爲五卷，補遺一卷，續補一卷。上圖有二部：一有清吴騫、陳鱣、黄丕烈、郭蘭枝跋，近章鈺跋。一有葉德輝跋。南圖本有丁丙跋。此本定爲至正本似不當，見後考。4．至正二十六年（1366）刊明印本（見存）（北圖、北大）。按：此本爲五卷，無續補，仍用舊版重印，用紙顯與第二種版本不同，已有字迹磨損。5．洪武年間刊本（存疑）。按：據《上海圖書館善本書目》著録，爲八卷，有韓昂續編一卷，馮仙湜又續二卷。考韓昂爲正德時人，馮仙湜爲明末清初人，是本豈能定爲洪武本？6．正德十四年（1519）韓昂序苗增刊本（見存）（北圖、浙圖）。按：爲八卷，夏氏之書有五卷，補遺一卷，續補一卷，韓昂續編一卷。版式半葉十行，行二十字，黑口，左右雙邊。7．嘉靖年間重刊本（待訪）。按：曾寓目，忘記藏家。此乃以苗增本翻刻，紙墨皆劣，當爲坊刻本。8．天啓六年（1626）卓氏雪堂刊《畫髓玄詮》本（見存）（北大）。按：此書寓目二部：一見北大，殘存三卷，爲卷一至卷三。一早年見於滬上棋盤街舊書肆。署卓爾昌輯，版本半葉九行，行二十字，白口，四周單邊。此實爲夏氏之書，而隨意改題，易誤爲别一書。9. 明抄本（見存）（北圖）。按：有清唐翰題跋。爲五卷，補遺、續補一卷。10. 汲古閣刊本（見存）（中國社科院歷史所）。按：此本爲六卷，夏氏書五卷，韓氏書一卷。夏氏之補遺、續補移至卷末，合稱補遺。版有殘缺，非善本。有稱此爲《津逮秘書》本，非，實爲另種。11. 日本承應元年（1652）刊本（見存）（大連）。按：夏氏之書爲五卷，後有明韓昂續編一卷。12. 明末清初刊《重編圖繪寶鑑》本（待訪）。按：見丁丙《八千卷樓書目》著録，夏氏書五卷，韓氏書一卷，馮仙湜等撰二卷。13. 借緑草堂刊本（見存）（故宫）。14. 康熙三年（1664）武林傳經堂刊《增廣圖繪寶鑑》本（見存）（上海畫院）。按：此本爲八卷，夏氏書五卷及卷八末附補遺，餘皆毛大倫、藍瑛、謝彬撰。15. 清抄本（見存）（上圖）。按：此本爲五卷，補遺一卷，有高鴻裁跋。16. 清怡堂刊本（見存）（故宫、北大）。按：此爲八卷，前五卷及末附補遺爲夏氏書，其餘作藍瑛、謝彬重訂。17. 舊抄本（見存）（北大）。按：此乃抄怡堂刊本。18.《古今圖書集成》卷七百六十（見存）。19.《四庫全書》本（見存）。20. 道光年間鄒氏輯抄《繪事晬編》本（見存）（北大）。按：此書有續編。21. 番禺李代抄《反約編》本（見存）（福師大）。22.《榕園叢書》本（見存）。23. 同治十三年（1814）復元刊本（見存）（上海畫院）。24. 宸翰樓影印至正乙巳刊本（見存）。按：無補遺。25.《叢書集成初編》本（見存）。26. 民國十八年（1929）上海神州國光社排印本（見存）。按：爲增廣本。27. 商務印書館排印《國學基本叢書》本（見存）。28. 商務印書館排印《人人文庫》本（見存）。29. 于安瀾輯《畫史叢書》本（見存）。30. 1983 年北京中國書店影印本（見存）。

【提要】此書《輟耕録》卷十八、《菉竹堂書目》卷五、《國史經籍志》卷四、《絳雲樓書目》卷二、《述古堂藏書目》卷四、《藝芸書舍宋元本書目》、《補遼金元藝文志》、《補元史藝文志》等，皆著録爲五卷，夏氏之自序亦止言五卷，未載有補遺、續補。而今存兩種皆稱至正二十六年刊本，一有補遺一卷，一有補遺一卷并續補一卷，一年之中兩補兩印殊難以理解。此乃鑒别版本者僅據版式相同而定，而未考夏氏生平，有補遺并續補之書，當非至正二十七年至洪武元年（1367—1368 年）間所印。夏氏之補遺、續補兩卷，自正德本始，便并作附録，據滕霄序謂續補乃明苗巽齋所撰與夏氏之補遺并爲一卷，則定爲至正本或洪武本便誤。八卷本則誤入他人之書後，可見後世此書版本之混亂。此書前有楊維楨序，至正乙巳秋七月甲子夏文彦自序。朱謀垔《畫史會要・自序》謂有陶宗儀序，疑即指《輟耕録》卷十八中記載夏氏此書内容大要之一篇文字，尚未别見。六卷本則增明滕霄序。是書初版分爲五卷：卷一有六法三品、三病、六要、六長、製作楷模、古今優劣、粉本、賞鑒、裝褫書畫定式、叙歷代能畫人名等十篇，皆論繪事。《書畫書録解題》指出："六法三品、三病、製作楷模、古今優劣四條，剽自郭氏《圖畫見聞志》。陶南村《輟耕録》稱其論畫三品，蓋擴前人所未發，未免失考。粉本、賞鑒、裝褫書畫定式三條，則剽自湯君載《畫論》。六要、六長兩條，則剽自劉道醇《聖朝名畫評》，而去其'識畫之訣'四字，遂似言作畫之訣。又截爲兩則，致與原意不符（後來論畫之書多徵引六要六長，誤爲作畫之訣。且多以爲出於士良，尤爲粗疏可笑）。以上俱未注所出，獨《叙歷代能畫人名》一篇，注明出《歷代名畫記》，遂似前所列諸條，悉爲己説，故爲暴而出之。"經復覈，文字與郭、湯、劉三氏之書稍有不同。不注明出處，雖爲古書之通病，但不免被後人譏爲"剽襲"。卷二，記載吴、晋、（劉）宋、梁、陳、隋、唐、五代諸畫家。卷三爲北宋，卷四爲南宋，此兩卷幾占全書之半。卷五爲元朝，并附外國，有日本、高昌、夏國、西蕃、高麗，其中高昌、高麗兩條，顯係取湯垕之書。以上四卷所記畫家，凡一千五百餘人。搜收可謂較以往畫史爲多，但遺漏亦不少。故高士奇《江村銷夏録》説其不知何澄、祝次仲，黄丕烈《士禮居藏書題跋記》指其漏録宋伯仁。夏氏亦自知“而尚慮遺者不少”，故初版後，又作補遺，收（劉）宋一人，齊五人，梁二人，後魏一人，唐三十六人，五代四人，宋八十一人，遼四人，元三人，凡補一百三十七人。又繼爲續補，五代一人，宋五人，金一人。以上諸人小傳，記其家數、源流，而不及畫目。是書取材，據《輟耕録》卷十八，有云：“取《名畫記》《圖畫見聞志》《畫繼》《續畫記》爲本，加以《宣和畫譜》《南渡七朝畫史》，齊、梁、魏、陳、唐、宋以來諸家畫録及傳記、雜説、百氏之書。”上列書名，其中有《續畫記》《七朝畫史》二種，爲今不見傳本者；《圖繪寶鑑》既有采録，若經與他書排比，剔除已見别書者，便可鈎索出此二書大概内容，而存其佚。若其注明原書出處，則是書存古之功益大焉。是書體例，高士奇等人以及《四庫提要》指出，每代人物未按時代先後編比。《書畫書録解題》亦有評議，云：“而其最疏失者，即僅分朝代而不按畫人時代重爲編次。”

14.【日】長澤規矩也《和刻本書畫集成解題》

《圖繪寶鑑》五卷（附）《圖繪寶鑑補遺》《圖繪寶鑑續補》（版心通作五卷）

元夏文彦 承應元年（1652）後印本 大五册

著者家有很多世藏古代名畫，從而擅長鑒賞，又能繪畫。此書取歷代畫史爲本，又據《宣和畫譜》及其他書作補充，按朝代分卷輯録各畫家小傳，而同一朝代内則未區分時代先後。首列六法三品、三病、六要、六長、製作楷模、古今優劣、粉本、賞鑒、裝褫書畫定式等畫論，并列舉自軒轅時代至南北朝末的歷代能畫者姓名，以上爲第一卷。卷二爲三國時期吴至五代，卷三由宋回溯隋唐，卷四爲南宋、金，卷五爲元及外國，補遺及續補爲歷代之補輯。續編爲韓昂所作，這一點尚未一致認識。此書有至正二十五年（1365）自序，成書於元末。明天啓卓爾昌所刊《畫髓玄詮》即此書改題。本書後收入《四庫全書》藝術類。

附録二

參考引用書目

一、文獻史料

〔戰國〕佚名:《穆天子傳》, 平津館叢書 09 乙集
〔晋〕葛洪:《抱朴子》, 上海古籍出版社 1990 年版
〔南齊〕謝赫:《畫品》, 明王氏畫苑本
〔南朝〕劉義慶:《世説新語》, 浙江古籍出版社 1986 年版
〔南朝〕姚最:《續畫品録》, 明王氏畫苑本
〔梁〕沈約:《宋書》, 中華書局 1974 年版
〔唐〕魏徵:《隋書》, 中華書局 1983 年版
〔唐〕釋貫休:《禪月集》, 商務印書館 1937 年版
〔唐〕李嗣真:《續書品録》, 中國書畫全書本（上海書畫出版社）
〔唐〕杜甫:《杜工部集》, 清康熙四十六年揚州詩局刻本
〔唐〕王維:《山水訣》, 中國書畫全書本（上海書畫出版社）
〔唐〕張彦遠:《歷代名畫記》, 明嘉靖刊本
〔唐〕朱景玄:《唐朝名畫録》, 明王氏畫苑本
〔唐〕裴孝源:《貞觀公私畫史》, 中國書畫全書本（上海書畫出版社）
〔唐〕段成式:《寺塔記》, 人民美術出版社 1964 年版
〔唐〕段成式:《酉陽雜俎》, 明津逮秘書本
〔唐〕白居易:《白氏長慶集》, 中華書局 1979 年版
〔五代〕劉昫:《舊唐書》, 中華書局 1975 年版
〔五代〕荆浩:《筆法記》, 中國書畫全書本（上海書畫出版社）
〔宋〕劉道醇:《聖朝名畫評》, 明王氏畫苑本

〔宋〕歐陽修:《新唐書》，中華書局 1975 年版
〔宋〕陸游:《老學庵筆記》，中華書局 1979 年版
〔宋〕佚名:《宣和畫譜》，“臺北故宫博物院”1971 年景元大德吴氏刻本
〔宋〕佚名:《宣和書譜》，四庫全書本
〔宋〕歐陽修:《六一題跋》，中國書畫全書本（上海書畫出版社）
〔宋〕蘇軾:《東坡題跋》，中國書畫全書本（上海書畫出版社）
〔宋〕黄庭堅:《山谷題跋》，中國書畫全書本（上海書畫出版社）
〔宋〕韓拙:《山水純全集》，中國書畫全書本（上海書畫出版社）
〔宋〕郭熙、郭思:《林泉高致》，中國書畫全書本（上海書畫出版社）
〔宋〕董逌:《廣川畫跋》，中國書畫全書本（上海書畫出版社）
〔宋〕黄休復:《益州名畫録》，人民美術出版社 1964 年版
〔宋〕郭若虚:《圖畫見聞志》，人民美術出版社 1964 年版
〔宋〕鄧椿:《畫繼》，人民美術出版社 1964 年版
〔宋〕米芾:《畫史》，中國書畫全書本（上海書畫出版社）
〔宋〕米芾:《海岳題跋》，中國書畫全書本（上海書畫出版社）
〔宋〕米芾:《海岳名言》，中國書畫全書本（上海書畫出版社）
〔宋〕釋仲仁:《華光梅譜》，中國書畫全書本（上海書畫出版社）
〔宋〕司馬光:《資治通鑑》，中華書局 1956 年版
〔宋〕范成大:《吴船録》，商務印書館 1937 年版
〔宋〕蔡絛:《鐵圍山叢談》，中華書局 1983 年版
〔宋〕何薳:《春渚紀聞》，中華書局 1983 年版
〔宋〕陳騤:《南宋館閣録》，四庫全書本
〔宋〕周密:《齊東野語》，中國書畫全書本（上海書畫出版社）
〔宋〕周密:《雲烟過眼録》，中國書畫全書本（上海書畫出版社）
〔宋〕陶穀:《清异録》，上海古籍出版社 2012 年版
〔金〕趙秉文:《滏水集》，叢書集成初編本（商務印書館）
〔金〕元好問:《中州集》，中華書局 1959 年版
〔金〕元好問:《遺山集》，吉林出版集團 2005 年版

〔元〕脱脱等:《宋史》,中華書局 1977 年版
〔元〕脱脱等:《金史》,中華書局 1975 年版
〔元〕趙孟頫:《松雪齋文集》,四庫全書本
〔元〕陶宗儀:《書史會要》,四庫全書本
〔元〕陶宗儀:《南村輟耕録》,中華書局 1959 年版
〔元〕莊肅:《畫繼補遺》,人民美術出版社 1964 年版
〔元〕夏文彦:《圖繪寶鑑》,上海人民美術出版社 1964 年版
〔元〕湯垕:《畫鑑》,四庫全書本
〔元〕吴太素:《松齋梅譜·畫梅人譜》,中國書畫全書本(上海書畫出版社)
〔元〕佚名:《元代畫塑記》,中國書畫全書本(上海書畫出版社)
〔元〕張羽:《静居集》,四部叢刊三編本(上海書店)
〔元〕虞集:《道園學古録》,萬有文庫本(商務印書館)
〔元〕吴鎮:《文湖州竹派》,圖書集成初編本
〔元〕鍾嗣成:《録鬼簿》,曹氏刊本
〔元〕黄公望:《寫山水訣》,中國書畫全書本(上海書畫出版社)
〔元〕倪瓚:《清閟閣集》,西泠印社出版社 2010 年版
〔元〕徐顯:《稗史集傳》,叢書集成初編本(商務印書館)
〔元〕錢惟善:《江月松風集》,武林往哲遺著本
〔明〕宋濂等:《元史》,中華書局 1976 年版
〔明〕張丑:《真迹日録》,四庫全書本
〔明〕張丑:《清河書畫舫》,上海古籍出版社 2011 年版
〔明〕汪砢玉:《珊瑚網》,中國書畫全書本(上海書畫出版社)
〔明〕郎瑛:《七修類稿》,上海書店出版社 2001 年版
〔明〕朱存理:《鐵網珊瑚》,中國書畫全書本(上海書畫出版社)
〔明〕何良俊:《四友齋畫論》,中國書畫全書本(上海書畫出版社)
〔明〕王穉登:《國朝吴郡丹青志》,中國書畫全書本(上海書畫出版社)
〔明〕莫是龍:《畫説》,中國書畫全書本(上海書畫出版社)

〔明〕董其昌:《畫禪室隨筆》, 中國書畫全書本 (上海書畫出版社)
〔明〕陳繼儒:《眉公書畫史》, 中國書畫全書本 (上海書畫出版社)
〔明〕周暉:《金陵瑣事》, 南京出版社 2007 年版
〔明〕李日華:《六硯齋筆記》, 中國書畫全書本 (上海書畫出版社)
〔明〕李日華:《昧水軒日記》, 中國書畫全書本 (上海書畫出版社)
〔明〕唐志契:《繪事微言》, 人民美術出版社 1984 年版
〔明〕羅鶴:《應庵隨録》, 四庫全書本
〔明〕朱謀垔:《畫史會要》, 四庫全書本
〔清〕徐松:《宋會要輯稿》, 上海古籍出版社 2014 年版
〔清〕姜紹書:《無聲詩史》, 中國書畫全書本 (上海書畫出版社)
〔清〕徐沁:《明畫録》, 中國書畫全書本 (上海書畫出版社)
〔清〕紀昀等:《欽定四庫全書總目》(整理本), 中華書局 1997 年版
〔清〕郭慶藩:《莊子集釋》, 中華書局 1961 年版
〔清〕吴其貞:《書畫記》, 人民美術出版社 2006 年版
〔清〕卞永譽:《式古堂書畫彙考》, 中國書畫全書本 (上海書畫出版社)
〔清〕黄寅等:《全唐詩》, 中華書局 1960 年版
〔清〕方熏:《山静居畫論》, 中國書畫全書本 (上海書畫出版社)
〔清〕徐松:《宋會要輯稿》, 中華書局 1957 年版
〔清〕吴偉業:《梅村詩話》, 清道光十三年刻婁東雜著本
〔清〕厲鶚:《南宋院畫録》, 四庫全書本
〔清〕厲鶚:《玉臺書史》, 浙江人民美術出版社 2012 年版
〔清〕顧復:《平生壯觀》, 上海古籍出版社 2011 年版
〔清〕高士奇:《江村銷夏録》, 上海古籍出版社 2011 年版
〔清〕孫承澤:《春明夢夏録》, 上海古籍出版社 1992 年版
〔清〕孫承澤:《庚子銷夏録》, 上海古籍出版社 2011 年版
〔清〕湯漱玉:《玉臺畫史》, 浙江人民美術出版社 2012 年版
〔清〕李斗:《揚州畫舫録》, 廣陵書社 2010 年版
宗典:《柯九思史料》, 上海美術出版社 1985 年版

陳高華:《宋遼金畫家史料》，文物出版社 1987 年版

陳高華:《隋唐畫家史料》，文物出版社 1987 年版

陳高華:《元代畫家史料》，杭州出版社 2004 年版

任道斌:《趙孟頫文集》，上海書畫出版社 2010 年版

李福順:《蘇軾與書畫文獻集》，榮寶齋出版社 2008 年版

杭州市地方志辦公室:《杭州府志》，中華書局 2009 年版

二、研究成果

四川文史館編:《杜甫年譜》，四川人民出版社 1958 年版

于安瀾:《〈圖繪寶鑑續纂〉校勘記》,《畫史叢書》（第二册）上海人民美術出版社 1963 年版

承名世:《論孫位〈高逸圖〉的故事及其與顧愷之畫風的關係》,《文物》1965 年第 8 期

謝稚柳:《徐熙落墨兼論雪竹圖》,《鑒餘雜稿》，上海人民美術出版社 1979 年版

徐書城:《從〈紈扇仕女圖〉〈簪花仕女圖〉略談唐人仕女畫》,《文物》1980 年第 7 期

陳高華:《夏文彦和〈圖繪寶鑑〉》,《美術研究》1981 年第 12 期

令狐彪:《關於宋代“畫學”》,《美術研究》1981 年第 1 期

黃苗子:《吴道子事輯》,《中國畫研究》第二輯（1982 年）

金維諾:《早秋圖與八公圖》,《美術研究》1982 年第 4 期

徐邦達:《古書畫僞訛考辨》，江蘇古籍出版社 1984 年版

嵇若昕:《王冕與墨梅畫的發展》,《故宫學術月刊》第二卷（1983 年）

鄭炳純:《〈圖繪寶鑑〉及其續書》,《文獻》（第二十二輯），書目文獻出版社 1984 年版

王耀進:《牛年話畫牛——記故宫歷代牛畫特展》,《故宫文物月刊》1984 年第 2 卷 11 期

陳清華:《王維年譜》，學林出版社 1988 年版

（美）張子寧:《北宋黄宗道射鹿》,《美術研究》1988 年第 1 期

王晚霞:《鄭虔研究》，浙江古籍出版社 1990 年版

李亞明:《顔輝和他的山水樓閣人物圖》,《文物》1991 年第 5 期

林樹中:《傳陳閎〈八公圖〉研究》,《藝苑》（美術版）1992 年第 4 期

余城:《元代界畫家王振鵬繪畫藝術的欣賞》,《故宫文物月刊》第 9 卷第 5 期（1992 年）

王伯敏主編:《中國美術通史》（1—8 卷），山東教育出版社 1996 年版

（日）近藤秀真、何慶先:《〈圖繪寶鑑〉校勘記》,《〈圖繪寶鑑〉校勘與研究》，江蘇古籍出版社 1997 年版

（日）近藤秀真:《夏文彦美學淵源》,《〈圖繪寶鑑〉校勘與研究》，江蘇古籍出版社 1997 年版

何慶先:《〈圖繪寶鑑〉及其版本考證》,《〈圖繪寶鑑〉校勘與研究》，江蘇古籍出版社 1997 年版

莊申:《唐盧鴻〈草堂十志圖〉考》,《歷史語言研究所集刊》第 30 本下（1999 年）

向達:《唐代長安與西域文明》，河北教育出版社 2001 年版

畢斐:《〈歷代名畫記〉校箋與研究》，中國美術學院 2003 年博士學位論文

（美）高居翰:《所勢撼人：17 世紀中國繪畫的自然與風格》，上海書畫出版社 2003 年版

何慶先:《四庫全書載〈圖繪寶鑑〉底本考原》，《古籍整理研究學刊》2004 年第 6 期

陳葆真:《圖畫如歷史：傳閻立本〈歷代帝王圖〉研究》,《美術與考古》（上册），中國大百科全書出版社 2005 年版

俞劍華注譯:《宣和畫譜》，江蘇美術出版社 2007 年版

張升:《王鐸年譜》，上海人民美術出版社 2007 年版

楊仁愷:《國寶沉浮録》，上海人民美術出版社 2008 年版

劉金庫:《南畫北渡——清代書畫鑒定中心研究》，河北教育出版社 2008

年版

郭建平:《國圖藏手抄本〈圖繪寶鑑〉題跋考釋》,《南京藝術學院學報》2010年第7期

(美)楊凱琳:《王季遷讀畫筆記》,中華書局2010年版

楊娜:《〈圖繪寶鑑〉著述泛議》,《新疆藝術學院學報》2011年第2期

彭飛:《朱孔暘生平及其〈湘江烟雨圖〉考釋》,《新美術》2011年第3期

余輝:《南宋畫家生活時段及其家族輩分考》,《新美術》2012年第4期

劉晞儀:《傳楊邦基〈聘金圖〉的創作背景和辱宋寓意》,《故宫博物院院刊》2012年第2期

三、工具書

徐邦達:《歷代流傳書畫作品編年表》,中華書局香港分局1974年版

俞劍華:《中國美術家人名辭典》,上海人民美術出版社1981年版

劉九庵:《宋元明清書畫家傳世作品年表》,上海書畫出版社1997年版

謝巍:《中國畫學著作考録》,上海書畫出版社1998年版

李崇智:《中國歷代年號考》,中華書局2001年版

余紹宋:《書畫書録解題》,北京圖書館出版社2003版

龔延明:《中國歷代職官别名大辭典》,上海辭書出版社2006年版

張根全:《中國美術家人名辭典增補本》,西泠印社出版社2009年版

四、圖録

鄭振鐸、徐邦達:《宋人畫册》,中國古典藝術出版社1957年版

鄭振鐸:《域外所藏中國古畫集》,上海出版公司1948年版

"故宫博物院"(臺北):《故宫書畫圖録》,"故宫博物院"1999年版

(日)下中邦彦:《世界名畫全集·卷十七》,平凡社1960年版

"故宫博物院"(臺北):《故宫書畫録》(全四册),臺北商務印書館1965年版

“故宫博物院”（臺北）:《宋畫精華》，學習研究出版社 1975 年版

徐邦達:《中國繪畫史圖録》，上海人民美術出版社 1981 年版

國泰美術館:《白云堂藏畫》，國泰美術館 1981 年

南京博物院:《南京博物院藏畫》，上海人民美術出版社 1981 年版

（日）鈴木敬:《中國繪畫總合圖録》，東京大學出版社 1983 年版

謝稚柳:《梁楷全集》，上海人民美術出版社 1986 年版

邵宇等:《中國美術全集》（全六十册），人民美術出版社 1996 年版

耿寶昌等:《故宫博物院藏文物珍品大系》（全六十册），商務印書館、上海科技出版社

海外藏中國古代繪畫編輯委員會:《海外藏中國古代繪畫目録》（1—8 卷），湖南美術出版社 1998 年版

中國古代書畫鑒定組編:《中國古代書畫圖目》（1—23 卷），文物出版社 1999 年版

張叔予:《上海博物館藏畫》，上海人民美術出版社 1999 年版

袁春榮:《遼寧省博物館藏畫》，上海人民美術出版社 1999 年版

“故宫博物院編輯委員會”:《千禧年宋代文物大展》，“故宫博物院” 2000 年版

周積寅、王鳳珠:《中國歷代畫目大典》（戰國至宋代卷），江蘇教育出版社 2002 年版

周積寅、王鳳珠:《中國歷代畫目大典》（遼至元代卷），江蘇教育出版社 2002 年版

常熟博物館:《常熟博物館藏畫》，文物出版社 2008 年版

金維諾等:《中國美術全集》（新版全 51 册），黄山書社 2010 年版

中國古代書畫鑒定組:《中國繪畫全集》，浙江人民美術出版社 1997 年版

宋畫全集編委會:《宋畫全集》，浙江大學出版社 2011 年版

附録三

人名字號拼音索引

F

sēng

後記

作爲本書的後記，我想在此感謝那些幫助過我的親人和朋友們。

首先要感謝我的父母妻兒，本書校注出版歷時七年，是他們的愛心與寬容，讓我獲得無窮的勇氣和堅韌的耐心。

感謝中央美術學院的羅世平教授，感謝他的信任，將本書托付于我。

我要感謝我的博士導師——武漢大學古籍研究所的羅積勇教授，他在古籍整理上的學識與經驗，是校注本書的指路明燈。

感謝我的老領導——湖北美術學院美術學系系主任周益民教授，他爲本書的寫作提供了必要的條件、友好的支持。

還要感謝那些一直支持與鼓勵我的老師們：北京大學李淞教授，清華大學陳池瑜教授，中國藝術研究院牛克誠教授，武漢大學彭富春教授、鄒元江教授、肖毅教授，湖北省社會科學院邵學海教授，中南民族大學羅彬教授，湖北美術學院徐勇民教授、劉茂平教授、桑建新教授、李梁軍教授……還有周圍那些善良友好的人們，他們以不同方式支持了我的工作和學習。

在此書的校注過程中，我要感謝武漢工程大學的劉文老師，武漢大學的周麗霞同學，浙江大學的譚頻璇同學，湖北美術學院的余玉婷同學，他們爲文稿的處理付出了自己的辛勤勞動。

感謝責任編輯楊文老師，她的嚴謹與細心，爲本書增色不少！

肖世孟